懸吐新譯 附 按說 孟子集註

〖地〗

현토신역 부 안설 맹자집주
懸吐新譯 附 按說 孟子集註 - 지[地]

1판 1쇄 인쇄 2014년 11월 25일
1판 1쇄 발행 2014년 12월 5일

지은이 성백효
편집인 김형석, 박성자, 신상후, 윤은숙, 이상아
총괄기획 권희준
디자인 씨오디
인쇄 (주)재원프린팅

발행처 한국인문고전연구소 **발행인** 조옥임

출판등록 2012년 2월 1일 (제406-2012-000027호)
주소 경기 파주시 미래로 562 (901-1304)
전화 02-323-3635 **팩스** 02-6442-3634 **이메일** books@huclassic.com

정가 21,000원
ISBN 978-89-97970-15-5 94140

懸吐新譯

孟子集註

附 按說

【地】

成百曉 著

한국인문고전연구소

차례

간행사

평소 東洋古典에 관심을 두던 차에 寒松 成百曉 선생을 모시고 四書三經을 강독하는 모임의 일원이 되는 행운을 가지게 된 지 벌써 16년의 세월이 흘렀다. 지금도 寒松 선생을 모시고 처음 《論語》를 배울 때의 신선한 충격을 잊을 수가 없다. 법을 전공하는 몇 분과 함께 《論語》를 배우면서 모임의 명칭을 지어주실 것을 청했으나, 선생은 즉답을 피하셨다. 얼마 후, 〈爲政〉 18장에 "많이 듣고서 의심나는 것을 제쳐놓고 그 나머지 자신이 있는 것도 삼가서 말하면 허물이 적고, 많이 보고서 위태로운 것을 제쳐놓고 그 나머지 불안하지 않은 것도 삼가서 행하면 후회가 적을 것이다.[多聞闕疑 愼言其餘則寡尤 多見闕殆 愼行其餘則寡悔]"를 講하시고는 우리들의 모임을 '寡尤會'로 하는 것이 좋겠다고 하셨다. 그 이유는 법조인들이 대부분 변호를 직업으로 삼기 때문이었다. 그리고 '蘇齋선생의 諱가 守愼이고 字가 寡悔인 것도 바로 「愼行其餘則寡悔」에서 온 것'이라고 말씀해주셨다. 평소 先祖의 字야 알고 있었지만 이런 깊은 뜻이 있으리라고는 생각하지 못하였다. 우리 先祖들의 名과 字에도 이처럼 깊은 뜻이 있음을 우리들은 알아야 할 것이다. 그러나 經書를 배우지 않고는 불가능한 일이다.

선생은 모두가 인정하는 우리시대 漢學의 大家이실 뿐만 아니라 선비이시다. 본래 不敏하고 게으르기도 한데다 세간의 번잡함 속에 있다 보니 선생의 가르침을 제대로 배우지 못하고 세월만 흘려보낸 것이 못내 부끄럽고 송구스럽다.

선생은 옛날이나 지금이나 한결같은 熱情으로 古典의 講讀과 國譯에 전념하고 계신다. 작년에 《附按說 論語集註》를 출간하신 데 이어 이번에 《附按說 孟子集註》를 출간하시게 되니 선생의 가르침을 받은 한 사람으로서 기쁜 마음 금할 길 없다.

孟子는 주지하는 바와 같이 仁義思想과 民本主義를 강조하였다. 2,400여 년 전 戰國時代 혼란 속에서 인간의 기본 道理와 共同體로서 국가가 나아가야 할 올바른 길을 명쾌한 논리와 특유의 비유로 제시하고 있다.

특히 大丈夫의 삶을 표현하여 "천하의 넓은 집인 仁에 거처하며 천하의 바른 자리인 禮에 서며 천하의 큰 道인 義를 행하여 뜻을 얻어 높은 지위에 있으면 백성들과 함께 이것을 행하고 뜻을 얻지 못하면 홀로 이 道를 행해서 지조와 절개를 지켜 부귀하여도 방탕하지 않고 빈천하여도 동요되지 않고 위세나 무력에도 굴복되지 않는 것을 大丈夫라 이른다.〔居天下之廣居 立天下之正位 行天下之大道 得志 與民由之 不得志 獨行其道 富貴不能淫 貧賤不能移 威武不能屈 此之謂大丈夫〕"라 하였다. 그리고 선비는 "아무리 궁색한 처지에 놓여도 義를 잃지 않고 영달하여도 道를 벗어나지 않는다.〔窮不失義 達不離道〕"라 하였으며, "궁할 적에는 홀로 그 몸을 善하게 하고, 영달하면 세상과 더불어 善하게 한다.〔窮則獨善其身 達則兼善天下〕"라는 구절에 이르러서는 누구나 가슴속에 커다란 울림이 있었으리라. 이러한 孟子의 말씀은 2,400여 년이 흐른 지금에도 여전히 소중한 가르침이 아닐 수 없다. 어쩌면 오히려 利를 추구하기에 급급하여 義를 하찮게 여기며, 民을 근본으로 하기보다는 黨利黨略을 중시하는 오늘날의 世態에 警鐘을 울리는 큰 교훈이 되고 있다고 생각한다.

이번에 寒松 成百曉 선생께서 출간하시는 《附按說 孟子集註》에는 일반 번역서와 달리 經文의 해석에 관한 여러 說과 함께 선생의 견해를 덧붙인 按說과 集註를 부연하거나 비판한 諸家의 說 등 集註에 대한 상세한 주석을 단 脚註가 돋보인다.

여러가지 어려움 속에서도 仁, 義, 禮, 智가 具現되는 세상을 위해 四書五經을 비롯한 東洋古典을 두루 研究, 講論, 國譯 하시는 데 일생을 바쳐 오신 선생의 苦心과 獻身에 깊은 존경과 감사를 드리며, 앞으로 附按說《大學》,《中庸》이 계속 출간됨으로써 선생의 思惟가 담긴 附按說 四書集註가 완간되어 보다 많은 분들이 읽어 心性을 涵養하고 더 나아가 우리 先祖들의 思想과 精神을 제대로 인식하여 人間의 道德性을 되찾기를 바라마지 않는다.

2014년 10월
前 법무연수원장 사단법인 해동경사연구소 이사
盧丸均

추천사

　이렇게 말하는 사람이 있을지도 모르겠습니다. 첨단과학과 정보화시대에 漢學은 무엇이며 먼지 냄새 나는 옛 책은 또 무엇이냐고. 분명 지금 우리는 첨단의 정보화 시대를 살고 있습니다. 또한 지난 수십 년간 괄목할 경제발전을 이루었고 막 선진국의 문턱에 이르렀습니다.

　그러나 뜻있는 많은 분들이 우리 사회를 우려와 근심어린 시선으로 바라보고 있는 것도 사실입니다. 현재 우리 사회는 국민소득 3만 불에 근접하고 세계 10위권의 경제대국이라는 성취와 성공에도 불구하고, 물질만능주의의 팽배, 빈부격차의 심화, 도덕의식의 약화, 가정의 붕괴, 사회적 갈등의 심화 등 각종 사회경제적 모순의 그림자가 짙게 드리워져 있기 때문입니다.

　돌아보면 이러한 모순의 씨앗은 이미 100여 년 전 우리 스스로가 뿌린 결과입니다. 물질문명에서 압도적 우위에 있었던 서구제국의 위협에 직면해 우리가 택한 생존전략이 그들의 장점인 물질문명을 따라 배우는 것이었기 때문입니다. 안타깝게도 그 과정에 우리는 정신문명조차 서구의 것만이 옳고 좋은 것이라 생각함으로써 자랑스런 우리의 전통 문화와 정신가치를 도외시하는 愚를 범하였습니다.

　그러나 21세기에 이르러 상황이 달라졌습니다. 서구 물질문명의 질주는 결국 생태계 파괴, 도덕가치의 몰락, 지역간·종교간 대립과 투쟁 등의 한계를 드러냈고, 서구의 정신문명은 대안과 해결책을 제시하지 못하고 있습니다. 오늘날 우리 사회가 안고 있는 사회 경제적 제 모순 역시 그간 우리 사회를 지배한 서구 중심적 물질문명의 한계가 드러난 현상들이라고 할 수 있습니다.

이제 동양의 전통문화와 가치로 눈을 돌려야 합니다. 동양적 전통문화와 가치의 근간은 儒學입니다. 儒學은 더 이상 버려야 할 낡은 유산이 아니라, 오늘날 우리 사회는 물론이고 인류가 직면한 모순과 위기를 해결해 줄 대안으로 떠오르고 있습니다. 그 유학의 정수가 바로 孔子를 비롯한 선현들의 생각과 뜻을 오롯이 담고 있는 고전입니다.

《孟子》에 이러한 장면이 나옵니다. 梁惠王이 孟子를 접견하고서 대뜸 "어르신께서 천 리를 멀다 않고 찾아주셨으니 장차 이 나라에 이익이 있을 것 같습니다."라고 기대를 전하자, 孟子는 "왕께서는 하필이면 이익을 말씀하십니까? 오직 仁義가 있을 뿐입니다." 라고 대답합니다. 이어지는 孟子의 설명은 이렇습니다. 왕이 어떻게 하면 내 나라에 이익이 될까를 생각하면, 그 아래의 대부들은 어떻게 하면 내 집안에 이익이 될까를 생각하고, 또 그 아래 백성들은 어떻게 하면 내 한 몸에 이익이 될까를 생각하게 된다는 겁니다. 이렇게 아래위의 사람들이 서로 다투어 이익을 추구하게 되면, 서로 배신하고 죽이며 자식은 부모를 버리고 선비들은 공동체를 뒷전으로 돌리는 풍조가 만연하게 되어 결국은 나라가 위태로워진다는 겁니다. 그래서 孟子는 이익의 추구 대신 仁과 義를 사람다운 세상의 중심 가치로 삼을 것을 강조했습니다.

이것이 어찌 2천여 년 전 전국시대만의 상황이겠습니까? 지금 우리 사회가 바로 그러한 위기에 처해 있습니다. 이러한 상황에서 문제해결의 열쇠를 멀리서 찾을 필요는 없을 것 같습니다. 비록 시대는 달라도 사회와 인간의 문제로 인한 고민은 마찬가지이고, 이에 대한 해결방안을 찾으려던 선현들의 그 생각과 정신이 글로써 전해져 오기 때문입니다. 고전의 가치란 그런 것입니다. 수천 년이 흘렀지만 고전 속 지혜는 여전히 오늘의 우리가 귀 기울여 할 소중한 가르침으로 남아있습니다.

문제는 고전의 세계에 들어서기가 쉽지 않다는 것입니다. 거기로 건너가기 위해서는 반드시 漢文이라는 관문을 거쳐야 하기 때문입니다. 특히 우리는 옛날과 오늘날 문자 사이의 단절로 인해 세계에서 유일하게 불과 100여 년 전 선조들이 남긴 문헌을 자력으로 읽고 이해하지 못하는 나라가 되었습니다. 번역의 중요성과 번역을 담당할 한학자 양성의 필요성은 그래서 더욱 절실합니다.

《附按說 孟子集註》의 지지 成百曉 선생은 어려서 가정에서 부친과 스승을 사사해 전통한학에 대한 조예를 깊이 한 이래 한학 후속세대를 양성하는 한편, 고전을 우리말로 옮기는 일을 필생의 사업으로 삼아 한 길을 걸어 오셨습니다. 그런 점에서 선생의 필생의 사업은, 지난 시간 전통에 대한 경시를 이겨내며 利慾의 橫流를 거슬러 의연히 우리문화와 전통적 지혜의 源頭處를 향해 올라간 외로운 분투였습니다.

《附按說 孟子集註》는 그러한 선생의 온축을 온전히 드러낸 노작이라 할 만합니다. 이 책의 가치는 按說에서 두드러집니다. 朱子의 集註를 대본으로 하되 거기에 그치지 않고 경학과 전통사상에 대한 선생의 해박한 지식을 토대로 제가의 해석을 주체적으로 소화해냄으로써 경전의 원의에 한 걸음 다가설 수 있게 했기 때문입니다. 실로 溫故知新과 法古創新의 사례를 여기에서 볼 수 있습니다.

이로써 일반인은 물론이고 연구자들이 고전으로 건너갈 든든한 다리가 놓여졌습니다. 선생의 국역 작업은 여기에서 그치지 않고《중용》과《대학》에 이르러《附按說 四書》를 완성하고, 더 넓은 고전의 세계로 계속 나아갈 것입니다. 우리 전통문화와 가치를 아끼는 한 사람으로서, 선생의 노력이 맺은 큰 결실을 진심으로 축하드립니다. 그리고 건강을 잘 지켜 오래도록 전통의 지혜에 목마른 우리 사회를 단비로 적셔주시길 기대합니다.

2014년 10월
도산서원 선비문화수련원 이사장
金炳日

이 책을 내면서

孟子는 이름이 軻로, 鄒나라 사람이다. 孟子는 부모는 물론이요, 字나 생몰연도도 정확하지 않다. 《春秋演孔圖》와 《闕里誌》 등에는 아버지의 이름이 激, 자가 公宜이며, 어머니는 仉(장)氏라 하였다. 당시에는 字를 소중히 여겨 모두 字로 불렀으나 孟子의 字는 《史記》 등에 분명한 기록이 없으며, 字가 子車, 또는 子輿라 하나 이는 후인이 軻라는 名字와 맞추어 만들어낸 것이라 하기도 한다.

前漢 때 韓嬰이 지은 《漢詩外傳》에는 孟子가 학업을 게을리 하자 모친이 짜던 베를 잘라 훈계시킨 일과 동쪽 집에서 돼지를 잡자 "무엇하러 잡느냐?"는 孟子의 물음에 모친이 "너에게 먹이기 위해 잡는 것이다."라고 농담을 하고는 즉시 후회하고 어린이에게 거짓말을 하면 안 된다 하여 돼지고기를 사다가 먹인 일이 실려 있으며, 劉向의 《列女傳》에는 '孟母三遷之敎'의 고사가 실려 있다. 朱子가 편집한 《小學》〈稽古〉편에도 '三遷之敎'와 동쪽 이웃집의 돼지고기를 사다가 먹인 고사가 실려 있다. 이로 인해 孟子는 어려서 아버지를 여의고 홀어머니의 지극한 가르침을 받은 것으로 널리 알려져 있다.

楊伯峻은 孟子의 생몰연대를 대체로 기원전 385년(周 安王 17)에 출생하여 기원전 304년(周 赧王 11)에 별세한 것으로 추정하였으나 일설에는 기원전 372년에 출생하여 기원전 289년에 별세한 것으로 추정하기도 한다. 孟子 스스로 "孔子로부터 지금까지 백여 년이다."라고 말씀하였는바, 공자의 생몰연대는 기원전 551년~기원전 479년이다. 孟子의 스승이 누구인지도 확실하지 않다. 《史記》에는 子思의 문인에게서 수학한 것으로 기록되었으며, 《列女傳》과 趙岐의 〈孟子題辭〉(序)에는 직접 子思에게 수학한 것으로 기록되어 있다.

孟子는 "나는 孔子의 문도가 될 수 없어 남에게 私淑하였다."고 말씀한 바 있다. 楊伯峻은 《孟子譯註》〈導言〉에서 "孟子가 말씀한 사숙한 분이 어떠한 사람인지 일찍이 밝히지 않았으니, 반드시 명망이 있는 사람이거나 孔子의 嫡系자손은 아니었을 것이다."라고 단정하였다. 다만 《荀子》의 〈非十二子〉편에는 子思와 孟子를 동일한 學派로 나열하였는바, 孟子의 학설이 子思에게서 나왔음은 분명한 듯하다. 孟子의 일생에 대하여 楊伯峻은 《孟子》 책을 근거로 활동 연도를 대략 다음과 같이 추정하였다.

孟子가 1차로 齊나라에 간 것은 齊 威王 때였다. 당시에 匡章은 그리 명성이 나지 않았고, 또 不孝子란 명칭을 갖고 있었으나 孟子는 그와 교유하고 또 따라서 禮貌를 하였다.(〈離婁下〉30章) 孟子가 齊나라에 있을 때에는 대체로 뜻을 얻지 못하여 威王이 선물하는 兼金 100鎰을 거절하였다.(〈公孫丑下〉3章) 威王 30년에 宋王 偃이 王을 참칭하고 또 仁政을 행하려 하니, 이 때문에 孟子가 宋나라에 갔다. 戴不勝에게 어진 선비를 많이 추천할 것을 권고하고 戴盈之의 질문에 답한 것은 모두 이 시기였다.(〈滕文公下〉5·6·8章) 《孟子》로 볼 때 宋王 偃은 대체로 좌우에 어질지 못한 사람이 많았으므로 孟子는 "한 명의 薛居州가 宋王으로 하여금 善하게 할 수 없다."라고 하였으며,(〈滕文公下〉4章) 孟子는 또 宋나라에서 선물하는 황금 70鎰을 받고 떠나갔다. 孟子가 宋나라에 머물 무렵 滕 文公은 太子로 있었는데, 楚나라에 가다가 宋나라의 수도인 彭城을 지나면서 두 차례 孟子와 만났다.(〈公孫丑下〉3章) 오래지 않아 孟子가 鄒나라로 돌아갔으니, 鄒 穆公과의 문답은 대체로 이때[1]였을 것이다.(〈梁惠王下〉12章) 滕 定公이 죽자 文公은 然友로 하여금 鄒나라에 가서 孟子에게 喪禮를 묻게 하였다.(〈滕文公上〉2章) 季任이 사람을 보내어 와서 禮物을 올린 것은(〈告子下〉5章) 이때 있었는지 확정하기 어렵다. 孟子가 고국인 鄒나라에 머문 것은 절대로 한 차례뿐만이 아니기 때문이다. 魯 平公이 즉위하자 孟子의 제자인 樂正克으로 정사를 하게 하니,(〈告子下〉13章) 孟子가 魯나라에 갔으나 臧倉의 훼방으로 인하여 孟子는 "내가 魯나라 임금을 만나지 못함은 天命이다."라는 개탄을 하게 되었다.(〈梁惠王下〉16章) 滕 文公이 즉위하자 孟子

---

1 鄒 穆公과의……이때:清代 사람 狄子奇의 저술인 《孟子編年》에는 孟子의 생년을 楊伯峻의 추정보다 13년 늦은 기원전 372년으로 보기 때문에 孟子 행적의 순서가 일부 달라지는 바, 鄒 穆公과의 문답을 1차로 齊나라에 가기 전의 일로 추정하였다.

가 滕나라에 이르니, 文公이 나라를 다스리는 방법을 물었고, 또 畢戰으로 하여금 井田法을 물었다.(〈滕文公上〉3章) 齊나라 사람들이 薛邑에다가 築城을 하려 하자 文公이 두려워하여 孟子에게 가르침을 청하고,(〈梁惠王下〉14章) 許行의 새 信徒인 陳相과의 辯論 역시 이때에 있었을 것이다.(〈滕文公上〉4章) 梁 惠王 後元 15년에 梁나라에 갔는데, 이때 孟子는 나이가 70세에 가까웠다. 梁 惠王은 재위한 지가 이미 50년으로 연세가 70세 전후였을 터인데도 孟子를 호칭하여 叟(노인)라 하였다. 梁 惠王과의 문답은 이 해에 있었을 것이다.(〈梁惠王上〉1·2·3·4·5章) 다음 해에 惠王이 죽고 襄王이 즉위하니 맹자는 그와 한 차례 만났다.(〈梁惠王上〉6章) 이때 齊 威王이 죽고 宣王이 즉위하자 孟子는 梁나라에서 齊나라로 갔으니, 齊나라의 卿相에 오름과 나가 滕나라에 조문함은 모두 이 몇 년 사이에 있었을 것이다.(〈公孫丑上〉1·2章) 齊나라가 燕나라를 정벌한 것은 宣王 5년[2]이었는데, 2년 뒤에 諸侯들이 장차 燕나라를 구원할 것을 도모하자 (〈梁惠王下〉11章) 孟子는 宣王에게 포로와 귀중한 보물을 반환하고 燕나라 사람들과 상의하여 군주를 세운 뒤에 撤兵할 것을 권하였으나 宣王은 듣지 않았다. 다음 해 燕나라는 諸侯들과 군대를 연합하여 齊나라를 공격해서 齊軍이 대패하니, 齊 宣王은 "내 孟子에 매우 부끄럽다."라는 말을 하였다.(〈公孫丑下〉9章) 孟子는 이 때문에 辭職하니, 宣王은 孟子에게 도성에 큰 집을 지어줄 것을 요청하였으나 孟子는 받지 않고 齊나라를 떠났는데,[3] 晝란 땅에서 사흘 동안 체류하였다.(〈公孫丑下〉10·11章) 孟子는 이때 나이가 이미 70여 세로 이 뒤로는 다시 外國에 나가지 않고[4] 萬章의 무리와 詩·書의 뜻을 서술하고 仲尼의 뜻을 기술하여 《孟子》7편을 지었다.

1. 《孟子》의 작자에 대하여

작자에 관해서는 대체로 세 종류의 설이 있다. 첫째는 孟子가 직접 지었다는 설이다.

---

2   宣王 5년: 楊寬의 《戰國史》에는 齊 宣王 6년으로 보았다. 〈梁惠王下〉10-2절의 각주 참조.

3   齊나라를 떠났는데: 狄子奇의 《孟子編年》에는 齊나라가 燕나라를 쳐 승리한 해에 孟子가 齊나라를 떠난 것으로 보았다. 〈公孫丑下〉9-1절의 안설 참조.

4   外國에 나가지 않고: 《孟子編年》에는 齊나라를 떠난 후에 宋·薛·魯나라에 갔다가 鄒나라로 돌아온 것으로 보았다.

趙岐는《孟子》〈序〉에서 "이 책은 孟子가 지은 것이므로, 총괄하여《孟子》라 한 것이다." 하였다. 焦循의《孟子正義》에는 元나라 사람 何異孫의《十一經問對》를 인용하여《論語》는 孔子의 여러 제자들이 좋은 말씀을 기록하여 책을 만들었으므로《論語》라 이름하고 孔子라 하지 않은 것이며,《孟子》는 孟軻가 직접 지은 책이어서《荀子》와 같기 때문에《孟子》라 한 것이다." 하였다. 趙岐는 孟子가 "高弟인 公孫丑, 萬章의 무리와 함께 논란하고 문답하였으며, 또 직접 법도의 말씀을 찬하여《孟子》7편을 만들었다." 하였다. 특히 朱子는 "7편의 筆勢를 보면 한 번에 쇳물을 녹여 만든 것과 같으니, 여러 사람이 엮어 모아서 이루어질 수 있는 것이 아니다.〔觀其筆勢 如鎔鑄而成 非綴緝所就也〕" 하였으며, 그후 元나라의 金履祥, 明나라의 郝敬이 모두 이에 찬동하였다. 그러나 朱子는〈滕文公上〉의 '言必稱堯舜'은 문인들이 孟子의 말씀을 요약한 것으로 보았으며, 역시〈滕文公上〉의 '禹決汝漢 排淮泗而注之江'을 기록한 자의 오류라 하여 문인이 함께 참여하였음을 부정하지 않았다.

둘째는 이와 정반대로 孟子가 별세한 뒤에 문하의 제자들이 공동 기술한 것으로 보는 견해이다. 이러한 주장을 최초에 한 사람은 韓愈였으며, 이에 동조한 자는 唐나라의 林愼思와 宋나라의 蘇轍이었으나 분명한 증거를 대지는 못하였다. 그러다가 宋나라의 晁公武가 梁 襄王, 滕 文公, 魯 平公 등이 孟子보다 뒤에 죽었는데도 이들의 諡號가《孟子》에 보이는 것을 증거로 삼았다. 淸나라의 崔述은《孟子事實錄》에서 "《孟子》7편 가운데 종종 비판할 부분이 있다." 하여《孟子》의 疎漏한 부분을 지적하고, "孟子가 직접 지은 것이 아니요 제자들이 刪定했다." 하였다. 우리나라의 茶山 丁若鏞도《孟子》는 완전한 책이 아니라고 비판하였다.(지면 관계로 자세히 밝히지 않는 바, 萬章이 물은 舜과 瞽瞍의 일 등에서 按說로 밝혔다. 中國學者들의 說을 자세히 알려면 楊伯峻의《孟子譯註》를 참고하기 바란다.)

세 번째는 司馬遷이〈孟子列傳〉에서 말한 대로 孟子가 물러가 萬章의 무리와 함께 詩書의 내용을 서술하고 仲尼의 뜻을 기술하여《孟子》7편을 지었다는 것이다. 하지만 비록 萬章의 무리가 참여하였다고 하더라도 주요 저자는 역시 孟子인 것이다. 朱子說 역시 이와 크게 다르지 않다 할 것이다. 그리하여 이 세 번째가 가장 近理한 것으로 알려져 있다.

《史記列傳》에는《孟子》7편이라고 말하였으나 應劭의《風俗通》〈窮通〉편에는 中

外 11편으로 되어 있으며, 班固의 《漢書》〈藝文志〉에도 《孟子》11편이라 하였다. 中外는 內外와 같은 말로, 《孟子》7편은 內篇이며, 이 밖의 外書인 〈性善辯〉·〈文說〉·〈孝經〉(일설에는 〈性善〉·〈辯文〉·〈說孝經〉으로 읽기도 함)·〈爲政〉의 4편이 있었다 하는데, 이는 文體가 內篇과 완전히 달라 후세에서 가탁하여 지은 것이라 한다. 그러나 지금은 모두 逸失되어 전하지 않는다.

　원래 《孟子》는 7편이었으나 簡帙이 너무 크다 하여 上·下로 나누어 지금의 14편이 되었다. 편명은 《論語》와 같이 별 뜻이 없고 편 앞에 나오는 글자를 뽑아 편명으로 삼았다. 《孟子》는 漢 文帝 때에 《論語》·《孝經》·《爾雅》와 함께 學官에 세워져 四博士의 하나가 되었다. 그 후 武帝 때 四博士가 五經博士로 대체되면서, 諸子書의 하나로 격하되었으나 五代時代 後蜀의 孟昶이 《易》·《詩》·《書》·《儀禮》·《周禮》·《禮記》·《公羊》·《穀梁》·《左傳》·《論語》·《孟子》의 11經을 비석에 새겼으며, 宋 太宗이 또 翻刻하면서 經書의 반열에 들게 되었다. 또한 南宋의 朱子가 《禮記》의 《中庸》·《大學》을 뽑아 《論語》·《孟子》를 묶어 四書라 하고, 集註를 냄으로써 中國은 물론이요 고려 후기와 조선조의 과거에 필수과목이 되었으며, 특히 조선조에서는 四書가 士子의 필독서가 되었다.

　《孟子》의 주석서로는 漢代에 趙岐의 《孟子章句》14편이 가장 오래되었다. 이외에도 《呂氏春秋》에 실려 있는 高誘의 註에는 高誘 자신이 《孟子章句》를 정정하였음을 밝히고 있으며, 《後漢書》〈儒林傳〉에는 程曾이 《孟子章句》를 지었다 하였다. 《隋書》〈經籍志〉에는 後漢의 鄭玄과 劉熙가 각각 註解한 것으로 기록되어 있으나 지금은 모두 산일되어 전하지 않는다. 趙岐의 註는 일부 訓詁와 名物이 불확실하다는 비평을 받고 있지만 孟子의 眞價를 세상에 처음으로 알린 사람은 바로 趙岐였다. 朱子의 集註에도 상당수 채택되었다. 趙岐의 註와 이에 의거하여 지어진 孫奭의 疏가 十三經에 들어 있으며, 焦循의 《孟子正義》도 많이 읽혀지는 편이나 朱子의 《集註》가 가장 잘 알려져 있다. 특히 程朱學을 수용한 조선조에서는 朱子 集註가 金科玉條로 인식되어 우리나라 선조들의 思想과 文集을 제대로 알려면 朱子 集註를 정확히 알지 않고는 불가능하다.

2. 孟子의 사상과 이념

孟子는 철저한 孔子의 信奉者였다. 스스로 말씀하기를 "生民이 있은 이래로 孔子와 같은 분은 있지 않았다." 하고, "자신이 원하는 바는 바로 孔子이다." 하였다. 그러나 孔子와 백 년 이상의 시대적 차이가 나는 만큼 상황이 바뀜에 따라 주장도 약간 다르게 되었다. 孔子는 仁만을 강조하였는데 孟子는 仁義를 함께 말씀하였다.

程伊川은 "孟子가 세상에 큰 功이 있는 것은 性善을 말씀하였기 때문이다.[孟子有大功於世 以其言性善也]" 하였으며, 孟子의 性善과 養氣(浩然之氣를 기름)의 의논은 모두 옛 聖人이 미처 발명하지 못한 것이다.[孟子性善養氣之論 皆前聖所未發]" 하였다.

孟子는 위에서 밝혔듯이 子思의 학통을 이은 것으로 알려졌다. 子思는 "하늘이 명한 것을 性이라 하고, 性을 따르는 것을 道라 한다.[天命之謂性 率性之謂道]" 하여, 孟子의 性善說의 본바탕이 되었다. 이 性은 仁義禮智를 가리킨다. 仁義禮智 역시 體와 用으로 나뉜다. 사람이 처음 부여받은 본성은 體이고, 사람이 이것을 행하면 仁은 사랑이 되고 義는 일의 마땅함이 되고 禮는 예의바른 행동이 되고 智는 시비를 판단하는 지혜가 되는데, 이것을 用이라 한다.

그러나 茶山은 본성을 인정하지 않고 행동에 나타나는 것만을 性이라 하여, 善을 좋아하고 惡을 미워하는 것을 天性으로 보았다. 그리하여 〈滕文公上〉의 孟子가 性善을 말씀한 것에 대해 《書經》〈召誥〉에서 말한 節性(성질을 절제함)과 《禮記》〈王制〉에서 말한 '修六禮以節民性(六禮를 닦아 백성들의 성질을 절제함)'과 《孟子》에서 말한 '動心忍性(마음을 동하고 성질을 참음)'은 人心의 嗜好이며, 《書經》〈西伯戡黎〉에서 말한 '不虞天性(天性을 헤아리지 않음)'과 子思의 '率性(본성을 따름)'과 《孟子》의 性善은 道心의 嗜好이다. 비록 말한 것은 똑같지 않으나 嗜好를 가지고 性이라 한 것은 똑같다 하였다.(《孟子要義》)

茶山이 말한 道心의 嗜好는 程朱學에서 주장하는 本然之性이요 人心의 嗜好는 氣質之性이다. 사람은 누구나 본래 선한 性을 부여받았지만 기질의 받음이 각기 달라 성질이 급한 사람도 있고 느린 사람도 있으며, 탐욕스런 사람도 있고 청렴한 사람도 있어 똑같지 않은바 이것이 氣質之性이다. 현실주의자인 茶山은 근본적으로 心性理氣

의 철학을 부정한 것으로 보인다. 물론 이것은 독창적인 것이 아니요, 당시 先秦儒學과 程朱學을 분리시킨 淸代 考證學의 영향을 받은 것으로 보인다. 이에 대해서는 《附按 說 論語集註》에서 이미 밝힌 바 있으므로 여기서는 이만 줄인다.

孟子의 民本主義는 義의 사상에서 나왔다고 보여진다. 그리고 富國强兵의 이익만을 추구하는 당시의 병폐를 바로잡기 위해 義와 利, 善과 利의 구별을 강조하였다.

첫 번째 章에 보이는 一喝이 바로 "王은 하필 利를 말씀하십니까. 또한 仁義가 있을 뿐입니다.〔王何必曰利 亦有仁義而已矣〕"였다. 이로 말미암아 《孟子》의 전체를 '遏人 慾 存天理'로 요약한다. 人慾을 막고 天理를 보존한다는 뜻이다. 天理는 바로 仁義이고 人慾은 利이다. 栗谷도 《擊蒙要訣》〈讀書章〉에서

> 《論語》다음으로 《孟子》를 읽어 義와 利를 밝게 분별하며, 人慾을 막고 天理를 보존해
> 야 한다는 말씀에 하나하나 밝게 살펴 확충해야 한다.〔次讀孟子 於明辨義利 遏人慾
> 存天理之說 ——明察而擴充之〕

하였다.

이렇듯 義를 강조한 孟子는 管仲과 武王에 대하여 孔子와 다른 평가를 하였다. 孔子는 齊 桓公을 霸者로 만든 管仲을 높이 평가하였으나 孟子는 管仲을 비하하였으며, 孔子는 武力으로 천하를 통일한 周 武王의 음악인 大武를 盡善하지 못한 것으로 폄하하였으나 孟子는 武王이 군주를 시해하였다는 齊 宣王의 물음에 "仁을 해치는 자를 賊이라 하고 義를 해치는 자를 殘이라 하고 殘賊한 사람을 一夫라 하니, 一夫인 紂王을 죽였다는 말은 들었어도 군주를 시해했다는 말은 듣지 못했습니다." 하였다. 이러한 革命主義的 思想은 후세 東坡 蘇軾으로부터도 비난을 받았다.

孟子는 도탄에 빠진 백성들을 구원하고 포악한 군주를 토벌한 湯王과 武王을 天吏라 하였으며, 군주의 벼슬자리를 天位, 군주가 맡기는 직책을 天職, 군주의 녹봉을 天祿이라 하고, 선행을 닦아 자연적으로 신분이 높아지는 것을 天爵이라 하였다. 이 경우의 天은 民을 기준한 것이다.

孟子는 또 "백성이 제일 귀하고 사직이 그 다음이고 군주가 가볍다.〔民爲貴 社稷次之 君爲輕〕" 하고, 또 "貴戚之卿은 나쁜 군주를 갈아치우고 賢者를 옹립해야 한다."고

강조하였다. 또한 孔子는 周나라 왕실을 높이는 것을 大義로 보았으나 孟子는 누구든 도탄에 빠진 백성을 구제하면 王者가 될 수 있다고 주장하였다. 당시 군주들의 시각에서 보면 가위 쿠데타적 발상이라고 볼 수밖에 없었을 것이다. 이러한 연유로 宋代의 명재상인 司馬光은 《孟子》를 좋아하지 않았으며, 明 太祖인 朱元璋은 《孟子》를 교과목에서 삭제하기도 하였다.

《孟子》는 仁義를 행하지 않는 군주를 도와주는 신하는 모두 나쁜 자라고까지 주장하였다. 그리하여 "전쟁을 잘하는 자는 극형을 받아야 하고, 외교를 잘하여 제후들과 연합하는 자가 그 다음의 형벌을 받아야 하고, 황무지를 개간하여 훌륭한 농업인에게 맡겨주어 농지를 나라를 부유하게 하는 자가 그 다음의 형벌을 받아야 한다.〔善戰者服上刑 連諸侯者次之 辟草萊任土地者次之〕"고까지 하였다. 또한 井田法 시행을 강조하였다. 과연 실용성이 있었는지는 알 수 없지만 '耕者九一'의 稅法을 시행하기 위해서였다.

楊伯峻은 富國强兵하는 자를 형벌에 처해야 한다는 孟子의 주장과 井田法을 비현실적이라 하여, '당시 우활하다는 지탄을 받았다.'는 司馬遷의 비판이 적중한 것으로 보았다. 그러나 소규모적이었지만 井田法은 滕 文公이 시행하여 당시 許行으로부터 仁政을 행하는 聖君이란 평가를 받았으며, 부국강병 역시 당시 제후들끼리의 쟁탈전이었던 만큼 孟子의 仁義思想보다 앞설 수는 없다고 생각한다.

《孟子》는 민주주의의 시대인 지금에 더욱 가치가 있다고 하겠다. 2,400년 전에 이러한 사상이 있었다는 것이 놀랍기만 하다. 요즘 각계각층의 인사들이 이 《孟子》를 읽고 반성해 주었으면 하는 마음 간절하다.

우리 선조들이 가장 많이 외고 읽은 책이 바로 《論語》와 《孟子》이다. 梅山 洪直弼은 外從弟 金鑠에게 답한 편지에서 다음과 같이 말하였다.

《鄒經(孟子)》은 몇 번이나 읽었는가? 孟子는 孔子와의 거리가 다소 멀어서 異端의 말이 시끄럽게 떠들어 서로 공격하는 때에 태어나 天理를 밝히고 人心을 바로잡으며 異端을 변론하고 부정한 학설을 물리치는 것을 자신의 임무로 삼아 털끝만한 차이에서 善과 이익을 분석하기를 마치 예리한 칼로 물건을 잘라 바로 두 쪽을 내듯이 하였으니, 단지 性善과 養氣가 聖門에 功이 있을 뿐만이 아니네.

지금 사람들은 곧 人慾을 막고 天理를 보존하는 것이 《孟子》의 宗旨가 된다고 말하나 《孟子》를 읽는 자들이 자기 일과는 무관한 것처럼 여기니, 程子가 말씀한 '비록 많이 읽으나 또한 무슨 소용이 있겠는가.'라는 것이네. 朱先生이 일찍이 말씀하기를 '《孟子》는 단락마다 痛切하고 句句마다 的確하여 잘 읽으면 必然的인 효험이 있다.' 하셨네. 그러나 만약 辛苦하여 쾌활하지 못한 境界를 겪어보지 못하면 어떠한 것이 痛切한 것이며, 어떠한 것이 的確한 것이며, 어떠한 것이 필연적인 효험이 되는지를 모른다네.

단지 잘 읽을 뿐만 아니라 반드시 모름지기 외워야 하고, 단지 외울 뿐만 아니라 반드시 정밀하게 생각하여야 하고, 단지 정밀하게 생각할 뿐만 아니라 반드시 마음을 길러 이치를 함양하고 몸에 돌이켜 실천하여야 孟子께서 밝은 눈과 큰 膽力으로 苦心하여 강력히 변론한 뜻에 부응할 수 있네. 내 평생 이《孟子》책을 몹시 좋아하였으나 읽기 전에도 똑같은 사람이요 이미 읽고 나서도 똑같은 사람이어서 우리 아우에게 말해줄 만한 것이 없네.〔鄒經讀至幾回否 孟子生於去聖稍遠 異言喧豗之日 以明天理正人心辨異端闢邪說爲己任 其所以析善利於毫釐之末者 如快刀切物 卽成兩片 非直性善養氣之爲有功於聖門也 今人便說遏人慾存天理 爲孟子宗旨 而讀者若無與於己事 程子所云雖多亦奚以爲者也 朱先生嘗云孟子段段痛切 句句的確 有必然之效 苟不經辛苦不快活境界 不知如何爲痛切 如何爲的確 如何爲必然之效也 不徒能讀 必須成誦 不徒能誦 必須精思 不徒精思 必須養心以涵其理 反躬以踐其實 克副其明目張膽苦口力辨之意焉 吾平生酷好是書 而未讀猶是人 已讀猶是人 無足爲吾弟道也〕《梅山集 答金鏙》)

옛분들은 四書三經을 거의 모두 외웠다. 梅山은 역시 외종제 金鏙에게 준 편지에서

龜峯(宋翼弼), 重峯(趙憲), 晦谷(曺漢英) 등 諸賢들은 《朱子大全》한 질을 모두 외웠으니, 그 총명함과 역량을 진실로 따를 수가 없네. 그러나 《朱書百選》처럼 요약한 것은 반드시 외워야 하니, 외우면 자기의 소유가 되고 외지 못하면 자기의 소유가 되지 못하네. 그러니 한갓 외기만 하고 그 뜻을 연구하지 않으면 또한 盲人이 經을 외는 것과 다름이 없으니, 반드시 읽으면 외우고 외면 깊이 생각하여 聖賢의 책을 자기 입으로 말한 듯이 하고 經傳의 뜻을 자기 마음에서 나온 듯이 하여야 하니, 그런 뒤에야 비로소 참다운 독

서라고 할 수 있네.〔龜峯重峯晦谷諸賢 誦盡大全一部 其聰明力量 固不敢望 而如百選 約而又約者 必須成誦 誦則爲己有 不誦則非己有也 徒誦而不究厥旨 亦無異盲者之誦經 必要讀而誦 誦而思 使聖賢之書 若自我口 經傳之意 如出我心 然後方可謂眞讀書也〕

라고 하였다. 經傳을 대충 몇 번 읽어보고는 달통했다고 생각하는 오늘날의 학습 형태와는 너무도 달랐던 것이다.

3. 《附按說 孟子集註》의 특징

이 책의 특징은 작년에 출간한 바 있는 《附按說 論語集註》와 크게 다르지 않다. 《孟子》의 주석서는 상대적으로 《論語》에 비하여 적으며, 《孟子》가 직접 내용을 자세히 설명하였으므로 異說 역시 《論語》에 비하여 적은 것이 사실이다. 이 책은 체제 역시 《附按說 論語集註》를 그대로 따랐는바, 茶山의 《孟子要義》와 壺山 朴文鎬의 《孟子詳說》, 楊伯峻의 《孟子譯註》 등을 참고하였다. 그리고 《論語集註》와 마찬가지로 內閣本 諺解와 栗谷 諺解를 참고하여 經文의 현토를 환원한 것이 있으며, 지난번 전통문화연구회에서 출간하였던 《孟子集註》와 마찬가지로 集註의 현토는 艮齋 田愚 선생의 것을 대체로 따랐음을 밝혀둔다. 楊伯峻의 《孟子譯註》는 焦循의 註 등을 참고하여 많은 도움을 받았다.

《附按說 論語集註》와 약간 다른 점이 있다면 각 章에 제목을 붙인 점이다. 예로부터 〈梁惠王上〉의 7장을 '觳觫章'이라 하고 〈公孫丑上〉의 2장을 '不動心章' 또는 '浩然章'이라 하였다. 이제 朱子의 《語類》와 陶菴 李縡의 《孟子講說》, 東巖 柳長源의 《四書纂註增補》와 壺山의 《孟子集註詳說》 등을 참고하여 章의 이름을 붙였는데, 때로는 두 제목을 중복으로 표기하여 이용에 편리하게 하였다. 또한 章節이 길므로 章節을 다 표기해 주었다.

이 책에서 본인의 역주에 해당하는 부분은 按說과 각주이다. 按說에서는 經文의 해석에 대한 여러 설들을 소개하고 정리하였으며, 때로는 각 설에 대한 본인의 의견을 덧붙였다. 按說은 經文에 대한 주석이므로 經文과 集註의 사이에 배치하였다.

반면 각주는 集註에 대한 주석이라고 할 수 있다. 集註를 이해하는 데 도움이 되고자 인용문의 出典, 集註를 부연한 諸家의 설, 集註를 비판한 설, 大全本의 小註까지 다방면으로 900여 개의 상세한 주석을 달았다. 集註가 우리에게 워낙 친숙하다 보니, 사람들은 集註의 내용을 자신이 잘 이해하고 있다고 여기는 듯하다. 그러나 막상 그 내용에 대하여 질문을 해보면 제대로 이해하고 있지 못한 경우가 많다. 集註를 비판하거나 넘어서고자 한다면 먼저 그것을 제대로 이해해야 할 것이다.

자신의 견해를 덧붙인 《附按說 四書集註》를 내려던 본인의 오랜 염원이 내년 말이면 끝나리라고 생각된다.

지난번 《附按說 論語集註》 출간에 뜨거운 성원을 아끼지 않은 선후배 제현께 다시 한번 감사드린다. 인문학이 고사위기에 처한 우리나라의 척박한 토양에서 몇 분이나 관심 있게 읽어줄지 의문되지 않을 수 없으나 단 한 분이라도 본인의 苦心을 이해해주고 학습에 도움을 받는다면 더 이상 바랄 것이 없겠다.

《附按說 論語集註》와 마찬가지로 이 책 역시 (社)海東經史研究所의 理事 여러분의 적극적인 지원의 결과라 하겠다. 특히 權五春 理事長과 申正澤 理事님께 감사드린다. 원고정리와 校正을 맡아준 李常娥, 申相厚, 金炯奭, 朴成子, 尹銀淑 다섯 분에게 감사드린다. 특히 典故까지 일일이 찾아내어 수정해준 李常娥 氏의 노고를 치하하며, 이번에도 출간을 맡아준 한국인문고전연구소의 權熙俊 사장에게도 감사드리는 바이다.

2014년 甲午 菊秋에 海東經史研究所에서

成百曉

凡 例

1. 本書는 한문문리습득을 위한 자습서나 강독교재로 활용할 수 있도록 만든 책으로, 이를 위하여 모든 원문에 懸吐하고 原義에 충실하게 번역하였다. 또 按說과 각주에 역자의 설명을 첨가하여《孟子》나《孟子集註》를 이해하고 연구하는 데 도움이 되도록 하였다.

2. 本書는 內閣本(學民文化社 影印本 2003)을 國譯底本으로 하고, 中國 中華書局의《四書章句集注》와 日本의 漢文大系本 등을 교감에 참고하였다.

3. 모든 원문에 懸吐하되, 經文의 吐는 官本諺解를 위주로 하고 栗谷의 四書諺解를 참고하였다. 다만 필요에 따라 調整하였는데, 이에 대한 설명을 按說에 실었다. 集註의 吐는 艮齋(田愚)의 懸吐를 따랐으며 일부는 역주자가 새로이 현토하였다.

4. 번역은 原義에 충실하게 하여 문리습득과 원전강독에 도움이 되도록 하였으며, 필요한 경우 원문에 없는 내용을 〈 〉안에 보충하였다.

5. 음이 두 개 이상인 글자와 음이 어려운 글자는 ( ) 안에 한글로 음을 표기하였다.

6. 원문의 글자 중 난해한 것은 字義와 음을 하단에 실었다.

7. 각 章에 제목을 붙여 내용을 알기 쉽게 하였는바, 제목은《朱子語類》와 陶菴 李縡의《孟子講說》, 東巖 柳長源의《四書纂註增補》와 壺山 朴文鎬의《孟子集註詳說》을 참고하였으며,《孟子》는 문장이 길게 이어지므로 章과 節에 일련번호를 달아 讀者들의 편리를 도모하였다.

8. 集註는 각 節마다 맨 앞에 集註라고 표기하여 구분하였으며, 章下註는 따로 떼어 그 앞에 章下註라고 표기하여 구분하였다.

9. 集註에서 明道(程顥)와 伊川(程頤)을 구분하지 않고 程子曰이라고 표기하였는데, 臺灣 學生書局의《朱子四書集註典據考》에 의거하고《孟子集註詳說》을 참고하여 ( ) 안에 號(明道/伊川)를 써주었다. 그 외 尹氏, 謝氏 등 성씨만 밝힌 경우에도 ( ) 안에 이름을 써주었다.

10. 經文의 내용을 해설하거나 經文 해석의 異說을 소개하고자 할 때에는 經文의 밑에 按說로 실었으며, 集註에 대한 해설이나 出典 등은 각주로 자세하게 실었다.

11. 經文의 번역은 集註를 따랐으며, 經文과 集註를 번역하고 해설함에 있어《朱子大全》,《論孟精義》,《四書或問》,《朱子語類》,《四書集註大全》및 壺山(朴文鎬)의《孟子集註詳說》, 沙溪(金長生)의《經書辨疑》, 官本 및 栗谷諺解 등을 참고하였다. 그 외에 趙岐의《孟子章句》, 楊伯峻의《孟子譯註》및 茶山(丁若鏞)의《孟子要義》등의 해석을 集註와 비교하고 소개하였다.

12. 人名은 성씨나 字·號로 표기되어 있는 경우, ( ) 안에 이름을 써주었다. 다만 茶山과 壺山은 자주 언급되므로 이름을 병기하지 않았다.

13. 書名은 完稱을 기본으로 하되, 몇 가지는 略稱으로 표기하였는바, 다음과 같다.
    《論孟精義》→《精義》　　《四書或問》→《或問》
    《朱子語類》→《語類》　　《四書集註大全》→《大全》

14. 趙岐의 註와《四書集註大全》의 小註, 楊伯峻의《孟子譯註》및 壺山의《孟子集註詳說》, 茶山의《孟子要義》는 인용시 人名만 밝히고 書名은 따로 기재하지 않았다.

15. 本書에 사용된 부호는 다음과 같다.
    《 》: 書名　　　　〈 〉: 篇章節名, 작품명, 원문 보충자, 보충역
    〔 〕: 원문 병기　　( ): 한자의 음, 통용자, 간단한 주석
    〖 〗: 原註　　　　(誤字)〔正字〕: 교감표기

孟子集註

附 按說 〔地〕

滕文公章句 上

集註 | 凡五章이라

모두 5章이다.

|道性善章(言必稱堯舜章)|

1-1. 滕文公이 爲世子에 將之楚할새 過宋而見孟子한대

滕나라 文公이 世子였을 적에 장차 楚나라로 가려고 宋나라를 지나다가 孟子를 만나 보았다.

集註 | 世子는 太子也라

世子는 太子이다.

1-2. 孟子道性善하사되 言必稱堯舜이러시다

孟子께서 性의 善함을 말씀하셨는데 말씀마다 반드시 堯·舜을 칭하셨다.

按說 | '性'에 대하여, 茶山은 性을 '嗜好를 위주로 말한 것'이라고 전제하고 다음과

··· 滕 나라이름 등 過 지날 과 道 말할 도 稱 일컬을 칭

같이 설명하였다.

　　이를테면 이른바 '謝安石(謝安)은 성향이 음악을 좋아하고, 魏 鄭公(魏徵)은 성향이 검소함을 좋아하고, 혹자는 성향이 山水를 좋아하고, 혹자는 성향이 書畫를 좋아한다.'라고 하는 것은 모두 嗜好를 性이라 한 것이다. 性의 字義가 본래 이와 같기 때문에 孟子께서 性을 논함에 반드시 嗜好를 가지고 말씀하였다. 그 말씀에 "입이 맛에 있어서 즐기는 바가 같고 귀가 소리에 있어서 좋아하는 바가 같고 눈이 色에 있어서 기뻐하는 바가 같다."라고 한 것은,《告子上》7장) 모두 性이 善에 있어 좋아하는 바가 같음을 밝힌 것이니, 性의 본뜻이 嗜好에 있는 것이 아니겠는가.……《詩經》《大雅 烝民》에 "백성이 떳떳한 성품〔秉彝〕을 갖고 있으므로 이 아름다운 德을 좋아한다." 하였는데, 性을 '秉彝'라 하고 반드시 '德을 좋아함〔好德〕'으로 설명하였으니, 性의 字義가 어찌 嗜好에 있는 것이 아니겠는가. 人性이 반드시 善을 행하기 좋아하는 것은, 마치 물의 性이 반드시 아래로 내려가는 것을 좋아하고, 불의 性이 반드시 위로 올라가는 것을 좋아하는 것과 같다. 생명을 부여받은 처음에 하늘이 이 性을 命하여, 비록 貪·淫·虐·殺 등 못하는 짓이 없더라도 이 性은 그대로 변하지 않아, 忠臣·孝子를 보면 아름답게 여겨 善다 하는 것이 온 나라 사람들과 같고, 탐관오리를 보면 미워하여 악하다 하는 것이 온 나라 사람들과 같으니, 이것이 이른바 '性이 善하다'는 것이다.……性을 말할 적에 반드시 嗜好를 위주하여 말해야 그 뜻이 비로소 확립된다. 만일 性을 虛靈無形한 것으로 그 본체가 渾然하고 지극히 善하여 조금의 악도 없다고 한다면, 赤子가 처음 태어나서는 울며 젖을 찾고 안아달라고 할 줄만 아는데, 어찌 억지로 純善이라 할 수 있겠는가. 만일 주체적인 權能(心의 權能)으로 말한다면 형세상 善을 할 수도 있고 惡을 할 수도 있다. 揚雄은 이것을 性으로 여겼기 때문에 이것을 命名하여 '善과 惡이 혼재한다'고 하였다. 만일 形氣의 私慾을 가지고 말한다면 善을 할 수도 있고 惡을 할 수도 있을 뿐 아니라, 또한 善을 하기는 어렵고 惡을 하기는 쉬워 《國語》《周語》의) '善을 따름은 산을 오르는 것처럼 어렵고 惡을 따름은 산이 무너지는 것처럼 쉽다.'는 것이 지나친 말이 아니다. 荀卿(荀子)은 이 形氣의 私慾을 性으로 여겼기 때문에 이것을 命名하여 '性이 惡하다'라고 하였다. 저 荀卿과 揚雄의 말도, 없는 것을 가리켜 있다고 하며 흰 것을 속여 검다고 하지는 않았으니, 그렇다면 틀림없이 그 가리킨 바가 孟子와 다를 뿐이다. 佛家에서는 '明心見性'이라고 불러 그 千言萬語가 모두 이것을 찬미하나 그 본뜻은 孟子의 性善說과 전혀 다르다. 저들이 말한 것은 한 본체의 虛靈奇妙함이고, 《孟子》에서 말한 것은 '능히 善을 좋아하고 惡을 부끄러워함이 물이 아래로 내려가는 것과 같다.'는 것이니, 어찌 같은 취지의 말이겠는가.……《孟子》〈告子下〉 15장에 "마음을 분발시키고 성질(性)을 참게 한다." 하였으니, 이때 말씀한 性은 人心의 嗜好이고……이 章에서는 '性의 善함'을 말씀하였으니, 여기서 말씀한 性의 道心의 嗜好이다. 그렇다면 비록 위주한 것은 다르지만 嗜好를 性이라 한 것은 같다.……지금 사람들은 人心을 氣質之性으로 여기고 道心을 義理之性으로 여기니, 心과 性의 가리키는 바가 다름을 알지 못한 것이다. '性'이라는 글자는 오로지 好惡를 위주하여 말한 것이니, 어찌 心을 性이라 할 수 있겠는가.……하늘이 사람에게 주체적인 權能을 주었다. 가령 善하고자 하면 善을 하고 惡하고자 하면 惡을 해서 유동적이며 일정하지 않고 그 權能이 자신에게 있으니, 禽獸가 일정한 마음을 지닌 것과는 다르다. 그러므로 善을 하면 실제로 자신의 功이 되고, 惡을 하면 실제로 자신의 罪가 되는 것이다. 이는 心의 權能이지 이른바 性이 아니다. 揚雄은 이 權能을 오인하여 性으로 여겼기 때문에 마침내 性에 善과 惡이 혼재한다고 한 것이다.〔若所謂謝安石性好聲樂 魏鄭公性好儉素 或性好山水 或性好書畫 皆以嗜好爲性 性之字義 本如是也 故孟子論性 必以嗜好言之 其言曰 口之於味 同所嗜 耳之於聲 同所好 目之於色 同所悅 皆所以明性之於善 同所好也 性之本義 非在嗜好乎……詩云 民之秉彝 好是懿德 性之謂秉彝 而必以好德爲說 性之字義 其不在於嗜好乎 人性之必好爲善 如水性之必好就下 火性之必好就上 賦生之初 天命之以此性 雖貪淫虐殺 無所不爲 而此性仍然不變 見忠臣孝子 則美之爲善也 與國人同 見貪官汚吏 則疾之爲惡也 與國人同 此所謂性善也……言性者 必主嗜好而言 其義乃立 若謂此虛靈無形之物 其體渾然至善 一毫無惡 則赤子始生 但知啼哭索乳求抱 安得硬謂之純善乎 若以其自主之權能而言之 則其勢可以爲善 亦可以爲惡 揚雄以此爲性 故命之曰善惡渾 若以其形氣之私慾而言之 則不惟可善而可惡 抑亦難善而易惡 從善如登 從惡如崩 非過語也 荀卿以此爲性 故命之曰性惡 彼荀與揚之言 亦未嘗指無爲有 誣白爲黑 則必其所指點者 與孟子不同耳 佛家號爲明心見性 其千言萬語 皆所以贊美此物 然其本意 與孟子性善之說 相去萬里 彼所言者 本體之虛靈奇妙也 此所言者 謂其能樂善恥惡 如水之就下也 豈同趣之言乎……孟子曰動心忍性 此所云性者 人心之嗜好也……孟子曰性善 此所云性者 道心之嗜好也 雖其所主不同 其以嗜好爲性則同……今人以人心爲氣質之性 以道心爲義理之性 不知心之與性 所指不同 性之爲字 專主好惡而言 豈可以心而爲性乎……

天之於人 予之以自主之權 使其欲善則爲善 欲惡則爲惡 游移不定 其權在己 不似禽

獸之有定心 故爲善則實爲己功 爲惡則實爲己罪 此心之權也 非所謂性也 揚雄誤以

爲性 故乃謂之善惡渾〕

이는 茶山이 가장 근원적인 것을 '性'이 아닌 '心'으로 보는 설이다. 茶山에게 있어
仁·義·禮·智는 心을 통해 형성해낸, 二次的이고 心外在的인 도덕규범으로 규정되
며, 性은 心의 嗜好에 불과한 것으로 설명된다.

集註 | 道는 言也라 性者는 人所稟於天以生之理也니 渾然至善하여 未嘗有惡이라
人與堯舜이 初無少異로되 但衆人은 汨於私欲而失之하고 堯舜則無私欲之蔽而能
充其性爾라 故로 孟子與世子言에 每道性善하시되 而必稱堯舜以實之하시니 欲其
知仁義不假外求요 聖人可學而至하여 而不懈於用力也라 門人이 不能悉記其辭하
고 而撮其大旨如此**¹**하니라

程子曰 性卽理也니 天下之理 原其所自하면 未有不善이니 喜怒哀樂未發에 何嘗不
善**²**이리오 發而中節이면 卽無往而不善이요 發不中節然後에 爲不善이라 故로 凡言善
惡에 皆先善而後惡하고 言吉凶에 皆先吉而後凶하고 言是非에 皆先是而後非니라

---

1 門人……而撮其大旨如此 : 慶源輔氏(輔廣)는 "朱子가 이미 《孟子》를 孟子가 직접 저술한 것으로 단
정하였으니, 그렇다면 이와 같은 부분은 마땅히 모두 고쳐야 하는데, 이는 後來에 미처 고치지 못한 것
이다.〔朱子旣斷孟子之書 以爲孟子自著 則似此處 皆當改 此是後來不曾改得〕" 하였다. 朱子는 〈孟
子集註序說〉에 《史記》〈孟子列傳〉의 "仲尼의 뜻을 기술하여 《孟子》 7편을 지었다."라는 말을 인용하
고, 그 註에 韓愈의 "孟軻의 책은 孟軻가 스스로 지은 것이 아니라, 孟軻가 죽은 뒤에 그 문도인 萬章
과 公孫丑가, 孟軻가 일찍이 말씀한 것을 서로 기록한 것이다.〔孟軻之書 非軻自著 軻旣歿 其徒萬章
公孫丑 相與記軻所言焉耳〕"라고 한 것을 함께 인용하고, "내가 살펴보건대 두 가지 설이 같지 않은바,
《史記》가 옳을 듯하다."라고 하여, 自著論을 지지하였다. 또 吳必大에게 답한 편지에서 "이전의 설(《孟
子集註序說》의 自著說)이 옳다. 뒤의 두 곳은 잘못되었다. 7편을 익숙히 읽어보면 필체가 마치 쇠를 녹
여 주조하여 이루어진 것과 같음을 볼 수 있으니, 엮어 모아서 이루어진 것이 아니다.〔前說是 後兩處失
之 熟讀七篇 觀其筆勢 如鎔鑄而成 非綴緝所就也〕"하여, 《朱子大全 答吳伯豐》 自著論을 분명히
지지하였다.

2 喜怒哀樂未發 何嘗不善 : 茶山은 "喜怒哀樂이 發하지 않은 것을 中이라고 한 것은, 君子가 戒愼恐
懼하여 愼獨의 공부를 다하면 中을 잡아 마음에 보유하고 있어서 편벽되지 않고 치우치지 않으니, 다
만 사문과 접하지 않았을 적에 喜怒哀樂이 發함이 없음을 말한 것일 뿐이다. 어찌 人性의 本體를 이
른 것이겠는가. 朱子가 《中庸或問》에서 논한 바가 이와 같다.〔喜怒哀樂未發謂之中者 謂君子戒愼恐
懼 盡其愼獨之工 則執中在心 不偏不倚 特不與物接 未有喜怒哀樂之發耳 豈人性本體之謂乎 朱
子於中庸或問 所論如此〕" 하였다. 茶山은 未發을 '思慮未萌'의 의미로 확장하지 않고 다만 喜怒哀
樂 감정의 未發로 보았으며, 心內在的인 性을 인정하지 않았으므로 未發의 中을 性과 관련하여 이해
하지 않은 것이다.

··· 稟 받을 품 渾 온전할 혼 汨 빠질 골 蔽 가릴 폐 假 빌릴 가, 懈 게으를 해 悉 다실 撮 뽑을 촬 原 근원 원
自 부터 자 中 맞을 중 節 절도(節度) 절

'道'는 말함이다. 性은 사람이 하늘에서 받아서 태어난 理이니, 혼연히(완전히) 지극히 善하여 일찍이 惡함이 있지 않다. 衆人(일반인)과 堯·舜이 처음에는 조금도 다름이 없었으나 다만 衆人들은 私慾에 빠져 이것을 잃었고 堯·舜은 사욕의 가림이 없어 능히 그 本性을 채웠을 뿐이다. 그러므로 孟子께서 世子와 더불어 말씀할 적에 매양 性의 善함을 말씀하시되 반드시 堯·舜을 칭하여 실증하신 것이니, 仁義는 밖에서 구함을 기다리지 않고 聖人은 배워서 이를 수 있음을 알아서 힘을 씀에 게을리하지 않게 하고자 하신 것이다. 門人들이 그 말씀을 다 기록하지 못하고, 그 大旨(大意)를 뽑기를 이와 같이 한 것이다.

程子(伊川)가 말씀하였다. "性은 바로 理이다. 천하의 理가 그 나온 바를 근원해 보면 善하지 않음이 없으니, 喜怒哀樂이 發하지 않았을 적에 어찌 일찍이 善하지 않겠는가. 〈喜怒哀樂이〉 發하여 節度에 맞으면 가는 곳마다 善하지 않음이 없고, 發하여 節度에 맞지 않은 뒤에야 不善(善하지 않음)이 된다. 그러므로 무릇 善·惡을 말할 적에 다 善을 먼저 하고 惡을 뒤에 하며, 吉凶을 말할 적에 다 吉을 먼저 하고 凶을 뒤에 하며, 是·非를 말할 적에 다 是를 먼저 하고 非를 뒤에 하는 것이다."

1-3. 世子自楚反하여 復見孟子한대 孟子日 世子는 疑吾言乎잇가 夫道는 一而已矣니이다

世子가 楚나라에서 돌아와 다시 孟子를 만나보자, 孟子께서 말씀하셨다. "世子는 내 말을 의심하십니까? 道는 하나(同一함)일 뿐입니다.

集註 | 時人이 不知性之本善하여 而以聖賢爲不可企及이라 故로 世子於孟子之言에 不能無疑하여 而復來求見하니 蓋恐別有卑近易行之說也라 孟子知之라 故로 但告之如此하여 以明古今聖愚本同一性하니 前言已盡하여 無復有他說也라

당시 사람들이 性이 본래 善하다는 것을 알지 못하여 聖賢을 바라서 미칠 수 없다고 여겼다. 그러므로 世子가 孟子의 말씀에 대해 의심이 없지 못하여 다시 와서 만나보기를 구한 것이니, 卑近하여 행하기 쉬운 말씀이 별도로 있을까 해서였다. 孟子께서 이것을 아셨으므로 다만 말씀해 주시기를 이처럼 하여 古今과 聖愚가 본래 똑같은 한 性이니, 지난번 말이 이미 극진하여 다시 다른 말이 없음을 밝히신 것이다.

··· 反 돌아올 반 復 다시 부 疑 의심할 의 企 바랄 기 盡 다할 진

1-4. 成覵이 謂齊景公曰 彼丈夫也며 我丈夫也니 吾何畏彼哉리오하며
顔淵曰 舜何人也며 子何人也오 有爲者亦若是라하며 公明儀曰 文王은
我師也라하시니 周公이 豈欺我哉시리오하나이다

成覵이 齊나라 景公에게 이르기를 '저(聖賢)도 丈夫이며 나도 丈夫이니, 내 어찌 저
聖賢을 두려워하겠는가.' 하였으며, 顔淵이 말씀하기를 '舜임금은 어떠한 사람이며 나
는 어떠한 사람인가. 훌륭한 일을 하는 자는 또한 이 舜임금과 같다.' 하였으며, 公明儀
가 말하기를 〈周公이〉 「文王은 나의 스승이다.」 라고 하셨으니, 周公이 어찌 나를 속
이셨겠는가.' 하였습니다.

按說 | '文王我師也'에 대하여, 朱子는 周公의 말로 보았으나 趙岐는 公明儀의 말로
보아,

> 文王을 스승으로 삼고 周公을 믿은 것은 그 본받을 바를 알았음을 말한 것이다.〔師文王 信
> 周公 言其知所法則也〕

하였다. 이에 대해 茶山은 趙岐와 朱子의 說 가운데 어느 것이 옳은지 자세하지 않다고
하였으나,

> 〈孔子의 아들〉 伯魚가 "孔子는 나의 스승이다"라고 하고, 〈曾子의 아들〉 曾申이 "曾子는
> 나의 스승이다"라고 말할 리가 없을 듯하다.〔伯魚曰孔子我師也 曾申曰曾子我師也 恐無
> 此理〕

라고 하여, 趙岐의 註에 비중을 두었다.

集註 | 成覵은 人姓名이라 彼는 謂聖賢也라 有爲者亦若是는 言人能有爲면 則皆如
舜也라 公明은 姓이요 儀는 名이니 魯賢人也라 文王我師也는 蓋周公之言이니 公明
儀亦以文王爲必可師라 故로 誦周公之言하고 而歎其不我欺也라 孟子旣告世子
以道無二致하고 而復引此二言以明之하시니 欲世子篤信力行하여 以師聖賢이요 不
當復求他說也라

成覵은 사람의 姓名이다. '彼'는 聖賢을 이른다. '有爲者亦若是'는 사람이 훌륭한 일을

··· 覵엿볼간 景볕경 顔얼굴안 淵못연 儀거동의 豈어찌기 欺속일기 誦외울송

함이 있으면 모두 舜임금과 같음을 말한 것이다. 公明은 姓이요 儀는 이름이니, 魯나라의 賢人이다. '文王我師也'는 아마도 周公의 말씀인 듯하니, 公明儀 또한 반드시 文王을 스승 삼을 만하다고 생각하였으므로 周公의 말씀을 외고, '나를 속이지 않았다.'고 감탄한 것이다. 孟子께서 이미 世子에게 道가 두 가지가 없음을 말씀하였고 다시 세 말씀을 인용하여 밝히셨으니, 世子가 독실히 믿고 힘써 행해서 聖賢을 스승 삼을 것이요, 다시 다른 말을 구하지 않게 하고자 하신 것이다.

1-5. 今滕을 絕長補短이면 將五十里也나 猶可以爲善國이니 書曰 若藥이 不瞑眩이면 厥疾이 不瘳라하니이다

이제 滕나라를 긴 곳을 잘라 짧은 곳을 보충하면 거의 50리가 되지만 그래도 善한 나라가 될 수 있습니다. 《書經》에 이르기를 '藥이 독하여 정신이 어지럽지 않으면 그 病이 낫지 않는 것과 같다.' 하였습니다."

按說 | '書曰 若藥不瞑眩 厥疾不瘳'에 대하여, 朱子는

瞑眩의 약을 복용하여 깊은 고질병을 제거하는 것처럼 하고, 단지 悠悠(범범히)해서는 안 되는 것이다.〔如服瞑眩之藥 以除深錮之病 直是不可悠悠耳〕《朱子大全 答李叔文》

하였으며, 또

사람이 성현이 되려고 하면 모름지기 용맹하게 분발해서 瞑眩의 약을 먹은 것과 같게 해야 한다.〔人要爲聖賢 須是猛起 服瞑眩之藥相似〕《語類》

하였다. 揚雄의 《方言》에

무릇 약을 마시거나 붙였다가 중독된 것을……齊나라와 渤海·泰山 사이에서 瞑이라하고 혹은 眩이라 한다.〔凡飮藥傅藥而毒……東齊海岱之間 謂之瞑 或謂之眩〕

하였다.
諺解의 해석에는 모두 '藥이 瞑眩티 아니ᄒ면 그 疾이 瘳티 몯홈이 ᄀᆞᆮ다 ᄒ니이다'로 되어 있는데, 壺山은 이에 대하여

··· 絕 끊을 절 補 기울 보 瞑 어지러울 명 眩 어지러울 현 厥 그 궐 瘳 병나을 추

諺解는 《書經》 본문의 文勢를 따라 '若'字를 '瘳'자 아래에서 해석하였으니, 다시 그 인용한 문세를 살펴보는 것이 옳을 것이다.〔諺解依書本文之勢 以若字 釋於瘳下 更詳其引用之文勢可也〕

하였다. 이는 《書經》의 文勢는 비유법을 사용한 것으로, '若'을 '같다'로 풀이하였으나, 여기서는 '만약'으로 해석하여 '만약 藥이 瞑眩하지 않으면 그 疾이 낫지 않습니다.'로 해석해야 함을 말한 것이다.

集註 | 絶은 猶截也라 書는 商書說(열)命篇이라 瞑眩은 憒亂이라 言 滕國雖小나 猶足爲治니 但恐安於卑近하여 不能自克이면 則不足以去惡而爲善也라

'絶'은 截과 같다. 《書經》은 〈商書 說命〉篇이다. '瞑眩'은 어지러움이다. 滕나라가 비록 작으나 그래도 다스려질 수 있으니, 다만 卑近함에 안주하여 스스로 극복하지 못하면 惡을 제거하고 善을 행하지 못할까 두렵다고 말씀한 것이다.

章下註 | ○愚按 孟子之言性善이 始見(현)於此하고 而詳具於告子之篇이라 然이나 默識而旁通之하면 則七篇之中이 無非此理니 其所以擴前聖之未發而有功於聖人之門이니 程子之言[3]이 信矣로다

○내가 살펴보건대, 孟子께서 性善을 말씀하신 것이 여기에 처음으로 보이고 〈告子〉篇에 자세히 갖추어져 있다. 그러나 묵묵히 알고 사방으로 통달한다면 《孟子》 7篇 가운데 이 이치 아닌 것이 없다. 이전의 聖人들이 미처 發明하지 못한 것을 확충하여 聖人의 문하에 功이 있으니, 程子의 말씀이 참으로 옳다.

│滕定公薨章(喪禮章)│

2-1. 滕定公이 薨커늘 世子謂然友曰 昔者에 孟子嘗與我言於宋이어시늘 於心에 終不忘이러니 今也 不幸하여 至於大故호니 吾欲使子로 問於

---

3   程子之言 : 〈序說〉에 보이는 "孟子有功於聖門 不可勝言"과 "孟子有大功於世 以其言性善" 및 "孟子性善養氣之論 皆前聖所未發" 등을 가리킨 것으로 明道와 伊川의 말씀이 섞여 있다.

···   截 끊을 절 憒 어지러울 궤 按 살필 안 黙 잠잠할 묵 旁 곁 방 擴 넓힐 확 薨 죽을 훙 忘 잊을 망

孟子然後에 行事하노라

滕나라 定公이 죽자, 世子가 然友에게 말하였다. "지난번에 孟子께서 일찍이 나와 宋나라에서 말씀하셨는데, 내 마음에 끝내 잊지 못하였다. 이제 불행하여 大故를 당하였으니, 내 그대로 하여금 孟子에게 물은 뒤에 장례하는 일을 행하고자 하노라."

集註 | 定公은 文公父也라 然友는 世子之傅也라 大故는 大喪也라 事는 謂喪禮라

定公은 文公의 아버지이다. 然友는 世子의 師傅이다. '大故'는 大喪이다. '事'는 喪禮를 이른다.

2-2. 然友之鄒하여 問於孟子한대 孟子曰 不亦善乎아 親喪은 固所自盡也니 曾子曰 生事之以禮하며 死葬之以禮하며 祭之以禮면 可謂孝矣라하시니 諸侯之禮는 吾未之學也어니와 雖然이나 吾嘗聞之矣로니 三年之喪에 齊(자)疏之服과 飦粥之食은 自天子로 達於庶人하여 三代共之하니라

然友가 鄒땅에 가서 孟子에게 묻자, 孟子께서 말씀하셨다. "좋지 않은가. 親喪은 진실로 스스로 극진히 해야 하는 것이다. 曾子께서 말씀하시기를 '살아서는 섬기기를 禮로써 하며 죽어서는 장례하기를 禮로써 하며 제사하기를 禮로써 하면 孝라고 이를 수 있다.' 하셨으니, 諸侯의 禮는 내가 아직 배우지 않았지만 그러나 내 일찍이 들었으니, 삼년상에 齊疏의 상복을 입으며 미음과 죽을 먹는 것은 天子로부터 庶人에 이르기까지 三代가 공통이었다."

按說 | '親喪 固所自盡也'에 대하여, 楊伯峻은 《論語》〈子張〉에 "曾子가 말씀하기를 '내 夫子(孔子)께 들으니, 사람이 스스로 지극히 하는 자가 있지 못하나 반드시 親喪에서는 지극히 한다.(吾聞諸夫子 人未有自致者也 必也親喪乎)" 한 말을 인용하여 설명하였다.

··· 傅 스승 부 鄒 나라이름 추 葬 장사지낼 장 齊 상복아랫단꿰맬 자 疏 거칠 소 飦 미음 전 粥 죽 죽 達 이를 달

'生'과 '死'에 대하여, 壺山은

'生'과 '死'는 官本諺解의 해석이 《論語》와 모순된다.〔生死 諺釋與論語矛盾〕

하였다. 《孟子》官本諺解의 해석은 '生을 事호디 禮로써 ᄒ며 死를 葬호디 禮로써 ᄒ며'로 되어 있는데, 《論語》〈爲政〉 5장에는 '사라실 쩨 셤김을 禮로써 ᄒ며 죽음애 葬홈을 禮로써 ᄒ며'로 되어 있으므로 말한 것이다. '死'는 葬과 祭를 겸하여 말한 것으로 《論語》의 諺釋을 따르는 것이 옳다고 생각된다. 참고로 栗谷諺解에는 '生애 事호믈 禮로써 ᄒ고 死애 葬호믈 禮로써 ᄒ고'라 하여 《論語》의 해석과 같다. '生事之以禮, 死葬之以禮, 祭之以禮'의 세 句는 《論語》〈爲政〉에 보인다.

集註 | 當時諸侯 莫能行古喪禮어늘 而文公이 獨能以此爲問이라 故로 孟子善之하시니라 又言 父母之喪은 固人子之心에 所自盡者니 蓋悲哀之情과 痛疾之意 非自外至니 宜乎文公於此에 有所不能自已也라 但所引曾子之言은 本孔子告樊遲者니 豈曾子嘗誦之하여 以告其門人歟[4]아 三年之喪者는 子生三年然後에 免於父母之懷라 故로 父母之喪을 必以三年也[5]라 齊는 衣下縫也니 不緝曰斬衰(최)요 緝之曰齊衰라 疏는 麤也니 麤布也라 飦은 糜也라 喪禮에 三日에 始食粥하고 旣葬에 乃疏食(사)[6]하니 此古今貴賤通行之禮也라

당시 諸侯 중에 능히 옛 喪禮를 행하는 자가 없었는데, 文公이 홀로 이것을 질문하였으므로 孟子께서 좋게 여기신 것이다. 또 父母의 喪은 진실로 자식의 마음에 극진히 해야 할 바

---

4 豈曾子嘗誦之 以告其門人歟 : '豈'는 '아마도'로 해석하기도 하고, '豈不'과 '豈非'의 생략으로 보아 '어찌 曾子가 일찍이 외워서 그 門人들에게 告하신 것이 아니겠는가'로 해석하기도 한다.

5 三年之喪者……必以三年也 : 이 내용은 《論語》〈陽貨〉 21장에 보인다.

6 喪禮……乃疏食 : 《禮記》〈喪大記〉에 "군주의 喪에 孝子와 大夫와 公子와 衆士들은 모두 3일 동안 먹지 않고, 孝子와 大夫와 公子는 죽을 먹고……衆士들은 거친 밥을 먹고 물을 마시며……夫人과 世婦와 諸妻들은 모두 거친 밥을 먹고 물을 마신다.……大夫의 喪에는 主人과 室老와 손자〔子姓〕들은 모두 죽을 먹고 衆士들은 거친 밥을 먹고 물을 마시며,〔室老는 貴臣을 이르고 衆士는 衆臣을 이른다.〕妻妾들은 거친 밥을 먹고 물을 마시니, 士의 喪에도 이와 같이 한다. 장례를 마치면 주인은 거친 밥을 먹고 물을 마시고 채소와 과일을 먹지 않으며 婦人도 이와 같이 하니, 군주와 大夫와 士가 동일하다. 練祭(小祥祭)를 지내고서 채소와 과일을 먹고, 大祥祭를 지내고서 고기를 먹는다.〔君之喪 子大夫公子衆士 皆三日不食 子大夫公子 食粥……士當食水飮……夫人世婦諸妻 皆當食水飮……大夫之喪 主人,室老,子姓 皆食粥 衆士當食水飮〔室老 其貴臣也 衆士 謂衆臣〕妻妾當食水飮 士亦如之 旣葬 主人當食水飮 不食菜果 婦人亦如之 君大夫士一也 練而食菜果 祥而食肉〕"하였다.

••• 疾 병질, 괴로울 질 樊 울타리 번 遲 더딜 지 懷 품을 회 縫 꿰맬 봉 緝 꿰맬 집 衰 상복 최 麤 거칠 추
麋 미음 미

라고 말씀하신 것이다. 슬퍼하는 情과 애통해 하는 마음이 밖으로부터 온 것이 아니니, 文公이 마땅히 여기에 스스로 그만둘 수 없는 슬픈 情이 있었을 것이다. 다만 여기에 인용한 曾子의 말씀은 본래 孔子께서 樊遲에게 말씀해 주신 것이니, 아마도 曾子가 일찍이 외워서 그 문인들에게 말씀하신 듯하다. 三年喪을 하는 것은, 자식이 태어난 지 3년이 지난 뒤에 父母의 품을 면하므로 父母의 喪을 반드시 3년으로 하는 것이다. '齊'는 옷의 아랫단을 꿰맨 것이니, 꿰매지 않은 것을 斬衰라 하고, 꿰맨 것을 齊衰라 한다. '疏'는 거침이니, 거친 삼베이다. '飦'은 미음이다. 喪禮에 〈부모가 죽은 지〉 3일이 되어야 비로소 죽을 먹고, 장례를 지내고서야 거친 밥을 먹으니, 이는 古今과 貴賤이 통행하는 禮이다.

2-3. 然友反命하여 定爲三年之喪한대 父兄百官이 皆不欲曰 吾宗國魯先君도 莫之行하시고 吾先君도 亦莫之行也하시니 至於子之身而反之不可하니이다 且志曰 喪祭는 從先祖라하니 曰吾有所受之也니이다

然友가 反命(復命)하여 三年喪을 하기로 정하자, 父兄과 百官이 모두 하려고 하지 않으면서 말하기를 "우리의 宗國(종주국)인 魯나라 先君께서도 이것을 행하지 않으셨고 우리 先君께서도 또한 행하지 않으셨으니, 子의 몸에 이르러 이것을 뒤집는 것은 불가합니다. 또 옛 기록에 이르기를 '喪禮와 祭禮는 선조를 따른다.' 하였으니, 이것은 우리들이 전수받은 바가 있기 때문이란 것입니다." 하였다.

集註 | 父兄은 同姓老臣也라 滕與魯는 俱文王之後로되 而魯祖周公爲長하니 兄弟宗之[7]라 故로 滕謂魯爲宗國也라 然이나 謂二國不行三年之喪者는 乃其後世之失

---

7 滕與魯……兄弟宗之:《集註》의 이 내용은《禮記》〈喪服小記〉의 "別子는 祖가 되고, 別子를 이은 것은 大宗이 된다.〔別子爲祖 繼別爲宗〕"에 근거한 것이다. 陳澔의《禮記集說》에 "別子는 셋이 있다. 첫 번째는 諸侯의 適子의 아우이니 正適과 구별하는 것이요, 두 번째는 異姓 公子로 타국으로부터 온 자이니 타국에서 오지 않고 본국에 있던 자와 구별하는 것이요, 세 번째는 여러 姓으로 이 나라에서 일어나 卿大夫가 된 자이니 벼슬하지 않는 자와 구별하는 것인데, 이들을 모두 別子라 칭한다. '祖가 되었다.'는 것은 後世와 구별하여 시조가 된 것이다. '別子를 이은 것이 宗이 된다.'는 것은, 別子의 뒤에 대대로 適長子가 別子를 이어서 族人들과 백세토록 옮기지 않는 大宗이 된 것이다.〔別子有三 是諸侯適子之弟 別於正適 二是異姓公子來自他國 別於本國不來者 三是庶姓之起於是邦 爲卿大夫 而別於不仕者 皆稱別子也 爲祖者 別與後世 爲始祖也 繼別爲宗者 別子之後 世世以適長子繼別子 與族人 爲百世不遷之大宗也〕" 하였다. '適長子가 大宗이 된다'는 것은 鄭玄의 註를 따른 것인데, 朱子도 鄭玄의 뜻을 취해 '宗國'의 '宗'을 大宗의 뜻으로 본 것이다. 그러나 茶山은《禮記》〈大傳〉에 "小宗

··· 反 뒤집을 반

이요 非周公之法本然也[8]라 志는 記也라 引志之言而釋其意하여 以爲所以如此者는 蓋爲上世以來로 有所傳受하니 雖或不同이나 不可改也라 然이나 志所言은 本謂先王之世 舊俗所傳으로 禮文小異나 而可以通行者耳요 不謂後世失禮之甚者也니라

‘父兄’은 同姓의 늙은 신하이다. 滕나라와 魯나라는 모두 文王의 후손인데 魯나라의 시조인 周公이 맏이가 되니, 형제간에 그를 종주로 삼았다. 이 때문에 滕나라가 魯나라를 일러 종국이라 한 것이다. 그러나 두 나라가 삼년상을 행하지 않았다고 말한 것은 바로 후세의 잘못이요, 周公의 법이 본래 그러한 것은 아니다. ‘志’는 기록한 책이다. 기록한 책의 말을 인용하고, 그 뜻을 해석하여 ‘이와 같이 하는 까닭은 上世(先代) 이래로 전수받은 바가 있어서이니, 비록 혹 똑같지 않더라도 고칠 수 없다.’고 하였으나 기록에서 말한 것은 본래 先王 세대의 옛 풍속에 전해오는 것으로 禮文은 조금 다르지만 通用할 수 있는 것을 말했을 뿐이요, 後世에 심하게 禮에 맞지 않는 것을 말한 것은 아니다.

2-4. 謂然友曰 吾他日에 未嘗學問이요 好馳馬試劍하더니 今也에 父兄百官이 不我足也하니 恐其不能盡於大事하노니 子爲我問孟子하라 然

은 있고 大宗이 없는 경우가 있으며, 大宗은 있고 小宗이 없는 경우가 있으며, 宗이 없고 또한 宗으로 삼을 만한 자가 없는 경우가 있으니, 公子가 이것이다.〔有小宗而無大宗者 有大宗而無小宗者 有無宗亦莫之宗者 公子是也〕한 것을 인용하여, 鄭玄의 註가 잘못된 것으로 보았다. 茶山은 《春秋左傳》에 ‘同姓의 맹약’을 ‘宗盟’이라 하고 《國語》〈晉語〉에 ‘同姓의 나라’를 ‘宗國’이라 한 것을 들어, 여기의 ‘宗國’을 ‘同姓의 나라’로 보았다. 趙岐는 “滕과 魯는 同姓으로 모두 文王에게서 나왔다. 魯나라는 周公의 후손이고 滕나라는 叔繡의 후손이다. 聖人(周公)을 존경하였기 때문에 魯를 宗으로 여긴 것이다.〔滕魯同姓 俱出文王 魯 周公之後 滕 叔繡之後 敬聖人 故宗魯者也〕” 하였다. 文王의 正妃인 太姒의 아들은 모두 10人이다. 周公이 그 중 몇 째인지는 불분명하다. 《史記》〈管蔡世家〉에는 ‘長子는 伯邑考, 둘째는 武王 發, 셋째는 管叔 鮮, 넷째는 周公 旦’이라 하였고, 《列女傳》〈周室三母〉에는 ‘周公이 셋째, 管叔이 넷째’라고 하였다. 《集註》에 “周公이 맏이가 된다.〔周公爲長〕”라고 한 것은 文王 생전에 죽은 伯邑考와 왕이 된 武王 發을 제외하고 長이라는 것이다. 楊伯峻은 “周公의 항렬이 비교적 높았기 때문에 나머지 姬姓의 여러 나라들이 모두 魯나라를 宗國으로 삼은 것이다.” 하였다.

8 二國不行三年之喪者……非周公之法本然也:朱子는 이 당시 魯나라에서 三年喪을 행하지 않은 것으로 보았으나, 茶山은 殷나라 高宗의 禮法이나 周公의 禮法으로 三年喪을 행하지 않았을 뿐이고, 당시에도 三年喪이 행해졌으며, 다만 임금에 따라 그 禮法이 일정하지 않아 행하기도 하고 혹 행하지 않기도 한 것이라 하였다. 茶山은 “3년 동안 말하지 않는 禮는 殷나라 禮이고 周나라 禮가 아니다. 周나라 禮는 오직 장례를 지내기 전까지만 命令을 내지 않았다.〔至於三年不言之禮 此是殷禮 不是周禮 周禮惟未葬不出命令〕”하고, 또 “‘魯나라 先君께서도 이것을 행하지 않았다.’고 한 것은 전혀 행하지 않았다는 것이 아니요, 殷나라 高宗처럼 하지 못했다고 말한 것일 뿐이다.〔惟所謂魯先君之莫之行 不是全莫之行 蓋云不得如殷高宗而已〕” 하였다.

••• 釋 풀석 馳 달릴치 劍 칼검

友復之鄒하여 問孟子한대 孟子曰 然하다 不可以他求者也라 孔子曰 君薨커시든 聽於冢宰하나니 歠粥하고 面深墨하여 卽位而哭이어든 百官有司 莫敢不哀는 先之也라 上有好者면 下必有甚焉者矣니 君子之德은 風也요 小人之德은 草也니 草尙之風이면 必偃이라하시니 是在世子하니라

世子가 然友에게 이르기를 "내 지난날에 일찍이 학문을 하지 않고 말달리기와 칼쓰기를 좋아하였는데, 지금 父兄과 百官들이 나를 만족하게 여기지 않으니, 그 大事에 禮를 다하지 못할까 염려스러우니, 그대는 나를 위하여 孟子에게 다시 물어보라." 하였다. 然友가 다시 鄒땅에 가서 孟子에게 묻자, 孟子께서 말씀하셨다. "그러하겠다. 다른 데서 찾을 것이 없다. 孔子께서 말씀하시기를 '임금이 죽으면 〈世子는 모든 정사를 冢宰에게 위임하여 百官들이〉 冢宰에게 명령을 듣는다. 〈世子가〉 죽을 먹고 얼굴이 짙은 흑색이 되어 상주의 자리에 나아가 곡을 하면 百官과 有司들이 감히 슬퍼하지 않는 이가 없는 것은, 윗사람이 솔선하기 때문이다. 위에서 〈무엇을〉 좋아하면 아래에는 반드시 그보다 더 심함이 있는 것이다. 君子(爲政者)의 德은 비유하면 바람이요 小人(백성)의 德은 풀이니, 풀 위에 바람이 가해지면 반드시 그리로 쏠린다.' 하셨으니, 이것은 世子에게 달려 있다."

按說 | '其不能'의 '其'字에 대하여, 楊伯峻은

이 '其'字는 진실로 世子 자신을 가리키는 말로 보아야 하니, 古人들은 본래 삼인칭의 대명사를 빌려 자신을 가리킨 예가 있었다. 그러나 趙岐의 注에 父兄과 百官을 가리킨다고 한 것도 통한다.

하였다.
壺山은 '君子之德'의 '德'에 대하여,

德은 道와 같다.〔德 猶道也〕

하였고, '尙之風'에 대하여

··· 然 옳게여길 연 冢 우두머리 총 宰 재상 재 歠 마실 철 墨 먹 묵 卽 나아갈 즉 哭 울 곡 尙 더할 상 偃 누울 언

'바람으로써(바람을) 더하다.'란 말과 같다.〔猶言尙以風〕

하였다.

集註 | 不我足은 謂不以我滿足其意也라 然者는 然其不我足之言[9]이라 不可他求
者는 言當責之於己라 冢宰는 六卿之長也라 歠은 飮也라 深墨은 甚黑色也라 卽은
就也라 尙은 加也니 論語에 作上하니 古字에 通也라 偃은 伏也라 孟子言 但在世子自
盡其哀而已라하시니라

'不我足'은 나를 그들의 뜻에 만족스럽게 여기지 않음을 이른다. '然'은 나를 만족스럽게
여기지 않는다는 말을 옳게 여긴 것이다. '다른 데서 찾을 수 없다.'는 것은 마땅히 자신에
게 책해야 함을 말씀한 것이다. '冢宰'는 六卿의 우두머리이다. '歠'은 마심이다. '深墨'은
짙은 흑색이다. '卽'은 나아감이다. '尙'은 加함이다.《論語》〈顔淵〉에는 '上'으로 되어 있으
니, 古字에 통용되었다. '偃'은 엎드림이다. 孟子께서는 단지 世子가 스스로 슬픔을 다함에
달려있을 뿐이라고 말씀하신 것이다.

2-5. 然友反命한대 世子曰 然하다 是誠在我라하고 五月居廬하여 未有命戒어늘 百官族人이 可謂曰知라하며 及至葬하여 四方이 來觀之하더니 顔色之戚과 哭泣之哀에 弔者大悅하더라

然友가 복명하자, 世子가 말하기를 "그렇다. 이것은 진실로 나에게 달려 있다." 하고,
5개월 동안 廬幕에 거처하여 명령과 敎戒함이 있지 않았다. 이에 百官과 宗族들이
다 말하기를 "禮를 안다." 하였으며, 장례 때에 이르러 사방에서 와서 구경하였는데, 슬
퍼하는 안색과 애처로운 곡읍에 조문하는 자들이 크게 기뻐하였다.

按說 | '可謂曰知'의 '可'에 대하여, 慶源輔氏(輔廣)는

'可'가는 마땅히 '皆'자가 되어야 하니 만일 '可'자로 읽으면 文理가 통하지 않는다.〔可當

---

9   然者 然其不我足之言 : 朱子는 '然'을 '옳게 여기다'의 뜻으로 해석하였으나, 옛날 문답할 적에 상투적
    으로 然이나 諾을 놓았는바, '옳다'의 뜻이 아니고 단지 남의 말을 인정하는 형식적인 글자로 보인다. 예
    컨대 '알겠다'는 표현이 아닌가 여겨진다. 아래 經文의 '世子曰 然'도 같다.

⋯   滿 찰만 廬 여막 려 葬 장사지낼 장 戚 슬플 척 泣 울읍

하였는바,《集註》에 소개된 或者의 설과 같으며, 官本諺解에서도 '다'로 보았다.

集註 | 諸侯는 五月而葬하니 未葬엔 居倚廬於中門之外하나니 居喪不言이라 故로 未有命令敎戒也[10]라 可謂曰知는 疑有闕誤하니 或曰 皆謂世子之知禮也라하니라

제후는 5개월에 장례하니, 장례하지 않았을 적에는 中門의 밖에 있는 倚廬(임시로 만든 여막)에 거처한다. 居喪 중에는 말하지 않으므로 명령과 敎戒(가르침과 훈계)를 내리지 않은 것이다. '可謂曰知'는 의심컨대 闕文(빠진 부분)이나 誤字가 있는 듯하니, 혹자는 "모두들 世子가 禮를 안다고 말하였다." 한다.

章下註 | ○林氏曰 孟子之時에 喪禮旣壞라 然이나 三年之喪에 惻隱之心과 痛疾之意는 出於人心之所固有者하여 初未嘗亡(무)也언마는 惟其溺於流俗之弊하여 是以로 喪其良心而不自知耳라 文公이 見孟子而聞性善堯舜之說하니 則固有以啓發其良心矣라 是以로 至此而哀痛之誠心이 發焉이러니 及其父兄百官이 皆不欲行하여는 則亦反躬自責하여 悼其前行之不足以取信하고 而不敢有非其父兄百官之心하니 雖其資質이 有過人者나 而學問之力을 亦不可誣也[11]라 及其斷然行之하여는 而遠近見聞이 無不悅服하니 則以人心之所同然者로 自我發之하여 而彼之心悅誠服이 亦有所不期然而然者하니 人性之善이 豈不信哉리오

○林氏(林之奇)가 말하였다. "孟子 때에 喪禮가 이미 무너졌다. 그러나 부모의 三年喪에 측은해 하는 마음과 애통해 하는 생각은 人心의 고유한 것에서 나와 애당초 일찍이 없지 않

---

10 諸侯五月而葬……未有命令敎戒也 : '倚廬에 거처하는 것'은 《禮記》〈喪大記〉에 "부모의 喪에는 倚廬에 거처하되 진흙을 바르지 않고 거적자리에서 자고 흙 베개를 베며, 초상에 관한 일이 아니면 말하지 않는다.〔父母之喪 居倚廬 不塗 寢苫枕凷(塊) 非喪事 不言〕"라고 보인다. '제후는 5개월에 장례하는 일'은 《春秋左傳》 隱公 元年에 "天子는 7개월에 장례하니 同軌가 모두 오고,〔同軌를 말하여 四夷의 나라를 분별하였다.〕 諸侯는 5개월에 장사하니 同盟國이 오고, 大夫는 3개월에 장례하니 같은 지위에 있는 官員이 오고, 士는 달을 넘겨 장례하니 인척들이 온다.〔天子七月而葬 同軌畢至〔言同軌 以別四夷之國〕 諸侯五月 同盟至 大夫三月 同位至 士踰月 外姻至〕"라고 보인다. 이는 조문객의 遠近을 기준으로 葬禮하는 기간을 정하였음을 말한 것이다. 同軌는 수레바퀴의 치수가 똑같은 것으로 《中庸》에 보인다.

11 學問之力 亦不可誣也 : 世子가 평소 학문을 하지 않아 실력이 없음을 이 사실을 통해 명백하게 알 수 있음을 말한 것이다.

··· 倚 기댈 의, 의지할 의 闕 빠질 궐 誤 그르칠 오 壞 무너질 괴 惻 슬플 측 溺 빠질 닉 弊 폐단 폐 喪 잃을 상 啓 열 계 躬 몸 궁 悼 슬플 도 資 바탕 자 誣 속일 무 斷 끊을 단 服 복종할 복

왔다. 다만 流俗의 폐단에 빠졌기 때문에 본래의 良心을 상실하여 스스로 알지 못했을 뿐이다. 文公이 孟子를 뵙고 性善과 堯·舜의 말씀을 들었으니, 진실로 그 良心을 啓發함이 있었다. 이 때문에 이에 이르러 애통해 하는 誠心이 발로하였다. 父兄과 百官이 모두 〈三年喪을〉 행하고자 하지 않음에 이르러서는, 또한 자신에게 되돌려 자책해서 지난날의 행동이 남에게 신임을 받지 못함을 슬퍼하고 감히 父兄과 百官을 비난하는 마음을 갖지 않았으니, 비록 자질이 남보다 뛰어났으나 학문의 功力을 또한 속일 수 없었다. (그러나 또) 단연코 이 것(喪禮)을 행함에 이르러는, 遠近의 보고 듣는 자들이 기뻐하고 복종하지 않음이 없었으니, 이는 人心의 똑같이 옳게 여기는 것을 나로부터 發하여, 저들이 마음으로 기뻐하고 진심으로 복종함이 또한 그러하기를 기약하지 않아도 그렇게 된 것이다. 그렇다면, 人性의 善함이 어찌 진실이 아니겠는가."

|問爲國章(井地章)|

3-1. 滕文公이 問爲國한대

滕나라 文公이 나라를 다스리는 것에 대해 묻자,

集註 | 文公이 以禮聘孟子라 故로 孟子至滕에 而文公問之라

文公이 禮로써 孟子를 초빙하였다. 그러므로 孟子께서 滕나라에 이르심에 文公이 물은 것이다.

3-2. 孟子曰 民事는 不可緩也니 詩云 晝爾于茅요 宵爾索綯(삭도)하여 亟(극)其乘屋이오사 其始播百穀이라하나이다

孟子께서 말씀하셨다. "農事는 느슨히 할 수가 없으니, 《詩經》에 이르기를 '낮이면 가서 띠(풀)를 베어 오고 밤이면 새끼줄을 꼬아서 빨리 그 지붕에 올라가 지붕을 이어야 〈다음 해에〉 비로소 百穀을 파종할 수 있다.' 하였습니다.

按說 | '索綯'에 대하여, 두 諺解에 '索을 綯ᄒ야'로 되어 있는데, 壺山은

··· 爲 다스릴 위 聘 초빙할 빙 緩 늦출 완 晝 낮 주 于 가서취할 우 茅 띠풀 모 宵 밤 소 索 새끼줄 삭
綯 새끼꼴 도 亟 빠를 극 乘 오를 승 屋 지붕 옥 播 뿌릴 파 穀 곡식 곡

'索綯'를 諺解에서 '綯索'으로 해석하여 《詩經》의 해석과 똑같지 않으니, 그 文勢를 살펴

보면 마땅히 《詩經》의 해석을 정론으로 삼아야 할 것이다.〔索綯 諺解作綯索釋之 與詩解

不同 觀其文勢 當以詩解爲正〕

하였다. 《詩經集傳》에는 "索은 새끼를 꼬는 것이요, 綯는 새끼줄이다.〔索 絞也 綯 索也〕"

하여 '綯를 索하다'로 해석하였다.

'乘屋'에 대하여, 壺山은

'乘屋'은 諺解의 해석이 《集註》의 뜻과 약간 다르다.〔乘屋 諺讀與集註之意 微不同〕

하였다. 이는 官本諺解에서는 '乘屋'을 새끼줄을 꼬아서 지붕에 올려 덮는 것으로 보았

는데, 《集註》에서는 '乘'을 '升(오름)'으로 보아 지붕에 올라가는 것으로 보았으므로 말한

것이다. 楊伯峻은 《詩經》 鄭玄의 箋에 "乘은 治이다." 한 것을 취하여 지붕을 수선하는

것으로 보았다.

集註 | 民事는 謂農事라 詩는 豳風七月之篇이라 于는 往取也라 綯는 絞也라 亟은 急

也라 乘은 升也라 播는 布也라 言農事至重하니 人君이 不可以爲緩而忽之라 故로 引

詩言治屋之急이 如此者는 蓋以來春에 將復始播百穀而不暇爲此也라

'民事'는 농사를 이른다. 詩는 〈豳風 七月〉篇이다. '于'는 가서 취함이다. '綯'는 꼬는 것이

다. '亟'은 급함이다. '乘'은 오름이다. '播'는 폄이다. 농사는 지극히 중요하니, 人君이 느

슨히 하여 輕忽히 할 수 없음을 말씀하신 것이다. 그러므로 《詩經》을 인용하여 "지붕을 다

스리기를 급히 함이 이와 같은 까닭은 내년 봄에 장차 다시 百穀을 파종하기 시작하면 이것

을 할 겨를이 없기 때문이다."라고 말씀하신 것이다.

3-3. 民之爲道也 有恒産者는 有恒心이요 無恒産者는 無恒心이니 苟

無恒心이면 放辟邪侈를 無不爲已니 及陷乎罪然後에 從而刑之면 是는

罔民也니 焉有仁人在位하여 罔民을 而可爲也리오

백성의 道(백성이라는 것)는 떳떳한(일정한) 재산(생업)이 있는 자는 떳떳한 마음이 있

고, 떳떳한 재산이 없는 자는 떳떳한 마음이 없으니, 진실로 떳떳한 마음이 없으면 放辟

••• 豳 땅이름 빈(邠同) 絞 새끼꼴 교 忽 소홀할 홀 暇 겨를 가 辟 간사할 벽 侈 사치할 치 陷 빠질 함
罔 속일 망, 그물 망

함과 邪侈함을 하지 않음이 없게 됩니다. 죄에 빠진 뒤에 따라서 이들을 형벌한다면 이 것은 백성을 그물질하는 것이니, 어찌 仁人이 지위에 있으면서 백성을 그물질하는 짓을 할 수 있겠습니까.

按說 | '民之爲道也'의 '爲道'에 대하여, 壺山은

'爲道'는 '爲物'이란 말과 같다.〔爲道 猶言爲物也〕

하여, '爲'에 특별한 의미를 부여하지 않고, 사람을 지칭할 때 '爲人'이라고 하는 것과 같은 경우로 보았다. '某之爲人'을 '某라는 사람'으로 본다면, '民之爲物' 또한 '백성이라는 것' 의 의미가 될 수 있을 것이다.
楊伯峻은 '爲'를 아래 4章의 '人之有道也'에서의 '有'와 같은 의미라고 하고, "백성들 에게는 하나의 기본적인 情況〔道〕이 있으니"로 번역하였다.

集註 | 音義並見(현)前篇[12]하니라

音과 뜻이 모두 前篇(梁惠王上)에 보인다.

3-4. 是故로 賢君이 必恭儉하여 禮下하며 取於民이 有制니이다

이러므로 賢君은 반드시 공손하고 검소하여, 아랫사람을 예우하며 백성들에게 취함이 제한이 있는 것입니다.

集註 | 恭則能以禮接下하고 儉則能取民以制니라

공손하면 능히 禮로써 아랫사람을 접하고, 검소하면 능히 백성들에게서 취함을 제한으로써 한다.

3-5. 陽虎曰 爲富면 不仁矣요 爲仁이면 不富矣라하니이다

---

12 音義並見前篇 : 內閣本에는 別行하지 않고 아랫글과 이어져 있는데, 바로잡고 集註로 처리하였다.

··· 儉 검소할 검 虎 범 호 富 부유할 부

陽虎가 말하기를 '富者가 되려면 仁하지 못하고, 仁을 하려면 富者가 못된다.' 하였습니다.

> 集註 | 陽虎는 陽貨니 魯季氏家臣也라 天理人欲이 不容並立이라 虎之言此는 恐爲仁之害於富也요 孟子引之는 恐爲富之害於仁也니 君子小人이 每相反而已矣니라
>
> 陽虎는 陽貨이니, 魯나라 季氏의 家臣이다. 天理와 人欲은 兩立할 수 없다. 陽虎가 이것을 말한 것은 仁을 함이 富에 해로울까 두려워한 것이요, 孟子가 이것을 인용하신 것은 富를 함이 仁에 해로울까 두려워하신 것이니, 君子와 小人은 매양 相反될 뿐이다.

3-6. 夏后氏는 五十而貢하고 殷人은 七十而助하고 周人은 百畝而徹하니 其實은 皆什一也니 徹者는 徹也요 助者는 藉也니이다

夏后氏는 50畝에 貢法을 썼고 殷나라 사람은 70畝에 助法을 썼고 周나라 사람은 100畝에 徹法을 썼으니, 그 실제는 모두 10분의 1을 한 것입니다. 徹은 통한다는 뜻이요 助는 빌린다는 뜻입니다.

---

13 商人 始爲井田之制 : 茶山은 堯·舜 이전의 上古 시대에 井田制가 시작되었을 것이라고 하였다.

14 以助耕公田 而不復稅其私田 :《大全》에 "이른바《公孫丑上》5장의 '公田을 도와 경작하게 하고 租稅를 받지 않는다.'는 것이다.〔所謂助而不稅〕" 하였다.

15 鄕遂 : 周代에 王城에서 50리 이상 떨어져 있는 지역을 鄕이라 하여 六鄕으로 나누고, 100里 이상 떨어져 있는 지역을 遂라 하여 六遂로 나누었다.

16 十夫有溝 : 100畝를 1夫라 하는데,《周禮》〈地官司徒 遂人〉에 "무릇 野를 다스릴 적에 夫 사이에 遂(작은 도랑)가 있으니 遂 위에 徑(작은 길)이 있고, 十夫에 溝(도랑)가 있으니 溝 위에 畛(밭두렁)이 있고, 百夫에 洫(봇도랑)이 있으니 洫 위에 涂(작은 길)가 있고, 千夫에 澮(작은 냇물)가 있으니 澮 위에 道(길)가 있고, 萬夫에 川(냇물)이 있으니 川 위에 路(큰길)가 있어서 王畿에 도달한다.〔凡治野 夫間有遂 遂上有徑 十夫有溝 溝上有畛 百夫有洫 洫上有涂 千夫有澮 澮上有道 萬夫有川 川上有路 以達于畿〕" 하였는데, 鄭玄의 註에 "10夫는 2鄰의 田地를 경작하고 100夫는 1鄼의 전지를 경작하고 1,000夫는 2鄙의 전지를 경작하고 10,000夫는 4縣의 전지를 경작하였다. 遂·溝·洫·澮는 모두 작은 물을 큰 냇물로 통하게 하는 것이다. 遂는 넓이와 깊이가 각각 2尺이고 溝는 이보다 곱절이고 洫은 溝보다 곱절이며 澮는 넓이가 2尋, 깊이가 2仞이다. 徑·畛·涂·道·路는 모두 수레와 보행자를 國都로 통하게 하는 길이다.〔十夫二鄰之田 百夫一鄼之田 千夫二鄙之田 萬夫四縣之田 遂溝洫澮 皆所以涌水於川也 遂廣深各二尺 溝倍之 洫倍溝 澮廣二尋深二仞 徑畛涂道路 皆所以通車徒於國都也〕" 하였다. 尋은 10척이고 仞은 8척이다.

··· 后 임금후 貢 바칠공 徹 통할철 藉 빌릴자

集註 | 此以下는 乃言制民常産과 與其取之之制也라 夏時에 一夫受田五十畝하고 而每夫에 計其五畝之入以爲貢이러니 商人이 始爲井田之制[13]하여 以六百三十畝之地로 畫爲九區하니 區七十畝라 中爲公田이요 其外는 八家各授一區하니 但借其力하여 以助耕公田하고 而不復稅其私田[14]이라 周時엔 一夫受田百畝하되 鄕遂[15]엔 用貢法하여 十夫有溝[16]하고 都鄙엔 用助法하여 八家同井[17]하여 耕則通力而作하고 收則計畝而分이라 故로 謂之徹[18]이라 其實皆什一者는 貢法은 固以十分之一로 爲常數하고 惟助法은 乃是九一이나 而商制는 不可攷요 周制則公田百畝에 中以二十畝로 爲廬舍하여 一夫所耕公田이 實計十畝니 通私田百畝하면 爲十一分而取其一[19]이니 蓋又輕於十一矣라 竊料 商制亦當似此하여 而以十四畝로 爲廬舍하여 一

---

17 八家同井 : 《周禮》〈冬官考工記 匠人〉에 "匠人이 溝洫을 만든다.……9夫가 井이니 井 사이에 넓이가 4尺이고 깊이가 4尺인 것을 溝라 하고, 方 10里가 成이니 成 사이에 넓이가 8尺이고 깊이가 8尺인 것을 洫이라 하고, 方 100里가 同이니 同 사이에 넓이가 2尋(16尺)이고 깊이가 2仞(16尺)인 것을 澮라 한다.〔匠人爲溝洫……九夫爲井 井間廣四尺, 深四尺 謂之溝 方十里爲成 成間廣八尺, 深八尺 謂之洫 方百里爲同 同間廣二尋, 深二仞 謂之澮〕"하였다. 그 註에 "이는 王畿 안에 采地의 制度이다. 9夫를 1井이라 하는데, 井은 넓이가 1里이니 아홉 명의 농부가 경작하는 넓이의 田地이다.〔此畿內采地之制 九夫爲井 井者方一里 九夫所治之田也〕"하였다.

18 耕則通力而作……謂之徹 : 朱子는 "이 내용은 자세히 알 수 없고, 다만 〈程子의〉 洛陽의 議論 중에 '通徹하여 耕作한다.'는 말씀을 인하여 추측했을 뿐이다. 혹 경작할 때에만 함께 힘을 합하여 경작하고 수확할 때에는 각자 자기의 畝數를 헤아려 소득으로 삼는 지도 알 수 없다.〔此亦不可詳知 但因洛陽議論中通徹而耕之說 推之耳 或但耕則通力而耕 收則各得其畝 亦未可知也〕"하였는데,《朱子大全 答吳伯豐》 茶山은 "'徹'이란 '취하여 가져간다.'는 뜻이다. 힘을 합하여 함께 경작하고 畝數를 계산해서 고르게 나눈다는 것은, 여덟 가구가 노동력을 함께하여 여덟 구역을 경작하고, 가을에 곡식이 익으면 여덟 구역의 수확을 통틀어 8등분하여 각각 한 몫씩 갖는 것을 이르니, 이 법은 불편할 듯하다. 진실로 여덟 가구의 사람 수가 반드시 다 똑같지는 않을 것이니, 들인 노동력이 서로 같을 수 없다. 더구나 그 부지런함과 게으름이 반드시 각각 다를 것인데, 가을 곡식이 익은 후에 어떻게 畝數를 계산해서 고르게 분배할 수 있겠는가. 백성들이 장차 서로 원망할 것이니, 어떻게 시행할 수 있겠는가.〔徹者 取去也 通力合作 計畝均分者 謂八家同力 以治八區 及其秋成 通執八區所穫 八分其率 各領一率也 此法恐不便 誠以八家人口 不必皆同 則所致人力 不能相同 況其勤惰 必各不齊 秋成之後 顧何以計畝均分乎 民將胥怨 何以行矣〕"하였다.

19 周制則公田百畝……爲十一分而取其一 :《漢書》〈食貨志〉에 다음과 같이 보인다. "백성을 다스리는 방도는 〈백성들이〉 地著하는 것을 근본으로 삼는다.〔'地著'은 본토에 편안히 土著함을 이른다.〕그러므로 반드시 步法을 세우고 밭두둑을 만들어서 경계를 다스림을 바로잡는바, 6尺이 步, 100步가 畮(畝), 100畮가 夫, 3夫가 屋, 3屋이 井이니, 井은 方 1里이니 이것이 9夫이다. 여덟 農家가 한 井을 함께 경작하여 각각 私田 100畮와 公田 10畮를 받으니 이는 모두 880畮가 되고, 나머지 20畮는 廬舍를 만든다. 〈여덟 農家가〉 나가고 들어올 적에 서로 벗하고, 지키고 망볼 적에 서로 돕고, 疾病이 있을 적에 서로 구원한다. 이 때문에 백성들이 서로 화목하고 敎化가 똑같이 이루어져서 부역과 생산을 공평하게 할 수 있는 것이다. 백성들이 田地를 받을 적에 上田은 한 農夫가 100畮를 받고 中田은 한 農夫가 200畮를 받고 下田은 한 農夫가 300畮를 받는다. 해마다 밭을 갈아 파종하는 것을 '不易上田'이라 하고, 1년을

··· 畫 그을 획 借 빌릴 차 稅 세금 세 鄕 행정구역단위 향 遂 행정구역단위 수 溝 도랑 구 鄙 시골 비
攷 상고할 고 廬 여막 려 竊 사사로울 절

夫實耕公田七畝리니 是亦不過十一也라 徹은 通也며 均也요 藉는 借也라

이 이하는 마침내 백성들에게 떳떳한 生業을 제정해 주는 것과 조세를 취하는 제도를 말씀한 것이다. 夏나라 때에는 한 家長이 토지 50畝를 받고 家長마다 5畝의 수입을 계산하여 바쳤었다. 商나라 사람이 처음으로 井田의 제도를 만들어, 630畝의 토지를 아홉 구역으로 구획하였으니, 한 구역이 70畝였다. 한가운데는 公田이 되고 그 바깥은 여덟 집에게 각기 한 구역을 주었으니, 단지 힘을 빌어서 公田을 도와 경작하게 하고 私田에는 다시 課稅하지 않았다. 周나라 때에는 한 家長이 토지 100畝를 받았는데, 鄕·遂에는 貢法을 써서 10夫에 溝가 있었고, 都鄙(卿大夫의 采地)에는 助法을 써서 여덟 집이 井을 함께하였다. 그리고는 경작할 때에는 힘(노동력)을 합하여 함께 일하고, 수확하게 되면 畝數를 계산하여 분배하였다. 그러므로 徹이라고 이른 것이다. '그 실제는 모두 10分의 1'이라는 것은 貢法은 진실로 10분의 1을 일정한 수로 삼았고, 오직 助法은 9분의 1의 세법이지만 商나라 제도는 상고할 수 없으며, 周나라 제도는 公田 100畝에 가운데 20畝를 여막으로 만들어서 一夫가 경작하는 公田이 실로 계산하면 10畝로, 私田 100畝를 통틀어 계산하면 11分의 1을 취함이 되니, 이는 또 10분의 1보다 가벼운 것이다.

내가 생각하건대, 商나라 제도 역시 마땅히 이와 같아서 14畝를 여막으로 삼아 一夫가 실제로 公田 7畝를 경작했을 것이니, 〈그렇다면〉 이 역시 10분의 1에 불과하다. '徹'은 통한다는 뜻이고 고르게 한다는 뜻이요, '藉'는 빌린다는 뜻이다.

쉬고 농사짓는 것을 '一易中田'이라 하고, 2년을 쉬고 농사짓는 것을 '再易下田'이라 하니, 3년마다 다시 밭을 갈아서 그곳에서 다시 시작한다. 農民의 家戶가 이미 田地를 받으면 그 집안의 여러 男子를 '餘夫'라 하니, 또한 식구에 비례하여 田地를 받기를 이 준례[比]와 같이한다.[比는 準例이다.] 士와 工人과 商人의 집안에서 田地를 받는 것은 다섯 식구가 農夫 한 사람과 맞먹으니, 이것을 일러 土地를 공평하게 해서 法으로 삼을 수 있다는 것이다. 山林과 藪澤(늪지대)과 原陵과 淳鹵(염전)의 땅[淳은 다함이다. 소금기가 많은 鹽田은 五穀이 자라지 않는다.]의 경우에는 각각 土地의 비옥하고 척박함과 많고 적음으로 차등을 삼는다.……백성의 나이 20세에 田地를 받았다가 60세에 田地를 돌려준다.……들녘에 있는 집을 廬라 하고 邑에 있는 집을 里라 한다.[理民之道 地著爲本[地著謂安土] 故必建步立畝 正其經界 六尺爲步 步百爲畝 畝百爲夫 夫三爲屋 屋三爲井 井方一里 是爲九夫 八家共之 各受私田百畝 公田十畝 是爲八百八十畝 餘二十畝 以爲廬舍 出入相友 守望相助 疾病相救 民是以和睦 而敎化齊同 力役生産 可得而平也 民受田 上田夫百畝 中田夫二百畝 下田夫三百畝 歲耕種者 爲不易上田 休一歲者 爲一易中田 休二歲者 爲再易下田 三歲更耕之 自爰其處 農民戶人己受田 其家衆男爲餘夫 亦以口受田如此[比 例也] 士工商家受田 五口乃當農夫一人 此謂平土可以爲法者也 若山林藪澤 原陵淳鹵之地[淳 盡也 鳥鹵之田 不生五穀] 各以肥磽多少爲差……民年二十受田 六十歸田……在畝(野)曰廬 在邑曰里]"

··· 均 고를 균

3-7. 龍子曰는 治地는 莫善於助요 莫不善於貢이라하니 貢者는 校數歲之
中하여 以爲常하나니 樂歲엔 粒米狼戾하여 多取之而不爲虐이라도 則寡
取之하고 凶年엔 糞其田而不足이어늘 則必取盈焉하나니 爲民父母하여
使民盼盼然將終歲勤動하여 不得以養其父母하고 又稱貸而益之하여
使老稚로 轉乎溝壑이면 惡(오)在其爲民父母也리오

龍子가 말하기를 '토지를 다스림은 助法보다 좋은 것이 없고 貢法보다 나쁜 것이 없
다.' 하였으니, 貢은 몇 년의 중간치를 비교하여 일정한 수를 내게 하는 것이다. 樂歲(豐
年)에는 곡식이 狼藉하여 많이 취하여도 포악함이 되지 않는데도 적게 취하고, 흉년에
는 토지의 곡식에 肥培하기에도 부족한데 반드시 〈일정액을〉 채움을 취하니, 백성의 부
모가 되어서 백성들로 하여금 한스럽게 보아 장차 일 년 내내 부지런히 노동하여 그 부
모를 봉양할 수 없게 하고, 또 빚을 내어 보태어서 〈세금을 내게 하여〉 늙은이와 어린아
이로 하여금 시신이 溝壑에서 전전하게 한다면, 백성의 부모된 것이 어디에 있겠습니까.

按說 | '龍子曰'에 대하여, 官本諺解는 끝의 '爲民父母也'까지로 보았고, 栗谷諺解
는 '以爲常'까지로 보았다. 이에 대해 壺山은

살펴보건대 栗谷諺解에 龍子의 說을 '爲常'까지로 보았는데, 지금 자세히 살펴보면 '於貢'
까지일 듯하다. 아랫글의 文勢가 분명 孟子의 口氣(어투)요 또 뒷편에 이 說을 인용한 것과
윗절에 '陽虎'를 인용한 것이 모두 두 句에 그침에서 이것을 알 수 있으니, 현행하는 諺解(官
本諺解)대로 하면 너무 길게 늘어진다.[按栗谷諺解 以龍子說 爲止於爲常 今詳之 恐是
止於於貢 蓋其下文語勢 分明是孟子口氣 且後篇引其說 及上節引陽虎者 皆止於二
句 可見 若見行諺解 則太涉拖長矣]

하였다. 本書에서는 壺山과 楊伯峻의 說을 따라 '於貢'에서 끝난 것으로 처리하였다.
'校數歲之中'에 대하여, 官本諺解는 '數歲ㅅ 中을 校ᄒ야'로 해석하였고, 栗谷諺解는
'歲의 中으로 數를 헤이려 ᄡ'로 해서하였다. 沙溪(金長生)는

'校數歲之中'을 栗谷은 그 年事의 중간을 비교하고 헤아림으로 해석하였으니, 풍년들지
않고 흉년들지 않은 중간해라고 여긴 것이다. 나의 생각은 몇 년간 수확한 바의 많고 적은 수

··· 校 비교할 교 粒 낱알 립 狼 어지러울 랑 戾 어그러질 려 糞 북돋을 분 盈 가득찰 영 盼 눈흘겨볼 혜 稱 들 칭
貸 꾸어줄 대 稚 어릴 치 溝 도랑 구 壑 구렁 학

를 통계해서 떳떳한 법칙으로 정한 것이라고 여긴다.〔栗谷釋校數其歲之中 謂不豐不凶之
中年也 愚意以爲通計其數年之間所收多寡之數 而定爲常式也〕《經書辨疑》

하여 官本諺解를 따랐다. 이에 대하여 壺山은

> 살펴보건대 '中'字는 栗谷을 따르고 '數'字는 沙溪를 따르는 것이 좋을 듯하니, 官本諺解
> 가 이와 같다.〔按中字 從栗谷 數字 從沙溪恐好 諺解蓋如是耳〕

하였다.

'夏나라의 貢法이 나쁘다는 것'에 대해, 茶山은

> 龍子가 그 流弊를 가지고 말한 것이니, 堯·禹의 시대에 어찌 이런 일이 있었겠는가. 그러나
> 이미 井田을 만들었으면 9분의 1의 세금을 거두어야 하니, 龍子가 말한 바는 반드시 堯·禹
> 의 본래의 법은 아닐 것이다.〔龍子以其流弊而言之 堯禹之世 豈有是也 然旣作井田 宜
> 收九一 龍子所言 必非堯禹之本法〕

하였다.

集註 | 龍子는 古賢人이라 狼戾는 猶狼藉니 言多也라 糞은 壅也[20]라 盈은 滿也라 盻는
恨視也라 勤動은 勞苦也라 稱은 擧也요 貸는 借也니 取物於人하고 而出息以償之也
라 益之는 以足取盈之數也라 稚는 幼子也라

龍子는 옛 賢人이다. '狼戾'는 狼藉와 같으니, 많음을 말한다. '糞'은 북돋움(肥培管理)
이다. '盈'은 가득함이다. '盻'는 한스럽게 보는 것이다. '勤動'은 勞苦이다. '稱'은 듦이요
'貸'는 빌림이니, 남에게 물건을 취하고 利息을 내어 상환하는 것이다. '益之'는 〈일정액
을〉 가득히 취하는 수를 충족하는 것이다. '稚'는 어린 자식이다.

---

20 糞 壅也 : 茶山은 "'糞'은 청소(掃除)하는 것이다. 《禮記》〈曲禮上〉에 '長者를 위하여 청소하는 禮는
반드시 쓰레받기 위에 빗자루를 올려놓는다.' 하였고, 《春秋左傳》에 '張趯이 사람을 보내어 太叔에게
말하기를「先人의 낡은 집을 청소하였다.」했다' 하였다.……'糞其田而不足'은 '그 밭을 쓸어 세금을
내도 부족하다'는 것이다.〔糞者 掃除也 曲禮曰 爲長者糞之禮 必加帚于箕上 左傳曰 張趯使謂太叔
曰 糞除先人之敝廬……糞其田而不足者 掃其田而不足也〕" 하였다. 이는 '糞其田'을 농지의 수입을
싹쓸이하여 나라에 바친다는 뜻으로 본 것이다. 그러나 茶山이 인용한 구절에서도 '糞'은 더러운 물건을
소제함의 뜻이지, '掃地'의 뜻이 되지는 않는다. 茶山의 說은 너무 비약한 것으로 보인다.

••• 藉 어지러울 자 壅 북돋을 옹 擧 들 거 息 이자식, 자식 식 償 갚을 상

3-8. 夫世祿은 滕이 固行之矣니이다

世祿은 滕나라가 진실로(이미) 시행하고 있습니다.

> 集註 | 孟子嘗言 文王治岐에 耕者를 九一하며 仕者를 世祿이라하시니 二者는 王政之本也라 今世祿은 滕已行之요 惟助法未行이라 故로 取於民者無制耳라 蓋世祿者는 授之土田하여 使之食其公田之入[21]이니 實與助法으로 相爲表裏하니 所以使君子小人으로 各有定業而上下相安者也라 故로 下文에 遂言助法하시니라

> 孟子께서 일찍이 말씀하시기를 "文王이 岐周를 다스릴 적에 경작하는 자들에게는 9분의 1의 稅法을 쓰고 벼슬하는 자들에게는 대대로 祿을 주었다." 하셨으니, 이 두 가지는 王政의 근본이다. 지금 世祿은 滕나라가 이미 시행하고 있고, 오직 助法을 행하지 않았다. 그러므로 백성에게 취함에 제한이 없었다. '世祿'은 〈벼슬아치에게〉 토지를 주어서 그로 하여금 그 公田의 수입을 먹게 하는 것이니, 실로 助法과 서로 表裏가 되니, 君子(벼슬아치)와 小人(백성)으로 하여금 각기 일정한 生業이 있어서 上下가 서로 편안하게 하는 것이다. 그러므로 아랫글에 마침내 助法을 말씀하신 것이다.

3-9. 詩云 雨我公田하여 遂及我私라하니 惟助에 爲有公田하니 由此觀之컨대 雖周나 亦助也니이다

《詩經》에 이르기를 '우리 公田에 비를 내려 마침내 우리 私田에까지 미쳤으면 한다.' 하였으니, 오직 助法에만 公田이 있으니, 이로 말미암아 관찰한다면 周나라도 助法을 쓴 것입니다.

> 集註 | 詩는 小雅大田之篇이라 雨는 降雨也라 言願天雨於公田而遂及私田이라하니 先公而後私也라 當時에 助法盡廢하고 典籍不存이요 惟有此詩可見周亦用助라 故

---

21 世祿者……使之食其公田之入 : 茶山은 "'世祿'은 世爵이다. 옛날에 大夫에게 家가 있는 것은 諸侯에게 國이 있는 것과 같았다. 아버지가 전하고 아들이 이어서 대대로 끊이지 않고 모두 그 田祿을 세습하였다. 오직 官職만은 대대로 전하지 않았다.〔世祿者 世爵也 古者大夫之有家 如諸侯之有國 父傳子承 世世不絶 皆襲其田祿 惟官職不世〕" 하였다.

••• 岐 산이름 기 授 줄 수 裏 속 리 雅 바를 아 降 내릴 강 廢 폐할 폐 典 서책 전 籍 서적 적

로 引之也시니라

詩는 〈小雅 大田〉篇이다. '雨'는 비를 내림이다. 하늘이 公田에 비를 내려서 마침내 私田
에 미치기를 원한다고 말하였으니, 公을 먼저 하고 私를 뒤에 한 것이다. 당시에 助法이 모
두 폐지되고 典籍이 남아 있지 않았고, 오직 이 詩가 있어 周나라도 助法을 쓴 것을 알 수
있었다. 그러므로 이 시를 인용하신 것이다.

3-10. 設爲庠序學校하여 以敎之하니 庠者는 養也요 校者는 敎也요 序者는 射也라 夏日校요 殷日序요 周日庠이요 學則三代共之하니 皆所以明人倫也라 人倫이 明於上이면 小民이 親於下니이다

庠·序·學·校를 설치하여 백성들을 가르쳤으니, 庠은 봉양한다는 뜻이요 校는 가르친
다는 뜻이요 序는 활쏘기를 익힌다는 뜻입니다. 夏나라에서는 校라 하였고 殷나라에
서는 序라 하였고 周나라에서는 庠이라 하였으며, 學(太學)은 三代가 이름을 함께하
였으니, 이는 모두 人倫을 밝히는 것이었습니다. 人倫이 위에서 밝아지면 小民들이 아
래에서 친해집니다.

> 集註 | 庠은 以養老爲義요 校는 以敎民爲義요 序는 以習射爲義[22]니 皆鄕學也라 學
> 은 國學也라 共之는 無異名也라 倫은 序也니 父子有親, 君臣有義, 夫婦有別, 長幼
> 有序, 朋友有信이니 此는 人之大倫也라 庠序學校는 皆以明此而已니라

'庠'은 노인을 봉양함을 의의로 삼았고 '校'는 백성을 가르침을 의의로 삼았고 '序'는 활쏘
기를 익힘을 의의로 삼았으니, 모두 鄕學이다. '學'은 國學(太學)이다. '共之'는 다른 명칭
이 없는 것이다. '倫'은 차례이니, 父子간에는 친함이 있고 君臣간에는 의리가 있고 夫婦간
에는 분별이 있고 長幼간에는 차례(질서)가 있고 朋友간에는 信實함이 있는 것이니, 이는
사람의 큰 윤리이다. 庠·序·學·校는 모두 이것을 밝히려 했을 뿐이다.

---

22 庠……以習射爲義:壺山은 "모두 그 음이 서로 비슷함으로 그 뜻을 취한 것이다.〔皆以其音之相近而
取義〕" 하였다. 한편 《禮記》〈學記〉에 "옛날 교육에 家(25家戶)에는 글방〔塾〕이 있고, 黨(500가호)에
는 庠이 있고, 術(州, 12,500가호)에는 序가 있으며 國都에는 學이 있었다.〔古之敎者 家有塾 黨有庠
術有序 國有學〕" 하였다. 이로 보면 庠·校·序는 周나라 때에 이르러 행정구역의 大小에 따라 함께 사
용한 것으로 보인다.

⋯ 庠 학교상 序 학교서 射 쏠사 倫 차례륜

3-11. 有王者起면 必來取法하리니 是爲王者師也니이다

王者가 나오면 반드시 와서 취하여 법(모범)으로 삼을 것이니, 이는 王者의 스승이 되는 것입니다.

集註 | 滕國이 褊小하여 雖行仁政이라도 未必能興王業이라 然이나 爲王者師면 則雖不有天下라도 而其澤이 亦足以及天下矣니 聖賢至公無我之心을 於此에 可見이니라

滕나라가 좁고 작아서 비록 仁政을 행하더라도 반드시 王業을 일으키지는 못할 것이다. 그러나 王者의 스승이 된다면 비록 천하를 소유하지 못하더라도 그 은택이 또한 충분히 천하에 미칠 수 있으니, 聖賢의 至公無私하신 마음을 여기에서 볼 수 있다.

3-12. 詩云 周雖舊邦이나 其命維新이라하니 文王之謂也니 子力行之하시면 亦以新子之國하시리이다

《詩經》에 이르기를 '周나라가 비록 오래된 나라이나 그 命(天命)은 새롭다.' 하였으니, 이는 文王을 이른 것입니다. 子께서 힘써 행하신다면 또한 子의 나라를 새롭게 할 수 있을 것입니다."

集註 | 詩는 大雅文王之篇이라 言周雖后稷以來로 舊爲諸侯나 其受天命而有天下는 則自文王始也라 子는 指文公이니 諸侯未踰年之稱也[23]라

詩는 〈大雅 文王〉篇이다. 周나라가 비록 后稷 이래로 예로부터 諸侯가 되었으나 天命을 받아 天下를 소유한 것은 文王으로부터 시작됨을 말한 것이다. '子'는 文公을 가리킨 것이니, 諸侯로서 先侯가 죽은 지 1년을 넘지 않은 자의 칭호이다.

---

23 子指文公 諸侯未踰年之稱也 :《春秋左傳》僖公 9년에 "宋나라 桓公이 죽어서 아직 장례하지 않았는데, 襄公이 諸侯들과 曾盟하였다. 그러므로 '子'라 칭하였으니, 무릇 喪中에 있을 적에는 王은 '小童'이라 하고 公侯는 '子'라 한다.〔子는 아버지를 계승하는 말이다.〕〔宋桓公卒 未葬而襄公會諸侯 故曰子 凡在喪 王曰小童 公侯曰子〔子者 繼父之辭〕〕" 하였다. 《大全》에 "《春秋》의 準例에 무릇 公侯가 죽어서 1년이 넘기 전에 王事가 있으면 모두 子라고 칭한다.〔春秋例 凡公侯卒 未越一年而有王事 皆稱子也〕" 하였다.

··· 褊 좁을 편 澤 은택 택 舊 옛구 邦 나라방 維 어조사 유 后 임금 후 稷 농관(農官) 직 踰 넘을 유

3-13. 使畢戰으로 問井地한대 孟子曰 子之君이 將行仁政하여 選擇而使子하시니 子必勉之어다 夫仁政은 必自經界始니 經界不正이면 井地不均하며 穀祿不平하리니 是故로 暴君汚吏는 必慢其經界하나니 經界旣正이면 分田制祿은 可坐而定也니라

〈滕 文公이〉 畢戰으로 하여금 井地(井田法)를 묻게 하자, 孟子께서 대답하셨다. "그대의 군주가 장차 仁政을 행하고자 하여 선택하여 그대를 보내셨으니, 그대는 반드시 힘쓸지어다. 仁政은 반드시 經界(土地의 경계를 다스림)로부터 시작되니, 經界가 바르지 못하면 井地가 균등하지 못하고 穀祿이 공평하지 못하게 된다. 이러므로 暴君과 汚吏(탐관오리)들은 반드시 그 經界를 태만히 하나니, 經界가 바루어지면 土地를 나누어주고 穀祿을 제정해줌은 가만히 앉아서도 정할 수 있는 것이다.

按說 | '使畢戰' 이하에 대하여, 茶山은 "이 節은 별도로 한 章이 되어야 한다.〔此節當別爲一章〕" 하였다.

集註 | 畢戰은 滕臣이라 文公이 因孟子之言하여 而使畢戰으로 主爲井地之事라 故로 又使之來問其詳也라 井地는 卽井田也라 經界는 謂治地分田하여 經畫其溝塗封植之界也[24]라 此法이 不修면 則田無定分하여 而豪强이 得以兼幷이라 故로 井地有不均하고 賦無定法하여 而貪暴得以多取라 故로 穀祿有不平하니 此는 欲行仁政者之所以必從此始요 而暴君汚吏는 則必欲慢而廢之也라 有以正之면 則分田制祿을 可不勞而定矣니라

畢戰은 滕나라의 신하이다. 文公이 孟子의 말씀을 인하여 畢戰으로 하여금 井地의 일을 주관하게 하였다. 그러므로 또 그를 보내 와서 자세한 것을 묻게 한 것이다. '井地'는 바로 井田이다. '經界'는 땅을 다스리고 토지를 나누어서 도랑과 길과 封植의 경계를 구획함을

---

24 經畫其溝塗封植之界也 : 雙峰饒氏(饒魯)는 "溝·塗·封·植의 경계는 經과 緯가 이리저리 섞여 있는데, 곧은 것을 經이라 하고 가로인 것을 緯라 하니, 經만 들어도 緯가 이 안에 들어있다. 溝는 溝洫의 따위이고 塗는 道塗(道路)이고 封은 土埈(里數를 표시한 土程)이고 植은 나무를 심어서 境界로 삼은 것이다.〔溝塗封植之界 經緯錯綜 直者爲經 橫者爲緯 只擧經字 有緯在其中 溝 溝洫之類 塗 道塗 封 土埈 植 種木爲界〕" 하였다. 壺山은 "經은 理와 같다.〔經 猶理也〕" 하였다.

··· 畢 마칠 필 井 우물 정 經 바로잡을 경 穀 녹봉 곡 暴 사나울 폭 汚 더러울 오 慢 태만할 만 畫 그을 획
     溝 도랑 구 塗 길 도(途同) 封 봉할 봉 界 경계 계 豪 호걸 호 幷 아우를 병, 겸병할 병 賦 세금 부 貪 탐할 탐

이른다. 이 법이 닦여지지 못하면 토지가 일정한 나눔(分)이 없어서 豪强들이 兼并할 수 있으므로, 井地가 고르지 못하고 세금이 정한 법이 없어서 탐욕스럽고 포악한 자들이 많이 취할 수 있으므로, 穀祿에 공평하지 못함이 있는 것이니, 이 때문에 仁政을 행하고자 하는 자는 반드시 이로부터 시작하고, 暴君과 汚吏들은 반드시 이를 태만히 하여 폐지하고자 하는 것이다. 이것을 바로잡으면, 土地를 나누어주고 祿을 제정하는 일은 수고하지 않고서도 정할 수 있는 것이다.

3-14. 夫滕이 壤地褊小하나 將爲君子焉이며 將爲野人焉이니 無君子면 莫治野人이요 無野人이면 莫養君子니라

滕나라는 국토가 좁고 작으나, 장차 君子가 될 사람이 있고 장차 野人이 될 사람이 있을 것이니, 君子가 없으면 野人을 다스릴 수 없고, 野人이 없으면 君子를 봉양할 수 없다.

> 按說 | '將爲君子焉'의 '爲'에 대하여, 趙岐는 '爲'를 '有'로 해석하였다.

集註 | 言 滕地雖小나 然其間에 亦必有爲君子而仕者하며 亦必有爲野人而耕者[25]라 是以로 分田制祿之法을 不可偏廢也라

滕나라 땅이 비록 작으나 그 사이에 또한 반드시 君子가 되어 벼슬할 자도 있으며 반드시 野人이 되어 경작할 자도 있을 것이다. 이 때문에 土地를 나누어주고 祿을 제정하는 법을 한 가지도 폐할 수 없다고 말씀한 것이다.

3-15. 請野에 九一而助하고 國中에 什一하여 使自賦하라

청컨대 들(郊外)에는 9분의 1 세법을 써서 助法을 시행하고, 國中(서울)에는 10분의 1 세법을 써서 스스로 세금을 바치게 하라.

---

25 亦必有爲君子而仕者 亦必有爲野人而耕者：壺山은 "'亦必有'를 가지고 〈經文의 '將爲君子焉'의〉 '將字'를 해석하여야 그 뜻이 비로소 충족된다.[以亦必有 釋將字 其義乃足]" 하였다.

··· 壤 땅양 野 들야 耕 밭갈경 偏 한쪽편 什 열십

集註 | 此는 分田制祿之常法이니 所以治野人하여 使養君子也라 野는 郊外都鄙之
地也라 九一而助는 爲公田而行助法也라 國中은 郊門之內 鄕遂之地也[26]니 田不
井授하고 但爲溝洫하여 使什而自賦其一[27]이니 蓋用貢法也니 周所謂徹法者 蓋如
此라 以此推之하면 當時에 非惟助法不行이요 其貢亦不止什一矣니라

이것은 土地를 나누어주고 祿을 제정하는 떳떳한 법이니, 野人을 다스려 君子를 봉양하게
하는 것이다. '野'는 郊外의 都鄙의 땅이다. '九一而助'는 公田을 만들어 助法을 시행하는
것이다. '國中'은 郊門의 안에 있는 鄕·遂의 땅이니, 土地를 井田으로 만들어 주지 않고
다만 溝洫을 만들어서 10분의 1을 스스로 바치게 하니, 이는 貢法을 쓴 것이다. 周나라의
이른바 徹法이라는 것이 이와 같았다. 이로써 미루어보면 당시에 비단 助法이 시행되지 못
했을 뿐만 아니요, 貢法 또한 10분의 1에 그치지 않은 것이다.

3-16. 卿以下는 必有圭田하니 圭田은 五十畝니라

卿 이하는 반드시 圭田이 있으니, 圭田은 50畝이다.

集註 | 此는 世祿常制之外에 又有圭田이니 所以厚君子也라 圭는 潔也니 所以奉祭
祀也라 不言世祿者는 滕已行之요 但此未備耳라

이는 世祿의 떳떳한 제도 외에 또다시 圭田이 있는 것이니, 君子를 후대(우대)하는 것이
다. '圭'는 깨끗함이니, 〈圭田〉은 제사를 받드는 것이다. 世祿을 말하지 않은 것은 滕나라

---

26 國中 郊門之內鄕遂之地也:《大全》에는《周禮》〈地官司徒〉의 註를 다음과 같이 인용하고 있다.
"100里 안을 6鄕이라 하고 100里 밖을 6遂라 한다. 12,500家戶를 鄕이라 한다. 遂人은 6遂를 주관한
다. 6遂의 땅은 먼 郊外로부터 王畿에까지 이르는데, 이 가운데 公邑과 家邑, 小都와 大都가 있다. 遂
는 王國 100里 밖을 이른다.〔百里內爲六鄕 外爲六遂 萬二千五百家爲鄕 遂人主六遂 六遂之地 自
遠郊以達于畿 中有公邑家邑小都大都焉 遂謂王國百里外也〕"

27 國中……使什而自賦其一:朱子는 "國都 안에는 鄕遂의 法을 행한다. 예컨대 5家를 比라 하고 5比를
閭라 하고 4閭를 族이라 하고 5族을 黨이라 하고 5黨을 州라 하며, 또 예컨대 5人을 伍라 하고 5伍를
兩이라 하고 4兩을 卒이라 하고 5卒을 旅라 하고 5旅를 師라 하고 5師를 軍이라 한 것은 모두 5와 5로
서로 연결한 것이니, 이 때문에 9분의 1의 法을 시행할 수 없는 것이다. 그러므로 다만 10분의 1을 세금
으로 내어서 직접 바치게 하는 것이다.〔國中 行鄕遂之法 如五家爲比 五比爲閭 四閭爲族 五族爲黨
五黨爲州 又如五人爲伍 五伍爲兩 四兩爲卒 五卒爲旅 五旅爲師 五師爲軍 皆是五五相連屬 所以
行不得那九一之法 故只得什一 使自賦〕" 하였다.《語類》

··· 郊 들교 鄙 시골비 授 줄수 洫 도랑혁 卿 벼슬경 圭 깨끗할규 厚 두터울후 潔 깨끗할결 備 갖출비

가 이미 시행하였고, 다만 이 제도가 미비했기 때문이다.

3-17. 餘夫는 二十五畝니라

餘夫는 25畝를 준다.

按說│ '餘夫二十五畝'에 대하여,《周禮》〈地官司徒 遂人〉에

野의 토지를 上地·中地·下地로 구분하여 田里(토지와 거처)를 나누어 준다. 上地의 경우,
一夫에게 한 거처〔一廛〕와 토지 100畝와 묵정밭 50畝를 주니, 餘夫도 이와 같다. 中地의
경우, 一夫에게 한 거처와 토지 100畝와 묵정밭 100畝를 주니, 餘夫도 이와 같다. 下地의
경우, 一夫에게 한 거처와 토지 100畝와 묵정밭 200畝를 주니, 餘夫도 이와 같다.〔辨其野
之土 上地中地下地 以頒田里 上地 夫一廛 田百畝 萊五十畝 餘夫亦如之 中地 夫一
廛 田百畝 萊百畝 餘夫亦如之 下地 夫一廛 田百畝 萊二百畝 餘夫亦如之〕

하였다. 茶山은 이에 대해

《周禮》〈地官司徒 遂人〉에 명백히 '餘夫도 토지 100畝를 받는다.' 하였는데,《孟子》에서
는 '餘夫는 25畝를 준다.' 하였으니, 분명히 서로 맞지 않는다. 내가 처음에는 이것을 의심하
였는데, 이제《周禮》를 자세히 검토하고 마침내《周禮》〈遂人〉에서 '餘夫도 이와 같다.' 한
것은 바로 묵정밭의 數임을 알았다.……묵정밭에서 말한 上地는 1년 경작하고 1년 쉬는 땅
이니, 50畝를 받아도 실제로 1년에 경작하는 것은 25畝 뿐이다.〔周禮遂人 明明餘夫亦受
田百畝 孟子曰 餘夫二十五畝 顯然不合 余始疑之 今細檢周禮 乃知遂人所言餘夫亦
如之者 卽萊之數也……萊之所謂上地者 一年耕而一年休者也 然則受五十畝 其實
一年所耕二十五畝而已〕

하였다. 또《周禮》〈地官司徒 小司徒〉에

上地는 한 집에 식구가 7명이고 부역을 맡을 수 있는 자가 3명인 경우에 지급하였고, 中地는
한 집에 식구가 6명이고 부역을 맡을 수 있는 자가 두 집에 5명인 경우에 지급하였으며, 下地
는 한 집에 식구가 5명이고 부역을 맡을 수 있는 자가 2명인 경우에 지급하였다.〔上地 家七
人 可任也者家三人 中地 家六人 可任也者二家五人 下地 家五人 可任也者家二人〕

··· 餘 남을 여

하였다. 鄭玄은 이에 대하여 7명을 초과하는 집은 上地를 주고 5명 미만의 집은 下地를 주며, 〈小司徒〉에서 말한 5~7명의 上·中·下는 中地 중의 上·中·下라고 주석하였다. 茶山은 鄭玄의 주석에 반대하여,

> 五人 미만인 경우 井地를 받을 수 없고 餘夫에 귀속시켰다.〔不滿五人者 不能受井地 歸之於餘夫也〕

하고,

> 餘夫란 五人 미만인 경우이다.〔餘夫者 不滿五人者也〕

라고 하였다. 또 茶山은

> 卿의 圭田도 반드시 井田 이외에 있는 것이니, 바로 餘夫들이 경작하는 것이다. 餘夫 두 집이 한 卿의 圭田을 경작할 수 있다.〔卿之圭田 亦必在井田之外 則正亦餘夫之所治也 餘夫二家 可治一卿之圭田〕

하였다.

集註 | 程子曰 一夫 上父母, 下妻子하여 以五口八口爲率(율)하여 受田百畝하니 如有弟면 是餘夫也라 年十六에 別受田二十五畝하고 俟其壯而有室然後에 更受百畝之田하니라

愚按 此는 百畝常制之外에 又有餘夫之田하니 以厚野人也라

程子(伊川)가 말씀하였다. "一夫는 위로 父母가 있고 아래로 妻子가 있어서 다섯 식구와 여덟 식구를 기준으로 삼아 토지 100畝를 받으니, 만일 아우가 있으면 이는 餘夫이다. 나이 16세에 별도로 토지 25畝를 받고, 장성하여 아내를 얻은 뒤에 다시 100畝의 토지를 받는다."

내(朱子)가 살펴보건대, 이는 100畝의 떳떳한 제도 외에 또다시 餘夫의 토지가 있는 것이니, 野人을 후대하는 것이다.

3-18. 死徒에 無出鄉이니 鄉田同井이 出入에 相友하며 守望에 相助하며 疾病에 相扶持하면 則百姓이 親睦하리라

··· 率 비율 률 俟 기다릴 사 壯 장할 장 室 집실, 아내 실 更 다시 갱 徒 옮길 사 友 짝 우 扶 붙들 부 持 잡을 지 睦 화목할 목

죽거나 이사함에 鄕을 나가지 않으니, 鄕田에 井을 함께한 자들이 나가고 들어올 적에 서로 짝하며, 지키고 망볼 적에 서로 도우며, 질병이 있을 적에 서로 붙들어주고 잡아준 다면, 백성들이 親睦하게 될 것이다.

按說 | '扶持'에 대하여, 壺山은

'扶持'는 침구와 약을 함께 쓰고, 밭 갈고 나무하는 일을 나눠 하는 것과 같은 따위이다.〔扶 持 如通針藥分耕樵之類〕

하였다.

'百姓親睦'에 대하여, 壺山은

'百姓이 親睦한다'는 것은 바로 윗글에 말한 '小民이 아래에 친하다'는 것이다.〔百姓親睦 卽上文所云小民親於下也〕

하였다.

集註 | 死는 謂葬也요 徙는 謂徙其居也라 同井者는 八家也라 友는 猶伴也라 守望은 防寇盜也라

'死'는 장례를 이르고, '徙'는 거주지를 옮기는 것을 이른다. '同井'은 여덟 집이다. '友'는 伴과 같다. '守望'은 도둑을 막는 것이다.

3-19. 方里而井이니 井이 九百畝니 其中이 爲公田이라 八家皆私百畝하 여 同養公田하여 公事畢然後에 敢治私事하니 所以別野人也니라

方 1里가 井이니, 井은 900畝이니, 그 가운데가 公田이다. 여덟 집에서 모두 100畝를 私田으로 받아서, 함께 公田을 가꾸어 公田의 일을 끝마친 뒤에 감히 私田의 일을 다스리니, 이는 野人을 구별하는 것이다.

集註 | 此는 詳言井田形體之制니 乃周之助法也라 公田은 以爲君子之祿이요 而私 田은 野人之所受니 先公後私는 所以別君子野人之分也라 不言君子는 據野人而

... 伴 짝반 寇 도적구 盜 도둑도 據 근거할거

言하니 省(생)文耳라 上言野及國中二法하고 此獨詳於治野者는 國中貢法은 當世
已行호되 但取之過於什一爾니라

이는 井田 形體의 제도를 상세히 말씀한 것이니, 바로 周나라의 助法이다. 公田은 君子의
祿이 되고 私田은 野人이 받는 것이니, 公을 먼저 하고 私를 뒤에 함은 君子와 野人의 신
분을 구별한 것이다. 君子를 말하지 않은 것은 野人을 근거하여 말했으니, 글을 생략한 것
이다. 위에서는 野와 國中 두 가지 법을 말하고 여기서는 다만 野를 다스림에 대해서만 상
세히 말한 것은, 國中의 貢法은 당세에 이미 시행하였는데 다만 취하기를 10분의 1보다 더
하였을 뿐이기 때문이다.

3-20. 此其大略也니 若夫潤澤之는 則在君與子矣니라

이것이 그 대략이니, 이것을 윤택하게 하는 것으로 말하면 군주와 그대에게 달려 있다."

集註 | 井地之法을 諸侯皆去其籍하니 此特其大略而已라 潤澤은 謂因時制宜하여
使合於人情하고 宜於土俗하여 而不失乎先王之意也라

井地의 법(井田法)을 諸侯들이 그 典籍을 모두 없애버렸으니, 이는 다만 그 대략일 뿐이
다. '潤澤'은 때에 따라 마땅하게 만들어서 人情에 합하고 土俗에 마땅하면서도 先王의 뜻
을 잃지 않게 함을 이른다.

章下註 | ○ 呂氏曰 子張子慨然有意三代之治하여 論治人先務에 未始不以經界
爲急하여 講求法制하여 粲然備具하시니 要之[28]可以行於今이니 如有用我者[29]면 舉
而措之耳[30]라 嘗曰 仁政은 必自經界始니 貧富不均하고 敎養無法이면 雖欲言治나

---

28 要之 : 壺山은 "'要[平聲]之'는 '求之, 察之'라는 말과 같다.〔要[平聲]之 猶言求之察之〕"하였다.

29 如有用我者 : 壺山은 "'我'字는 굳이 집착할 필요가 없으니 古人의 成語를 인용함에 이러한 예가 많
    다.〔我字 不必深泥 引用古人成語 多有此例〕"하였다.

30 舉而措之耳 : 壺山은 "이 이상은 그(子張子)의 일이고, 〈이하의〉 두 '曰'字 아래는 그의 말씀이고, '方
    與' 이하는 또 그의 일이다.〔此以上 其事也 兩曰字下 其言也 方與以下 又其事也〕"하였다. 艮齋(田
    愚)는 '厚本抑末이면 足以推先王之遺法하여 明當今之可行이라하더니'로 懸吐하여, '嘗曰'이 '明當
    今之可行'까지 이어지는 것으로 보았다. 그리하여 예전의 번역에는 이를 따랐으나 아무래도 문맥이 잘
    이어지지 않으므로, 이번에는 壺山의 說을 따라 '嘗曰'은 '特上之未行耳'까지로, '乃言曰'은 '猶可驗

⋯ 省 덜생 略 대략략 潤 윤택할윤 澤 윤택택 籍 서적적 特 다만특 俗 풍속속 慨 슬플개 經 다스릴경
   粲 찬란할찬 措 둘조

皆苟而已라 世之病難行者는 未始不以亟(극)奪富人之田爲辭라 然이나 玆法之行에 悅之者衆하니 苟處之有術하여 期以數年이면 不刑一人而可復이니 所病者는 特上之未行耳라 乃言曰[31] 縱不能行之天下나 猶可驗之一鄉이라하여 方與學者로 議古之法하여 買田一方하여 明爲數井하여 上不失公家之賦役하고 退以其私로 正經界하고 分宅里하며 立斂法하고 廣儲蓄하며 興學校하고 成禮俗하며 救菑恤患하고 厚本抑末하여 足以推先王之遺法하여 明當今之可行이러시니 有志未就而卒하시니라

○[32] 愚按 喪禮經界兩章[33]에 見孟子之學이 識其大者라 是以로 雖當禮法廢壞之後하여 制度節文을 不可復考[34]나 而能因略以致詳하고 推舊而爲新하여 不屑屑於旣往之迹而能合乎先王之意하시니 眞可謂命世亞聖之才[35]矣로다

○ 呂氏(呂大臨)가 말하였다. "子張子(張橫渠)가 慨然히 三代의 정치에 뜻을 두어 백성을 다스리는 급선무를 논할 적에 經界(토지의 경계를 다스림)를 급하게 여기지 않은 적이 없어서 法制를 강구하여 粲然히 구비하였다. 요컨대 지금 행할 수 있게 하였으니, 만일 자신(子張子)을 써주는 자가 있으면 이것을 들어서 시행하면 될 뿐이었다. 일찍이 말씀하기를 '仁政은 반드시 經界로부터 시작하여야 하니, 貧富가 균등하지 못하고 敎養함에 법도가 없으면 비록 治道를 말하고자 하나 모두 구차할 뿐이다. 세상에 시행하기 어려움을 걱정하는 자들은 일찍이 「부자들의 토지를 대번에 빼앗아야 한다.」는 것을 구실로 삼지 않는 자가 없다. 그러나 이 법이 시행되면 좋아하는 자가 많을 것이니, 만일 대처함에 좋은 방법이

之一鄉'까지로 보고, 그 아래는 일로 보아 바꿔 번역하였음을 밝혀둔다.

31 乃言曰:壺山은 "'嘗曰'은 범연히 하신 말씀이고, '乃言曰'은 간절히 하신 말씀이다.〔嘗曰 汎辭也 乃言曰 切辭也〕" 하였다.

32 ○:壺山은 "〈2장과 3장의〉 두 章을 통론하였으므로 또 권점을 가한 것이다.〔通論二章 故又加圈〕" 하였다.

33 喪禮經界兩章:'喪禮'는 앞의 2장이고, '經界'는 바로 이 3장을 가리켜 말씀한 것이다.

34 雖當禮法廢壞之後……不可復考:新安陳氏(陳櫟)는 "喪禮에는 節文이 있고 經界의 法에는 制度가 있는데, 이 두 가지가 모두 廢止하고 파괴되었기 때문에 자세히 상고할 수 없는 것이다.〔喪禮 有節文 經界之法 有制度 二者皆廢壞 故不可詳考〕" 하였다.

35 命世亞聖之才:'命'은 名과 통한다. 이는 원래 趙岐의 〈孟子題辭〉에 보이는 말로, '命世'는 세상에 유명한 人物이며 '亞聖'은 다음 聖人이란 뜻인바, 孔子를 至聖이라 하기 때문에 孟子를 孔子 다음의 聖人이라고 칭한 것이다. 壺山은 "命世는 하늘이 이 사람을 가지고 이 세상에 命함을 이른다. 이 말은 본래 趙岐의 序文에 나오니, 漢代에 孟子를 높이고 숭상함은 趙岐로부터 시작되었다.〔命世 謂天以是人 命於此世也 此語本出趙岐序 漢世尊尚孟子 蓋自岐始〕" 하였다.

… 苟 구차할 구 亟 빠를 극 奪 빼앗을 탈 辭 핑계 사 復 회복할 복 縱 비록 종 驗 징험할 험 役 부역 역 斂 거둘 렴 儲 쌓을 저 蓄 쌓을 축 菑 재앙 재 恤 구휼할 휼 遺 남을 유 就 이룰 취 致 다할 치 屑 깨끗할 설 迹 자취 적 亞 버금 아

있고 몇 년을 기한으로 삼는다면 한 사람도 형벌하지 않고 〈옛 제도를〉 회복할 수 있으니, 병통이 되는(염려스러운) 것은 다만 위에서 행하지 않는 것일 뿐이다.' 하였다.

그리하여 마침내 말씀하기를 '비록 이것을 천하에 행할 수는 없으나 그래도 한 지방에는 시험할 수 있다.' 하시고는, 바야흐로 배우는 자들과 옛 법을 의논하여, 토지 1方을 사서 몇 井으로 구획하여, 위로는 公家(國家)의 賦稅와 徭役을 잃지 않고, 물러나서는 이 私田을 가지고 經界를 바로잡고 宅里를 나누어주며, 거두는 법을 세우고 儲蓄을 넓히며, 학교를 일으키고 禮俗을 이루며, 災難이 있는 자를 구제해 주고 患難이 있는 자를 구휼하며, 本業(農業)을 후대하고 末業(商工業)을 억제하여 충분히 先王이 남기신 법을 미루어 〈井田法을〉 지금 행할 수 있음을 밝히셨는데, 뜻을 두었으나 이루지 못하고 별세하였다."

○ 내가 살펴보건대, '喪禮'와 '經界' 두 章에서 孟子의 학문이 그 큰 것을 아셨음을 볼 수 있다. 이 때문에 비록 禮法이 廢壞한 뒤를 당하여 制度와 節文을 다시 상고할 수 없었으나 소략한 것을 인하여 상세한 것을 다하였으며 옛 것을 미루어 새 것을 만들어서 이미 지나간 자취에 급급하지 않으면서도 先王의 뜻에 부합하였으니, 참으로 命世亞聖의 재주라고 이를 만하다.

|許行章|

4-1. 有爲神農之言者許行이 自楚之滕하여 踵門而告文公曰 遠方之人이 聞君行仁政하고 願受一廛而爲氓하노이다 文公이 與之處하니 其徒數十人이 皆衣褐하고 捆屨織席하여 以爲食하니라

神農氏의 말(학설)을 하는 許行이 楚나라에서 滕나라로 가서 궁궐 문에 이르러 文公에게 아뢰었다. "먼 지방 사람이 군주께서 仁政을 행하신다는 말을 듣고 한 자리를 받아 백성이 되기를 원합니다."

文公이 그에게 거처할 곳을 주니, 그 무리 수십 명이 모두 갈옷을 입고는 신을 두드려 만들고 자리를 짜서 이것을 팔아 양식을 마련하였다.

集註 | 神農은 炎帝神禮氏니 始爲耒耜하여 敎民稼穡者也라 爲其言者는 史遷所謂

··· 農 농사 농　踵 발꿈치 종　廛 자리 전　氓 백성 맹　與 줄 여　徒 무리 도　衣 입을 의　褐 털옷 갈　捆 두드릴 곤　屨 신 구　織 짤 직　席 자리 석　炎 불꽃 염　耒 쟁기자루 뢰　耜 보습 사　稼 심을 가　穡 거둘 색　遷 옮길 천

農家者流³⁶也라 許는 姓이요 行은 名也라 踵門은 足至門也라 仁政은 上章所言井地
之法也라 廛은 民所居也라 氓은 野人之稱이라 褐은 毛布³⁷니 賤者之服也라 捆은 扣
掐이니 欲其堅也라 以爲食은 賣以供食也라

程子曰 許行所謂神農之言은 乃後世稱述上古之事에 失其義理者耳니 猶陰陽醫
方이 稱黃帝之說也라

神農은 炎帝 神農氏이니, 처음으로 耒耜(쟁기자루와 보습)를 만들어서 백성들에게 稼穡
(곡식을 심고 거둠)을 가르친 사람이다. 그 말을 한다는 것은 史遷(司馬遷)의 이른바 '農
家者流'라는 것이다. 許는 姓이요 行은 이름이다. '踵門'은 발이 문에 이른 것이다. '仁政'
은 윗장에서 말한 井地의 법이다. '廛'은 백성이 거주하는 곳이다. '氓'은 野人의 칭호이다.
'褐'은 毛布이니, 천한 자의 의복이다. '捆'은 두드림이니, 신(짚신이나 미투리)을 견고히
하고자 하는 것이다. '以爲食'은 팔아서 양식을 공급하는 것이다.

程子(伊川)가 말씀하였다. "許行이 말한 '神農氏의 말'이라는 것은 바로 後世에서 上古의
일을 稱述함에 그 義理를 잃은 것이니, 陰陽家와 醫方家가 黃帝氏의 말이라고 칭함과 같
은 것이다."

4-2. 陳良之徒陳相이 與其弟辛으로 負耒耜而自宋之滕하여 曰 聞君
行聖人之政호니 是亦聖人也시니 願爲聖人氓하노이다

陳良의 문도인 陳相이 그 아우 陳辛과 함께 耒耜를 짊어지고 宋나라에서 滕나라로
가서 말하기를 "군주께서 聖人의 정사를 행하신다는 말을 들었으니, 이 또한 聖人이시
니, 聖人의 백성이 되기를 원합니다." 하였다.

---

36 史遷所謂農家者流 : 史遷은 司馬遷으로 그가 지은 《史記》를 가리킨 것이다. 《漢書》〈藝文志〉에 "'農
家者流'는 농업을 주관하는 관직에서 나왔으니, 百穀을 파종하고 밭갈이와 누에치기를 권장하여 의복
과 음식을 풍족하게 한다.〔農家者流 蓋出於農稷之官 播百穀 勸耕桑 以足衣食〕" 하였다. 《集註》에
서 '史遷'이라고 말한 것은 잘못이다.

37 褐 毛布 : 楊伯峻은 '褐'에는 세 가지 뜻이 있으니, 첫째 짐승의 가는 털로 만든 옷, 둘째 길쌈하지 않
은 마로 짠 짧은 옷, 셋째 거친 삼베로 만든 옷이라 하였다. 그리고 "許子는 반드시 삼베를 짠 뒤에 입는
가?" 한 孟子의 질문에, 陳相이 "아닙니다. 許子는 갈옷을 입습니다." 하였으므로, '褐'은 첫째 혹은 둘
째 뜻을 취해야 할 것이라고 하였다.

••• 扣 두드릴 고 掐 두드릴 탁 堅 굳을 견 賣 팔 매 辛 매울 신 負 질 부

集註 | 陳良은 楚之儒者라 耜는 所以起土요 耒는 其柄也라

陳良은 楚나라의 儒者이다. '耜(보습)'는 땅을 일구는 것이고, '耒'는 그 자루이다.

4-3. 陳相이 見許行而大悅하여 盡棄其學而學焉이러니 陳相이 見孟子
하여 道許行之言曰 滕君則誠賢君也어니와 雖然이나 未聞道也로다 賢
者는 與民竝耕而食하며 饔飱(옹손)而治하나니 今也에 滕有倉廩府庫하니
則是厲民而以自養也니 惡得賢이리오

陳相이 許行을 보고 크게 기뻐하여 자기가 배운 것을 다 버리고 그에게 배웠다. 陳相이 孟子를 보고 許行의 말을 전하기를 "滕나라 군주는 진실로 賢君이지만 그러나 아직 道를 듣지 못하였습니다. 賢者는 백성과 함께 밭을 갈고서 먹으며 밥을 짓고서 정치를 합니다. 그런데 지금 滕나라에는 倉廩과 府庫가 있으니, 이는 백성들을 해쳐서(괴롭혀서) 자신을 봉양하는 것이니, 어찌 어질다 할 수 있겠습니까." 하였다.

集註 | 饔飱은 熟食也니 朝曰饔이요 夕曰飱이라 言當自炊爨(취찬)以爲食하고 而兼
治民事也라 厲는 病也라 許行此言은 蓋欲陰壞孟子分別君子小人[38]之法이라

'饔飱'은 익은 밥이니, 아침밥을 饔이라 하고 저녁밥을 飱이라 한다. 〈군주가〉 마땅히 직접 밥을 짓고 불을 때어 음식을 만들고, 겸하여 백성의 일을 다스려야 함을 말한 것이다. '厲'는 해침이다. 許行의 이 말은 孟子의 君子와 野人을 분별하는 법을 은근히 무너뜨리고자 한 것이다.

4-4. 孟子曰 許子는 必種粟而後에 食乎아 曰 然하다 許子는 必織布而
後에 衣乎아 曰 否라 許子는 衣褐이니라 許子는 冠乎아 曰 冠이니라 曰 奚
冠고 曰 冠素니라 曰 自織之與아 曰 否라 以粟易之니라 曰 許子는 奚爲
不自織고 曰 害於耕이니라 曰 許子는 以釜甑爨하며 以鐵耕乎아 曰 然

---

38 小人:一本에는 '野人'으로 되어 있다.

··· 儒 선비 유 柄 자루 병 棄 버릴 기 道 말할 도 雖 비록 수 竝 나란히 병, 饔 아침밥 옹 飱 저녁밥 손 廩 창고 름
厲 해칠 려 熟 익을 숙 炊 밥지을 취 爨 불땔 찬 兼 겸할 겸 病 해칠 병 陰 몰래 음 種 심을 종 粟 곡식 속
褐 털옷 갈 奚 어찌 해 素 흰비단 소 釜 가마 부 甑 시루 증 鐵 쇠 철

하다 自爲之與아 曰 否라 以粟易之니라

孟子께서 "許子는 반드시 곡식을 심은 뒤에 먹는가?" 하고 물으셨다.

陳相이 "그렇습니다." 하고 대답하였다.

"許子는 반드시 삼베를 짠 뒤에 입는가?"

"아닙니다. 許子는 갈옷을 입습니다."

"許子는 冠을 쓰는가?"

"관을 씁니다."

"무슨 관을 쓰는가?"

"흰 비단(명주베)으로 만든 관입니다."

"스스로 그것을 짜는가?"

"아닙니다. 곡식을 주고 바꿉니다(삽니다)."

"許子는 어찌하여 스스로 짜지 않는가?"

"농사일에 방해되기 때문입니다."

"許子는 가마솥과 시루로 밥을 지으며, 쇠붙이로 밭을 가는가?"

"그렇습니다."

"스스로 그것을 만드는가?"

"아닙니다. 곡식을 주고 바꿉니다."

集註 | 釜는 所以煮요 甑은 所以炊라 爨은 然(燃)火也라 鐵은 耜屬也라 此語八反은 皆孟子問而陳相對也라

'釜'는 삶는 것(도구)이고, '甑'은 밥을 짓는 것(도구)이다. '爨'은 불을 땜이다. '鐵'은 보습의 등속이다. 이 말은 여덟 번 되물었는데, 모두 孟子가 물으심에 陳相이 대답한 것이다.

4-5. 以粟易械器者 不爲厲陶冶니 陶冶亦以其械器易粟者 豈爲厲農夫哉리오 且許子는 何不爲陶冶하여 舍皆取諸其宮中而用之하고 何爲紛紛然與百工交易고 何許子之不憚煩고 曰 百工之事는 固不可耕且爲也니라

··· 煮 삶을 자 然 불땔 연(燃同) 械 기계 계 陶 질그릇구울 도 冶 쇠불릴 야 舍 다만 사, 집 사 紛 어지러울 분
憚 꺼릴 탄 煩 번거로울 번

〈孟子께서 말씀하셨다.〉 "곡식을 가지고 械器와 바꾸는 것이 陶工과 冶工을 해침이 되지 않으니, 陶工과 冶工 또한 자기가 만든 械器를 가지고 곡식과 바꾸는 것이 어찌 農夫를 해침이 되겠는가. 또 許子는 어찌하여 陶冶를 하여 다만 모두 자기 집안에서 취하여 쓰지 않고, 어찌하여 紛紛하게 百工들과 교역하는가? 어찌하여 許子는 번거 로움을 꺼리지 않는가?"

陳相이 대답하였다. "百工의 일은, 진실로 밭을 갈고 또 할 수는 없습니다."

按說 | '何不爲陶冶 舍皆取諸其宮中而用之'에 대하여, 朱子는 《集註》에서 '舍'를 '止(다만)'로 보는 說과, '舍'를 '집'으로 보고 윗구에 붙여 '何不爲陶冶舍'로 句를 떼서 '어찌하여 陶冶의 집을 만들어서 모두 그 집안에서 취하여 쓰지 않는가?'로 해석하는 說 을 소개하였다. 毛奇齡은 '舍皆取諸其宮中而用之'를

다만 집에서 취하고 밖에서 구할 필요가 없다고 말한 것이다.〔言止取宮中 不須外求也〕

라고 하였는데, 茶山 또한 '舍'를 '止(다만)'로 보아

《論語》〈季氏〉 1장에 '다만 하고자 한다고 말해야 할 뿐이다.〔舍曰欲之〕'라고 한 뜻이 이와 같다.〔論語曰 舍曰欲之義 與此同〕

라고 하였다. 반면 楊伯峻은 '舍'는 지금의 '啥(무엇 사)'자로 '何物(어떤 물건)'의 뜻이라 하고, '何不爲陶冶 舍皆取諸其宮中而用之'를 '어찌하여 직접 陶冶를 하여 어떤 물건이 라도 다 집에 비축해두고 수시로 취하여 쓰지 않는가?'로 번역하였다.

集註 | 此는 孟子言而陳相對也라 械器는 釜甑之屬也라 陶는 爲甑者요 冶는 爲釜鐵者라 舍는 止也라 或讀屬上句하니 舍는 謂作陶冶之處也라

이는 孟子께서 말씀함에 陳相이 대답한 것이다. '械器'는 가마솥과 시루의 등속이다. '陶' 는 시루를 만드는 자요, '冶'는 가마솥과 쇠붙이를 만드는 자이다. '舍'는 다만이다. 혹은 윗 구에 붙여 읽으니, '舍'는 陶冶를 만드는 곳을 이른다.

4-6. 然則治天下는 獨可耕且爲與아 有大人之事하고 有小人之事하며

··· 止 다만 지

且一人之身而百工之所爲備하니 如必自爲而後에 用之면 是는 率天下而路也니라 故로 曰 或勞心하며 或勞力이니 勞心者는 治人하고 勞力者는 治於人이라하니 治於人者는 食(사)人하고 治人者는 食(사)於人이 天下之通義也니라

〈孟子께서 말씀하셨다.〉 "그렇다면 天下를 다스리는 일은 홀로 밭을 갈고 또 할 수 있단 말인가. 大人(政治家)의 일이 있고 小人(백성)의 일이 있으며, 또 한 사람의 몸에 百工의 하는 일이 구비되어 있으니, 만일 반드시 자기가 만든 뒤에야 쓴다면 이는 천하 사람을 거느려 길에 분주히 왕래하게(길로 내몰아 쉬지 못하게) 하는 것이다. 그러므로 옛말에 이르기를 '혹은 마음을 수고롭게 하며 혹은 힘을 수고롭게 하니, 마음을 수고롭게 하는 자는 남을 다스리고 힘을 수고롭게 하는 자는 남에게 다스려진다.' 하였으니, 남에게 다스려지는 자는 남을 먹여주고, 남을 다스리는 자는 남에게 얻어먹는 것이 천하의 공통된 의리이다.

按說 | '故曰……食於人'에 대하여, 栗谷諺解에는 '食(사)於人'까지 古語로 보았으며, 沙溪(金長生) 또한 '故曰'을 '食於人'까지 이어진 것으로 보고,

官本諺解에는 '治於人' 이상을 네 句를 만들어 '古語'라 하였으니, 옳지 않다. 마땅히 '或勞心'을 한 句로 삼고 '或勞力'을 한 句로 삼고 '勞心者治人'과 '勞力者治於人'이 한 句가 되고 '治於人者食人'과 '治人者食於人'이 한 句가 되어야 하니, 《集註》의 뜻을 가지고 살펴보면 알 수 있다.〔諺解以治於人以上 作四句而爲古語 非是 恐當以或勞心爲一句 或勞力爲一句 勞心者治人 勞力者治於人 爲一句 治於人者食人 治人者食於人 爲一句 以註意觀之 可見〕《經書辨疑》

하였다. 壺山은 沙溪의 說을 인용하고,

살펴보건대 註에 '食人, 食於人'을 함께 訓한 뒤에 비로소 이 네 句를 인용했다고 말한 것은 과연 이러한 뜻이 있다. 다만 이와 같이 보면 아래 두 句가 너무 순하고 가기, 아마도 傳寫하는 자가 6을 4로 잘못 썼나보다. 다만 이와 같이 해석하면 '天下之通義也' 한 句가 마침내 붙을 곳이 없으니 마땅히 다시 살펴보아야 할 듯하다. 혹은 윗장의 〈'無君子 莫治野人

··· 備 갖출 비 率 거느릴 솔 食 먹일 사, 먹을 식

無野人 莫養君子'의〉'治·養'이란 말에 照應하여 '故曰'이란 글자를 놓았는가.〔按註并
訓食人食於人 然後乃云引此四句者 果有此意 但如此 則下二句太緩而長 豈傳寫者
誤六作四歟 但如此 則天下之通義也一句 遂無依著 恐合更詳 或是照上章治養之語
而下故曰字歟〕

하였다.

朱子의《集註》에 분명 "食於人者 見食於人也"라고 풀이한 뒤에 "이 네 句는 모두 古
語인데 孟子가 인용한 것이다."라고 하였으니, 古語가 여기까지 이어지는 것으로 보는
것이 타당할 듯하다. 그러므로 沙溪는 아래 두 句를 길게 떼어 네 句를 맞춘 것이다. 그
러나 문법상 '勞心者治人 勞力者治於人'은 마땅히 두 句가 되어야 하므로 壺山은 六
句를 四句로 잘못 쓴 것으로 보았다. 그리고 또 '食於人'까지 古語로 볼 경우 '天下之
通義也' 한 句가 의지하여 붙을 곳이 없음을 지적하고 '故曰'을 끝까지 이어진 것으로
보았는데, 이렇게 해석할 경우 '故曰'은 古語가 아니고 孟子가 스스로 말씀한 것이 된
다. 譯者의 생각에는 壺山의 해석 중 後者를 택하여 '故로 曰 或勞心하며 或勞力이니
勞心者는 治人하고 勞力者는 治於人이니 治於人者는 食人하고 治人者는 食於人이
天下之通義也라하노라'로 하였으면 한다. 그러나 이는 朱子의《集註》와는 맞지 않는
다. 하여튼 이 부분은 문제가 있으므로 우선 官本諺解를 따라 해석하였음을 밝혀둔다.

集註 | 此以下는 皆孟子言也라 路는 謂奔走道路하여 無時休息也[39]라 治於人者는
見治於人也라 食人者는 出賦稅하여 以給公上也요 食於人者는 見食於人也라 此
四句는 皆古語而孟子引之也라 君子는 無小人則飢하고 小人은 無君子則亂하니 以
此相易은 正猶農夫陶冶 以粟與械器相易이니 乃所以相濟요 而非所以相病也라
治天下者 豈必耕且爲哉리오

이 이하는 모두 孟子의 말씀이다. '路'는 도로에 분주하여 휴식할 때가 없음을 이른다. '治
於人'은 남에게 다스림을 받는 것이다. '食人'은 賦稅를 내어서 公上에 공급하는 것이요,
'食於人'은 남에게 얻어먹는 것이다. 이 네 句는 모두 옛말인데, 孟子께서 인용하신 것이

---

39 路……無時休息也:楊伯峻은 '路'는 露(곤궁함, 고달픔)와 같다 하고, 趙岐가 '路'를 '고달프고 곤궁
   한 길〔羸困之路〕'로 풀이한 것과 같은 뜻이라고 하였다.

⋯ 奔 달려갈분 走 달릴주 休 쉴휴 給 공급할급 飢 굶주릴기

다. 君子는 小人이 없으면 굶주리고 小人은 君子가 없으면 혼란하니, 이것을 가지고 서로 교역함은 바로 農夫와 陶工 · 冶工이 곡식과 械器를 가지고 서로 교역함과 같으니, 이는 서로 구제하는 것이요 서로 해롭게 하는 것이 아니다. 천하를 다스리는 자가 어찌 반드시 밭을 갈고 또 다스려야 하겠는가.

4-7. 當堯之時하여 天下猶未平하여 洪水橫流하여 氾濫於天下하여 草木暢茂하며 禽獸繁殖이라 五穀不登하며 禽獸偪人하여 獸蹄鳥跡之道 交於中國이어늘 堯獨憂之하사 擧舜而敷治焉이어시늘 舜이 使益掌火하신대 益이 烈山澤以焚之하니 禽獸逃匿이어늘 禹疏九河하며 瀹濟漯(약제탑)而注諸海하시며 決汝漢하며 排淮泗而注之江하시니 然後에 中國이 可得而食也하니 當是時也하여 禹八年於外에 三過其門而不入하시니 雖欲耕이나 得乎아

堯임금의 때를 당하여 천하가 아직도 平治되지 못해서 洪水가 멋대로 흘러 천하에 범람하여 초목이 무성하고 禽獸가 번식하였다. 이 때문에 五穀이 성숙하지 못하고 禽獸가 사람을 핍박해서 짐승의 발자국과 새의 발자국(흔적)이 中國에 뒤섞여 있었다. 堯임금이 홀로 이를 걱정하시어 舜을 들어 다스림을 펴게 하시니, 舜이 益으로 하여금 불을 맡게 하시자, 益이 山澤에 불을 놓아 태우니 禽獸가 도망하여 숨었다. 禹가 九河를 소통하고 濟水와 漯水를 소통하여 바다로 주입하시며, 汝水와 漢水를 트고 淮水와 泗水를 배수하여 江(양자강)으로 주입하시니, 그런 뒤에 中國이 곡식을 먹을 수가 있었다. 이때를 당하여 禹가 8년 동안 밖에 있으면서 세 번이나 자기 집 문 앞을 지나면서도 들어가지 못하셨으니, 비록 밭을 갈고자 하나 가능했겠는가.

按說 | '使益掌火'에 대하여, 趙岐는

'掌'은 主(주관하다)이나, 불을 주관하는 관직은 옛날의 火正과 같은 것이다〔掌 主也 主火之官 猶古之火正也〕

··· 橫 멋대로할 횡 氾 넘칠 범 濫 넘칠 람 暢 통할 창 茂 무성할 무 繁 번성할 번 殖 번식할 식 登 성숙할 등 偪 핍박할 핍 蹄 발굽 제 敷 펼 부 掌 맡을 장 烈 불놓을 렬 焚 태울 분 逃 달아날 도 匿 숨을 닉 疏 소통할 소 瀹 소통할 약 濟 물이름 제 漯 물이름 탑 注 물댈 주 決 터놓을 결 汝 물이름 여 排 배수할 배 淮 물이름 회 泗 물이름 사

하였다. 茶山은 閻若璩가

　'火'는 堯임금 때의 官名이니 바로 火正이다.〔火者 堯時官名 卽火正〕

한 것을 취하여, '掌火'의 '火'를 官名으로 보았다.

이 節은 글이 이어지고 중복되어 懸吐에 어려움이 있다. 吐는 官本諺解를 그대로 따랐
으나, 해석은 '交於中國'에서 끊고, "堯獨憂之하사 擧舜而敷治焉하신대 舜이 使益掌
火하시니 益이 烈山澤以焚之하여 禽獸逃匿이라 禹疏九河하고 瀹濟漯하여 而注諸海
하시며 決汝漢하고 排淮泗하여 而注之江하시니"로 풀이하였다.

集註 │ 天下猶未平者는 洪荒之世에 生民之害多矣러니 聖人迭興하사 漸次除治로
되 至此에 尙未盡平也라 洪은 大也라 橫流는 不由其道而散溢妄行也라 氾濫은 橫
流之貌라 暢茂는 長盛也요 繁殖은 衆多也라 五穀은 稻, 黍, 稷, 麥, 菽[40]也라 登은 成
熟也라 道는 路也라 獸蹄鳥跡이 交於中國은 言禽獸多也라 敷는 布也[41]라 益은 舜臣
名이라 烈은 熾也라 禽獸逃匿然後에 禹得施治水之功이라 疏는 通也며 分也라 九河
는 曰徒駭, 曰太史, 曰馬頰, 曰覆(부)釜, 曰胡蘇, 曰簡, 曰潔, 曰鉤盤, 曰鬲津[42]이라
瀹은 亦疏通之意라 濟, 漯은 二水名이라 決排는 皆去其壅塞也라 汝, 漢, 淮, 泗는 亦
皆水名也라 據禹貢及今水路컨대 惟漢水入江耳요 汝泗則入淮而淮自入海하니 此
謂四水皆入于江은 記者之誤也[43]라

40　黍稷麥菽:壺山은 "살펴보건대 '稷'字는 《書經》의 註에 '기장과 비슷한데 작다.〔似黍而小〕' 하였으니,
의심컨대 바로 지금 세속에서 칭하는 '서속〔細黍〕'이란 것인 듯하다. 만약 稗(피)로 본다면 잘못이다.〔按
稷字 書云似黍而小 疑卽今俗所稱細黍者也 若以稗當之 則誤矣〕" 하였다. 서속은 '조'이다.

41　敷 布也:壺山은 "敷治는 治水하는 일을 폄을 이른다.〔敷治 言敷布治水之功也〕" 하였다. 楊伯峻은
'敷'를 '두루〔徧〕'로 보았다.

42　九河……曰鬲津:新安倪氏(倪士毅)는 "蔡氏(蔡沈)의 《書經集傳》에 《爾雅》를 살펴보건대 九河는
첫 번째는 徒駭이고 두 번째는 太史이고 세 번째는 馬頰이고 네 번째는 覆釜이고 다섯 번째는 胡蘇이
고 여섯 번째는 簡潔이고 일곱 번째는 鉤盤이고 여덟 번째는 鬲津이고, 이 가운데 하나는 黃河의 經流
(源流)이다. 先儒들은 黃河의 큰 물줄기를 알지 못하고 簡과 潔을 나누어 둘로 만들었다.' 하였으니,
이는 《集註》와 조금 다르다. 그러나 《書經集傳》은 朱子가 만년에 訂正을 가하였으니, 마땅히 《書經集
傳》을 定論으로 삼아야 한다.〔蔡氏書傳云 按爾雅 九河 一曰徒駭 二曰太史 三曰馬頰 四曰覆釜 五
曰胡蘇 六曰簡潔 七曰鉤盤 八曰鬲津 其一則河之經流也 先儒不知河之經流 遂分簡潔爲二 此與
集註小異 書傳經朱子晩年訂正 當以爲定也〕" 하였다.

43　據禹貢及今水路……記者之誤也:朱子는 "汝水와 漢水를 트고 淮水와 泗水를 排水하여 揚子江
으로 注入했다'는 것은, 이는 다만 글을 지으면서 그 글자의 숫자를 취하여 對偶가 되도록 하다가 이렇

··· 荒 거칠황 迭 차례질 漸 점점점 尙 아직상 溢 넘칠일 妄 함부로망 稻 벼도 黍 기장서 稷 조직
麥 보리맥 菽 콩숙 布 펼포 熾 불꽃성할치 駭 놀랄해 頰 뺨협 蘇 소생할소 鉤 갈구리쇠구 盤 소반반
鬲 오지병격 壅 막을옹 塞 막을색

'천하가 아직도 平治되지 못했다.'는 것은 혼돈스럽고 미개한 세대에 生民을 해치는 것이 많았는데, 聖人이 차례로 나와서 점차 제거하고 다스렸으나 이때에 이르러서도 아직 다 平治되지 못한 것이다. '洪'은 큼이다. '横流'는 제 길을 따르지 않고 흩어져 넘쳐서 멋대로 흐르는 것이다. '氾濫'은 横流하는 모양이다. '暢茂'는 長盛함이요, '繁殖'은 많음이다. '五穀'은 벼·기장·피·보리·콩이다. '登'은 成熟함이다. '道'는 길이다. '짐승의 발자국과 새의 발자국이 中國에 뒤섞여 있었다.'는 것은 禽獸가 많음을 말한다. '敷'는 폄이다. 益은 舜의 신하 이름이다. '烈'은 불이 성함이다. 禽獸가 도망하여 숨은 뒤에야 禹가 治水하는 일을 시행할 수 있었다. '疏'는 통함이며 분산함이다. 九河는 徒駭·太史·馬頰·覆釜·胡蘇·簡·潔·鉤盤·鬲津이다. '瀹' 또한 소통한다는 뜻이다. 濟와 漯은 두 물의 이름이다. '決'과 '排'는 모두 그 막힘을 제거하는 것이다. 汝·漢·淮·泗 또한 모두 물의 이름이다. 《書經》〈禹貢〉과 지금의 물길을 근거해 보면 오직 漢水만이 揚子江으로 들어갈 뿐이요, 汝水와 泗水는 淮水로 들어가고 淮水는 직접 바다로 들어가니, 여기에서 네 물이 모두 江으로 들어간다고 말한 것은 기록한 자(弟子)의 誤謬이다.

4-8. 后稷이 敎民稼穡하여 樹藝五穀한대 五穀熟而民人育하니 人之有道也에 飽食煖衣하여 逸居而無敎면 則近於禽獸일새 聖人이 有憂之하사 使契(설)로 爲司徒하여 敎以人倫하시니 父子有親이며 君臣有義며 夫婦有別이며 長幼有序며 朋友有信이니라 放勳曰 勞之來之하며 匡之直之하며 輔之翼之하여 使自得之하고 又從而振德之라하시니 聖人之憂民이 如此하시니 而暇耕乎아

后稷이 백성들에게 稼穡(곡식을 심고 거둠)을 가르쳐서 五穀을 심고 가꾸게 하자 五穀이 성숙함에 人民이 잘 길러졌으니, 사람에게는 도리가 있는데 배불리 먹고 따뜻이 옷을 입어서 편안히 거처하기만 하고 가르침이 없으면 禽獸와 가까워진다. 〈이 때문에〉

게 잘못된 것일 뿐이다.……이는 다만 문장을 짓다가 잘못된 것이요 義理에는 해로움이 없으니, 굳이 자세하게 설명할 필요는 없다.〔決汝漢 排淮泗 而注之江 此但作文取其字數 以足對偶而云耳……只是行文之失 無害於義理 不必曲爲之說〕"하였다. 《朱子大全 偶讀漫記》) 이는 《集註》에 '기록한 자의 오류'라고 한 것을 부정하고 孟子의 직접 저작으로 여긴 것이다.

••• 樹 심을 수 藝 번식할 예 煖 따뜻할 난 逸 편안할 일 契 이름 설 徒 무리 도 放 클 방 勳 공 훈 勞 위로할 로 匡 바로잡을 광 翼 도울 익

聖人이 이를 근심하시어 契을 司徒로 삼아 人倫을 가르치게 하셨으니, 父子간에는 친함이 있으며, 君臣간에는 의리가 있으며, 夫婦간에는 분별이 있으며, 長幼간에는 차례가 있으며, 朋友간에는 진실함이 있는 것이다. 放勳이 말씀하기를 '위로하고 오게 하며, 바로잡아주고 펴주며, 도와서 세워주고 도와서 행하게 하여 스스로 〈本性을〉 얻게 하고, 또 따라서 진작시켜 은덕을 베풀어주라.' 하셨으니, 聖人이 백성을 걱정함이 이와 같으시니, 어느 겨를에 밭을 갈겠는가.

按説 | '飽食煖衣 逸居而無教'에 대하여, 楊伯峻은 '飽食煖衣'에서 句讀를 떼는 것은 잘못이고 '飽食煖衣逸居而無教' 아홉 자를 한 句로 보아야 한다 하고, 崔述의 《論語餘説》에

> 의·식·주 세 가지가 모두 갖추어졌으나 오로지 가르침이 없음을 이른 것이다.〔衣食居三者 俱全而惟無教也〕

한 것을 인용하여 '逸居'를 '住'로 보았다.
'勞之來之 匡之直之 輔之翼之'에 대하여, 慶源輔氏(輔廣)는

> '勞'와 '來'는 그 生活을 편안히 하는 것이요 '匡'과 '直'은 그 德을 바르게 하는 것이요 '輔' 와 '翼'은 그 行을 돕는 것이다.〔勞來 所以安其生 匡直 所以正其德 輔翼 所以助其行〕

하였다. '勞'와 '來'에 대하여, 沙溪(金長生)는

> '勞'와 '來'는 人倫을 이어 말하였으니, 人倫을 부지런히 행하고 배반하지 않는 자를 勞來 하는 것이다. 혹자는 漢史의 '王成이 勞來하기를 게을리하지 않았다.'는 뜻으로 보니, 옳지 않다.〔勞來 承人倫而言 勤於人倫而不畔者 勞來之 或以漢史王成勞來不怠之意看 非 是〕《經書辨疑》

하였다. 漢史는 《漢書》를 가리킨 것으로 이 내용은 《循吏傳》에 보이는데, 顔師古의 註에 "'勞來'는 勸勉하고 招懷하는 것이다." 하였다. 한편 楊伯峻은 '勞之來之'의 '勞'와 '來' 가 모두 '勤'의 뜻이라 하고, '그들을 督責하다'로 번역하였다.

集註 | 言 水土平然後에 得以教稼穡이요 衣食足然後에 得以施教化라 后稷은 官名

··· 施 베풀 시 稼 심을 가 穡 거둘 색

이니 棄爲之라 然이나 言敎民이면 則亦非竝耕矣라 樹는 亦種也라 藝는 殖也[44]라 契은 亦舜臣名也라 司徒는 官名也라 人之有道는 言其皆有秉彝之性也라 然이나 無敎[45] 則亦放逸怠惰而失之라 故로 聖人이 設官而敎以人倫하시니 亦因其固有者而道 (導)之耳라 書曰 天敍有典하시니 勅我五典하사 五를 惇哉라하니 此之謂也[46]라 放勳 은 本史臣贊堯之辭[47]어늘 孟子因以爲堯號也라 德은 猶惠也라 堯言 勞者를 勞之하 고 來者를 來之하며 邪者를 正之하고 枉者를 直之하며 輔以立之하고 翼以行之하여 使 自得其性矣요 又從而提撕警覺以加惠焉하여 不使其放逸怠惰而或失之라하시니 蓋命契之辭也라

水土가 平治된 뒤에 稼穡을 가르칠 수 있고, 衣食이 풍족한 뒤에 敎化를 베풀 수 있음을 말씀한 것이다. '后稷'은 官名이니, 姬棄가 이것을 하였다. 그러나 백성을 가르쳤다고 말했

---

44 藝 殖也 : 壺山은 "아마도 〈殖은〉'植'의 오류인 듯하니, 윗절의 '殖'과 차이가 있는 듯하다.〔或植之誤 與上節之殖 恐有異〕" 하였다. 字典에도 藝를 種植으로 풀이하였고 繁殖의 뜻은 없으나 殖에 種의 뜻이 있으므로 殖을 '심음'으로 번역하였다.

45 然 無敎 : 壺山은 "諺解의 解釋은 '然'字의 뜻을 잃었다.〔諺釋 失然字意〕" 하였다. 諺解의 解釋에 '人 이 道ㅣ 이숌애 食을 飽히 ᄒᆞ며 衣를 煖히 ᄒᆞ야 편히 居ᄒᆞ고 敎홈이 업스면'으로 되어 있는바, '사람에 게 道가 있으나'로 해석해야 함을 말한 것이다. 字典에도 藝를 種植으로 풀이하였고 繁殖의 뜻은 없으 나 殖에 種의 뜻이 있으므로 殖을 '심음'으로 번역하였다.

46 設官而敎以人倫……此之謂也 : 慶源輔氏(輔廣)는 "《集註》에 《書經》을 들어 證明한 것은, '天敍'는 바로 《集註》의 이른바 '固有한 것'이요, '바로잡아 厚하게 한다.'는 것은 바로 《集註》의 이른바 '인도했 다'는 것이다.〔集註擧書以爲證者 天敍 卽所謂固有也 勅而厚之 卽所謂道之也〕" 하였다. 新安陳氏 (陳櫟)는 "'典'은 人道의 떳떳함이니, 하늘이 次序한 것에 본래 이러한 떳떳한 법칙이 있는 것이다. '勅' 은 바름이고 '我'는 군주를 이르고 '五典'은 바로 父子로부터 朋友에 이르기까지의 다섯 가지가 이것이 다. '惇'은 厚함이다. 바로잡기를 나로부터 한다는 것은 天敍의 本然에 나아가 品節한 뒤에 떳떳한 법이 있으니, 구별하여 다섯 가지 법칙이 있어서 다섯 가지를 모두 惇厚하게 하는 것이다. 惇典은 人倫을 厚 하게 한다고 말함과 같은 것이다.〔典者 人道之常 天所次序 本有此典也 勅 正也 我 謂君也 五典 卽 父子至朋友五者是也 惇 厚也 勅正自我 卽天敍之本然者而品節之 然後有典 別而爲五典 而五者 皆惇厚也 惇典 如言厚人倫〕" 하였다. 茶山은 《書經》의 이른바 五典은 아버지는 의롭고, 어머니는 자 애롭고, 형은 우애하고, 동생은 공손하고, 자식은 효도하는 것이다. 《春秋左傳》文公 18년 조에 분명한 글이 있다.……五倫은 《中庸》의 다섯 가지 達道이다. 《集註》가 틀린 듯하다.〔書所謂五典者 父義母慈 兄友弟恭子孝也 春秋傳本有明文……五倫者 中庸之五達道也 集註恐誤〕" 하였다. 茶山은 朱子가 五倫을 설명하면서 《書經》의 五典을 인용한 것을 적절하지 못한 것으로 본 것이다. 그러나 《書經》의 五典이 비록 父義·母慈·兄友·弟恭·子孝의 다섯 가지라고 하더라도 이 역시 五倫이 중요한 것이므 로, 여기에 인용하였다고 보여진다. 後世에 綱常이라 하여 三綱·五倫을 항상 對擧하는데, 三綱 역시 君臣·父子·夫婦를 든 것으로 忠·孝·烈을 가리킨다.

47 放勳 本史臣贊堯之辭 : '放勳'에 대하여 朱子는 '功이 크다.'는 뜻으로 보았으나, 楊伯峻은 "堯의 칭호이니, '放勛'으로도 쓴다." 하였다. 이는 《史記》를 그대로 따른 것이다.

⋯ 竝 나란히병 秉 잡을병 彝 떳떳할이 放 방탕할방 惰 게으를타 敍 펼서 典 법전 勅 삼갈칙 惇 도타울돈 贊 칭찬할찬 提 끌제 撕 끌시

으니, 그렇다면 백성들과 함께 밭을 간 것은 아니다. '樹' 또한 심음이다. '藝'는 심음이다. 契 또한 舜의 신하 이름이다. '司徒'는 官名이다. '사람에게 道가 있다.'는 것은 사람이 모두 秉彝의 性을 가지고 있음을 말한 것이다. 그러나 가르침이 없으면 또한 放逸하고 怠惰하여 이것을 잃는다. 그러므로 聖人이 관직을 설치하여 人倫을 가르치게 하셨으니, 또한 그 固有한 것을 인하여 인도했을 뿐이다. 《書經》〈皐陶謨〉에 이르기를 "하늘이 차례로 펴서 典(五典)을 두시니, 우리의 五典을 바로잡아 다섯 가지를 돈독히 한다." 하였으니, 이것을 말한 것이다. 放勳은 본래 史臣이 堯를 〈功德이 크다 하여〉 칭찬한 말인데, 孟子께서 인하여 堯의 號로 삼은 것이다. '德'은 惠와 같다. 堯가 말씀하기를 "수고로운 자를 위로하고 오는 자를 오게 하며, 바르지 못한 자를 바로잡아주고 굽은 자를 펴주며, 도와서 세워주고 도와서 행하게 하여 스스로 그 본성을 얻게 하고, 또 따라서 提撕하고 警覺하여 은혜를 가해주어서 放逸하고 怠惰하여 혹시라도 본성을 잃지 않게 하라." 하셨으니, 이는 아마도 契에게 명령한 말씀인 듯하다.

4-9. 堯는 以不得舜으로 爲己憂하시고 舜은 以不得禹皐陶(고요)로 爲己憂하시니 夫以百畝之不易(이)로 爲己憂者는 農夫也니라

堯임금은 舜을 얻지 못함을 자신의 근심으로 삼으셨고, 舜임금은 禹와 皐陶를 얻지 못함을 자신의 근심으로 삼으셨으니, 100畝가 다스려지지 못함을 자신의 근심으로 삼는 자는 農夫이다.

> 集註 | 易는 治也라 堯舜之憂民은 非事事而憂之也요 急先務而已니 所以憂民者 其大如此면 則不惟不暇耕이요 而亦不必耕矣니라
>
> '易'는 다스림이다. 堯·舜이 백성을 걱정한 것은 일마다 걱정한 것이 아니요, 먼저 해야 할 일을 급히 했을 뿐이다. 백성을 걱정한 것이 이와 같이 크다면 단지 밭을 갈 겨를이 없을 뿐만 아니요, 또한 굳이 밭을 갈 필요가 없는 것이다.

4-10. 分人以財를 謂之惠요 敎人以善을 謂之忠이요 爲天下得人者를 謂之仁이니 是故로 以天下與人은 易하고 爲天下得人은 難하니라

··· 禹 하우씨(夏禹氏) 우 皐 언덕 고 陶 즐길 요 易 다스릴 이

사람들에게 재물을 나누어 줌을 惠라 이르고, 사람들에게 善을 가르쳐 줌을 忠이라 이르고, 천하 사람들을 위하여 인재를 얻는 것을 仁이라 이른다. 그러므로 천하를 사람(남)에게 주기는 쉽고, 천하를 위하여 인재를 얻기는 어려운 것이다.

按説 | 《大全》에 "人(남)은 자기와 상대하여 말한 것이니, 가르치는 자는 오직 자기일 뿐이다.〔人者 對己而言 敎之者 僅己耳〕" 하였다.

集註 | 分人以財는 小惠而已요 敎人以善은 雖有愛民之實이나 然其所及이 亦有限而難久라 惟若堯之得舜과 舜之得禹皐陶라야 乃所謂爲天下得人者而其恩惠廣大하고 敎化無窮矣니 此所以爲仁也[48]라

사람들에게 재물을 나누어 줌은 작은 은혜일 뿐이요, 사람들에게 善을 가르쳐 줌은 비록 백성을 사랑하는 실제가 있으나 미치는 바가 또한 한계가 있고 오래하기 어렵다. 오직 堯가 舜을 얻고 舜이 禹와 皐陶를 얻은 것과 같이 하여야 이른바 천하를 위하여 인재를 얻는다는 것이어서 그 은혜가 광대하고 敎化가 무궁한 것이니, 이 때문에 仁이 되는 것이다.

4-11. 孔子曰 大哉라 堯之爲君이여 惟天이 爲大어늘 惟堯則(칙)之하시니 蕩蕩乎民無能名焉이로다 君哉라 舜也여 巍巍乎有天下而不與(예)焉이라하시니 堯舜之治天下 豈無所用其心哉시리오마는 亦不用於耕耳시니라

孔子께서 말씀하시기를 '위대하다, 堯임금의 임금 노릇하심이여. 오직 하늘이 위대하신데 堯임금이 이것을 본받으셨으니, 蕩蕩하여 백성들이 德을 命名(形容)할 수가 없도다. 임금답다, 舜임금이여. 巍巍하여(높고 커서) 천하를 소유하고도 관여하지 않았다.' 하셨으니, 堯·舜이 천하를 다스림에 어찌 그 마음을 쓰신 바가 없으시겠는가마는 또한 밭을 가는 데에는 쓰지 않으셨다.

---

48 其恩惠廣大……此所以爲仁也:《大全》에 "'仁'字는 '惠'字와 '忠'字를 포함할 수 있다.〔仁字 可包惠字忠字〕" 하였다.

··· 廣 넓을 광 則 법받을 칙 蕩 넓을 탕 巍 높을 외 與 참여할 예

按說 | '孔子曰……不與焉'은 《論語》〈泰伯〉18장과 19장에 보인다.

'亦'에 대하여, 楊伯峻은 '다만'의 뜻이라 하였다.

集註 | 則은 法也[49]라 蕩蕩은 廣大之貌라 君哉는 言盡君道也라 巍巍는 高大之貌라 不與는 猶言不相關이니 言其不以位爲樂也라

'則'은 본받음이다. '蕩蕩'은 광대한 모양이다. '君哉'는 군주의 도리를 다함을 말한다. '巍巍'는 高大한 모양이다. '不與'는 不相關(관여하지 않음)이라는 말과 같으니, 지위로써 樂을 삼지 않음을 말한 것이다.

4-12. 吾聞用夏變夷者요 未聞變於夷者也로라 陳良은 楚産也니 悅周公. 仲尼之道하여 北學於中國이어늘 北方之學者 未能或之先也하니 彼所謂豪傑之士也라 子之兄弟 事之數十年이라가 師死而遂倍之온여

나는 華夏(中華)의 가르침을 써서 오랑캐를 변화시켰다는 말은 들었고, 오랑캐에게 변화당했다는 말은 듣지 못하였노라. 陳良은 楚나라 태생이니, 周公과 仲尼의 道를 좋아하여 북쪽으로 中國에 와서 공부하였는데 北方의 학자들이 혹시라도 그보다 앞선 자가 없었으니, 그는 이른바 '豪傑의 선비'였다. 그대의 형제가 그를 섬기기를 수십 년 하다가 스승이 죽자 마침내 배반하는구나.

按說 | 壺山은

옛날에는 周公을 '先聖'이라 하고 孔子를 '先師'라 하였다. 그러므로 여기에 周公과 仲尼를 나열하여 말한 것이다.〔古以周公爲先聖 孔子爲先師 故此列言周公仲尼〕

---

49 則 法也 : 沙溪(金長生)는 《論語》 註에 '능히 하늘과 같았다.〔能與之準〕'하여 이 註와는 같지 않다.〔語註註曰 能與之準 與此註不同〕'하였다.《經書辨疑》 이에 대하여 壺山은 "마땅히 《論語》의 註를 定論으로 삼아야 한다.〔當以語註爲定論〕"하였는데,《論語》의 집주에 "'唯'는 獨과 같고, '則'은 準과 같다.……물건 중에 높고 큰 것은 하늘보다 더한 것이 없는데, 오직 堯임금의 德이 하늘과 같았다.〔猶獨也 則 猶準也……言物之高大 莫有過於天者 而獨堯之德 能與之準〕"라고 보인다. '準'을 '같다'로 해석할 경우 堯의 德이 하늘과 같은 것이 되지만, '본받다'로 해석할 경우 聖人뿐만 아니라 賢人에게도 해당되므로 《論語》의 註를 定論으로 삼아야 한다고 주장한 것이다.

··· 關 관계할관 變 변할변 産 낳을산 先 뛰어날선 豪 호걸호 傑 호걸걸 倍 배반할배

하였다.

集註 | 此以下는 責陳相倍(背)師而學許行也라 夏는 諸夏禮義之教也라 變夷는 變
化蠻夷之人也요 變於夷는 反見變化於蠻夷之人也라 産은 生也라 陳良이 生於楚
하니 在中國之南이라 故로 北遊而學於中國也라 先은 過也라 豪傑은 才德出衆之稱
이니 言其能自拔於流俗也라 倍는 與背同이라 言 陳良은 用夏變夷어늘 陳相은 變於
夷也⁵⁰라

이 이하는 陳相이 스승을 배반하고 許行을 배움을 꾸짖은 것이다. '夏'는 諸夏(華夏)의 禮
義의 가르침이다. '變夷'는 蠻夷의 사람을 변화시킴이요, '變於夷'는 도리어 蠻夷의 사람
에게 변화당하는 것이다. '産'은 출생이다. 陳良이 楚나라에서 출생하였으니, 中國의 남쪽
에 있었다. 그러므로 북쪽으로 와서 中國에서 배운 것이다. '先'은 뛰어남(앞섬)이다. '豪
傑'은 재주와 德이 출중한 칭호이니, 능히 스스로 流俗에서 빼어남을 말한 것이다. '倍'는
背(배반)와 같다. 陳良은 華夏의 가르침을 써서 오랑캐를 변화시켰는데, 陳相은 오랑캐에
게 변화 당함을 말씀한 것이다.

4-13. 昔者에 孔子沒커시늘 三年之外에 門人이 治任將歸할새 入揖於子
貢하고 相嚮而哭하여 皆失聲然後에 歸어늘 子貢은 反하여 築室於場하여
獨居三年然後에 歸하니라 他日에 子夏, 子張, 子游 以有若似聖人이라하
여 欲以所事孔子로 事之하여 彊曾子한대 曾子曰 不可하니 江漢以濯之
며 秋陽以暴(폭)之라 皜皜乎不可尚已라하시니라

옛적에 孔子께서 별세하시자, 3년이 지난 뒤에 門人이 짐을 챙겨 돌아가려 할 적에 들
어가서 子貢에게 읍하고 서로 향해 통곡하여 모두 목이 쉰 뒤에 돌아갔는데, 子貢은
다시 돌아와 묘소의 마당에 집(여막)을 짓고서 홀로 3년을 산 뒤에 돌아갔다. 후일에 子

---

50 陳良……變於夷也:慶源輔氏(輔廣)는 "陳良은 楚나라 사람인데 북쪽으로 中國에 와서 배웠으니, 그
렇다면 이는 華夏의 法을 사용하여 오랑캐를 變化한 것이요, 陳相은 본래 陳良에게 배웠는데 마침내
許行에게 變함을 당하였으니, 이는 오랑캐에게 變한 것이다.〔陳良楚人 而北學於中國 則是用夏變夷
陳相素學於陳良 乃爲許行所變 則是變於夷也〕" 하였다.

··· 蠻 오랑캐 만 拔 빼어날 발 沒 죽을 몰 任 짐 임 揖 읍할 읍 嚮 향할 향 築 쌓을 축 彊 억지로 강 濯 씻을 탁
暴 햇볕쬘 폭 皜 흴 호 尚 더할 상

夏·子張·子游가 有若이 聖人(孔子)과 유사하다 하여 孔子를 섬기던 禮로써 그를 섬기고자 해서 曾子에게 강요하자, 曾子께서 말씀하시기를 '不可하니, 〈夫子의 도덕은〉江·漢으로써 씻으며 가을볕으로써 쪼이는 것과 같아서 皜皜하여 더할 수 없다.' 하셨다.

按説 | 壺山은

'三年之外'의 '外'는 後와 같다. 門人이 모두 子貢을 주인으로 삼았기 때문에 들어가 揖하고 작별한 것이다.……'彊曾子'의 '彊'은 請과 같다.〔外 猶後也 門人皆主於子貢 故入揖以別也……彊 猶請也〕

하였다.

'子貢反 築室於場'은 官本諺解와 栗谷諺解에는 '反'에서 句를 떼지 않았으나 문법에 맞추어 句를 떼었다. 아니면 '反'을 '復(다시)'의 뜻으로 보아야 할 것이다.

子游가 有若을 聖人과 유사하게 여긴 것은 그 내용이 《禮記》〈檀弓上〉에 다음과 같이 보인다.

有子가 曾子에게 묻기를 "지위를 잃고 처신하는 도리에 대해 夫子에게서 들은 적이 있는가?" 하니, 曾子가 대답하기를 "들은 적이 있으니, '벼슬하다가 지위를 잃으면 빨리 가난해지는 것이 좋고 사람이 죽으면 빨리 썩는 것이 좋다.'고 하셨다." 하였다. 有子가 "이는 君子의 말씀이 아니다." 하였다.……曾子가 "내 子游와 함께 들었노라." 하니, 有子는 "그러한가. 그렇다면 夫子께서 까닭이 있어서 하신 말씀일 것이다." 하였다. 曾子가 이 말을 子游에게 고하자, 子游가 말하기를 "有子의 말이 몹시도 夫子의 말씀과 똑같구나. 옛날 夫子께서 宋나라에 계실 적에 桓司馬가 스스로 石槨을 만들되, 3년이 되어도 완성하지 못하는 것을 보시고〔桓司馬는 宋나라 向戌의 손자이니, 이름이 魋이다.〕夫子께서 말씀하시기를 '이와 같이 사치스럽게 하기보다는 죽어서 빨리 썩는 것만 못하다.' 하셨으니, '죽으면 빨리 썩는 것이 좋다.'는 말씀은 桓司馬 때문에 하신 말씀이다. 南宮敬叔이 魯나라로 돌아올 적에〔敬叔은 孟僖子의 아들 仲孫閱이니, 일찍이 지위를 잃고 魯나라를 떠나갔다가 돌아오게 되었다.〕반드시 보물을 싣고 와서 조회하자, 夫子께서 말씀하시기를 '이와 같이 뇌물을 쓰기보다는 지위를 잃으면 빨리 가난해지는 것만 못하다.' 하셨으니, '지위를 잃으면 빨리 가난해지는 것이 좋다.'

는 말씀은 敬叔 때문에 하신 말씀이다." 하였다. 曾子가 子游의 말을 有子에게 고하자, 有子가 "그러하다. 내 진실로 夫子의 말씀이 아니라고 하였노라." 하였다. 曾子가 "그대가 어떻게 알았는가?" 하니, 有子가 대답하였다. "夫子께서 中都에서 棺槨의 제도를 만드실 적에【中都는 魯나라의 邑名이니, 孔子가 일찍이 邑宰가 되어 백성들을 위해 制度를 만드셨다.】4寸의 棺과 5寸의 槨으로 하셨으니, 이 때문에 죽으면 빨리 썩는 것이 좋다고 여기시지 않음을 알았고, 옛날에 夫子께서 魯나라 司寇의 지위를 잃으시고 장차 楚나라로 가시려 할 적에【장차 楚나라의 초빙에 應하려 하셨다.】 먼저 子夏를 보내시고 또 거듭 冉有를 보내셨으니, 이 때문에 지위를 잃으면 빨리 가난해지는 것이 좋다고 여기시지 않음을 알았다.〔有子問於曾子曰 問喪於夫子乎 曰 聞之矣 喪欲速貧 死欲速朽 有子曰 是非君子之言也…… 曾子曰 參也與子游聞之 有子曰 然 然則夫子有爲言也 曾子以斯言 告於子游 子游曰 甚哉 有子之言 似夫子也 昔者夫子居於宋 見桓司馬自爲石槨 三年而不成【桓司馬 宋向戌之孫 名魋】夫子曰 若是其靡也 死不如速朽之愈也 死之欲速朽 爲桓司馬言之也 南宮敬叔反【敬叔 孟僖子之子 仲孫閱 蓋嘗失位去魯而得反】必載寶而朝 夫子曰 若是其貨也 喪不如速貧之愈也 喪之欲速貧 爲敬叔言之也 曾子以子游之言 告於有子 有子曰 然 吾固曰非夫子之言也 曾子曰 子何以知之 有子曰 夫子制於中都【中都 魯邑名 孔子嘗爲之宰 爲民作制】四寸之棺 五寸之槨 以斯知不欲速朽也 昔者夫子失魯司寇 將之荊【將應聘於楚】蓋先之以子夏 又申之以冉有 以斯知不欲速貧也〕"

集註 | 三年은 古者에 爲師心喪三年하니 若喪父而無服也[51]라 任은 擔也라 場은 冢上之壇場也라 有若似聖人은 蓋其言行氣象이 有似之者하니 如檀弓所記 子游謂有若之言이 似夫子之類 是也라 所事孔子는 所以事夫子之禮也라 江漢은 水多하니 言濯之潔也요 秋日은 燥烈[52]하니 言暴之乾也라 皜皜는 潔白貌라 尙은 加也라 言

---

51 爲師心喪三年 若喪父而無服也:《禮記》〈檀弓上〉에 "스승을 섬기되 얼굴을 범하여 直諫함도 없고 숨김도 없으며, 좌우로 나아가 봉양하되 일정한 방소가 없으며, 부지런히 일하여 죽음에 이르며, 心喪 3년을 한다.〔事師無犯無隱 左右就養無方 服勤至死 心喪三年〕" 하였고, "孔子의 喪에 門人들이 服 입는 것을 의심하자, 子貢이 말하기를 '옛날 夫子께서 顔淵의 喪에 아들을 잃은 것과 똑같이 하셨으나 服이 없었고, 子路의 喪에도 또한 그렇게 하셨으니, 夫子의 喪을 아버지를 잃은 것과 똑같이 하되 服이 없게 하기를 청한다.' 하였다.〔孔子之喪 門人疑所服 子貢曰 昔者夫子之喪顔淵 若喪子而無服 喪子路亦然 請喪夫子 若喪父而無服〕"라고 보인다.

52 秋日 燥烈:楊伯峻은 "周나라의 7·8월은 오늘날 음력 5·6월에 해당한다. 그러므로 周나라의 이른바

··· 擔 멜 담 冢 무덤 총 壇 단 단 檀 박달나무 단 潔 깨끗할 결 燥 마를 조 烈 뜨거울 렬 乾 마를 간(건)

夫子道德明著하여 光輝潔白하시니 非有若所能彷彿也라 或曰 此三語者는 孟子贊
美曾子之辭也라

'3년'은 옛날에 스승을 위하여 心喪 3년을 하였으니, 아버지를 잃은 것과 똑같이 하나 服이
없었다. '任'은 짐이다. '場'은 무덤가의 壇場(묘마당)이다. '有若이 聖人과 같다.'는 것은
그의 言行과 氣象이 孔子와 같은 점이 있었던 것이니,《禮記》〈檀弓〉에 기록한 바, "子游
가 이르기를 '有若의 말이 夫子와 같다.'고 했다."는 類와 같은 것이다. '孔子를 섬기던 바
는 夫子를 섬기던 바의 禮이다. '江·漢'은 물이 많으니 씻어서 깨끗함을 말한 것이요, '가
을 햇볕'은 건조하고 따가우니 햇볕에 쬐어 말림을 말한 것이다. '皜皜'는 결백한 모양이다.
'尙'은 더함이다. 夫子의 道德이 밝게 드러나서 빛나고 결백하시니, 有若이 능히 彷彿할
수 있는 바가 아님을 말씀한 것이다. 혹자는 말하기를 "이 세 말씀은 孟子께서 曾子를 찬미
한 말씀이다." 하였다.

4-14. 今也에 南蠻鴃舌之人이 非先王之道어늘 子倍子之師而學之하니 亦異於曾子矣로다

지금에 南蠻의 왜가리소리 하는 사람이 先王의 道가 아닌데 그대가 그대의 스승을 배
반하고 이를 배우니, 또한 曾子와 다르도다.

集註 | 鴃은 博勞也니 惡聲之鳥라 南蠻之聲이 似之하니 指許行也라

'鴃'은 博勞이니, 우는 소리가 나쁜 새이다. 南蠻의 소리가 이와 유사하니, 許行을 가리킨
것이다.

4-15. 吾聞出於幽谷하여 遷于喬木者요 未聞下喬木而入於幽谷者로라

나는 '깊은 골짜기에서 나와 높은 나무로 옮겨간다.'는 말은 들었고, '높은 나무에서 내
려와 깊은 골짜기로 들어간다.'는 말은 듣지 못하였노라.

'秋陽'은 실제로 오늘날의 여름 햇볕이다." 하였다.

··· 著 드러날 저 輝 빛날 휘 彷 비슷할 방 彿 비슷할 불 贊 칭찬할 찬 鴃 때까치 격 舌 혀 설 幽 그윽할 유
遷 옮길 천 喬 높을 교

陳相이 높은 데에서 아래로 달려갔으니, 새가 낮은 곳을 버리고 높은 곳으로 올라간 것과 같

이 하지 못함을 비유한 것이다.〔譬陳相由高趨下 不如禽能舍下遷喬也〕

하였다.

集註 | 小雅伐木之詩云 伐木丁丁이어늘 鳥鳴嚶嚶이로다 出自幽谷하여 遷于喬木이

라하니라

《詩經》〈小雅 伐木〉詩에 이르기를 '나무를 떵떵 베는데 새는 嚶嚶히 울도다. 깊은 골짜기

에서 나와 높은 나무로 옮겨간다.' 하였다.

4-16. 魯頌曰 戎狄是膺하니 荊舒是懲이라하니 周公이 方且膺之어시늘 子是之學하니 亦爲不善變矣로다

《詩經》〈魯頌〉에 이르기를 '戎·狄을 이에 공격하니, 荊·舒가 이에 다스려졌다.' 하였

으니, 周公도 장차 이들을 응징하셨는데 그대는 이것을 배우니, 또한 잘 변화하지 못한

것이로다."

按說 | '戎狄是膺 荊舒是懲'에 대하여, 官本諺解의 解釋은 《孟子》에서는 '戎狄을

이 膺ᄒᆞ니 荊과 舒ㅣ 이에 懲타 ᄒᆞ니'라고 하였고, 《詩經》에서는 '戎狄을 이에 膺ᄒᆞ며 荊

舒를 이에 懲케 ᄒᆞ니'라고 하였는데, 壺山은

〈懲'은〉 다스림이니, '다스림' 또한 공격함을 이른다. 官本諺解에 이 두 句를 해석한 것이

《詩經》의 해석과는 똑같지 않아서 두 '是'字의 文勢가 스스로 矛盾이 되니, 마땅히 《詩經》

諺解의 해석을 바름으로 삼아야 한다. 이 두 句는 서로 인한 글이 아니고 바로 相對하는 말

이다.〔治也 治之 亦謂擊之也 諺解釋此二句 與詩解不同 而兩是字之文勢 自相矛盾

當以詩解爲正 蓋此二句 非相因之辭 乃相對之辭也〕

하여, '戎狄是膺하고'로 懸吐해야 함을 강조하였다.

⋯ 嚶 새울 앵 頌 기릴 송 膺 칠 응 荊 가시나무 형 舒 펼 서 懲 징계할 징

集註 | 魯頌은 閟宮之篇也라 膺은 擊也라 荊은 楚本號也라 舒는 國名이니 近楚者也라 懲은 艾(예)也라 今按 此詩는 爲僖公之頌이어늘 而孟子以周公言之하시니 亦斷章取義[53]也라

〈魯頌〉은 《詩經》〈閟宮〉篇이다. '膺'은 침이다. 荊은 楚나라의 본래 칭호이다. 舒는 國名이니, 楚나라와 가까운 나라이다. '懲'은 다스림이다. 지금 살펴보면 이 詩는 僖公의 頌인데, 孟子께서 周公이라고 말씀하셨으니, 또한 章을 잘라 뜻만을 취한 것이다.

4-17. 從許子之道면 則市賈(價)不貳하여 國中이 無僞하여 雖使五尺之童으로 適市라도 莫之或欺니 布帛長短同이면 則賈相若하며 麻縷絲絮輕重同이면 則賈相若하며 五穀多寡同이면 則賈相若하며 屨大小同이면 則賈相若이니라

〈陳相이 말하였다.〉"許子의 道를 따르면 시장의 물건 값이 두 가지가 없어서 온 나라 안이 거짓이 없어, 비록 5척의 童子로 하여금 시장에 가게 하더라도 혹시라도 그를 속이는 자가 없을 것입니다. 베와 비단의 길고 짧음(길이)이 같으면 값이 서로 같으며, 삼과 실과 生絲와 솜의 가볍고 무거움(무게)이 같으면 값이 서로 같으며, 五穀의 많고 적음(양)이 같으면 값이 서로 같으며, 신의 크고 작음(크기)이 같으면 값이 서로 같습니다."

按說 | '五尺'의 '尺'은 周尺으로, 지금 사용하는 木尺(營造尺)보다 짧으므로 五尺童子는 곧 三尺童子와 같은 뜻이 된다.

集註 | 陳相이 又言許子之道如此하니 蓋神農이 始爲市井[54]이라 故로 許行이 又託於神農而有是說也라 五尺之童은 言幼小無知也라 許行이 欲使市中所粥(육)之物

---

53 斷章取義 : 原典을 인용함에 있어 本文의 뜻에 관계하지 않고 인용자의 뜻에 맞게 해석함을 뜻한다. 그러나 茶山은 "斷章取義란 것이 어찌 그 사실까지 함께 바꿀 수 있겠는가. 《孟子》에 古書를 인용하고 古事를 말함에 원래 착오가 많다.〔斷章取義者 豈得竝易其事實 孟子引古書 說古事 原多錯誤〕" 하였다.

54 市井 : 壺山은 "國都의 朝市, 祖社, 公宮과 백성이 거주하는 곳을 井田의 모양으로 구획하였기 때문에 시장을 일러 市井이라 한 것이다.〔國都之朝市祖社公宮民居 畫爲井田樣 故謂市爲市井〕" 하였다.

··· 閟 닫을 비 艾 다스릴 예 僖 즐거울 희 賈 값 가(價同) 貳 두 이 僞 거짓 위 適 갈 적 麻 삼 마 縷 실오라기 루 絮 솜 서 寡 적을 과 屨 신 구 粥 팔 육(鬻同)

로 皆不論精粗美惡하고 但以長短, 輕重, 多寡, 大小로 爲價也[55]라

陳相이 또 許子의 道가 이와 같다고 말하였으니, 神農氏가 처음으로 市井을 만들었으므로 許行이 또 神農氏에게 가탁하여 이러한 말을 한 것이다. '5척의 童子'는 어려서 無知함을 말한다. 許行은 시중에서 파는 물건으로 하여금 모두 精粗(정밀하고 거칢)와 美惡(좋고 나쁨)을 논하지 않고, 다만 長短과 輕重, 多寡와 大小로써 값을 따지고자 한 것이다.

4-18. 曰 夫物之不齊는 物之情也니 或相倍蓰하며 或相什伯(百)하며 或相千萬이어늘 子比而同之하니 是는 亂天下也로다 巨屨小屨同賈면 人豈爲之哉리오 從許子之道면 相率而爲僞者也니 惡(오)能治國家리오

孟子께서 말씀하셨다. "물건이 똑같지 않음은 물건의 실정이니, 값의 차이가 혹은 서로 배가 되고 다섯 배가 되며, 혹은 서로 열 배가 되고 백 배가 되며, 혹은 서로 천 배가 되고 만 배가 되는데, 그대가 이것을 나란히 하여 똑같이 하려 하니, 이는 천하를 어지럽히는 짓이다. 〈만일〉 큰 신과 작은 신이 값이 같다면 사람들이 어찌 큰 신을 만들려고 하겠는가. 許子의 道를 따른다면 서로 이끌어서 거짓을 할 것이니, 어떻게 국가를 다스릴 수 있겠는가."

按說 | '物之情'에 대하여, 新安陳氏(陳櫟)는

情은 실제이며 自然의 이치이니, 바로 이른바 '물건의 진실한 이치'라는 것이다.〔情 實也 自然之理 卽所謂物之實理也〕

하였다.

沙溪(金長生)는

許子가 크고 작음이 같지 않음은 알고, 精하고 거친 것이 차이가 있음은 알지 못하였다. 그러므로 孟子께서 그가 아는 바를 가지고서 밝히신 것이다.〔許子知大小之不同 而不知精粗之有異 故孟子因其所知者以明之〕《經書辨疑》

---

55   但以長短……爲價也:壺山은 "큰 신은 큰 것과 값이 같고, 작은 신은 작은 것과 값이 같으니, 큰 것과 작은 것이 값이 같은 것이 아니다.〔大與大同價 小與小同價 非大小同賈也〕" 하였다.

···   粗 거칠 조 齊 같을 제 蓰 다섯갑절 사 比 나란히할 비

하였는데, 壺山은

> 살펴보건대 '巨屨' 두 句는 처음 배우는 자가 혹 잘못 읽을 수 있으므로 沙溪가 특별히 밝혔으니, 이는 뒷편(《告子上》 3장)의 '개와 소와 사람의 性(犬牛人性)'의 節에 告子가 아는 바의 기질의 性을 가지고 本然의 性을 밝힌 것과 《論語》 荷篠章(《微子》 7장)에 荷篠丈人이 밝게 아는 長幼의 禮를 가지고서 君臣의 의리를 밝힌 것과 文勢가 똑같다. 옛 註에는 巨細(거칠고 고움)로써 '巨小(크고 작음)'를 해석하였으니, 비록 글 뜻에 첩경일 듯하나, 윗절의 '大小'와 이 절의 '巨小'를 어찌 다르게 볼 수 있겠는가.〔按巨屨二句 初學者或誤讀 故沙溪特明之 此與後篇犬牛人性節因其所知之氣質之性以明本然之性者 及論語荷篠章因其所明之長幼之節以明君臣之義者 語勢同矣 舊註以巨細釋巨小 雖若於文義爲捷徑 然上節之大小 此節之巨小 顧何可同異看耶〕

하였다.

集註 | 倍는 一倍也요 蓰는 五倍也요 什·伯·千·萬은 皆倍數也라 比는 次也라 孟子言 物之不齊는 乃其自然之理니 其有精粗는 猶其有大小也라 若大屨小屨同價면 則人豈肯爲其大者哉리오 今不論精粗하고 使之同價면 是는 使天下之人으로 皆不肯爲其精者하고 而競爲濫惡之物하여 以相欺耳니라

'倍'는 1배이고 '蓰'는 5배이다. '什·伯·千·萬'은 모두 倍數이다. '比'는 나란히 함이다. 孟子가 말씀하시기를 "물건이 똑같지 않음은 바로 自然의 이치이니, 정하고 거칢이 있음은 大·小가 있는 것과 같다. 만일 큰 신과 작은 신이 값이 같다면 사람들이 어찌 큰 것을 만들려고 하겠는가. 이제 정하고 거칢을 논하지 않고 값을 같게 한다면, 이는 천하 사람들로 하여금 모두 정한 것을 만들려 하지 않고, 다투어 조잡하고 질이 나쁜 물건을 만들어서 서로 속이게 할 뿐이다."라고 하신 것이다.

|墨者夷之章|

5-1. 墨者夷之 因徐辟而求見孟子한대 孟子曰 吾固願見이러니 今吾尙病이라 病愈어든 我且往見호리니 夷子는 不來니라

··· 肯 즐길 긍 競 다툴 경 濫 넘칠 람, 함부로할 람 墨 묵가(墨家) 묵 辟 이름 벽 愈 나을 유 且 장차 차

墨者인 夷之가 徐辟을 통하여 孟子를 뵙기를 청하자, 孟子께서 말씀하셨다. "내 진실로 만나보기를 원했는데 지금은 내가 아직 병중에 있다. 병이 낫거든 내 장차 가서 만나볼 것이니, 夷子는 오지 말라.(굳이 올 것이 없다.)"

按說 | '夷子不來'에 대하여, 《集註》의 句를 따라 "오지 말라."로 해석하였으나 趙岐는

　　이날 夷子가 孟子에게 병이 난 것을 들었기 때문에 오지 않은 것이다.〔是日 夷子聞孟子病

　　故不來〕

하였는데, 茶山은

　　《集註》에서 '夷子不來'를 윗절에 붙였기에 우리나라 諺解는 '不來'를 '勿來'로 읽었다. 趙

　　岐의 註가 平順한 듯하다.〔集註 夷子不來屬上節 吾東諺解 不來讀之如勿來 恐趙注

　　平順〕

하였다. 趙岐는 孟子의 말씀을 '我且往見'까지로 보았고, 朱子는 '夷子不來'까지를 孟子

의 말씀으로 본 것이다. '不來'는 '오지 않다.'의 뜻인바, 孟子의 말씀으로 볼 경우 '오지 말

라〔勿來〕'가 되어야 하므로, 茶山이 '趙岐의 註가 平順하다.'고 한 것이다. 그러나 壺山은

　　不來는 '굳이 올 것이 없다.'라는 말과 같다.〔不來 猶言不必來也〕

하여 朱子의 說을 따랐다.

趙岐의 說대로라면 '我且往見호리라하니 夷子不來하다'로 懸吐해야 하니, '夷子不

來' 한 句만을 보면 茶山의 說처럼 趙岐의 註대로 읽는 것이 좋을 듯하다. 그러나 趙岐

의 註대로라면, 夷之가 찾아가기 전에 미리 기별한 것이 되며, 夷之는 孟子가 병환중이

라는 말을 듣고 가지 않은 것이 된다. 생각건대, 이때 夷之는 이미 찾아가서 孟子를 만나

볼 것을 청했다고 보아야 할 것이고, 또 아랫절의 '他日 又求見孟子'란 구절이 있으므

로 윗절의 '夷子不來'는 중첩되어 필요 없는 말이 된다. 즉 '我且往見'이란 말만으로도

그가 오지 않았음을 알 수 있는 것이다. 참고로 옛날 사람들은 지금처럼 전화 등으로 미

리 연락을 하고 찾아간 것이 아니라, 찾아가서 명함을 내밀고 만나 볼 것을 청하였다.

集註 | 墨者는 治墨翟之道者라 夷는 姓이요 之는 名이라 徐辟은 孟子弟子라 孟子稱

··· 翟 꿩 적

疾은 疑亦託辭以觀其意之誠否라

墨者는 墨翟의 道를 배운 자이다. 夷는 姓이고 之는 이름이다. 徐辟은 孟子의 弟子이다.
孟子께서 병을 칭탁한 것은 의심컨대 또한 말(병)을 칭탁하여 그 뜻의 정성스럽고 정성스
럽지 않음을 보려고 하신 듯하다.

5-2. 他日에 又求見孟子한대 孟子曰 吾今則可以見矣어니와 不直則道 不見(현)하나니 我且直之호리라 吾聞 夷子는 墨者라호니 墨之治喪也는 以 薄爲其道也라 夷子思以易天下하나니 豈以爲非是而不貴也리오 然而 夷子葬其親이 厚하니 則是以所賤事親也로다

他日에 또다시 孟子를 뵙기를 청하자, 孟子께서 말씀하셨다. "내 지금은 그를 만나 볼
수 있지만 〈말을 다하여〉 바로잡지 않으면 道가 나타나지 않으니, 내 우선 말을 다하여
바로잡겠다. 내 들으니 夷子는 墨者라 하는데, 墨者가 喪을 다스림은 薄葬을 그 道
로 삼는다. 夷子는 이 道로써 온 천하의 풍속을 바꿀 것을 생각하니, 어찌 이것을 옳지
않다고 생각하여 귀하게 여기지 않겠는가. 그런데도 夷子는 그 어버이를 장례하기를 厚
하게 하였으니, 이는 천하게(나쁘게) 여기는 것으로써 어버이를 섬긴 것이다."

集註 | 又求見則其意已誠矣라 故로 因徐辟以質之如此하시니라 直은 盡言以相正
也라 莊子曰 墨子는 生不歌하고 死無服하며 桐棺三寸而無槨[56]이라하니 是는 墨之治
喪이 以薄爲道也라 易天下는 謂移易天下之風俗也[57]라 夷子學於墨氏로되 而不從
其教하니 其心에 必有所不安者라 故로 孟子因以詰之하시니라

또다시 만나 뵙기를 청했으면 그 뜻이 이미 정성스럽다. 그러므로 徐辟을 통하여 質正하기

---

[56] 莊子曰……桐棺三寸而無槨:《莊子》〈天下〉에 "古人의 喪禮는 貴賤에 따른 儀式이 있고 上下에 따
른 등급이 있어서, 天子는 棺槨이 7重이고 諸侯는 5重이고 大夫는 3重이고 士는 2重이었는데, 지금
墨子는 유독 살았을 때에는 노래를 부르지 않고 죽었을 때에는 服을 입지 않고, 오동나무 棺을 3寸으
로 하고 外槨은 만들지 않아서 이것을 법식으로 삼았다.〔古人喪禮 貴賤有儀 上下有等 天子棺槨七重
諸侯五重 大夫三重 士再重 今墨子獨生不歌 死不服 桐棺三寸而無槨 以爲法式〕" 하였다.

[57] 易天下 謂移易天下之風俗也:壺山은 "이미 墨子의 道를 배웠다면 반드시 天下의 사람들로 하여금
모두 墨子의 道를 하게 하려 할 것이니, 어찌 墨子의 道를 그르다고 생각하여 귀하게 여기지 않겠는
가.〔旣治墨道 則必欲使天下之人 皆爲墨道 豈以墨道爲非而不貴之也〕" 하였다.

⋯ 託 칭탁할 탁 直 펼 직, 바로잡을 직 薄 적을 박 質 질정할 질 桐 오동나무 동 棺 널 관 槨 덧널 곽
詰 힐문할 힐

를 이와 같이 하신 것이다. '直'은 말을 다하여 서로 바로잡는 것이다. 莊子가 말하기를 "墨子는 살았을 때에는 노래를 부르지 않고 죽었을 때에는 服을 입지 않고, 오동나무 棺을 3寸으로 하고 外槨이 없었다." 하였으니, 이는 墨者의 喪을 다스림이 薄함으로써 道를 삼은 것이다. '易天下'는 천하의 풍속을 옮기고 바꿈을 이른다. 夷子가 墨氏에게 배웠으나 그 가르침을 따르지 않았으니, 그 마음에 반드시 불안한 바가 있었을 것이다. 그러므로 孟子께서 인하여 힐문하신 것이다.

5-3. 徐子以告夷子한대 夷子曰 儒者之道에 古之人이 若保赤子라하니 此言은 何謂也오 之則以爲愛無差等이요 施由親始라하노라 徐子以告孟子한대 孟子曰 夫夷子는 信以爲人之親其兄之子 爲若親其鄰之赤子乎아 彼有取爾也니 赤子匍匐將入井이 非赤子之罪也라 且天之生物也 使之一本이어늘 而夷子는 二本故也로다

徐子가 이 말을 夷子에게 전하자, 夷子가 말하였다. "儒者의 道에 '옛사람이 赤子를 보호하듯이 한다.' 하였으니, 이 말은 무슨 말인가? 나(之)는 사랑에는 차등이 없고 베풂은 어버이로부터 시작한다고 생각한다."
徐子가 이 말을 孟子에게 아뢰자, 孟子께서 말씀하셨다. "夷子는 진실로 사람들이 형의 아들(조카)을 親愛하는 것이 이웃집의 赤子를 親愛하는 것과 같다고 생각하는가? 저 《書經》의 말은 〈다른〉 뜻을 취한 것이니, 赤子가 엉금엉금 기어서 장차 우물로 빠지려는 것이 赤子의 죄가 아니라고 말한 것이다. 또 하늘이 物을 냄은 그로 하여금 근본이 하나이게 하였는데, 夷子는 근본이 둘이기 때문이다.

集註 | 若保赤子는 周書康誥篇文[58]이니 此는 儒者之言也라 夷子引之는 蓋欲援儒而入於墨[59]하여 以拒孟子之非己요 又曰 愛無差等이요 施由親始는 則推(퇴)墨而

---

58 若保赤子 周書康誥篇文 : 《書經》〈康誥〉에 "마치 赤子를 보호하듯이 하면 백성들이 편안히 다스려질 것이다.〔若保赤子 惟民其康乂〕"라고 보인다.

59 夷子引之 蓋欲援儒而入於墨 : 慶源輔氏(輔廣)는 "夷子는 儒者의 '赤子를 보호하듯이 한다'는 것이 바로 他人의 자식을 사랑하기를 자신의 어린 아이를 사랑하는 것과 같이 하여, 墨子의 '사랑에는 차등

••• 儒 선비유 差 다를 차 鄰 이웃 린 匍 기어갈 포 匐 기어갈 복 誥 가르칠 고 援 당길 원 推 밀칠 퇴

附於儒[60]하여 以釋己所以厚葬其親之意니 皆所謂遁辭也[61]라 孟子言 人之愛其兄子與鄰之子 本有差等하니 書之取譬는 本爲小民無知而犯法이 如赤子無知而入井耳라 且人物之生이 必各本於父母而無二하니 乃自然之理니 若天使之然也라 故로 其愛由此立而推以及人하여 自有差等이어늘 今如夷子之言이면 則是視其父母 本無異於路人이요 但其施之之序 姑自此始耳니 非二本而何哉[62]오 然이나 其於先後之間[63]에 猶知所擇하니 則又本心之明이 有終不得而息者라 此其所以卒能受命而自覺其非也니라

'若保赤子'는 《書經》〈周書 康誥〉篇에 있는 글이니, 이는 儒者의 말이다. 夷子가 이것을 인용한 것은 儒者를 끌고 墨者로 들어가서 孟子가 자신을 비난함을 막고자 한 것이요, 또 '사랑에는 차등이 없고, 베풂은 어버이로부터 시작한다.'라고 말한 것은 墨者를 밀쳐내고 儒者에 붙어서 자신이 어버이를 厚葬한 所以의 뜻을 해석한 것이니, 모두 이른바 '遁辭'라는 것이다.

孟子께서 말씀하시기를 "사람이 자기 형의 아들과 이웃집의 아들을 사랑함에는 본래 차등이 있으니, 《書經》에서 비유를 취한 것은, 본래 小民이 無知하여 법을 범함이 赤子가 無知하여 우물에 빠져들어가는 것과 같기 때문이다. 또 사람과 물건이 태어남은 반드시 父母에 근본하여 둘이 없으니, 이는 바로 自然의 이치이니, 마치 하늘이 그렇게 시킨 것과 같다. 그

이 없다'는 說과 같다고 생각하였다. 그러므로 '儒家를 끌고 墨子의 敎理 가운데로 들어가고자 했다'고 한 것이다.〔夷子蓋以儒者若保赤子 是愛他人子 如愛我之赤子 有似於墨子愛無差等之說 故謂其欲引儒家入墨敎中去〕"하였다.

60 愛無差等……則推墨而附於儒：新安陳氏(陳櫟)는 "夷之는 또 말하기를 '墨氏의 兼愛하는 學說은, 자기 어버이를 사랑하는 것이 他人을 사랑하는 것과 差等이 없으나 다만 베풂은 어버이로부터 시작한다.'고 한 것이다. '베풂은 어버이로부터 시작한다.'는 이 한 句는 儒家의 '사랑을 세우기를 어버이로부터 시작한다.'는 뜻을 竊取한 듯하니, 이는 墨氏를 물리치고 儒家에 붙어 따른 것이다.〔之又曰 墨氏兼愛之學 愛其親 與愛外人無差等之殊 但施則自親始耳 施由親始一句 髣髴竊取儒家立愛自親始之意 是推墨氏而依附於儒家也〕"하였다. '사랑을 세우기를 어버이로부터 시작한다.〔立愛自親始〕'는 것은 《孝經》에 보이는 孔子의 말씀이다.

61 皆所謂遁辭也：'遁辭'는 論理가 궁하여 도피(회피)하는 말을 하는 것으로, 《孟子》〈公孫丑上〉2장에 "遁辭에 그 궁함을 안다.〔遁辭 知其所窮〕"라고 보인다. 新安陳氏(陳櫟)는 "論理가 굽히고 말이 窮하므로 억지로 이 말을 해서 스스로 回避한 것이다.〔理屈辭窮 强爲此說以自逃遁也〕"하였다.

62 非二本而何哉：朱子는 "他人의 어버이를 자신의 어버이와 같이 섬기면 한 나무에 두 뿌리가 있는 것과 같은 것이다.〔事他人之親 如己之親 則如一木有兩根也〕"하였다.

63 其於先後之間：一本에는 '其'字가 빠져 있다.

… 遁 도피할 둔 譬 비유할 비 姑 우선 고 擇 가릴 택 息 그칠 식 命 가르칠 명 覺 깨달을 각

러므로 그 사랑이 이(부모)로 말미암아 확립되고 미루어 남에게 미쳐서 본래 차등이 있는데, 지금 夷子의 말과 같다면 이는 부모 보기를 본래 路人과 다름없이 하고 다만 베푸는 순서가 우선 이(부모)로부터 시작할 뿐이니, 두 근본이 아니고 무엇이겠는가."라고 하신 것이다.

그러나 夷子는 先後의 사이에서 오히려 선택할 바를 알았으니, 이는 또 本心의 밝음이 끝내 종식되지 않음이 있었던 것이다. 이 때문에 마침내 가르침을 받아 스스로 그 잘못을 깨달은 것이다.

5-4. 蓋上世에 嘗有不葬其親者러니 其親이 死어늘 則擧而委之於壑하고 他日에 過之할새 狐狸食之하며 蠅蚋(승예)姑嘬之어늘 其顙有泚하여 睨而不視하니 夫泚也는 非爲人泚라 中心이 達於面目이니 蓋歸하여 反蘽梩(류리)而掩之하니 掩之誠是也면 則孝子仁人之掩其親이 亦必有道矣니라

上古 시대에 일찍이 그 어버이를 장례하지 않은 자가 있었다. 그 어버이가 죽자, 〈시신을〉 들어다가 구렁에 버리고는 후일에 그곳을 지날 적에 〈보니〉 여우와 살쾡이가 파먹으며 파리와 등에가 모여서 빨아먹거늘, 이마에 땀이 흥건히 젖어서 곁눈으로 보고 차마 똑바로 보지 못하였으니, 땀에 흥건히 젖은 것은 남들이 보기 때문에 땀이 젖은 것이 아니요, 中心이 面目에 드러난 것이다. 그는 집으로 돌아와서 삼태기와 들것에 흙을 담아 뒤집어 쏟아부어서 시신을 덮었으니, 시신을 덮는 것이 진실로 옳다면 孝子와 仁人이 그 어버이의 시신을 덮는 것이 또한 반드시 도리가 있을 것이다."

集註 | 因夷子厚葬其親而言此하여 以深明一本之意라 上世는 謂太古也라 委는 棄也라 壑은 山水所趨也라 委는 蚊屬이라 姑는 語助聲[64]이니 或曰 螻蛄也[65]라 嘬는 攢共食之也라 顙은 額也라 泚는 泚然汗出之貌라 睨는 邪視也요 視는 正視也니 不能不視하고 而又不忍正視는 哀痛迫切하여 不能爲心之甚也라 非爲人泚는 言非爲他人見之而然也라 所謂 本者글 於此見之면 尤爲親切이니 蓋惟至親이라 故로 如

---

64 姑 語助聲 : 楊伯峻은 "'姑'는 '盬(빨아먹을 고)'로 읽어야 한다." 하였다.

65 或曰 螻蛄也 : 壺山은 "그렇다면 '姑'는 '蛄'의 잘못이다.〔然則字之訛也〕" 하였다.

··· 壑 버릴 위 壑 구렁 학 狐 여우 호 狸 살쾡이 리 蠅 파리 승 蚋 모기 예 姑 어조사 고, 땅강아지 고, 빨아먹을 고 嘬 모여서파먹을 최 顙 이마 상 泚 땀흥건할 자 睨 흘겨볼 예 反 뒤집을 반 蘽 들것 류 梩 흙담는들것 리 掩 가릴 엄 趨 달릴 추 蚊 모기 문 螻 땅강아지루 蛄 땅강아지 고 攢 모일 찬 額 이마 액 汗 땀 한 邪 곁사 迫 절박할박

此요 在他人이면 則雖有不忍之心이나 而其哀痛迫切이 不至若此之甚矣라 反은 覆 (복)也⁶⁶라 虆는 土籠也요 梩는 土轝也⁶⁷라 於是에 歸⁶⁸而掩覆(부)其親之尸하니 此는 葬埋之禮 所由起也라 此掩其親者 若所當然이면 則孝子仁人所以掩其親者 必 有其道하여 而不以薄爲貴矣리라

夷子가 그 어버이를 厚葬함으로 인하여 이것을 말씀해서 근본이 하나인 뜻을 깊이 밝히신 것이다. '上世'는 太古를 이른다. '委'는 버림이다. '壑'은 산의 물이 달려가는 곳이다. '蚋' 는 모기의 등속이다. '姑'는 어조사이니, 혹은 螻蛄(땅강아지)라고 한다. '嘬'는 모여서 함 께 파먹는 것이다. '顙'은 이마이다. '泚'는 흥건하게 땀이 나오는 모양이다. '睨'는 곁눈으 로 보는 것이요, '視'는 똑바로 보는 것이다. 보지 않을 수도 없고 또 차마 똑바로 볼 수도 없 었던 것은 애통함이 절박하여 마음을 가누지 못함이 심한 것이다. '非爲人泚'는 타인이 보 기 때문에 그러한 것이 아님을 말한 것이다. 이른바 근본이 하나라는 것을 여기에서 보면 더 욱 절박하니, 〈부모는〉 오직 至親이기 때문에 이와 같은 것이요, 다른 사람에게 있으면 비록 不忍之心이 있으나 그 애통함의 절박함이 이와 같이 심함에는 이르지 않는다. '反'은 뒤집 음이다. '虆'는 흙을 담는 그릇이요, '梩'는 흙수레이다. 이에 돌아와서 어버이의 시신을 덮 어 가리었으니, 이 때문에 埋葬하는 禮가 시작된 것이다. 어버이의 시신을 덮어 가리는 것 이 만일 당연한 것이라면, 孝子와 仁人이 그 어버이의 시신을 덮어 가리는 것이 반드시 합 당한 도리가 있어서 薄葬을 귀하게 여기지 않을 것이다.

5-5. 徐子以告夷子한대 夷子憮然爲間日 命之矣삿다

徐子가 이 말을 夷子에게 전하자, 夷子가 憮然히 한동안 있다가 말하기를 "나(之)를 가르쳐 주셨다." 하였다.

---

66 反 覆也 : 退溪(李滉)는 "覆은 《論語》〈子罕〉 18장의〉 '雖覆一簣(흙 한 삼태기를 처음 쏟아 붓더라도)' 의 '覆'이니, 흙을 그릇에 담아 엎어서 땅에 쏟아 붓는 것이다.〔卽雖覆一簣之覆 言盛土於器 覆而寫之 於地也〕" 하였다.《經書辨疑》

67 虆……土轝也 : 壺山은 "혹은 籠으로 덮고 혹은 수레로 덮는 것이다.〔或覆以籠 或覆以輿〕" 하였다.

68 歸 : 退溪(李滉)는 "자기 집으로 돌아간 것이다.〔歸其家也〕"라고 하였고, 沙溪(金長生)는 "시신이 있는 곳으로 다시 돌아온 것이다.〔復歸屍處也〕"라고 하였다.《經書辨疑》

··· 籠 상자 롱 轝 수레 여 覆 엎을 복, 덮을 부 尸 주검 시 埋 묻을 매 憮 실심할 무 命 가르칠 명

按說ㅣ '命之'의 '之'에 대하여, 朱子는

'之'字는 夷子의 이름으로 보아야 句法이 되니, 만약 '虛'字로 보면 句法이 되지 않는다.〔之
字作夷子名看 方成句法 若作虛字看 則不成句法〕

라고 한 제자의 말에 옳다고 하였다.《語類》

集註ㅣ 憮然은 茫然自失之貌라 爲間者는 有頃之間也라 命은 猶敎也니 言孟子已敎
我矣라 蓋因其本心之明하여 以攻其所學之蔽라 是以로 吾之言易入하고 而彼之惑
易解也[69]라

'憮然'은 茫然自失하는 모양이다. '爲間'은 한동안의 시간이다. '命'은 敎와 같으니, 孟子
께서 이미 나를 가르치셨다고 말한 것이다. 그 本心의 밝음을 인하여 그 배운 바의 가리움을
공격하였다. 이 때문에 나(孟子)의 말이 들어가기 쉽고 저의 의혹이 풀리기 쉬웠던 것이다.

---

69 蓋因其本心之明……而彼之惑易解也 : 慶源輔氏(輔廣)는 "孟子께서 夷之의 本心의 밝음을 인하여
가르쳐주셨으니,《周易》의 '마음을 유도하되, 반드시 잘 알 수 있는 것부터 시작한다.〔納約自牖〕'의 뜻
을 얻은 것이다.〔孟子因夷之本心之明而入之 得易納約自牖之義〕" 하였다.

··· 茫 아득할망 頃 잠깐경 惑 의혹할혹

滕文公章句 下

集註 | 凡十章[70]이라
모두 10章이다.

|不見諸侯章(枉尺直尋章)|

1-1. 陳代曰 不見諸侯 宜若小然하이다 今一見之하시면 大則以王이요
小則以霸니이다 且志曰 枉尺而直尋이라하니 宜若可爲也로소이다

陳代가 말하였다. "諸侯를 만나보지 않는 것이 작은 일인 듯합니다. 이제 한 번 만나보
시면 크게는 王者를 이루고, 작게는 霸者를 이룰 것입니다. 또 옛 기록에 '한 자(尺)를
굽혀 한 길(尋)을 편다.' 하였으니, 〈만나보는 것을〉 할 만할 듯합니다."

按說 | '不見諸侯'에 대하여, 新安陳氏(陳櫟)는

孟子가 평소에 諸侯를 만나보지 않는 것을 〈자신의 志操로 여겨〉 스스로 지키셨다. 그러므
로 이로써 물은 것이다.(孟子平生以不見諸侯自守 故以此爲問)

---

70 凡十章 : 勿軒熊氏(熊禾)는 "일곱 章은 出處의 道를 말하였고, 두 章은 仁政을 말하였고, 한 章은 異
端을 말하였다.(七章言出處之道 二章言仁政 一章言異端)" 하였다.

··· 宜 거의 의 志 기록지 枉 굽힐 왕 直 펼직 尋 길 심

하였다. 壺山은

> 살펴보건대 이 〈제후를 만나보지 않는〉 일은 모두 세 번 보이는데 모두 제자가 의문한 것이니,
>
> 他人을 또 알 수 있다.[按此事 凡三見而皆弟子疑問 他人又可知也]

하였는데, '세 번 보인다'는 것은 여기와 아래 7장의 "公孫丑問曰 不見諸侯 何義"와 〈萬章下〉 7장의 "萬章曰 敢問不見諸侯 何義也"를 가리킨 것이다.
'宜若小然'과 '宜若可爲'의 '宜若'은 의문하거나 推斷하는 뜻을 지닌 말로, '아마도 ~ 인 듯하다'의 뜻이다.

集註 | 陳代는 孟子弟子也라 小는 謂小節也라 枉은 屈也요 直은 伸也라 八尺曰尋이라 枉尺直尋은 猶屈己一見諸侯而可以致王霸니 所屈者小하고 所伸者大也[71]라

陳代는 孟子의 弟子이다. '小'는 작은 節(절개 또는 일)을 이른다. '枉'은 굽힘이요, '直'은 폄이다. 8尺을 '尋'이라 한다. '한 자를 굽혀 한 길을 편다.[枉尺直尋]'는 것은 자기 몸을 굽혀 한 번 諸侯를 만나보면 王者와 霸者를 이룰 수 있는 것과 같으니, 굽힌 것이 작고 편 것이 큰 것이다.

1-2. 孟子曰 昔에 齊景公이 田할새 招虞人以旌한대 不至어늘 將殺之러니 志士는 不忘在溝壑하고 勇士는 不忘喪其元이라하시니 孔子는 奚取焉고 取非其招不往也시니 如不待其招而往엔 何哉오

孟子께서 말씀하셨다. "옛날에 齊 景公이 사냥할 적에 虞人을 旌(깃발)으로 불렀는데 오지 않자, 장차 그를 죽이려 했었다. 〈孔子께서 虞人을 칭찬하시기를〉 '志士는 시신이 도랑에 버려짐을 잊지 않고 勇士는 〈싸우다가〉 자기 머리를 잃을 것을 잊지 않는다.' 하셨으니, 孔子께서는 무엇을 취하신 것인가? 자기의 〈신분에 맞는〉 부름이 아니면 가지 않음을 취하신 것이니, 만일 부름을 기다리지 않고 간다면 어떠하겠는가.

---

[71] 所屈者小 所伸者大也 : 南軒張氏(張栻)는 "자기 몸을 굽히는 일은 작고, 王者가 되고 霸者가 되는 것은 크다고 말하였으니, 이는 춘추 시대 이후로 풍속이 功利를 계산하는 霸者들의 말에 익숙해져서 이러한 말이 있었던 것이다.[謂屈己事小 王霸爲大 此自春秋以來 風俗習於霸者計較功利之說 而有是言]" 하였다.

··· 屈 굽힐굴 田 사냥전 招 부를초 虞 관직이름우 旌 깃발정 溝 도랑구 壑 구렁학 喪 잃을상 元 머리원 奚 어찌해

集註 | 田은 獵也라 虞人은 守苑囿之吏也라 招大夫以旌하고 招虞人以皮冠[72]이라 元은 首也라 志士는 固窮[73]하여 常念死無棺椁하여 棄溝壑而不恨하고 勇士는 輕生하여 常念戰鬪而死하여 喪其首而不顧也라 此二句는 乃孔子歎美虞人之言이라 夫虞人은 招之不以其物이라도 尙守死而不往이어든 況君子豈可不待其招而自往見之邪아 此以上은 告之以不可往見之意하시니라

'田'은 사냥이다. '虞人'은 苑囿(동산)를 지키는 관리이다. 大夫를 부를 적에는 旌을 사용하고, 虞人을 부를 적에는 皮冠(가죽으로 만든 관)을 사용한다. '元'은 머리이다. 志士는 곤궁함을 굳게 지켜 죽었을 적에 棺椁이 없어 시신이 도랑에 버려지더라도 恨하지 않을 것을 항상 생각하고, 勇士는 생명을 가벼이 여겨 전투하다가 죽어서 머리를 잃더라도 돌아보지 않을 것을 항상 생각한다. 이 두 句는 바로 孔子께서 虞人을 歎美하신 말씀이다. 虞人은 자기를 부르기를 〈신분에 맞는〉 물건으로 하지 않더라도 오히려 죽음으로 지키고 가지 않았는데, 하물며 君子가 어찌 부름을 기다리지 않고 스스로 찾아가서 만나볼 수 있겠는가. 이 以上은 〈제후를〉 찾아가서 만나볼 수 없는 뜻을 말씀하신 것이다.

1-3. 且夫枉尺而直尋者는 以利言也니 如以利면 則枉尋直尺而利라도 亦可爲與아

또 '한 자를 굽혀서 한 길을 편다.'는 것은 利로써 말한 것이니, 만일 利로써 말한다면 한 길을 굽혀 한 자를 펴서 利롭더라도 또한 하겠는가.

---

72 招大夫以旌 招虞人以皮冠:《春秋左傳》昭公 20년 조에 "齊 景公이 沛에서 사냥할 적에 활로써 虞人을 불렀는데 나오지 않았다. 齊 景公이 사람을 시켜 그를 잡아오게 하자, 虞人이 해명하기를 '옛날 우리 先君께서 사냥하실 적에 旌으로써 대부를 부르시고 활로써 士를 부르시고 皮冠으로써 虞人을 부르셨습니다. 신은 皮冠을 보지 못했기 때문에 감히 나아가지 못한 것입니다.' 하니, 이에 그를 풀어주었다. 仲尼가 이에 대해 〈임금이 부르면 달려가는〉 도리를 지키는 것이 관리의 제도를 따르는 것만 못하다.' 하셨는데, 군자는 이 말을 옳게 여겼다.〔齊侯田于沛 招虞人以弓 不進 公使執之 辭曰 昔我先君之田也 旃以招大夫 弓以招士 皮冠以招虞人 臣不見皮冠 故不敢進 乃舍之 仲尼曰 守道不如守官 君子韙之〕"라고 보인다. 楊伯峻은 "《春秋左傳》에 기록된 것과 《孟子》에서 말한 것이 다른 점이 있지만 대체적인 것은 일치한다." 하였다.

73 志士固窮:《論語》〈衛靈公〉 1장에, 孔子께서 "君子는 진실로 곤궁함을 지키니, 小人은 궁하면 넘친다.〔子曰 君子固窮 小人窮斯濫矣〕" 하였다. 壺山은 이에 대하여 "'固窮'은 그 가난함을 굳게 지킴을 이른다.〔謂固守其貧也〕" 하였다.

··· 獵 사냥 렵 苑 동산 원 囿 동산 유 棺 널 관 椁 덧널 곽 棄 버릴 기 恨 한할 한 顧 돌아볼 고

集註 | 此以下는 正其所稱枉尺直尋之非라 夫所謂枉小而所伸者大則爲之者는 計其利耳니 一有計利之心이면 則雖枉多伸少而有利라도 亦將爲之邪아하시니 甚言 其不可也시니라

이 이하는 그가 말한 '枉尺直尋'의 잘못을 바로잡은 것이다. 이른바 '굽히는 것이 작고 펴 는 것이 크면 한다.'는 것은 利를 계산한 것이니, '한 번(조금)이라도 利를 계산하는 마음이 있으면 비록 굽히는 것이 많고 펴는 것이 적으면서 利가 있더라도 또한 장차 하겠는가.' 하 셨으니, 그 不可함을 심히 말씀하신 것이다.

1-4. 昔者에 趙簡子使王良으로 與嬖奚乘한대 終日而不獲一禽하고 嬖 奚反命日 天下之賤工也러이다 或以告王良한대 良日 請復(부)之호리라 彊而後에 可라하여늘 一朝而獲十禽하고 嬖奚反命日 天下之良工也러이 다 簡子日 我使掌與女(汝)乘호리라하고 謂王良한대 良이 不可日 吾爲之 範我馳驅호니 終日不獲一하고 爲之詭遇호니 一朝而獲十하니이다 詩云 不失其馳어늘 舍矢如破라하니 我는 不貫與小人乘호니 請辭라하니라

옛적에 趙簡子가 王良으로 하여금 嬖奚와 함께 수레를 타고 사냥하게 하였는데, 종일 토록 한 마리의 짐승도 잡지 못하고는 嬖奚가 反命(復命)하기를 '天下에 값어치 없는 말몰이꾼이었습니다.' 하였다. 혹자가 이 말을 王良에게 전하자, 王良이 다시 사냥하자 고 청하였으나 〈승낙하지 않다가〉 강요한 뒤에야 승낙하였다. 〈이번에는〉 하루아침에 열 마리의 짐승을 잡고 嬖奚가 復命하기를 '天下에 훌륭한 말몰이꾼이었습니다.' 하였 다. 簡子가 '내 그로 하여금 너와 함께 수레를 타게 하도록 하겠다.' 하고 王良에게 이 말을 일렀다. 王良이 허락하지 않으면서 말하기를 '내 그를 위해서 말 모는 것을 法대로 하였더니 종일토록 한 마리의 짐승도 잡지 못하였고, 그를 위하여 부정한 방법으로 짐승 을 만나게 하였더니 하루아침에 열 마리의 짐승을 잡았습니다.《詩經》에「말몰이꾼은 말 모는 法을 잃지 않는데 射手는 화살을 쏨에 깨뜨리는 것과 같이 명중한다.」하였습 니다. 나는 小人과 함께 수레 타는 것을 익히지 않았으니, 사양하겠습니다.' 하였다.

••• 嬖 총애할 폐 乘 탈승 獲 잡을 획 禽 새금, 짐승금 彊 억지로 강 掌 맡을 장 範 법범 驅 몰구 詭 속일 궤 舍 놓을 사 破 깨뜨릴 파 貫 익힐 관

集註 | 趙簡子는 晉大夫趙鞅也라 王良은 善御者也[74]라 嬖奚[75]는 簡子幸臣이라 與之乘은 爲之御也라 復之는 再乘也라 彊而後可는 嬖奚不肯하여 彊之而後에 肯也라 一朝는 自晨至食時也라 掌은 專主也라 範은 法度[76]라 詭遇는 不正而與禽遇也라 言 奚不善射하여 以法馳驅則不獲하고 廢法詭遇而後에 中也라 詩는 小雅車攻之篇이라 言 御者不失其馳驅之法하고 而射者發矢皆中而力이어늘 今嬖奚不能也라 貫은 習也라

趙簡子는 晉나라 大夫인 趙鞅이다. 王良은 말몰이를 잘하는 자이다. 嬖奚는 簡子의 총애하는 신하이다. '與之乘'은 그를 위하여 말을 모는 것이다. '復之'는 다시 수레를 타고 사냥하는 것이다. '彊而後可'는 嬖奚가 사냥하려고 하지 않다가 강요한 뒤에야 하려고 한 것이다. '一朝'는 새벽부터 아침밥을 먹을 때까지이다. '掌'은 오로지 맡는 것이다. '範'은 法度이다. '詭遇'는 부정하게〈수레를 몰아〉짐승과 만나게 하는 것이다. 嬖奚가 활을 잘 쏘지 못해서 法대로 수레를 몰면 짐승을 잡지 못하고, 法을 폐지하여 부정한 방법으로 만나게 한 뒤에야 짐승을 맞출 수 있었음을 말한 것이다. 詩는〈小雅 車攻〉篇이다. 御者는 말 모는 法을 잃지 않고, 射手는 화살을 쏨에 다 맞추고 힘차야 하는데, 지금 嬖奚는 그렇지 못함을 말한 것이다. '貫'은 익힘이다.

1-5. 御者도 且羞與射者比하여 比而得禽獸 雖若丘陵이라도 弗爲也하니 如枉道而從彼엔 何也오 且子過矣로다 枉己者 未有能直人者也니라

御者도 射手에게 아부하는 것을 부끄러워해서 아부하면 비록 丘陵과 같이 禽獸를 많이 잡을 수 있더라도 하지 않았으니, 만일〈선비가〉道를 굽혀 저를 따른다면 어떠하겠는가. 또 자네가 잘못하였도다. 자기 몸을 굽힌 자가 남을 곧게 펴는 자는 있지 않다."

---

74 王良 善御者也:楊伯峻은《春秋左傳》哀公 2년에 '郵無恤이 趙簡子의 수레를 몰았다.〔郵無恤御簡子〕'하였는데 杜預의 註에 '郵無恤은 王良이다.' 하였다. 王良은 春秋 말엽에 수레를 잘 몰았던 사람이었기 때문에, 先秦·兩漢의 전적에서 많이 일컬어졌다." 하였다.

75 嬖奚:楊伯峻은 '嬖'는 嬖人(총애받는 小人)이고 그의 이름이 '奚'라고 하였다.

76 範 法度也:壺山은 "範은 五御의 법이다.〔五御之法〕" 하였다. 五御는 수레가 달릴 때 수레의 방울 소리가 서로 호응하게 모는 鳴和鸞, 골짜기의 절벽을 따라 수레를 몰되 물에 떨어지지 않게 하는 逐水曲, 帝王을 나타내는 표시나 자리를 지날 때 예의를 갖추는 過君表, 도로를 통과하면서 자유자재로 달려가는 舞交衢, 사냥을 할 때 짐승을 쫓으면서 왼쪽에서 활을 쏘아 잡는 逐禽左를 가리킨다.

··· 鞅 고삐앙 御 어거할어 幸 총애할행 肯 즐길긍 晨 새벽신 羞 부끄러울수 比 아첨할비 陵 언덕릉

按説 | '且'에 대하여, 壺山은

　且는 尙과 같다.〔且 猶尙也〕

하였는데, 이는 猶且, 尙且와 같은바, '御者도'로 懸吐하면 且는 풀이하지 않아도 된다.
'比'에 대하여, 楊伯峻은 위〈滕文公上〉4장의 "그대가 이것을 나란히 하여 똑같이 하려 한다.〔子比而同之〕"의 '比'와 같은 뜻이라고 하였다.

集註 | 比는 阿黨也라 若丘陵은 言多也라

'比'는 阿黨함이다. '丘陵과 같다.'는 것은 많음을 말한다.

章下註 | ○ 或曰 居今之世하여 出處去就를 不必――中節이니 欲其――中節이면 則道不得行矣라하니 楊氏曰 何其不自重也오 枉己면 其能直人乎아 古之人이 寧道之不行이언정 而不輕其去就라 是以로 孔孟이 雖在春秋戰國之時라도 而進必以正하사 以至終不得行而死也하시니 使不恤[77]其去就而可以行道면 孔孟이 當先爲之矣시리라 孔孟이 豈不欲道之行哉시리오

○ 或者가 말하기를 "지금 세상에 살면서 出處와 去就를 굳이 하나하나 예절에 맞게 할 것이 없으니, 하나하나 예절에 맞게 하려고 한다면 道가 행해질 수 없을 것이다." 하였다. 이에 楊氏(楊時)가 말하기를 "어찌 그리도 自重하지 않는가. 자기 몸을 굽히면 어떻게 남을 곧게 펼 수 있겠는가. 옛사람들은 차라리 道가 행해지지 않을지언정 去就를 가벼이 하지 않았다. 이 때문에 孔子와 孟子께서 비록 春秋‧戰國의 때에 계셨지만 나아가기를 반드시 正道로써 하여 끝내 道를 행하지 못하고 죽음에 이르신 것이다. 가령 그 去就를 돌아보지 않고 道를 행할 수 있었다면 孔子와 孟子께서 마땅히 먼저 하셨을 것이다. 孔子와 孟子께서 어찌 道가 행해지기를 원하지 않으셨겠는가."

|景春章(大丈夫章)|

2-1. 景春曰 公孫衍, 張儀는 豈不誠大丈夫哉리오 一怒而諸侯懼하고

77　恤:壺山은 "顧(돌아봄)와 같다.〔猶顧也〕" 하였다.

⋯　阿 아첨할 아　寧 차라리 녕　恤 아낄 휼　衍 넓을 연　儀 거동 의　誠 진실로 성

安居而天下熄하나이다

景春이 말하였다. "公孫衍과 張儀는 어찌 진실로 大丈夫가 아니겠습니까. 한번 노하면 諸侯들이 두려워하고, 편안히 있으면 天下가 조용합니다."

按說┃ '熄'에 대하여, 新安陳氏(陳櫟)는

公孫衍과 張儀 두 사람은 모두 六國의 合從을 깨뜨려서 連橫을 한 자이다. '熄'은 불이 꺼짐과 같으니, 兵亂은 불과 같기 때문이다.〔二人 皆破六國之從 以爲衡者 熄如火之熄滅 以兵猶火故也〕

하였고, 壺山은

살펴보건대 '熄'은 조용하여 無事함을 이른다.〔按熄 謂寂然無事也〕

하였으며, 楊伯峻은 趙岐의 註에 '천하의 전쟁이 멈추었다.〔天下兵革熄也〕' 한 것을 취하여 "천하가 태평하고 전쟁이 없었다."로 번역하였다.

集註┃景春은 人姓名[78]이라 公孫衍, 張儀는 皆魏人이니 怒則說(세)諸侯하여 使相攻伐이라 故로 諸侯懼也라

景春은 사람의 姓名이다. 公孫衍과 張儀는 모두 魏나라 사람이니, 怒하면 제후를 설득하여 서로 공격하고 정벌하게 하였다. 그러므로 諸侯들이 두려워한 것이다.

2-2. 孟子曰 是焉得爲大丈夫乎리오 子未學禮乎아 丈夫之冠也에 父命之하고 女子之嫁也에 母命之하나니 往에 送之門할새 戒之曰 往之女(汝)家하여 必敬必戒하여 無違夫子라하나니 以順爲正者는 妾婦之道也니라

孟子께서 말씀하셨다. "이 어찌 大丈夫라 할 수 있겠는가. 그대는 禮를 배우지 않았는

---

78 景春 人姓名 : 趙岐는 "景春은 孟子 때의 사람으로 縱橫家의 術을 행하던 자이다.〔景春 孟子時人 爲縱橫之術者〕" 하였다.

… 熄 꺼질 식 焉 어찌 언 命 훈계할 명 嫁 시집갈 가 女 너 여(汝通) 違 어길 위

가? 丈夫(男子)가 冠禮할 적에 아버지가 命(훈계)하고, 女子가 시집갈 적에 어머니가 命하나니, 시집감에 문에서 전송할 적에 경계하기를 '네 집(시댁)에 가서 반드시 공경하고 반드시 경계하여 夫子(남편)를 어기지 말라.' 하니, 순종함을 正道로 삼는 것은 妾婦의 道이다.

按說 | '無違夫子'에 대하여, 《儀禮》〈士昏禮〉에

> 아버지가 딸을 시집보낼 적에 훈계하기를 "경계하고 공경하여 이른 새벽부터 밤늦도록 命을 어기지 말라."고 한다.〔父送女 命之曰 戒之敬之 夙夜毋違命〕

하였는데, 鄭玄의 註에 "命은 시부모의 敎命이다.〔命 舅姑之敎命〕" 하였고, 또 "어머니가 작은 띠를 매주고 수건을 매주며 훈계하기를 '힘쓰고 공경하여 이른 새벽부터 밤늦도록 집안일을 어기지 말라.'고 한다.〔母施衿結帨曰 勉之敬之 夙夜無違宮事〕" 하였는데, 賈公彦의 疏에 "宮事는 시어머니가 며느리에게 命한 일을 이른다.〔宮事 謂姑命婦之事〕" 하였다.

茶山은 〈士昏禮〉의 이 글을 인용하고,

> 禮經에 '夫子(남편)를 어기지 말라.'는 글이 없으니, 孟子가 본 것은 別本이다.〔禮經無毋違夫子之文 孟子所見者別本也〕

하였다. 壺山은

> 살펴보건대 禮에 딸이 시집갈 적에도 아버지가 명하는데, 여기에 "어머니가 명한다."라고 말한 것은 門에서 전송하면서 경계한 것을 위주하여 말한 것일 뿐이다.〔按禮女之嫁 亦父命之 而此云母命者 蓋主送門戒言耳〕

하였다.

集註 | 加冠於首曰冠이라 女家는 夫家也니 婦人은 內夫家[79]하여 以嫁爲歸也라 夫子는 夫也라 女子從人하니 以順爲正道也라 蓋言 二子阿諛苟容하여 竊取權勢하니

---

79 婦人 內夫家 : 《漢書》〈劉向傳〉에 "婦人은 남편의 집을 안으로 하고 父母의 집을 밖으로 한다.〔婦人 內夫家 外父母家〕" 하였다.

··· 歸 돌아갈 귀 諛 아첨할 유 苟 구차할 구 容 용납할 용 竊 훔칠 절 勢 형세 세

乃妾婦順從之道耳요 非丈夫之事也라

머리에 冠을 加함을 冠禮라 한다. 女家는 남편의 집이니, 婦人은 남편의 집을 안으로 여겨 시집가는 것을 돌아간다고 한다. '夫子'는 남편이다. 女子는 남을 따르니, 순종함을 正道로 삼는다. 公孫衍과 張儀 두 사람은 아첨하고 구차히 용납하여(영합하여) 權勢를 절취하였으니, 바로 妾婦의 순종하는 도리요 大丈夫의 일이 아니라고 말씀한 것이다.

2-3. 居天下之廣居하며 立天下之正位하며 行天下之大道하여 得志하여는 與民由之하고 不得志하여는 獨行其道하여 富貴不能淫하며 貧賤不能移하며 威武不能屈이 此之謂大丈夫니라

天下의 넓은 집(仁)에 거하며 天下의 바른 자리(禮)에 서며 天下의 大道(義)를 행하여, 뜻을 얻으면(지위를 얻으면) 백성과 함께 道를 행하고 뜻을 얻지 못하면 홀로 그 道를 행하여, 富貴가 마음을 방탕하게 하지 못하며 貧賤이 절개를 옮겨놓지(바꿔놓지) 못하며 威武가 지조를 굽히지 못하는 것, 이것을 大丈夫라 이른다."

按說 | 朱子는

마음이 廓然하여 한 터럭의 사사로운 뜻도 없어서 곧바로 천지와 量을 함께하는 것이 바로 天下의 廣居에 거하는 것이니 곧 '居仁'이고, 자신이 몸을 세움에 이르러 다시 조금도 이치에 합당하지 않음이 없는 것이 바로 天下의 正位에 서는 것이니 곧 '守禮'이고, 미루어서 일에 나타남에 다시 조금도 義에 부합하지 없음이 없는 것이 바로 天下의 大道를 행함이니 곧 '由義'이다. 위 두 句를 논하면 廣居에 거함은 體이고 正位에 서는 것은 用이며, 아래 두 句를 논하면 正位에 서는 것은 體이고 大道를 행하는 것은 用이다. 능히 天下의 廣居에 거하면 自然히 天下의 正位에 서고 天下의 大道를 행할 수 있음을 알 수 있다.……'居'字는 心에 나아가 말한 것이고, '立'字는 몸에 나아가 말한 것이고, '行'字는 행실에 나아가 말한 것이다.〔此心廓然 無一毫私意 直與天地同量 這便是居天下之廣居 便是居仁 到得自家立身 更無些子不當於理 這便是立天下之正位 便是守禮 及推而見於事 更無些子不合於義 這便是行天下之大道 便是由義 論上兩句 則居廣居是體 立正位是用 論下

⋯ 妾 첩첩 廣 넓을광 由 행할유 淫 음탕할음 移 옮길이

兩句 則立正位是禮 行大道是用 要知能居天下之廣居 自然能立天下之正位 行天下之大道……居字是就心上說 立字是就身上說 行字是就施爲上說〕《語類》

하였고, 또

이 세 말(居廣居, 立正位, 行大道)은 또 廣居에 거하는 것을 위주한다.〔此三言者 又以廣居爲主〕《或問》

하였다.

'行天下之大道'에 대하여, 栗谷諺解에서는 '天下의 大道롤 行ᄒᆞ야'라고 하여 '천하의 큰 道를 행하다.'로 보았고, 官本諺解에서는 '天下앳 大ᄒᆞᆫ 道애 行ᄒᆞ야'라고 하여 '천하의 큰 道에 행하다.'로 보았는데, 壺山은

'行於大道'이니 官本諺解의 해석이 맞다.〔行於大道 諺釋得之〕

하였다. 이는 위에 '天下의 廣居에 居하고 天下의 正位에 서고'로 해석하였으므로 이에 맞춘 것으로 보인다. 그러나 번역에서는 栗谷諺解를 따랐음을 밝혀 둔다.

集註 | 廣居는 仁也요 正位는 禮也요 大道는 義也라 與民由之는 推其所得於人也[80]요 獨行其道는 守其所得於己也[81]라 淫은 蕩其心也요 移는 變其節也요 屈은 挫其志也[82]라

'廣居'는 仁이요, '正位'는 禮요, '大道'는 義이다. '백성과 함께 행한다.'는 것은 얻은 바를 남에게 미룸이요, '홀로 그 道를 행한다.'는 것은 얻은 바를 자기 몸에 지키는 것이다. '淫'은 마음을 방탕하게 함이요, '移'는 절개를 변함이요, '屈'은 뜻(의지)을 꺾는 것이다.

---

80 與民由之 推其所得於人也:《大全》에 "由는 백성들과 함께 이 仁·禮·義를 행하는 것이고, 얻은 것 또한 바로 이 세 가지이다.〔由 謂與民共由此仁禮義也 所得亦卽此三者〕" 하였다.

81 獨行其道 守其所得於己也:《大全》에 "道는 바로 仁·禮·義의 道이다.〔道 卽仁禮義之道〕" 하였다.

82 淫……挫其志也:趙氏(趙順孫)는 "富貴하면 구함이 얻어지고 욕망이 이루어지므로 마음을 방탕함에 이르기 쉽고, 貧賤하면 居處가 儉約하고 곤궁하므로 절개를 변함에 이르기 쉽고, 위엄과 무력을 만나면 또 震動하고 두려워함에 이르기 쉬우므로 그 뜻과 기운을 좌절함이 많은 것이다.〔富貴則求得欲從 故易至蕩其心 貧賤則居約處困 故易至變其節 遇威武 又易至隕穫震懼 故多挫慴其志氣〕" 하였다.

··· 蕩 음탕할 탕 變 변할 변 挫 꺾을 좌

章下註 | ○何叔京[83]曰 戰國之時에 聖賢道否(비)하여 天下不復見其德業之盛하고 但見姦巧之徒 得志橫行하여 氣焰可畏하고 遂以爲大丈夫라하니 不知由君子觀之[84]하면 是乃妾婦之道耳니 何足道哉리오

○何叔京(何鎬)이 말하였다. "戰國 때에 聖賢의 道가 否塞(비색)해져서 天下 사람들이 다시는 그 德業의 성대함을 보지 못하고, 다만 姦巧한 무리들이 뜻을 얻어 橫行해서 기염이 두려울 만함을 보고는 마침내 大丈夫라 하였으니, 君子의 입장에서 보면 이것이 妾婦의 道임을 알지 못한 것이다. 어찌 굳이 말할 것이 있겠는가."

|周霄問曰章(三月無君章)|

3-1. 周霄問曰 古之君子仕乎잇가 孟子曰 仕니라 傳曰 孔子三月無君則皇皇如也하사 出疆에 必載質(贄)라하고 公明儀曰 古之人이 三月無君則弔라하니라

周霄가 물었다. "옛날의 君子가 벼슬하였습니까?"
孟子께서 말씀하셨다. "벼슬하였다. 傳에 이르기를 '孔子는 3개월 동안 군주가 없으면 皇皇한 듯이 여겨 국경을 나갈 적에 반드시 폐백을 싣고 갔다.' 하였고, 公明儀가 말하기를 '옛사람은 3개월 동안 군주가 없으면 〈사람들이 그에게〉 조문(위문)했다.' 하였다."

按說 | '三月無君則弔'에 대하여, 趙岐는

> 3개월은 한 계절(철)이니, 사물이 변화하는데 임금의 교화를 돕지 못하므로, 마치 구하는 바
> 가 있는데 얻지 못하는 것처럼 皇皇한 것이다.〔三月一時也 物變而不佐君化 故皇皇如有
> 所求而不得爾〕

---

83 何叔京:叔京은 何鎬(1128~1175)의 字이다. 福建省 昭武 사람으로 朱子의 친구이다. 속칭 臺溪先生이라 불렸다. 壺山은 "살펴보건대 이는 당시에 朱子의 친구였기 때문에 字를 칭하였으니, 張敬夫(張栻)의 예와 같다. 그러나 《詩經》의 註에서는 張栻을 '廣漢張氏', 呂祖謙을 '東萊呂氏'라고 칭하였으니, 또한 일정한 예가 없다.〔按是當時友生 故稱字 亦張敬夫之例也 然詩註則以廣漢張氏, 東萊呂氏 稱之 蓋亦無一定之例〕" 하였다.

84 由君子觀之:'由'는 '自'와 같은바, '君子의 처지(입장)에서 보면'의 뜻이다.

··· 否 비색할 비 姦 간사할 간 巧 공교할 교 徒 무리 도 焰 불꽃 염 遂 마침내 수 道 말할 도 霄 하늘 소
    皇 급할 황 疆 지경 강 載 실을 재 質 폐백 지(贄通) 弔 위문할 조

하였고, 雙峰饒氏(饒魯)는

1년에 四時의 제사가 있으니, 만약 3개월 동안 지위를 잃으면 곧 한 제사(四時祭의 하나)를 폐하게 되므로 조문할 만한 것이다. 제사지내지 못하는 것을 조문하는 것이지, 임금을 얻지 못함을 조문하는 것은 아니다.〔一年有四時之祭 若失位三月 便廢一祭 故可弔之 弔其 不得祭 非弔其不得君也〕

하였다. 茶山은

만약 〈趙岐의 註처럼〉 3개월이 길다고 해서 조문을 한다면 3년 동안 임금이 없는 자에게는 어떻게 해야 하겠는가. '三月無君'이란 3개월 동안 素服을 입는 기간이다. 옛날에는 지위를 잃고 故國을 떠나면 순전히 喪禮를 사용하였다. 《禮記》〈曲禮下〉에 "大夫와 士가 나라를 떠나가면 국경을 넘었을 때 壇位를 만들어서 本國을 향하여 곡하고, 흰 명주옷을 입고 흰 명주 치마를 입고 흰 명주 冠을 쓰고 中衣의 채색 테두리를 제거하고 신코 장식[絇]이 없는 신을 신고 흰 개가죽으로 수레의 軾을 덮고 긴 털을 자르지 않은 말을 타고 손톱과 발톱을 깎지 않고 수염과 머리를 깎지 않고 밥을 먹을 때 祭(고수레)하지 않으며, 다른 사람에게 자신이 죄가 없다고 말하지 않으며, 부인이 모시게 해서는 안 되니, 3개월이 지나면 평상의 옷을 회복한다." 하였으니, 이는 喪禮이다. 그가 喪禮로 自處하므로 내가 喪禮로 가서 조문하는 것이다. 어찌 〈雙峰饒氏(饒魯)의 說처럼〉 제사지내지 못해서이겠는가. '三月無君'은 3개월이 지나 평상의 옷을 회복할 때까지의 기간이다.〔若以三月之久而弔之 則三年無君者 其將奈何 三月無君者 謂三月素服之間也 古者失位去國 純用喪禮 曲禮曰 大夫士去 國 踰竟爲壇位 鄕國而哭 素衣素裳 素冠徹緣 鞮屨素簚 乘髦馬 不蚤(爪)鬚 不祭食 不說人以無罪 婦人不當御 三月而復服 此喪禮也 彼以喪禮自處 故我以喪禮往弔也 豈以不祭之故乎 三月無君者 三月復服之間也〕

하였는데, 일리가 있는 것으로 보인다. 壺山은

옛날에 모든 凶事에는 다 조문했다.〔古者 凡凶事皆有弔〕

하였다.

集註 | 周霄는 魏人이라 無君은 謂不得仕而事君也라 皇皇은 如有求而弗得之意[85]
라 出疆은 謂失位而去國也라 質는 所執以見人者니 如士則執雉也[86]라 出疆載之
者는 將以見所適國之君而事之也라

周霄는 魏나라 사람이다. '無君'은 벼슬하여 군주를 섬길 수 없음을 이른다. '皇皇'은 구함
이 있으나 얻지 못하는 것처럼 하는 뜻이다. '出疆'은 지위를 잃고 나라를 떠남을 이른다.
'質(지)'는 잡고 남을 만나보는 물건(禮物)이니, 예컨대 士는 꿩을 잡는 것과 같다. 국경을
나갈 적에 폐백을 싣고 가는 것은 장차 가는 나라의 군주를 뵙고 그를 섬기려고 해서이다.

3-2. 三月無君則弔 不以急乎잇가

〈周霄가 말하였다.〉"3개월 동안 군주가 없으면 조문하는 것은 너무 급하지 않습니까?"

集註 | 周霄問也라 以는 已通이니 太也라 後章放此하니라

周霄가 물은 것이다. '以'는 已와 통하니, '너무'이다. 뒤의 章도 이와 같다.

3-3. 日 士之失位也 猶諸侯之失國家也니 禮日 諸侯耕助하여 以供
粢盛하고 夫人蠶繰하여 以爲衣服하나니 犧牲이 不成하며 粢盛이 不潔하
며 衣服이 不備하면 不敢以祭하고 惟士無田이면 則亦不祭라하니 牲殺器

---

85 皇皇 如有求而弗得之意 :《禮記》〈檀弓下〉에 "어버이가 처음 죽었을 적에는 마치 皇皇하여 구함이 있
으나 얻지 못하는 것처럼 하였다.〔始死 皇皇焉如有求而弗得〕"라고 보인다.《禮記》〈檀弓上〉에는 "장
례하고 나서는 皇皇하여 마치 다시 살아오시기를 바라도 오지 않는 것처럼 한다.〔既葬 皇皇 如有望而
弗至〕"하였는데, '皇皇'에 대해 鄭玄은 "마음에 근심이 있는 모양이다.〔憂悼在心之貌也〕"라고 註하였
다.

86 質……如士則執雉也 :《周禮》〈春官宗伯 大宗伯〉에 "짐승으로 여섯 가지 예물을 삼아서 諸臣을 차등
한다. 孤는 皮帛을 잡고 卿은 새끼양을 잡고 大夫는 기러기를 잡고 士는 꿩을 잡고 庶人은 집오리를 잡
고 工人과 商人은 닭을 잡는다.〔'摯'란 말은 지극하다는 뜻이니, 잡고서 정성을 지극히 함이니, 또한 贄로도 쓴다.
'皮帛'은 5필의 비단에 가죽으로 表하여 꾸밈으로 삼는 것이니, '皮'는 범과 표범의 가죽이다. '羔'는 새끼양이니 무리지
어 同類를 잃지 않는 뜻을 취하였고, '기러기'는 때를 기다려 오고가는 뜻을 취하였고, '꿩'은 절개를 지켜 죽어도 절개
를 잃지 않는 뜻을 취하였고, '집오리'는 날아가지 않는 뜻을 취하였고, '닭'은 때를 지켜 動하는 뜻을 취하였다.〕〔以禽
作六摯 以等諸臣 孤執皮帛 卿執羔 大夫執鴈 士執雉 庶人執鶩 工商執鷄〔摯之爲言 至也 所執以自致
也 亦作贄 皮帛者 束帛而表以皮爲之飾 皮虎豹之皮 羔小羊 取其群而不失其類 鴈取其候時而行 雉取其介而死不失
其節 鶩取其不飛遷 鷄取其守時而動〕〕"하였다.

··· 執 잡을 집 雉 꿩 치 適 갈 적 以 너무 이 粢 기장 자 盛 담을 성 蠶 누에 잠 繰 고치켤 소 犧 희생 희
     牲 희생 생 潔 깨끗할 결 備 갖출 비

皿衣服이 不備하여 不敢以祭면 則不敢以宴이니 亦不足弔乎아

孟子께서 말씀하셨다. "士가 지위를 잃음은 諸侯가 나라를 잃은 것과 같다. 禮에 이르기를 '諸侯가 밭을 갈면 백성들이 도와서 粢盛을 바치고, 〈諸侯의〉 夫人이 누에를 치고 실을 켜서 衣服을 만든다. 犧牲이 이루어지지 못하며 粢盛이 정결하지 못하며 衣服이 구비되지 못하면 감히 제사 지내지 못하고, 士가 祭田이 없으면 또한 제사 지내지 못한다.' 하였다. 牲殺과 器皿과 衣服이 구비되지 못하여 감히 제사 지내지 못하면 감히 잔치하지 못하게 되니, 또한 조문할 만하지 않은가."

按說 │ '諸侯耕助'의 '耕助'에 대하여, 楊伯峻은

'助'는 '藉(자)'와 같다. 〈滕文公上〉에서 "助者는 藉也"라 하였으니, 이로써 孟子가 여기에서 '助'자를 빌어 '藉'의 뜻으로 쓴 것임을 알 수 있다. 옛날에 천자나 제후가 직접 경작한다고 하나 실제로는 백성의 힘을 빌어 경작하였으므로 그 田地를 '藉(적)田'이라고 하였는데, 이 藉田을 경작하는 것을 '藉(자)'라고 하였다. 《左傳正義》에 "藉는 藉田에서 경작하는 것이다.〔藉 耕種於藉田也〕"한 것이 바로 이 '助'의 의미이다.

라고 하여, '助'는 '藉(자)'이며 '耕'으로, '耕助'는 '藉田을 경작하다.'의 뜻임을 상세히 밝혔다.

---

87 諸侯爲藉百畝……躬秉耒以耕 : 藉田은 '백성의 힘을 빌어 경작한다.' 하여 붙인 이름으로 天子는 千畝, 諸侯는 百畝이다. 《禮記》〈祭義〉에 "옛날 天子는 藉田 千畝를 만들어 면류관을 쓰고 붉은 갓끈을 매고서 몸소 쟁기 자루를 잡으며, 諸侯는 藉田 百畝를 만들어 면류관을 쓰고 푸른 갓끈을 매고서 몸소 쟁기 자루를 잡아, 天地와 山川, 社稷과 先祖의 神을 섬겨서 단술과 酪(타락)과 粢盛을 만드는 것을 이 藉田에서 취하였으니, 공경함이 지극한 것이다.〔昔者 天子爲藉(적)千畝 冕而朱紘 躬秉耒 諸侯爲藉百畝 冕而靑紘 躬秉耒 以事天地山川社稷先古 以爲醴酪粢盛 於是乎取之 敬之至也〕" 하였고, 《禮記》〈月令〉에 "〈天子가〉 三公·九卿·諸侯·大夫들을 거느리고 가서 몸소 皇帝의 藉田을 경작하되 天子는 세 번 쟁기를 밀며 三公은 다섯 번 밀고 卿·諸侯는 아홉 번 쟁기를 민다.〔帥三公九卿諸侯大夫 躬耕帝籍 天子三推 三公五推 卿諸侯九推〕" 하였다. 藉田은 籍田과 혼용하는데, 音 역시 '적'과 '자'로 함께 읽으나, 楊伯峻의 說에 의거하면 籍田에는 '적', 기타 '돕다'의 뜻에는 '자'로 읽어야 할 것이다.

88 庶人助以終畝 : 《周禮》〈天官'冢宰 甸師〉의 註에 "王이 孟春에 몸소 皇帝의 籍田을 경작하되 天子는 세 번 쟁기자루를 밀고……庶人이 千畝의 일을 끝낸다.……王이 한 번 밭을 갈아 시범을 보이고 庶人으로 하여금 김매고 가꾸어 일을 끝마치게 한다.〔王以孟春躬耕帝籍 天子三推……庶人終於千畝……王一耕之 而使庶人芸芓終之〕" 하였다.

··· 皿 그릇뚜껑 명 宴 잔치 연

'犧牲不成'의 '犧牲'은 제사에 올리는 소와 양과 돼지를 이르며, '不成'은 제대로 이루어지지 못한 것으로, 趙岐는 "成은 살찜이다." 하였다.

集註 | 禮曰 諸侯爲藉(적)百畝하여 冕而青紘하여 躬秉耒以耕[87]이어든 而庶人助以終畝[88]하여 收而藏之御廩[89]하여 以供宗廟之粢盛[90]하고 使世婦로 蠶于公桑蠶室[91]하여 奉繭以示于君하고 遂獻于夫人[92]이어든 夫人이 副褘[93]受之하여 繅三盆手[94]하고 遂布于三宮世婦[95]하여 使繅以爲黼黻文章하여 而服以祀先王先公[96]이라하니라 又

---

[89] 收而藏之御廩:'御廩'은 御米(王室에서 사용하는 쌀)를 보관하는 창고이다.《春秋穀梁傳》桓公 14년조에 "天子가 친히 밭을 갈아서 粢盛을 바치고 王后가 친히 누에를 길러서 祭服을 바친다.……甸師가 곡식을 만들어 三宮에 바치면 三宮이 방아를 찧어 쌀로 만들어서 御廩에 보관한다.〔三宮은 王의 세 夫人이다. 宗廟의 禮에 군주가 친히 犧牲을 잡고 夫人이 친히 방아를 찧는다.〕〔天子親耕 以共粢盛 王后親蠶 以共祭服……甸粟而內(納)三宮 三宮米而藏之御廩〔三宮 三夫人也 宗廟之禮 君親割 夫人親舂〕〕"하였다.

[90] 供宗廟之粢盛:《周禮》〈天官冢宰 甸師〉에 "甸師가 자기 官屬을 거느리고 王의 籍田을 경작하여 時節로써 〈收穫하는 곡식을〉 들어서 粢盛을 바치는 일을 관장한다.〔甸師掌帥其屬而耕耨王藉 以時入之 以共齍盛〕"하였다. '甸師'는 田地를 관장하는 관원이다. '齍盛'은 祭祀에 사용하는 곡식이니, 곡식은 稷을 으뜸으로 삼는다.

[91] 公桑蠶室:'公桑'은 王·公(천자·제후)의 桑田이며, '蠶室'은 누에치는 집이다.

[92] 夫人:諸侯의 正室을 가리킨다.

[93] 副褘:'副'는 일명 '步搖'로 王妃의 머리꾸밈이며, '褘'는 褘衣로 왕비의 윗옷이다.

[94] 繅三盆手:'繅'는 실을 켜는 것이며, '三盆手'는 손을 세 번 동이에 담금을 이른다.

[95] 三宮世婦:'三宮'은 세 부인이며, '世婦'는 女官이다.《禮記》〈曲禮下〉에 "公侯에게는 夫人이 있고 世婦가 있고 妻가 있고 妾이 있다.〔公侯有夫人 有世婦 有妻 有妾〕"하였다.

[96] 使繅以爲黼黻文章 而服以祀先王先公:先王은 天子의 先祖이고, 先公은 諸侯의 先祖이다.《禮記》〈祭義〉에 다음과 같이 보인다. "옛날에 天子와 諸侯는 반드시 公桑과 蠶室이 있었으니, 냇물을 가까이하였다.……大昕의 아침이 되면, 군주가 皮弁과 素積(흰 치마) 차림으로 三宮의 부인과 世婦 중에 吉한 자를 점쳐서 蠶室에 들어가 누에를 치게 하여〔'大昕'은 季春의 초하룻날 아침이다. 諸侯의 三宮의 부인은 王后의 절반이다.〕 누에 종자를 받들어 냇물에서 씻기고 公桑에서 뽕잎을 채취하여 바람에 말려 누에에게 먹인다.〔바람에 말려서 이슬 기운이 건조되어야 비로소 누에에게 먹이니, 누에의 성질은 濕氣를 싫어하기 때문이다.〕 世婦가 누에치는 일을 마치고서 누에고치를 받들어 군주에게 보이고 마침내 夫人에게 올리면 夫人이 말하기를 '이것은 군주의 옷을 만들 것이다.' 하고, 마침내 副褘 차림으로 이를 받고〔'副褘'는 王后의 복식이다.〕 이어서 少牢로 누에고치를 올린 世婦에게 예를 베풀었다.……吉日에 부인이 세 번 누에고치를 동이에 넣고 손으로 담가 실을 켜고,〔'三盆手'란 세 번 담근다는 뜻이니, 무릇 누에고치를 담글 때마다 모두 손으로 흔들어 정돈하여 실마리를 끌어내는 것이다.〕 마침내 이것을 三宮의 부인과 世婦의 吉한 자에게 나누어주어 실을 켜게 한다. 마침내 붉은 색을 물들이고 녹색을 물들이며 검은색을 물들이고 황색을 물들여서 이것으로써 黼·黻과 文·章을 만들어 옷이 완성되면 군주가 이 옷을 입고서 先王과 先公에게 제사지내니, 공경함이 지극한 것이다.〔古者 天子諸侯 必有公桑蠶室 近川而爲之……及大昕之朝 君皮弁素積 卜三宮之夫人世婦之吉者 使入蠶于蠶室〔大昕 季春朔日之朝也 諸侯夫人三宮 半王后也〕 奉種浴于川 桑于公桑 風戾以食之〔風戾之 使露氣燥 乃以食蠶 蠶性惡濕〕 世婦卒蠶 奉繭以示于君 遂獻繭于夫人 夫

··· 藉 籍田 적(籍通) 冕 면류관 면 紘 면류관끈 굉 秉 잡을 병 耒 쟁기자루 뢰 耕 밭갈 경 御 임금 어 廩 창고 름
蠶 누에 잠 桑 뽕나무 상 繭 고치 견 獻 바칠 헌 副 머리꾸미개 부 褘 후비제복 휘 盆 동이 분 布 펼 포
黼 보불 보 黻 보불 불 祀 제사 사

日 士有田則祭하고 無田則薦[97]이라하니라 黍稷曰粢요 在器曰盛이라 牲殺은 牲必特殺也라 皿은 所以覆(부)器者라

禮에 이르기를 "諸侯가 藉田 百畝를 만들어 면류관을 쓰고 푸른 갓끈을 매고서 몸소 쟁기 자루를 잡고 밭을 갈면 庶人들이 도와 밭일을 끝내어 곡식을 수확해서 御廩에 보관하여 宗廟의 粢盛에 바친다. 世婦로 하여금 公桑 蠶室에서 누에를 치게 하여 고치를 받들어 君主에게 보이고 마침내 夫人에게 올리면 夫人이 副를 하고 褕衣를 입고 이를 받아서 실을 켜되 세 번 손을 동이에 담그고는 三宮과 世婦에게 나누어주어 실을 켜서 黼·黻과 文·章을 만들게 하여 이것을 입고서 先王과 先公에게 제사한다." 하였다. 또 이르기를 "士가 祭田이 있으면 제사하고 祭田이 없으면 薦新한다." 하였다. 黍稷을 '粢'라 하고, 그릇에 담겨져 있는 것을 '盛'이라 한다. '牲殺'은 희생을 반드시 특별히 잡는 것이다. '皿'은 그릇을 덮는 것이다.

3-4. 出疆에 必載質는 何也잇고

〈周霄가 말하였다.〉 "국경을 나갈 적에 반드시 폐백을 싣고 가는 것은 어째서입니까?"

集註 | 周霄問也라

周霄가 물은 것이다.

人曰 此所以爲君服與 遂副褘而受之[副褘 王后之服] 因少牢以禮之……及良日 夫人繅三盆手[三盆 手者 三淹也 凡繅 每淹大總 而手振之 以出緒也] 遂布于三宮夫人世婦之吉者 使繅 遂朱綠之 玄黃之 以爲 黼黻文章 服旣成 君服以祀先王先公 敬之至也)"
'黼·黻'과 '文·章'은《周禮》〈冬官考工記 畫繢〉에 "靑色과 赤色이 배합된 것을 文이라 하고, 赤色과 白色을 章이라 하고, 白色과 黑色을 黼라 하고, 黑色과 靑色을 黻이라 하고, 다섯 가지 采色이 구비한 것을 繡라 한다.[靑與赤 謂之文 赤與白 謂之章 白與黑 謂之黼 黑與靑 謂之黻 五采備 謂之繡]" 하였다.

97 士有田則祭 無田則薦:《禮記》〈王制〉에 "大夫와 士는 宗廟의 제사를, 田地가 있으면 제사를 지내고 田地가 없으면 薦新하며, 庶人은 봄에는 부추를 바치고 여름에는 보리를 바치고 가을에는 기장을 바치고 겨울에는 벼를 바친다.[大夫, 士宗廟之祭 有田則祭 無田則薦 庶人春薦韭(구) 夏薦麥 秋薦黍 冬薦稻)" 하였다. 薦新은 새로 수확한 곡물이나 과일 등을 간단하게 廟에 올리는 것으로 犧牲이 없다. 제사는 계절의 첫 달(정월·4월·7월·10월)에 지내고 薦新은 仲月(2월·5월·8월·11월)에 올린다.

··· 薦 올릴천 黍 기장서 稷 조직 覆 덮을부 器 그릇 기

3-5. 曰 士之仕也 猶農夫之耕也니 農夫豈爲出疆하여 舍其耒耜哉리오 曰 晉國이 亦仕國也로되 未嘗聞仕如此其急호니 仕如此其急也인댄 君子之難仕는 何也잇고 曰 丈夫生而願爲之有室하며 女子生而願爲之有家는 父母之心이라 人皆有之언마는 不待父母之命과 媒妁之言하고 鑽穴隙相窺하며 踰牆相從하면 則父母國人이 皆賤之하나니 古之人이 未嘗不欲仕也언마는 又惡(오)不由其道하니 不由其道而往者는 與鑽穴隙之類也니라

孟子께서 말씀하셨다. "士가 벼슬하는 것은 농부가 밭을 가는 것과 같으니, 農夫가 어찌 국경을 나간다 하여 쟁기와 보습을 버리고 가겠는가."

周霄가 말하였다. "晉나라 또한 벼슬한 나라이나 벼슬하기를 이와 같이 급히 하였다는 말은 들어보지 못했습니다. 벼슬하기를 이와 같이 급히 한다면 君子가 벼슬하기를 어렵게 여기는 것은 어찌해서입니까?"

孟子께서 말씀하셨다. "丈夫가 태어나면 그를 위하여 室(아내)이 있기를 원하며 女子가 태어나면 그를 위하여 媤家(시댁)가 있기를 원하는 것은 父母의 마음이어서 사람마다 다 갖고 있지만, 父母의 명령과 중매쟁이의 말을 기다리지 않고, 구멍의 틈을 뚫고 서로 엿보며 담을 넘어 서로 따라다니면, 父母와 國人들이 모두 천하게 여긴다. 옛사람들이 일찍이 벼슬하고자 하지 않은 것은 아니었으나 또 道를 따르지 않음을 미워하였으니, 道를 따르지 않고 찾아가는 것은 구멍의 틈을 뚫고 엿보는 것과 같은 것이다."

按說 | 君子는 일반적으로 훌륭한 사람을 가리키나 '君子之難仕'의 '君子'는 孟子를 빗대어 말한 것이다. 앞에 '晉나라 또한 벼슬한 나라'라고 말한 것도 孟子가 일찍이 三晉의 하나인 魏나라에 있었기 때문에 말한 것이다.

'與鑽穴隙之類也'에 대하여, 壺山은

'與'와 '之' 두 글자는 文勢가 크게 서로 이어지지 못하니, '與'를 '如'의 뜻으로 읽거나 혹은 '之'를 '而'의 뜻으로 읽으면 통할 수 있다.〔與之二字 文勢不甚相蒙 或讀與 如如義 或讀之 如而義 則可通〕

··· 耜 보습 사 媒 중매 매 妁 중매 작 鑽 뚫을 찬 穴 구멍 혈 隙 틈 극 窺 엿볼 규 踰 넘을 유 牆 담장 장 由 따를 유 類 비슷할 류

하였다. '與'를 '如'로 보면 經文은 '鑽穴隙의 類와 같다.'가 되고, '之'를 '而'로 보면 '鑽穴隙과 같다(類).'가 된다.

集註ㅣ晉國은 解見(현)首篇하니라 仕國은 謂君子遊宦之國이라 霄意以孟子不見諸侯爲難仕라 故로 先問古之君子仕否然後에 言此以風切[98]之也라 男은 以女爲室하고 女는 以男爲家라 妁은 亦媒也라 言 爲父母者 非不願其男女之有室家로되 而亦惡其不由道하니 蓋君子雖不潔身以亂倫[99]이나 而亦不徇利而忘義也니라

晉國은 해석이 首篇에 보인다. '仕國'은 君子가 가서 벼슬하는 나라를 이른다. 周霄의 뜻은 孟子가 諸侯를 만나보지 않는 것을 벼슬하기를 어렵게 여기는 것이라고 생각하였다. 그러므로 먼저 "옛날의 君子가 벼슬하였습니까?" 하고 물은 뒤에 이를 말하여 風切한 것이다. 男子는 女子를 室(아내)로 삼고, 女子는 男子를 家(媤家)로 삼는다. '妁' 또한 중매이다. 父母된 자가 자기의 아들·딸이 室家가 있기를 원하지 않는 것은 아니지만 또한 그 道를 따르지 않음을 싫어하니, 〈이와 마찬가지로〉 君子가 비록 몸을 결백히 하여 인륜을 어지럽히지 않으나 또한 이익을 따라 의리를 잊지도 않는다.

|後車數十乘章(毁瓦畫墁章)|

4-1. 彭更(경)이 問曰 後車數十乘과 從者數百人으로 以傳食於諸侯 不以泰乎잇가 孟子曰 非其道면 則一簞食(사)라도 不可受於人이어니와 如其道인댄 則舜受堯之天下하사되 不以爲泰하시니 子以爲泰乎아

彭更이 물었다. "뒤따르는 수레 수십 대와 從者 수백 명으로 諸侯에게서 돌려가며 밥을 얻어먹는 것(轉轉하며 공양을 받는 것)이 너무 지나치지 않습니까?"
孟子께서 말씀하셨다. "그 道가 아니면 한 그릇의 밥이라도 남에게 받을 수 없지만 만일 그 道에 맞는다면 舜임금은 堯임금의 天下를 받으셨으나 지나치다고 여기지 않으

---

98 風切 : '風'은 諷(풍자, 풍간)과 통하는바, '風切'은 간절하게 諷刺한다는 뜻이다.
99 潔身以亂倫 : 자기 몸 하나를 깨끗이 하기 위하여 벼슬하지 않고 山林에 은둔하는 것은 五倫의 君臣有義를 어지럽히는 행위임을 말한 것으로, 《論語》〈微子〉 7장에 子路가 隱者인 荷蓧丈人을 꾸짖는 말에 "자기 몸을 깨끗이 하려고 하여 큰 인륜을 어지럽힌다.(欲潔其身而亂大倫)"라고 보인다.

… 宦 벼슬환 切 비평할절 徇 따를순 彭 성팽 更 고칠경 傳 부칠전, 전전할전 泰 사치할태 簞 대그릇단

셨으니, 그대는 이것을 지나치다고 여기는가."

按說 | '傳食'은 轉食과 같은 뜻으로, 돌려가며 제후들에게서 밥을 얻어먹음을 이른다.

集註 | 彭更은 孟子弟子也라 泰는 侈也[100]라

彭更은 孟子의 弟子이다. '泰'는 많음(지나침)이다.

4-2. 曰 否라 士無事而食이 不可也니이다

彭更이 말하였다. "아닙니다. 선비가 하는 일 없이 밥을 얻어먹는 것이 不可하다는 것입니다."

集註 | 言 不以舜爲泰요 但謂今之士無功而食人之食이 則不可也라

舜임금을 지나치다고 말한 것이 아니요, 다만 지금의 선비들이 功이 없이 남의 밥을 얻어먹는 것이 不可하다고 하였음을 말한 것이다.

4-3. 曰 子不通功易事하여 以羨(연)補不足이면 則農有餘粟하며 女有餘布어니와 子如通之면 則梓匠輪輿 皆得食於子하리니 於此에 有人焉하니 入則孝하고 出則悌하여 守先王之道하여 以待後之學者호되 而不得食於子하리니 子何尊梓匠輪輿而輕爲仁義者哉오

孟子께서 말씀하셨다. "그대가 功을 통하고 일을 서로 바꾸어서 남는 것으로써 부족한 것을 도와주지 않는다면, 농부는 남아서 버리는 곡식이 있고 女子들은 남아서 버리는 삼베가 있을 것이다. 그러나 그대가 만일 이를 통한다면 梓人·匠人과 輪人·輿人이 모두 그대에게서 밥을 얻어먹을 수 있을 것이다. 여기에 어떤 사람이 있는데, 들어오면 父

---

100 泰 侈也 : 新安陳氏(陳櫟)는 "孟子가 차례로 제후국을 빙문할 적에 많은 마부와 수행원들이 제후국에서 밥을 얻어먹었으므로 彭更이 너무 지나치다고 하였으니, 비루하다.〔孟子歷聘 徒御衆多 食於諸國 故更以爲泰 陋矣〕" 하였다.

··· 侈 많을 치 羨 남을 연 補 도울 보 粟 곡식 속 梓 목수 재 匠 목수 장 輪 수레바퀴 륜 輿 수레바탕 여

母에게 孝하고 나가면 어른에게 공손하여 先王의 道를 지켜 후세의 학자를 기다리되 그대에게서 밥을 얻어먹지 못할 것이니, 그대는 어찌하여 梓人·匠人과 輪人·輿人은 높이면서 仁義를 행하는 자는 가벼이 여기는가."

> **集註 |** 通功易事는 謂通人之功而交易其事[101]라 羨은 餘也라 有餘는 言無所貿易 而積於無用也라 梓人, 匠人은 木工也요 輪人, 輿人은 車工也라
>
> '功을 통하고 일을 서로 바꾼다.'는 것은 남의 일을 통하고 서로 일을 交易함을 이른다. '羨' 은 남음이다. '有餘'는 貿易(매매)하는 바가 없어 無用한 데에 쌓여 있음을 말한다. 梓人과 匠人은 木工이고, 輪人과 輿人은 수레를 만드는 工人이다.

4-4. 曰 梓匠輪輿는 其志將以求食也어니와 君子之爲道也도 其志亦將以求食與잇가 曰 子何以其志爲哉오 其有功於子에 可食(사)而食之矣니 且子는 食(사)志乎아 食功乎아 曰 食志니이다

彭更이 말하였다. "梓人·匠人과 輪人·輿人은 그 뜻이 장차 밥을 구하려는 것이지만 君子가 道를 행함도 그 뜻이 장차 밥을 구하려는 것입니까?"
孟子께서 말씀하셨다. "자네가 어찌 그 뜻을 따지는가. 자네에게 功이 있어 밥을 먹일 만하면 먹이는 것이다. 또 자네는 뜻을 위주하여 밥을 먹여주는가? 功을 위주하여 밥을 먹여주는가?"
"뜻을 위주하여 밥을 먹여줍니다."

> **集註 |** 孟子言 自我而言이면 固不求食이어니와 自彼而言이면 凡有功者를 則當食(사)之니라
>
> 孟子께서 말씀하기를 "나(선비)의 입장에서 말한다면 진실로 밥을 구해서가 아니지만, 저 사람의 입장에서 말한다면 모든 功이 있는 자를 마땅히 밥을 먹여주어야 한다."고 하신 것 이다.

---

101 通人之功而交易其事 : 사람들이 노동력과 기술을 서로 流通하고 생산한 물건을 서로 交易함을 이른 다.

••• 貿 바꿀무 食 먹일사 彼 저피

4-5. 曰 有人於此하니 毁瓦畫(획)墁이요 其志將以求食也면 則子食之乎아 曰否니이다 曰 然則子非食志也라 食功也로다

孟子께서 말씀하셨다. "여기에 어떤 사람이 있는데, 기왓장을 부수고 담장의 꾸밈을 함부로 그어놓고도 그 뜻이 장차 밥을 구하려는 것이라면 자네는 그에게 밥을 먹여주겠는가?"

彭更이 "아닙니다." 하고 대답하였다.

孟子께서 말씀하셨다. "그렇다면 그대는 뜻을 위주하여 밥을 먹여주는 것이 아니라 功을 위주하여 밥을 먹여주는 것일세."

集註 | 墁은 牆壁之飾也[102]라 毁瓦畫墁은 言無功而有害也라 旣曰食功이면 則以士爲無事而食者는 眞尊梓匠輪輿而輕爲仁義者矣니라

'墁'은 牆壁의 꾸밈이다. '毁瓦畫墁'은 功은 없고 害만 있음을 말한다. 功을 위주하여 밥을 먹여준다고 한다면, 선비를, 하는 일이 없이 밥을 먹는 자라고 하는 것은 참으로 梓人·匠人과 輪人·輿人을 높이고 仁義를 행하는 자를 가벼이 여기는 것이다.

|宋小國章(將行王政章)|

5-1. 萬章이 問曰 宋은 小國也라 今에 將行王政하나니 齊楚惡(오)而伐之면 則如之何니잇고

萬章이 물었다. "宋나라는 작은 나라입니다. 이제 장차 王政을 행하려 하니, 齊나라와 楚나라가 宋나라를 미워하여 공격하면 어찌합니까?"

集註 | 萬章은 孟子弟子라 宋王偃이 嘗滅滕伐薛하고 敗齊楚魏之兵하여 欲霸天

---

102 墁 牆壁之飾也 : 茶山은 "墁은 혹은 鏝, 혹은 槾, 혹은 墒으로 쓰니, 모두 철제 흙손의 이름이다. 철제 흙손으로 진흙을 바르는 것을 墁이라 한다.〔墁或作鏝 或作槾 或作墒 皆鐵杇之名 以鐵墁施泥者謂之墁〕" 하였으며, 壺山은 "흙손질하여 꾸미는 것이다.〔杇以爲飾〕" 하였고, 楊伯峻은 "墁의 본뜻은 벽에 粉을 바르는 공구인데, 여기서는 새로 粉을 바른 벽을 가리켜 말한 듯하다." 하였다.

⋯ 毁 훼손할 훼 瓦 기와 와 畫 그을 획 墁 담장에회칠할 만 牆 담장 장 壁 벽 벽 飾 꾸밀 식 偃 누울 언
滕 나라이름 등 薛 나라이름 설

下¹⁰³하니 疑卽此時也라

萬章은 孟子의 弟子이다. 宋王 偃이 일찍이 滕나라를 멸하고 薛나라를 정벌하였으며, 齊·楚·魏의 군대를 敗退시켜 天下에 霸者가 되고자 하였으니, 아마도 바로 이때인 듯하다.

5-2. 孟子曰 湯이 居亳(박)하실새 與葛爲鄰이러시니 葛伯이 放而不祀어늘 湯이 使人問之曰 何爲不祀오 曰 無以供犧牲也로이다 湯이 使遺之牛羊하신대 葛伯이 食之하고 又不以祀어늘 湯이 又使人問之曰 何爲不祀오 曰 無以供粢盛也로이다 湯이 使亳衆으로 往爲之耕이어시늘 老弱이 饋食 (사)러니 葛伯이 帥(率)其民하여 要其有酒食(사)黍稻者하여 奪之호되 不授者를 殺之하더니 有童子以黍肉餉이어늘 殺而奪之하니 書曰 葛伯이 仇餉 이라하니 此之謂也니라

孟子께서 말씀하셨다. "湯王이 亳(박)邑에 거주하실 적에 葛나라와 이웃하였는데, 葛伯(葛나라의 군주)이 방탕하여 제사를 지내지 않았다. 湯王이 사람을 시켜 묻기를 '어찌하여 祭祀를 지내지 않는가?' 하니, 葛伯이 대답하기를 '바칠 犧牲이 없기 때문입니다.' 하였다. 湯王이 사람을 시켜 소와 양을 보내주셨는데, 葛伯이 이것을 잡아먹고 또 제사를 지내지 않았다. 湯王이 또 사람을 시켜 묻기를 '어찌하여 제사를 지내지 않는가?' 하니, 葛伯이 대답하기를 '바칠 粢盛이 없기 때문입니다.' 하였다. 湯王이 亳邑의 백성들로 하여금 葛나라에 가서 밭을 갈아주게 하시니, 老弱者들이 밥을 내다가 〈밭갈이하는 자에게〉 먹였다. 이에 葛伯이 그의 백성을 거느리고 가서 술과 밥과 기

---

103 宋王偃……欲霸天下:이 일은《史記》〈宋微子世家〉에 다음과 같이 보인다. "偃이 스스로 서서 宋나라의 임금이 되었다. 임금 偃 11년에 스스로 王이라 僭稱하고는, 동쪽으로 齊나라를 격파하여 다섯 城을 탈취하고 남쪽으로 楚나라를 패퇴시켜 3백 리의 땅을 점령하고 서쪽으로 魏나라 군대를 패퇴시켜 마침내 齊·魏와 敵國이 되었다. 가죽주머니에 피를 넣어 매달아 놓고 활을 쏘면서 이것을 이름하여 '하늘을 쏜다.' 하였다. 술과 婦人에게 빠지고 諫하는 신하들을 번번이 쏘아죽이니, 이에 諸侯들이 모두 '桀宋'이라 하고, '宋나라가 옛날 紂王이 하던 짓을 다시 하고 있으니 誅伐하지 않을 수 없다.' 하여, 齊나라에게 宋나라를 정벌할 것을 告하였다. 宋王 偃 47년에 齊 湣王이 魏·楚와 함께 宋나라를 성벌하여 宋王 偃을 죽이고 마침내 宋나라를 멸망시켜 그 땅을 셋으로 나누어 가졌다.〔偃自立爲宋君 君偃十一年 自立爲王 東敗齊 取五城 南敗楚 取地三百里 西敗魏軍 乃與齊魏爲敵國 盛血以韋囊 懸而射之 命曰射天 淫於酒婦人 群臣諫者 輒射之 於是諸侯皆曰桀宋 宋其復爲紂所爲 不可不誅 告齊伐宋 王偃四十七年 齊湣王與魏楚伐宋 殺王偃 遂滅宋而三分其地〕"

··· 亳 땅이름 박 葛 칡 갈 鄰 이웃 린 放 방탕할 방 祀 제사 사 遺 줄 유 粢 기장 자 饋 먹일 궤 食 밥 사
帥 거느릴 솔(率同) 黍 기장 서 稻 벼 도 奪 빼앗을 탈 餉 밥먹일 향 仇 원수 구

장밥·쌀밥을 내온 자들을 가로막고 빼앗되 주지 않는 자를 죽였는데, 어떤 童子가 기장밥과 고기를 가지고 와서 밥을 먹이자 그를 죽이고 빼앗았다. 《書經》에 이르기를 '葛伯이 밥을 먹이는 자를 원수로 여겼다.' 하였으니, 이것을 말한 것이다.

按說 | '要'에 대하여, 壺山은

살펴보건대 앞 편의 '要於路'의 '要'字와 뜻이 같다.〔按與前篇要於路之要字義同〕

하였다. 이 경우 '徼'와 같이 읽는데, '가로막다'의 뜻이다. 앞 편의 '要於路'는 〈公孫丑上〉2장에 '使數人 要於路曰 請必無歸而造於朝'라고 보인다.

集註 | 葛은 國名이요 伯은 爵也라 放而不祀는 放縱無道하여 不祀先祖也라 亳衆은 湯之民이요 其民은 葛民也라 授는 與也라 餉은 亦饋也라 書는 商書仲虺之誥也라 仇餉은 言與餉者爲仇也라

葛은 나라 이름이고 '伯'은 爵位이다. '방탕하여 제사하지 않았다.'는 것은 放縱하고 無道하여 先祖에게 제사하지 않은 것이다. '亳衆'은 湯王의 백성이요, '其民'은 葛나라의 백성이다. '授'는 줌이다. '餉' 또한 먹임이다. 書는 〈商書 仲虺之誥〉이다. '仇餉'은 밥을 먹이는 자와 원수가 됨을 말한다.

5-3. 爲其殺是童子而征之하신대 四海之內 皆曰 非富天下也라 爲匹夫匹婦하여 復讐也라하니라

이 童子를 죽인 것 때문에 〈湯王이〉 葛나라를 정벌하시자, 四海의 안이 모두 말하기를 '天下를 탐해서가 아니라 匹夫, 匹婦를 위하여 복수해 주시는 것이다.' 하였다.

集註 | 非富天下는 言 湯之心이 非以天下爲富而欲得之也라

'非富天下'는 湯王의 마음이 天下를 富라고 여겨(貪하여) 이것을 얻고자 함이 아님을 말한 것이다.

··· 爵 벼슬 작 放 방탕할 방 縱 방자할 종 虺 뱀 훼 誥 가르칠 고 富 부유할 부 復 갚을 복 讐 원수 수

5-4. 湯이 始征을 自葛載하사 十一征而無敵於天下하니 東面而征에 西夷怨하며 南面而征에 北狄怨하여 曰 奚爲後我오하여 民之望之 若大旱之望雨也하여 歸市者弗止하며 芸(耘)者不變이어늘 誅其君, 弔其民하신대 如時雨降이라 民이 大悅하니 書曰 徯我后하노니 后來하시면 其無罰아하니라

湯王이 처음(첫 번째) 정벌을 葛나라로부터 시작하여 열한 번 정벌하셨는데 天下에 대적한 이가 없었으니, 동쪽을 향하여 정벌하면 서쪽의 오랑캐가 원망하고, 남쪽을 향하여 정벌하면 북쪽의 오랑캐가 원망하여 말하기를 '어찌하여 우리나라를 뒤에 정벌하시는가.' 하여, 백성들이 〈湯王의 정벌을〉 바라기를 큰 가뭄에 비를 바라듯이 하여, 시장에 돌아가는 자들이 발길을 멈추지 않으며 김매는 자들이 동요하지 않았다. 湯王이 그 〈포악한〉 군주를 주벌하고 백성들을 위문하시자, 단비가 내린 듯이 백성들이 크게 기뻐하였다. 《書經》에 이르기를 '우리 임금님을 기다리니, 우리 임금님이 오시면 형벌이 없으시겠지.' 하였다.

按說 | 이 내용에 대하여, 新安陳氏(陳櫟)는

이는 湯王이 王政을 행하여 王 노릇한 일이다.〔此湯行王政而王之事也〕

하였다.

集註 | 載는 亦始也라 十一征은 所征이 十一國也라 餘는 已見前篇하니라

'載' 또한 비로소(시작)이다. '十一征'은 정벌한 나라가 11個國인 것이다. 나머지는 이미 前篇(梁惠王下)에 보인다.

5-5. 有攸不爲臣이어늘 東征하사 綏厥士女하신대 匪(篚)厥玄黃하여 紹我周王見休하여 惟臣附于大邑周라하니 其君子는 實玄黃于匪하여 以迎其君子하고 其小人은 簞食(사)壺漿으로 以迎其小人하니 救民於水火之

··· 載 비로소 재 狄 북쪽오랑캐 적 芸 김맬 운(耘通) 徯 기다릴 혜 后 임금 후 罰 죄 벌 攸 바 유 綏 편안할 수 匪 광주리 비(篚同) 厥 그 궐 紹 이을 소 休 아름다울 휴 實 채울 실 簞 대그릇 단 壺 병 호 漿 장물 장

中하여 取其殘而已矣일새니라

'신하가 되지 않는 자가 있자, 동쪽으로 정벌하여 그 士·女들을 편안하게 하시니, 士·女들이 검은 비단과 누런 비단을 광주리에 담아 가지고 와서 우리 周王을 섬겨 아름다움을 받아서 큰 도읍인 周나라에 신하로 복종한다.' 하였다. 君子들은 검은 비단과 누런 비단을 광주리에 담아가지고 와서 君子를 맞이하고, 小人들은 대그릇의 밥과 병의 음료로 小人들을 맞이하였으니, 이는 백성들을 水火(도탄)의 가운데에서 구원하여 殘虐한 자를 취할 뿐이었기 때문이다.

按說 | '有攸不爲臣'에 대하여, 朱子는 '攸'를 '所'로 해석하였으나, 楊伯峻은 "갑골문과 商나라 후기의 金文에 모두 攸國이라는 명칭이 있다." 하고, '攸나라'로 번역하였다. 阮元에 의하면《集註》이외의 本에는 '爲'가 '惟'로 되어 있는데, 楊伯峻은

> '惟'는 爲이니《書經》〈益稷〉에 '萬邦의 여러 賢者가 함께 황제의 신하가 될 것이다.〔萬邦黎獻 共惟帝臣〕'의 '惟'자의 용법과 같다.

하였다.

官本諺解에는 '以迎其小人'까지를 인용문으로 보았으나, 栗谷諺解에는 '惟臣附于大邑周'까지만으로 보았는데, 이것이《集註》의 뜻에 부합하므로 이를 따랐음을 밝혀둔다.

壺山은

> 살펴보건대 栗谷諺解에 '大邑周'의 句讀에서 引用한 例를 사용하여, 아랫글에 또다시 그 뜻을 해석한 뜻에 매우 맞으니, 현행하는 諺解(官本諺解)의 句讀는 자세하지 못한 듯하다.〔按栗谷諺解 大邑周之讀 用引用之例 甚得下文又釋其意之義 見行諺解之讀 恐欠詳〕

하였다.

集註 | 按周書武成篇컨대 載武王之言이어늘 孟子約其文如此라 然이나 其辭時與今書文不類하니 今姑依此文解之하노라 有所不爲臣은 謂助紂爲惡而不爲周臣者라 匪는 與筐同이라 玄黃은 幣也요 紹는 繼也니 猶言事也니 言 其士女以匪盛玄黃之

··· 殘 해칠 잔 類 비슷할 류 姑 우선 고 幣 폐백 폐 盛 담을 성

幣[104]하여 迎武王而事之也라 商人而曰我周王은 猶商書所謂我后也라 休는 美也니 言 武王이 能順天休命하여 而事之者皆見休也라 臣附는 歸服也라 孟子又釋其意하사 言 商人이 聞周師之來하고 各以其類相迎[105]者는 以武王能救民於水火之中하여 取其殘民者하여 誅之하시고 而不爲暴虐耳라 君子는 謂在位之人이요 小人은 謂細民也라

〈周書 武成〉篇을 살펴보면 武王의 말씀이 기재되어 있는데, 孟子께서 그 글을 이와 같이 요약하신 것이다. 그러나 그 내용이 때로 지금《書經》의 글과 똑같지 않으니, 이제 우선 이 글에 의하여 해석한다. '신하가 되지 않는 자가 있다〔有所不爲臣〕.'는 것은 紂王을 도와 악행을 하여 周나라의 신하가 되지 않는 자를 이른다. '匪'는 筐(광주리)와 같다. '玄黃'은 폐백이요 '紹'는 이음이니 섬긴다는 말과 같으니, 士·女들이 광주리에 검고 누런 폐백을 담아가지고 와서 武王을 맞이하여 섬김을 말한다. 商나라 사람으로서 〈武王을〉 우리 周王이라고 한 것은 〈商書〉에 이른바 '우리 임금님〔我后〕'이란 말과 같다. '休'는 아름다움이니, 武王이 하늘의 아름다운 命을 순히 하여, 섬기는 자가 모두 아름다움을 받음을 말한 것이다. '臣附'는 귀의하여 복종하는 것이다.

---

104 其士女以匪盛玄黃之幣 :《書經》〈武成〉에 "士·女들을 편안히 하니, 士·女들이 검은 비단과 누런 비단을 광주리에 담아가지고 왔다.〔綏厥士女 惟其士女 篚厥玄黃〕" 하였으니,《書經》에서 '篚厥玄黃'의 주어는 士·女이다. 그러나 茶山은 '玄黃'이 士·女의 禮物이 아니고 君子의 禮物임을 들어,《孟子》의 '綏厥士女 匪厥玄黃'에서 '匪厥玄黃'의 주어를 君子로 보았다. 또《書經》〈武成〉의 글이 梅賾이 위조한 것이기 때문에 禮에 맞지 않는 것으로 보았다. 茶山은 "'玄黃'은 士·女가 받들 수 있는 禮物이 아니다.……《儀禮》〈聘禮〉에 제후가 빙문하는 禮를 기록하기를 '國君의 폐백은 束帛에 璧을 더하고 夫人의 폐백은 束帛에 琮을 더한다.'고 하였으니, 束帛은 玄黃이 아니겠는가. 王肅의《書經》〈舜典〉의 註에 '孤는 검은 비단〔玄〕을 예물로 받들고, 제후의 適子는 붉은 비단〔纁〕을 받고, 附庸國의 임금은 누런 비단〔黃〕을 받든다.' 하였다.……더구나 孟子가 이때에 스스로《書經》을 인용하고 스스로 註를 내어 '君子들은 광주리의 폐백을 받들어 君子를 맞이하고, 小人들은 대그릇의 밥을 가지고 小人들을 맞이하였다.〔君子執筐以迎君子 小人執簞以迎小人〕' 하였으니, 여덟 글자로 打開하면 두 글자씩 서로 짝이 맞는데 어찌 士·女가 광주리를 받들었다고 할 수 있겠는가. 禮에 의하면 士·庶의 폐백은 꿩과 집오리에 불과하고 婦人의 폐백은 脯와 밤에 불과한데, 감히 禮가 아닌 물건으로 天吏에게 아첨하겠는가. 이는 梅賾이 위조한 鐵案(확실한 罪案)이다.〔玄黃非士女之所得執也……聘禮載諸侯相聘之禮曰 國君之幣 束帛加璧 夫人之幣 束帛加琮 束帛非玄黃乎 王肅堯典之注云 孤執玄 諸侯之適子執纁 附庸之君執黃……況孟子此時 目誦自註曰 君子執筐以迎君子 小人執簞以迎小人 八字打開 兩兩相配 安得云士女執筐乎 據禮士庶之贄 不過雉鶩 婦人之贄 不過脯栗 敢以非禮之物 媚于天吏乎 此是梅賾造僞之鐵案〕" 하였다.

105 各以其類相迎 : 신분에 따라 君子(벼슬아치)는 君子를 맞이하고 小人(백성)은 小人을 맞이함을 이른다.

••• 后 임금 후 誅 벨 주 暴 사나울 포 虐 모질 학

孟子께서 또 그 뜻을 해석하여 "商나라 사람들이 周나라 군대가 쳐들어왔다는 말을 듣고 각기 그 부류에 따라 맞이한 것은, 武王이 백성을 水火의 가운데에서 구원하시어, 백성을 잔학하게 해치는 자를 취하여 죽이시고 포학한 짓을 하지 않았기 때문이다."라고 말씀하신 것이다. '君子'는 지위에 있는 사람을 이르고, '小人'은 細民을 이른다.

5-6. 太誓曰 我武를 惟揚하여 侵于之疆하여 則取于殘하여 殺伐이 用張하니 于湯에 有光이라하니라

〈太誓〉에 이르기를 '우리의 위엄을 떨쳐 저 국경을 침략해서 잔학한 자를 취하여 殺伐의 功이 크게 베풀어지니, 湯王보다도 더욱 빛이 있다.' 하였다.

> 按說 | '侵于之疆 則取于殘'에 대하여, 壺山은 '于'를 대명사로 보아《集註》의 '彼'와 '其'를 가리킨 것으로 보았으며,《論孟虛字集釋》에도 "于는 其와 같다." 하였다.
> 壺山은
>> 經傳 가운데에 '于'字를 사용한 것이 참으로 많다. 따라서 그 訓이 한두 가지가 아니니, 여기의 세 개의 '于'字는 뜻이 각각 다르다.〔經傳中于字所用最廣 故其訓亦不一 此三于字義各異〕
>
> 하였으며, 楊伯峻은
>> 두 '于'字는 모두 나라 이름이다.《資治通鑑前編》에 '西伯伐邘'라 한 것의 '邘'가 바로 '于'이다.
>
> 하였다.
> '太誓……又有光焉'에 대하여, 茶山은 〈太誓(泰誓)〉를, 武王이 군사들에게 맹세한 글이 아니고 太公이 맹세한 글로 보고,
>> 伊尹이 훈계한 것을 〈伊訓〉이라 하고 召公이 고한 것을 〈召誥〉라 하였으니, 그 뜻이 똑같다. 太公이 맹세하였으므로 임금의 덕을 찬양하여 '湯王보다도 더욱 빛이 있다.'라고 한 것이다. 지금 武王이 스스로 자기 군사들에게 맹세하면서 '湯王보다도 더욱 빛이 있다.'라고

··· 揚 떨칠 양 侵 침범할 침 疆 지경 강 張 펼 장

한다면 이는 孔子가 스스로 '堯·舜보다 낫다'고 하는 것과 같으니, 어찌 聖人의 말씀이겠는가. 이 또한 梅賾이 위조한 것임이 틀림없다.〔伊所訓曰伊訓 召所誥曰召誥 其義一也 夫惟太公誓之 故贊揚君德曰 于湯有光 今武王自誓其師曰 于湯有光 是孔子自稱其賢於堯舜 豈聖人之言乎 此又梅賾造僞之鐵案〕

하였다. 新安陳氏(陳櫟)는

이는 武王이 王政을 행하여 王 노릇한 일이다.〔此武王行王政而王之事也〕

하였다.

集註 | 太誓는 周書也니 今書文亦小異라 言 武王이 威武奮揚하여 侵彼紂之疆界하여 取其殘賊하여 而殺伐之功이 因以張大하니 比於湯之伐桀에 又有光焉[106]이라 引此하여 以證上文取其殘之義하시니라

〈太誓〉는 〈周書〉이니, 지금 《書經》의 글과 또한 조금 다르다. 武王이 威武를 떨쳐 저 紂王의 국경을 침략해서 殘賊한 자를 취하여 殺伐의 功이 이로 인해 크게 펴지니, 湯王이 桀王을 정벌한 것에 비하여 더욱 빛이 있음을 말한 것이다. 이것을 인용하여 윗글의 잔학한 자를 취한 뜻을 증명하신 것이다.

5-7. 不行王政云爾언정 苟行王政이면 四海之內 皆擧首而望之하여 欲

---

106 比於湯之伐桀 又有光焉 : 蔡沈은 《書經集傳》에서 '于湯有光'을 '湯王에게 빛이 있을 것이다.'로 해석하였는바, 《書經集傳》에 "武王이 백성들을 위로하고 죄 있는 자를 정벌하니, 湯王의 마음에 징험하면 더욱 天下에 명백해진다. 세속의 입장에서 보면 武王이 湯王의 자손을 정벌하고 湯王의 종묘사직을 顚覆하였으니, 湯王의 원수라고 해도 될 것이다. 그러나 湯王이 桀王을 추방한 것과 武王이 紂王을 정벌한 것은 다 天下를 공변되게 함을 마음으로 삼은 것이요, 자기에게 사사로움을 둔 것이 아니다. 武王의 일을 湯王에게 質正하면 부끄러움이 없고, 湯王의 마음을 武王에게 징험하면 더욱 드러나니, 이는 商나라를 정벌하는 일이 어찌 湯王에게 빛이 있음이 되지 않겠는가.〔武王弔民伐罪 於湯之心 爲益明白於天下也 自世俗觀之 武王伐湯之子孫 覆湯之宗社 謂之湯讐可也 然湯放桀 武王伐紂 皆公天下爲心 非有私於己者 武之事 質之湯而無愧 湯之心 驗之武而益顯 是則伐商之擧 豈不於湯 爲有光也哉〕" 하였다. '于湯有光'의 《書經集傳》과 《集註》의 해석이 다른 것에 대해, 尤奄(宋時烈)은 "《書經》과 《集註》의 註를 모두 남겨두는 것이 아마도 불가함이 없을 듯하다.〔兩存之 恐無不可〕" 하였고, 《宋子大全 答洪虞卿》 壺山은 "살펴보건대 이 註는 平易하고 順하며 《書經》의 註는 너무 지나치게 공교하니, 마땅히 이 註를 定論으로 삼아야 할 것이다.〔按此註平順 書註傷巧 當以此註爲定論〕" 하였다.

··· 奮 뽐낼분 桀 횃대걸 證 증명할증 苟 만일구

以爲君하리니 齊楚雖大나 何畏焉이리오

〈宋나라가〉 王政을 행하지 않을지언정 만일 王政을 행한다면 四海의 안이 모두 머리를 들고 〈宋王이〉 오기를 바라서 군주를 삼고자 할 것이니, 齊나라와 楚나라가 비록 크나 어찌 두려워할 것이 있겠는가."

集註 │ 宋實不能行王政이러니 後果爲齊所滅하여 王偃이 走死하니라

宋나라는 실제로 王政을 행하지 못하였는데, 뒤에 과연 齊나라에게 멸망당하여 宋王 偃이 패주하여 죽었다.

章下註 │ ○ 尹氏曰 爲國者 能自治而得民心이면 則天下皆將歸往之하여 恨其征伐之不早也리니 尙何彊國之足畏哉리오 苟不自治하고 而以彊弱之勢言之하면 是는 可畏而已矣니라

○ 尹氏(尹焞)가 말하였다. "나라를 다스리는 자가 능히 스스로 〈자기 나라를 잘〉 다스려 民心을 얻으면 天下가 모두 장차 그에게 돌아가서 일찍 征伐해 주지 않음을 恨할 것이니, 오히려 어찌 强國을 두려워 할 것이 있겠는가. 만일 스스로 다스리지 않고 强弱의 勢만 가지고 말한다면 이는 두려울 만할 뿐이다."

孟子謂戴不勝章(一薛居州章)

6-1. 孟子謂戴不勝曰 子欲子之王之善與아 我明告子호리라 有楚大夫於此하니 欲其子之齊語也인댄 則使齊人傳諸아 使楚人傳諸아 曰 使齊人傳之니이다 曰 一齊人이 傳之어든 衆楚人이 咻之면 雖日撻而求其齊也라도 不可得矣어니와 引而置之莊嶽之間數年이면 雖日撻而求其楚라도 亦不可得矣리라

孟子께서 戴不勝에게 이르시기를 "그대는 그대의 왕이 善해지기를 바라는가? 내 분명히 그대에게 말하겠다. 여기에 楚나라 大夫가 있는데, 그의 아들이 齊나라 말을 하기를 원한다면 齊나라 사람으로 하여금 그를 가르치게 하겠는가? 楚나라 사람으로 하

··· 走 달아날 주 征 칠 정 戴 머리에일 대 傳 가르칠 부 咻 떠들 휴 撻 종아리칠 달 嶽 큰산 악

여금 그를 가르치게 하겠는가?" 하시자, 戴不勝이 "齊나라 사람으로 하여금 가르치게 할 것입니다." 하고 대답하였다.

孟子께서 말씀하셨다. "한 齊나라 사람이 그를 가르치는데 여러 楚나라 사람들이 〈楚나라 말로〉 떠들어댄다면 비록 날마다 종아리를 치면서 齊나라 말을 하기를 바라더라도 될 수 없겠지만, 그를 데려다가 齊나라의 莊嶽의 사이에 수년 동안 둔다면 비록 날마다 종아리를 치면서 楚나라 말을 하기를 바라더라도 또한 될 수 없을 것이다.

集註 | 戴不勝은 宋臣也라 齊語는 齊人語也라 傅는 敎也라 咻는 讙也라 齊는 齊語也라 莊嶽은 齊街里名也[107]라 楚는 楚語也라 此는 先設譬以曉之也라

戴不勝은 宋나라 신하이다. '齊語'는 齊나라 사람의 말이다. '傅'는 가르침이다. '咻'는 떠듦이다. '齊'는 齊나라 말이다. 莊嶽은 齊나라 首都 거리의 이름이다. '楚'는 楚나라 말이다. 이는 먼저 비유를 가설하여 그를 깨우치신 것이다.

6-2. 子謂薛居州를 善士也라하여 使之居於王所하나니 在於王所者 長幼卑尊이 皆薛居州也면 王誰與爲不善이며 在王所者 長幼卑尊이 皆非薛居州也면 王誰與爲善이리오 一薛居州 獨如宋王何리오

그대가 薛居州를 善한 선비라 하여 그로 하여금 王의 處所에 거처하게 하는데, 王의 처소에 있는 자가 長幼와 卑尊이 모두 薛居州와 같은 사람이라면 王이 누구와 더불어 不善을 하며, 王의 처소에 있는 자가 長幼와 卑尊이 모두 薛居州와 같은 사람이 아니라면 王이 누구와 더불어 善을 하겠는가. 한 명의 薛居州가 홀로 宋王에게 어찌 하겠는가."

集註 | 居州는 亦宋臣이라 言 小人衆而君子獨이면 無以成正君之功이라

---

[107] 莊嶽 齊街里名也 : 壺山은 "莊은 여섯 군데로 통하는 길거리이고 嶽은 바로 泰山이니, 莊嶽은 泰山 아래에 있는 큰 길인데 거꾸로 말한 것이다.(嶽莊이라 해야 하는데 莊嶽으로 쓴 것이다.)〔莊六達衢 嶽 卽泰山 莊嶽蓋泰山下大路而語倒耳〕" 하였다. 반면, 楊伯峻은 "莊은 거리의 이름이고 嶽은 마을의 이름이다." 하고, '莊嶽'을 〈齊나라 수도 臨淄의〉 莊街와 嶽里의 번화한 시가〔鬧市〕'로 번역하였다.

… 讙 떠들 훤 街 거리 가 譬 비유할 비 曉 깨우칠 효 薛 성 설 卑 낮을 비 誰 누구 수

居州 또한 宋나라 신하이다. 小人이 많고 君子가 혼자이면 人君을 바로잡는 功(효과)을 이룰 수 없음을 말씀한 것이다.

|不見諸侯章(脅肩諂笑章)|

7-1. 公孫丑問曰 不見諸侯 何義잇고 孟子曰 古者에 不爲臣하여는 不見하더니라

公孫丑가 물었다. "諸侯를 만나보지 않는 것이 무슨 義입니까?"
孟子께서 말씀하셨다. "옛날에 신하가 되지 않았으면 군주를 만나보지 않았다.

> 集註 | 不爲臣은 謂未仕於其國者也라 此不見諸侯之義也라

> '신하가 되지 않았다.'는 것은 그 나라에 벼슬하지 않음을 이른다. 이것이 諸侯를 만나보지 않는 義이다.

7-2. 段干木은 踰垣而辟(피)之하고 泄柳는 閉門而不內(納)하니 是皆已甚하니 迫이어든 斯可以見矣니라

段干木은 담장을 넘어 피하였고 泄柳는 문을 닫고 받아들이지 않았으니, 이는 모두 너무 심하다. 〈만나보려는 정성이〉 切迫하면 만나볼 수 있는 것이다.

> 按說 | 慶源輔氏(輔廣)는

> 선비는 진실로 義를 지켜 國君을 찾아가서 만나지 않아야 하지만, 두 군주(魏 文侯와 魯 繆公)와 같은 경우는 자기 몸을 굽히고 만나보기를 요구하여 뜻이 매우 정성스럽고 간절하였다. 聖賢은 이런 경우에는 반드시 장차 나와서 만나볼 것인데, 지금 거절하기를 이와 같이 하였으니, 이는 너무 심하여 義가 아닌 것이다.〔士固當守義而不往見國君 如二君屈己求見 意已誠切 聖賢處此 必將出見 今拒絶之如此 則過甚而非義矣〕

> 하였다.

··· 仕 벼슬할 사 段 조각 단 踰 넘을 유 垣 담 원 辟 피할 피(避同) 泄 샐 설 柳 버들 류 閉 닫을 폐 內 들일 납
已 너무 이 迫 절박할 박

集註 | 段干木은 魏文侯時人[108]이요 泄柳는 魯繆公時人이라 文侯, 繆公이 欲見此二
人이로되 而二人이 不肯見之하니 蓋未爲臣也라 已甚은 過甚也라 迫은 謂求見之切
也라

段干木은 魏나라 文侯 때 사람이요, 泄柳는 魯나라 繆公 때 사람이다. 文侯와 繆公이 이
두 사람을 만나보고자 하였으나 이들 두 사람은 만나보려 하지 않았으니, 아직 신하가 되지
않았을 때이다. '已甚'은 너무 심함이다. '迫'은 만나보려 하기를 절박하게 함을 이른다.

7-3. 陽貨欲見(현)孔子而惡(오)無禮하여 大夫有賜於士어든 不得受於
其家면 則往拜其門일새 陽貨瞯孔子之亡(무)也하여 而饋孔子蒸豚한대
孔子亦瞯其亡也하여 而往拜之하시니 當是時하여 陽貨先이어니 豈得不
見이시리오

陽貨는 孔子를 〈불러와〉 만나 보고자 하였으나 無禮하다는 비난을 싫어하여, 大夫가
士에게 물건을 하사할 경우 士가 자기 집에서 그 물건을 직접 받지 못하였으면 大夫의
문에 가서 절하는 禮가 있으므로, 陽貨가 〈이것을 기화로 삼아〉 孔子가 집에 없을 때
를 엿보아 孔子에게 삶은 돼지고기를 보내주자, 孔子께서도 그가 집에 없을 때를 엿보
아 찾아가서 절하셨다. 이때를 당하여 陽貨가 먼저 禮를 베풀었으니, 孔子께서 어찌
만나보지 않으실 수 있었겠는가.

按說 | '陽貨欲見孔子'에 대하여, 《論語》〈陽貨〉 1장에

陽貨가 孔子를 만나고자 하였으나 孔子께서 만나주지 않으시자, 陽貨가 孔子에게 삶은 돼
지를 선물로 보내었는데, 孔子께서도 그가 없는 틈을 타서 사례하러 가셨다가 길에서 만나
셨다.〔陽貨欲見孔子 孔子不見 歸孔子豚 孔子時其亡也而往拜之 遇諸塗〕

라고 보인다. 慶源輔氏(輔廣)는

---

108 段干木 魏文侯時人 : 《高士傳》에 "〈段干木은〉 西河로 유학하여 卜子夏와 田子方을 師事하였다. 李
克·翟璜·吳起 등은 魏나라에 있으면서 모두 장군이 되었으나 段干木만은 道를 지켜 출사하지 않았
다.〔遊西河 師事卜子夏與田子方 李克翟璜吳起等居于魏 皆爲將 唯干木守道不仕〕" 하였다.

··· 繆 나쁜시호 목 貨 재화 화 賜 줄 사 瞯 엿볼 감 饋 보낼 궤 蒸 찔 증 豚 돼지 돈

陽貨가 孔子를 만나보고자 하였으나 無禮함을 싫어하였으니, 비록 小人이나 秉彝(本性)를 없앨 수 없는 것이다. 陽貨가 먼저 와서 孔子에게 禮를 행하였으니, 孔子께서 어찌 답례하지 않을 수 있겠는가. 그러나 陽貨의 뜻이 진실이 아니었으므로 다만 찾아가서 그 禮에 答하고 그 사람을 만나보지 않으신 것이니, 이 또한 좋게 여기지 않은 가르침이다. 天地가 萬物에 베풀어주는 것이 어찌 어긋남이 있겠는가.〔陽貨欲見孔子而惡無禮 雖小人 秉彝不可殄 貨旣先來 加禮於己 則己烏得而不答之 然貨之意則非誠矣 故但往答其禮 而不欲見其人 是亦不屑之敎誨也 天地之施與萬物者 豈有差忒哉〕

하였고, 新安陳氏(陳櫟)는

찾아가서 그 禮에 答한 것은 禮이고, 만나보지 않은 것은 義이다.〔往答其禮 禮也 不欲見其人 義也〕

하였다.

'陽貨先'은 假設한 것이 아니고 이미 행한 것이므로 '陽貨先이어니 豈得不見이시리오'로 懸吐하여 '陽貨가 먼저 禮를 행하였으니, 孔子께서 어찌 만나보지 않으실 수 있겠는가.'로 해석하여야 한다. 官本諺解에는 '陽貨先이면'으로 되어 있으나, 栗谷諺解에는 '陽貨先이어니'로 되어 있으며, 艮齋(田愚) 역시 《論語精義》에 있는 龜山 楊時와 和靖 尹煌의 말을 인용하고,

내가 여러 말씀을 가지고 살펴보건대 '陽貨先' 한 句는 바로 말씀한 것이요, 가설한 것이 아니다.

하였다.

集註 | 此는 又引孔子之事하여 以明可見之節也라 欲見孔子는 欲召孔子하여 來見己也라 惡無禮는 畏人以己爲無禮也라 受於其家는 對使(시)人하여 拜受於家也라 其門은 大夫之門也라 矙은 窺也라 陽貨는 於魯에 爲大夫요 孔子는 爲士[109]라 故로 以此物로 及其不在而饋之하여 欲其來拜而見之也라 先은 謂先來加禮也라

이는 또 孔子의 일을 인용하여 만나볼 수 있는 節(義)을 밝히신 것이다. '欲見孔子'는 孔

---

109 孔子爲士:楊伯峻은 "당시 孔子는 在野에 계셨기 때문에 '士'라고 칭한 것이다." 하였다.

··· 召 부를 소 使 심부름갈 시 窺 엿볼 규

子를 불러 자기를 보러 오게 하고자 한 것이다. '惡無禮'는 남들이 자기를 無禮하다고 비난함을 싫어한 것이다. '受於其家'는 심부름 온 사람에게 자기 집에서 절하고 받는 것이다. '其門'은 大夫의 문이다. '矙'은 엿봄이다. 陽貨는 魯나라에서 大夫가 되었고 孔子는 士가 되었다. 그러므로 이 물건을 가지고 孔子가 집에 계시지 않을 때에 맞추어 보내어 孔子가 찾아와서 절하고 자기를 만나 보게 하려고 한 것이다. '先'은 먼저 와서 禮를 행함을 이른다.

7-4. 曾子曰 脅肩諂笑 病于夏畦라하며 子路曰 未同而言을 觀其色컨대 赧赧然이라 非由之所知也라하니 由是觀之면 則君子之所養을 可知已矣니라

曾子가 말씀하시기를 '어깨를 움츠리고 아첨하여 웃는 것이 여름에 밭에서 농사일하는 자보다 더 수고롭다.' 하셨으며, 子路가 말하기를 '뜻(의견)이 같지 않은데 억지로 〈영합하여〉 말하는 것을 그 顔色을 보면 무안하여 붉어지니, 이는 내(由) 알 바가 아니다.' 하였으니, 이로 말미암아 관찰한다면 君子가 기른 바를 알 수 있다."

集註ㅣ 脅肩은 竦體[110]요 諂笑는 彊笑니 皆小人側媚之態也라 病은 勞也요 夏畦는 夏月治畦之人也니 言爲此者 其勞過於夏畦之人也라 未同而言은 與人未合而彊與之言也라 赧赧은 慚而面赤之貌라 由는 子路名이라 言非己所知는 甚惡(오)之之辭也라 孟子言 由此二言觀之하면 則二子之所養을 可知니 必不肯不俟其禮之至而輒往見之也[111]라

'脅肩'은 몸을 움츠리는 것이요 '諂笑'는 억지로 웃는 것이니, 모두 小人들이 몸을 기울여 아첨하는 태도이다. '病'은 수고로움이요 '夏畦'는 여름철에 밭이랑을 다스리는 사람이니,

---

110 脅肩 竦體:壺山은 "脅에 竦의 뜻이 있다.[脅有竦義]" 하였고, 楊伯峻은 "'脅肩'은 억지로 공경하는 모양이다." 하였다. 脅肩은 높은 사람 앞에서 몸을 움츠리고 어깨를 높여 아첨하는 모습이다.

111 必不肯不俟其禮之至而輒往見之也:南軒張氏(張栻)는 "만일 찾아가서 만나보면 안 되는데 찾아가서 만나보면 이는 비루하고 천하게 迎合하는 것이니, 어깨를 높여 잘 보이려고 억지로 웃고 뜻이 같지 않는데도 함께 말하는 자와 무엇이 다르겠는가.[若不當往見而往見 是苟賤以求合 與脅肩諂笑 未同而言者 何以異]" 하였다.

··· 脅 위협할 협, 올릴 협 肩 어깨 견 諂 아첨할 첨 病 괴로울 병 畦 밭두둑 휴 觀 볼 관 赧 부끄러울 난
竦 솟을 송 側 기울 측 媚 아첨할 미 態 모습 태 慚 부끄러울 참 俟 기다릴 사 輒 문득 첩

이러한 짓을 하는 자는 그 수고로움이 여름철에 밭이랑을 다스리는 사람보다 더함을 말한다. '같지 않은데 말한다.'는 것은 남과 의견이 같지 않은데 억지로 함께 말하는 것이다. '叔叔'은 부끄러워 얼굴빛이 붉어지는 모양이다. 由는 子路의 이름이다. '자신이 알 바가 아니다.'라고 말한 것은 심히 미워한 말이다. 孟子께서 "이 두 말씀을 가지고 관찰한다면 두 분의 기른 바를 알 수 있으니, 반드시 그 禮가 지극하기를 기다리지 않고 곧바로 찾아가서 만나보려 하지 않았을 것이다."라고 말씀하신 것이다.

章下註 | ○ 此章은 言 聖人은 禮義之中正이니 過之者는 傷於迫切而不洪하고 不及者는 淪於汚賤而可恥[112]니라

○이 章은, 聖人은 禮義의 中正이니, 이보다 지나친 자는 迫切함에 상하여 넓지(너그럽지) 못하고, 미치지 못하는 자는 더럽고 천한 데에 빠져 부끄러울 만함을 말씀한 것이다.

|戴盈之日章(何待來年章)|

8-1. 戴盈之日 什一과 去關市之征을 今玆未能이란대(인대) 請輕之하여 以待來年然後에 已호되 何如하니잇고

戴盈之가 말하였다. "10분의 1 稅法과 관문과 시장의 세금을 철폐하는 것을 금년에는 시행할 수 없으니, 청컨대 세금을 경감하여 내년이 되기를 기다린 뒤에 그만두려고 합니다. 이것이 어떻습니까?"

按說 | '今玆'에 대하여,《集註》에 특별히 해석한 것이 없고 일반적으로 '지금'으로 해석하나, 茶山은 "'玆'는 歲이다."라고 한 或者의 註를 취하였고 楊伯峻은 "'玆'는 '年'이다." 하였으므로 '금년'으로 번역하였다.

集註 | 盈之는 亦宋大夫也라 什一은 井田之法也라 關市之征은 商賈之稅也라 已는

---

112 過之者……淪於汚賤而可恥：지나친 자는 위의 段干木과 泄柳처럼 너무 심하여 도량이 넓지 못하고, 미치지 못하는 자는 富貴를 탐하여 군주가 부르지 않는데도 스스로 찾아가 벼슬자리를 구함으로써 더럽고 천함에 빠져 수치스러움을 말한 것이다. 一本에는 '可'가 '不'로 되어 있다.

… 迫 닥칠 박 淪 빠질 륜 汚 더러울 오 玆 이 자 待 기다릴 대 已 그만둘 이 賈 장사 고

止也라

盈之 또한 宋나라 大夫이다. '什一'은 井田法이다. '關市之征'은 商賈에 대한 세금이다. '已'는 그만둠이다.

8-2. 孟子曰 今有人이 日攘其鄰之鷄者어늘 或告之曰 是非君子之道라한대 曰 請損之하여 月攘一鷄하여 以待來年然後에 已로다

孟子께서 말씀하셨다. "이제 날마다 이웃집의 닭을 훔치는 자가 있었는데, 或者가 그에게 '이는 君子의 도리가 아니다.'라고 하자, 대답하기를 '그 數를 줄여서 달마다 닭 한 마리를 훔치다가 來年을 기다린 뒤에 그만두겠다.'라고 하는 것이로다.

集註 | 攘은 物自來而取之也[113]라 損은 減也라

'攘'은 물건이 스스로 옴에 취하는 것이다. '損'은 경감함이다.

8-3. 如知其非義인댄 斯速已矣니 何待來年이리오

만일 이것이 義가 아님을 안다면 속히 그만두어야 할 것이니, 어찌 내년을 기다리겠는가."

集註 | 知義理之不可而不能速改는 與月攘一鷄로 何以異哉리오

義理의 不可함을 알면서도 속히 고치지 못하는 것은 달마다 닭 한 마리를 훔치는 것과 어찌 다르겠는가.

|好辯章|

9-1. 公都子曰 外人이 皆稱夫子好辯하나니 敢問何也잇고 孟子曰 子豈

---

[113] 攘 物自來而取之也 : '攘'은 자신이 가서 훔치는 것이 아니라 닭, 소, 양 따위가 자기 집에 스스로 왔을 적에 그대로 취함을 이른다. 그러나 楊伯峻은 닭이 스스로 오는 일이 매일 있을 수는 없다고 보아, 《禮記》鄭玄의 注 등을 근거하여 '攘'을 '훔치다〔盜竊〕'로 해석하였다.

··· 攘 훔칠양 鄰 이웃린 鷄 닭계 損 덜손 速 빠를속 已 그칠이 辯 말잘할변

好辯哉리오 予不得已也로라 天下之生이 久矣니 一治一亂이니라

公都子가 물었다. "外人들이 모두 夫子더러 변론하기를 좋아한다고 칭하니, 감히 묻겠습니다. 어째서입니까?"

孟子께서 말씀하셨다. "내 어찌 변론하기를 좋아하겠는가. 내 부득이해서이다. 天下에 사람이 살아온 지가 오래되었는데, 한 번 다스려지고 한 번 어지러웠다.

按說 | 壺山은

外人은 他人이란 말과 같다.〔外人 猶言他人〕

하였다.

集註 | 生은 謂生民也라 一治, 一亂은 氣化盛衰와 人事得失이 反覆相尋이니 理之常也라[114]

'生'은 生民을 이른다. '한 번 다스려지고 한 번 어지러움'은 氣化의 盛衰와 人事의 得失이 반복하여 서로 찾아오는 것이니, 이치의 떳떳함(떳떳한 이치)이다.

9-2. 當堯之時하여 水逆行하여 氾濫於中國하여 蛇龍이 居之하니 民無所定하여 下者는 爲巢하고 上者는 爲營窟이라 書日 洚(강)水警余라하니 洚水者는 洪水也니라

---

[114] 氣化盛衰……理之常也 : 徽菴程氏(程若庸)는 "氣化는 하늘에 있으니 盛함이 있고 衰함이 있어서 盛하면 다스려지고 衰하면 혼란해지며, 事理는 사람에 있으니 얻음(이치에 맞음)이 있고 잃음이 있어서 얻으면 다스려지고 잃으면 혼란해진다. 다스려짐은 다스려짐에서 생겨나지 않고 혼란한 데서 생겨나며, 혼란은 혼란한 데서 생겨나지 않고 다스려짐에서 생겨나서 고리가 끝이 없는 것과 같다. 이는 이치의 떳떳함이니, 진실로 괴이하게 여길 것이 없다. 聖賢이 이 세상에 태어남을 귀하게 여기는 까닭은 또한 오직 理로써 氣를 어거하여 행여 잃음(잘못)을 되돌려 얻게(이치에 맞게) 하고 衰한 것을 되돌려 盛하게 하고 혼란을 되돌려 다스려짐으로 돌아가게 하기 때문이다.〔氣化在天者 有盛有衰 盛焉而治 衰焉而亂也 事理在人者 有得有失 得焉而治 失焉而亂也 治不生於治而生於亂 亂不生於亂而生於治 如環無端 此理之常 固無足怪 所貴乎聖賢之生斯世 亦惟以理御氣 庶幾反失而得 反衰而盛 反亂而歸於治焉耳〕" 하였다. 이는 天地 運數의 盛衰와 君主 政治의 得失을 말한 것이다.

⋯ 尋 찾을심 氾 넘칠범 濫 넘칠람 蛇 뱀사 巢 둥지소 營 경영할영 窟 굴굴 洚 물가없을홍(강)
警 경계할경

堯임금의 때를 당하여 물이 역류해서 中國에 범람하여 뱀과 용이 사니, 사람들이 안정할 곳이 없어서 낮은 지역에 사는 자들은 둥지를 만들고 높은 지역에 사는 자들은 굴을 파고 살았다. 《書經》에 '洚水가 나를 경계하였다.' 하였으니, 洚水란 洪水이다.

> 集註 | 水逆行은 下流壅塞이라 故로 水倒流而旁溢也라 下는 下地요 上은 高地也[115]
> 라 營窟은 穴處也[116]라 書는 虞書大禹謨也라 洚水는 洚洞無涯之水也라 警은 戒也라
> 此는 一亂也[117]라
>
> '물이 逆流했다.'는 것은 下流가 막혔기 때문에 물이 거꾸로 흘러 사방으로 넘친 것이다. '下'는 낮은 지역이고 '上'은 높은 지역이다. '營窟'은 굴속에서 거처하는 것이다. 書는 〈虞書 大禹謨〉이다. '洚水'는 아득하여 가없는 물이다. '警'은 경계함이다. 이는 한 번 어지러워진 것이다.

9-3. 使禹治之어시늘 禹掘地而注之海하시고 驅蛇龍而放之菹하신대 水由地中行하니 江淮河漢이 是也라 險阻旣遠하며 鳥獸之害人者消하니 然後에 人得平土而居之하니라

禹로 하여금 홍수를 다스리게 하시니, 禹가 땅을 파서 바다로 注入시키고 뱀과 용을 몰아내어 수초가 우거진 곳으로 추방하시자, 물이 地中을 따라 흘러갔으니 江·淮·河·漢이 이것이다. 險阻가 이미 멀어지며 사람을 해치는 새와 짐승들이 사라진 뒤에야 사람들이 平土(平地)를 얻어 살게 되었다.

---

115 下……高地也:壺山은 "여기서는 洪水를 위주하여 말했으므로 '下'와 '上'이라 하였으니, 만약 天時를 가지고 말하면 마땅히 여름과 겨울이라 해야 할 것이다.〔此主洪水言 故曰下上 若以天時 則當云夏冬〕" 하였다. 즉 上은 기온이 올라가는 여름철에는 나무 위에서 살고, 下는 기온이 내려가는 겨울철에는 낮은 땅굴에서 삶을 말한 것이다.

116 營窟 穴處也:楊伯峻은《說文解字》에 '營은 빙 둘러서 사는 것이다.〔營 帀居也〕' 한 것과 焦循의《孟子正義》에 '이 營窟은 응당 서로 이어서 굴을 팠을 것이다.〔此營窟 當是相連爲窟穴〕' 한 것을 인용하였다. 壺山은 "營治하는(사람이 만든) 窟이다. 혹자는 '壘窟'이라 한다.〔營治之窟也 或曰 壘窟也〕" 하였다.

117 此 一亂也:慶源輔氏(輔廣)는 "이 한 번의 혼란함은 순전히 氣化에 말미암은 것이다.〔此一亂 純由乎氣化也〕" 하였다. 壺山은 "살펴보건대 다스려짐이 혼란에서 생기므로 '一亂'을 먼저 말한 것이다.〔按治生於亂 故先言一亂〕" 하였다.

··· 壅 막힐옹 塞 막힐색 倒 거꾸로도 旁 곁방 溢 넘칠일 穴 굴혈 謨 가르칠모 洞 빨리흐를동 涯 물가애
掘 팔굴 注 물댈주 驅 몰구 菹 수초우거질저 由 따를유 淮 물이름회 險 험할험 阻 막힐조 消 사라질소

集註 | 掘地는 掘去壅塞也라 菹는 澤生草者也라 地中은 兩涯之間也라 險阻는 謂水
之氾濫也라 遠은 去也요 消는 除也라 此는 一治也[118]라

'掘地'는 壅塞(막힘)을 파서 제거하는 것이다. '菹'는 못(늪)에 풀이 자라는 것이다. '地中'
은 두 벼랑의 사이이다. '險阻'는 물이 범람함을 이른다. '遠'은 멀리 떠나간 것이요, '消'는
제거됨이다. 이는 한 번 다스려진 것이다.

9-4. 堯舜이 既沒하시니 聖人之道衰하여 暴君이 代作하여 壞宮室以爲
汙池하여 民無所安息하며 棄田以爲園囿하여 使民不得衣食하고 邪說
暴行이 又作하여 園囿, 汙池, 沛澤이 多而禽獸至하니 及紂之身하여 天
下又大亂하니라

堯임금과 舜임금이 이미 별세하시니, 聖人의 道가 쇠하여 暴君이 대대로 나와서 백성
들의 宮室(집)을 헐어 웅덩이와 못을 만들어서 백성들이 편안히 쉴 곳이 없었고, 農地
를 버려 동산을 만들어서 백성들이 衣食을 얻을 수 없도록 하였으며, 부정한 학설과 포
학한 행실이 또 일어나 園囿와 汙池와 沛澤이 많아짐에 禽獸가 이르렀으니, 紂王의
몸에 이르러 天下가 또다시 크게 어지러워졌다.

集註 | 暴君은 謂夏太康, 孔甲, 履癸와 商武乙[119]之類也라 宮室은 民居也라 沛는 草

---

118 此 一治也:慶源輔氏(輔廣)는 "이 한 번의 다스려짐은 氣化와 人事가 서로 참여된 것이다. 사람과 禽
獸는 또한 서로 많아지기도 하고 적어지기도 하니, 〈사람과 禽獸가〉 똑같이 氣를 받기 때문이다. 번잡한
기운이 盛하면 正氣가 衰하고 正氣가 많으면 번잡한 기운이 적어지니, 聖人이 이 사이에 造化의 運用
을 둠도 또한 시기에 맞게 할 뿐이다.[此一治 氣化人事相參者也 夫人與鳥獸亦相爲多寡 蓋同稟於
氣故也 繁氣盛則正氣衰 正氣多則繁氣少 聖人於其間 有造化之用 亦時焉而已]"하였다. '사람과
禽獸는 서로 많아지기도 하고 적어지기도 한다.'는 것은 사람이 많아지면 禽獸가 적어지고, 사람이 적어
지면 禽獸가 많아짐을 말한 것이다.

119 夏太康……商武乙:太康은 夏나라의 세 번째 왕으로 유람과 사냥을 즐겨 백성들의 일을 돌보지 않았
다. 洛水의 밖으로 사냥 가서 돌아오지 않았는데, 有窮의 임금인 羿가 太康을 河水에서 막아 돌아오
지 못하게 하고 폐위하였다. 孔甲은 夏나라의 왕으로 귀신을 좋아하고 음란한 짓을 일삼았는데, 孔甲
이후로 제후들이 夏나라를 많이 이반하였다. 履癸는 夏나라의 마지막 왕인 桀王의 이름으로, 德을 힘
쓰지 않고 무력으로 백성들을 상하게 하다가 商나라 湯王에게 멸망당하였다. 武乙은 商나라의 왕으로
훍에서 朝歌로 천도하였는데, 無道하여 偶人(인형)을 만들어 天神이라 하면서 함께 도박을 하고, 가죽
주머니에 피를 담고 우러러보며 활을 쏘고는 '하늘을 쏘아 맞혔다'고 하였다. 河水와 渭水 사이에서 사

··· 澤 못 택 沒 죽을 몰 壞 무너질 괴 汙 웅덩이 오(와) 息 쉴 식 園 동산 원 囿 동산 유 沛 큰못 패 履 성 리
癸 북방 계

126 · 附 按說 孟子集註

木之所生也요 澤은 水所鍾也라 自堯舜沒로 至此에 治亂非一이니 及紂而又一大亂也[120]라

'暴君'은 夏나라의 太康·孔甲·履癸와 商나라의 武乙 등을 이른다. '宮室'은 백성들이 사는 집이다. '沛'는 草木이 자라는 곳이요, '澤'은 물이 모이는 곳이다. 堯임금과 舜임금이 별세한 뒤로부터 이에 이르기까지 다스려지고 어지러워진 것이 한두 번이 아니었는데, 紂王에 미쳐 또 한 번 크게 어지러워진 것이다.

9-5. 周公이 相武王하사 誅紂하시고 伐奄三年에 討其君하시고 驅飛廉於海隅而戮之하시니 滅國者五十이요 驅虎豹犀象而遠之하신대 天下大悅하니 書曰 丕顯哉라 文王謨여 丕承哉라 武王烈이여 佑啓我後人하사되 咸以正無缺이라하니라

周公이 武王을 도와 紂王을 주벌하시고, 奄나라를 정벌한 지 3년 만에 그 군주를 토벌하시고, 飛廉을 바다 모퉁이로 몰아내어 죽이셨다. 멸망시킨 나라가 50개국이었고, 범과 표범과 코뿔소와 코끼리를 몰아내어 멀리 쫓으시자, 天下가 크게 기뻐하였다. 《書經》에 이르기를 '크게 드러나셨다, 文王의 가르침(계책)이여. 크게 계승하셨도다, 武王의 功烈이여. 우리 後人들을 도와 계도해 주시되 모두 正道로써 하여 결함이 없게 하셨다.' 하였다.

按說 | 壺山은 "驅는 竄과 같다.[驅 猶竄也]" 하였다.

낭하다가 벼락을 맞아 죽었다.

[120] 一大亂也 : 慶源輔氏(輔廣)는 "이 한 번의 혼란은 氣化와 人事가 서로 符合한 것이다. 堯·舜이 별세하신 뒤로 그 사이에 夏나라 太康으로부터 商나라 武乙 등에 이르기까지 暴虐한 군주가 한 두 명이 아니어서 같은 類로써 이루 다 세기 어려우나, 殷나라의 紂王에 이르러서는 지극히 혼란하여 이보다 더할 수가 없었다. 그러므로 곧바로 紂王의 때로 미루어 말한 것이다. 상상해보건대 夏나라 桀王의 때에는 飛廉 등과 같은 악인이나 범과 표범과 무소와 코끼리 같은 폐해가 반드시 있지는 않았을 것이다.[此一亂 氣化人事相符者也 自堯舜沒 其間夏太康 至商武乙等 暴君不一 難以類數 至紂而大敗極亂 而無以復加矣 故直推至紂時言之 想見夏桀之時 亦未必有飛廉等惡人 與夫虎豹犀象之害也]" 하였다. '氣化와 人事가 서로 符合했다.'는 것은 氣化의 쇠함과 人事(政治)의 잘못이 동시에 이루어져 혼란해짐을 말한 것이다.

··· 鍾 모일 종 相 도울 상 奄 문득 엄 廉 청렴할 렴 戮 죽일 륙 驅 몰 구 豹 표범 표 犀 물소 서 象 코끼리 상 丕 클 비 謨 가르침 모 佑 도울 우 缺 이지러질 결

集註 | 奄은 東方之國이니 助紂爲虐者也라 飛廉은 紂幸臣也[121]라 五十國은 皆紂黨虐民者也라 書는 周書君牙之篇이라 조는 大也요 顯은 明也라 謨는 謀也라 承은 繼也라 烈은 光也라 佑는 助也요 啓는 開也라 缺은 壞也라 此는 一治也[122]라

奄은 東方의 나라이니, 紂王을 도와 포학한 짓을 한 자이다. 飛廉은 紂王의 총애하는 신하이다. '50개국'은 모두 紂의 黨으로서 백성들에게 포학하게 한 자들이다. 書는 〈周書 君牙〉篇이다. '조'는 큼이요, '顯'은 밝음이다. '謨'는 가르침이다. '承'은 계승함이다. '烈'은 빛남(광채)이다. '佑'는 도움이요, '啓'는 열어줌이다. '缺'은 무너짐이다. 이는 한 번 다스려진 것이다.

9-6. 世衰道微하여 邪說暴行이 有作하여 臣弑其君者有之하며 子弑其父者有之하니라

세상이 쇠하고 道가 미미해져서 부정한 학설과 포학한 행실이 또다시 일어나, 신하로서 군주를 시해하는 자가 있으며 자식으로서 아버지를 시해하는 자가 있게 되었다.

按說 | '有'에 대하여, 楊伯峻은 "'有'는 又와 같다." 하였다.

---

[121] 飛廉 紂幸臣也:《史記》〈秦本記〉에 "蜚(飛)廉이 惡來를 낳았는데, 惡來는 힘이 세었고 蜚廉은 달리기를 잘하여 父子가 모두 재주와 용력으로 殷나라 紂王을 섬겼다.〔蜚廉生惡來 惡來有力 蜚廉善走 父子俱以材力事殷紂〕" 하였다.《史記》에는 周나라 武王이 惡來를 죽이고 蜚廉은 霍太山에서 죽었다고 하여《孟子》의 내용과는 차이가 있다. 趙氏(趙順孫)는 "飛廉이 달리기를 잘하여 재주와 勇力으로 紂王을 섬겼다.〔飛廉善走 以材力事紂〕" 하였다.

[122] 此 一治也:慶源輔氏(輔廣)는 "이 한 번의 다스림은 또 氣化와 人事가 서로 참예된 것이다.《書經》을 들어, 文王과 武王의 큰 가르침과 빛나는 功業이 後人을 도와주고 開導한 것이 正大한 道가 아닌 것이 없고, 두루 온전하고 지극히 아름다워 한 털끝만큼도 결함이나 파괴됨의 잘못이 없음을 말하였다. 바름은 할 수 있지만 결함이 없는 것이 어렵다. '결함이 없다'는 것은, 禮樂과 刑政이 사방으로 도달하고 어긋나지 않아서 삼천 삼백 가지의 禮儀와 지극히 성실하고 치우침이 없는 道가 병립하여 편벽되지 않아서, 正德과 利用·厚生의 도구가 한 가지도 구비하지 않음이 없고, 거짓을 방비하고 간사함을 금하고 사악함을 바로잡는 법이 한 가지도 혹 실추됨이 없는 것이니, 이렇게 한 뒤에야 결함이 없다고 할 수 있는 것이다. 春秋 때에 이르러서는 道가 땅에 떨어져 다시 보존된 것이 없었다.〔此一治 又氣化人事相參者也 擧書 言文王武王謨謨之大 功業之光 所以佑助開迪夫後人者 莫非正大之道 周全盡美 而無一毫缺壞之失也 蓋正可爲也 無缺爲難 無缺 謂禮樂刑政四達而不悖 三千三百之儀 與至誠無倚之道 並立而不偏 凡所以正德利用厚生之具 無一之不備 防僞禁邪正慝之法 無一之或隳 夫然後可以爲無缺 至春秋時 則道墜于地 而無復有存者矣〕" 하였다.

··· 助 도울 조 微 작을 미 有 또 유(又通)

集註 | 此는 周室東遷[123]之後니 又一亂也[124]라

이는 周나라 王室이 東遷한 뒤이니, 또 한 번 어지러워진 것이다.

9-7. 孔子·懼하사 作春秋하시니 春秋는 天子之事也라 是故로 孔子曰 知我者도 其惟春秋乎며 罪我者도 其惟春秋乎인저하시니라

孔子께서 이를 두려워하여 《春秋》를 지으시니, 《春秋》의 褒貶은 天子가 하는 일이다. 이 때문에 孔子께서 말씀하시기를 '나를 알아줄 것도 오직 《春秋》이며 나를 죄줄(질책할) 것도 오직 《春秋》일 것이다.' 하신 것이다.

按說 | 沙溪(金長生)는

《文獻通考》에 吳氏程이 말하기를 '아는 것은 君子이고 죄주는 것은 小人이다.'라고 하였는데, 나의 뜻은 孔子를 아는 것과 孔子를 죄 주는 것을 君子와 小人으로 나누어 말해서는 안 된다고 생각한다.〔通考吳氏程曰 知者 君子也 罪者 小人也 愚意知孔子罪孔子者 不可以君子小人分言之也〕《經書辨疑》

하였다. 吳氏程의 원래 글은 "후세를 염려했다 하여 聖人을 아는 자는 君子이므로 天理를 보존하고 人慾을 막음을 다행으로 여기고, 南面하는 권세를 가탁했다 하여 聖人을 죄책하는 자는 小人이므로 〈군주들이〉 욕심을 부릴 수 없음을 서글퍼한다.〔以慮後世而知聖人者 君子也 故幸其存天理遏人慾 以托南面而罪聖人者 小人也 故戚其不得肆欲〕"인데, 沙溪가 요약한 것이다.

---

123 周室東遷 : '東遷'은 동쪽 洛邑으로 천도함을 이른다. 周나라는 원래 鎬京에 도읍하였으나 幽王이 失德하여 犬戎에게 시해당하고 아들 平王 宜臼가 즉위하여 洛邑으로 천도하였다. 그러나 이후로 王室의 권위가 실추되어 政敎가 천하에 미치지 못하여 春秋時代를 맞게 되었다.

124 又一亂也 : 慶源輔氏(輔廣)는 "이 한 번의 혼란함은 또 氣化와 人事가 서로 符合한 것이다. 이보다 앞서는 비록 세상이 혼란하다고 하였으나 禽獸가 많이 번식하여 人民의 삶을 해쳤을 뿐, 사람의 性을 해치는 데에는 이르지 않았는데, 이후로는 마침내 人倫을 손상하고 파괴하여 장차 사람들로 하여금 모두 禽獸의 무리로 돌아가게 하였으니, 그 禍가 더 참혹하다. 이 한 번의 혼란함은 前日보다 더욱 심하니, 이 또한 氣化와 人事가 그렇게 만든 것이다.〔此一亂 又氣化人事相符者也 前乎此者 雖以世亂 然但禽獸繁殖 有以戕民之生 而猶未至賊人之性 至此以後 則遂至傷壞人倫 將使人盡爲禽獸之歸 其禍又慘矣 此一亂 又甚於前日 是亦氣化人事之使然也〕" 하였다.

⋯ 遷 옮길 천 懼 두려울 구

集註ㅣ 胡氏曰 仲尼作春秋하여 以寓王法하시니 厚典庸禮와 命德討罪[125]가 其大要가 皆天子之事也라 知孔子者는 謂此書之作이 遏人欲於橫流하고 存天理於旣滅하여 爲後世慮가 至深遠也라하고 罪孔子者는 以謂無其位而託二百四十二年南面之權[126]하여 使亂臣賊子로 禁其欲而不得肆하니 則戚矣[127]라하니라

愚謂 孔子作春秋하여 以討亂賊하시니 則致治之法이 垂於萬世하니 是亦一治也라

胡氏(胡安國)가 말하였다. "仲尼께서 《春秋》를 지어 王法을 붙이시니, 典을 돈독하게 하고 禮를 쓰는 것과 德이 있는 자에게 벼슬을 명하고 罪가 있는 자를 토벌하는 것이 그 大要가 모두 天子의 일이다. 孔子를 알아주는 자들은 '이 책을 지은 것이 멋대로 흐르는 人欲을 막고 이미 멸한 天理를 보존해서 後世를 위한 염려가 지극히 深遠하다.' 하고, 孔子를 죄주는 자들은 '지위가 없는데도 242년 동안 南面하는 권세를 가탁해서 亂臣賊子로 하여금 욕심을 금하여 함부로 펴지 못하게 하였으니, 애처롭다.(원망스럽다.)' 하는 것이다."

내(朱子)가 생각하건대 孔子께서 《春秋》를 지어 亂臣賊子들을 토벌하셨으니, 그렇다면 다스림을 지극히 하는 법이 萬世에 드리워진 것이니, 이 또한 한 번 다스려진 것이다.

9-8. 聖王이 不作하여 諸侯放恣하며 處士橫議하여 楊朱墨翟之言이 盈天下하여 天下之言이 不歸楊則歸墨하니 楊氏는 爲我하니 是無君也요 墨氏는 兼愛하니 是無父也니 無父, 無君은 是禽獸也니라 公明儀曰 庖有肥肉하며 廐有肥馬어늘 民有飢色하며 野有餓莩면 此는 率獸而食人

---

125 厚典庸禮 命德討罪 : 新安倪氏(倪士毅)는 "惇典의 '惇'자를 《集註》에 宋나라 光宗의 諱를 피하여 '厚'자로 대신하였다.〔惇典之惇 集註避宋光宗諱 而以厚字代之〕" 하였다. '典'은 五典으로 五倫의 법을 이르고, '禮'는 父子·君臣·夫婦間의 尊卑와 貴賤의 등급에 따른 禮이며, '命'은 관직을 임명함을 이른다. 《書經》 〈皐陶謨〉에 "하늘이 차례로 펴서 典을 두시니 우리의 五典을 바로잡아 다섯 가지를 돈독하게 하시며, 하늘이 차례하여 禮를 두시니 우리 五禮로부터 시작하여 다섯 가지를 떳떳하게 한다.……하늘이 德이 있는 자에게 벼슬을 임명하고……하늘이 罪가 있는 자를 토벌한다.〔天敍有典 勅我五典 五惇哉 天秩有禮 自我五禮 五庸哉……天命有德……天討有罪〕" 하였는바, 이 내용을 축약한 것이다.

126 二百四十二年南面之權 : 242년은 《春秋》에 기록된 역사 기간이며, 南面은 남쪽을 향해 앉는 것으로, 고대에는 북쪽에서 남쪽을 향해 앉는 것을 높은 자리로 여겨 군주가 남쪽을 향해 앉았으므로 곧바로 帝王을 가리키기도 하는바, 南面之權은 王者의 권한을 이른다.

127 戚矣 : 壺山은 "〈戚〉은 怨과 같다." 하고, "〈矣〉는 반드시 그렇지는 않음을 말한 것이다.〔云不必爾也〕" 하였다.

… 寓 붙일 우 厚 두터울 후 典 법 전 庸 쓸 용 遏 막을 알 滅 멸할 멸 託 칭탁할 탁 賊 해칠 적 禁 금할 금 肆 방자할 사 戚 슬플 척 垂 드리울 수 放 방탕할 방 恣 방자할 자 橫 멋대로할 횡 翟 꿩 적 盈 가득찰 영 兼 겸할 겸 庖 푸줏간 포 肥 살질 비 廐 마구간 구 餓 굶주릴 아 莩 굶어죽을 표 率 거느릴 솔

也라하니 楊墨之道不息하면 孔子之道不著하리니 是는 邪說이 誣民하여 充塞仁義也니 仁義充塞이면 則率獸食人하다가 人將相食하리라

聖王이 나오지 아니하여 諸侯가 방자하며 〈草野에 있는〉 처사들이 멋대로 의논하여 楊朱·墨翟의 말이 天下에 가득해서, 天下의 말이 楊朱에게 돌아가지 않으면 墨翟에게 돌아간다. 楊氏는 자신만을 위하니 이는 군주가 없는 것이요, 墨氏는 똑같이 사랑하니 이는 아버지가 없는 것이니, 아버지가 없고 군주가 없으면 이는 禽獸이다. 公明儀가 말하기를 '〈군주의〉 푸줏간에 살진 고기가 있고 마구간에 살찐 말이 있는데도 백성들이 굶주린 기색이 있으며 들에 굶어죽은 시체가 있다면 이는 짐승을 내몰아 사람을 잡아먹게 하는 것이다.' 하였다. 楊朱·墨翟의 道가 종식되지 않으면 孔子의 道가 드러나지 못할 것이니, 이는 부정한 말(학설)이 백성들을 속여 仁義를 꽉 막는 것이다. 仁義가 꽉 막히면 짐승을 내몰아 사람을 잡아먹게 하다가 사람들이 장차 서로 잡아먹게 될 것이다.

按說 | 壺山은

聖王이 나오지 않았기 때문에 諸侯들이 放恣하고 諸侯들이 放恣하기 때문에 處士가 멋대로 의논한 것이다. 處士는 楊朱, 墨翟의 부류를 가리키고, 멋대로 의논했다는 것은 바로 '爲我'와 '兼愛'의 일이다.〔聖王不作 故諸侯放恣 諸侯放恣 故處士橫議 處士指楊墨之流 橫卽爲我兼愛之事〕

하였으며, 또《語類》에서의 朱子의 말씀을 다음과 같이 요약, 인용하였다.

楊朱는 바로 老子의 弟子로 그 학문이 오로지 자기를 위하였으니 물러나 몸을 아끼기만 하고 일할 줄을 알지 못하였다. 東晉의 淸談은 바로 楊氏의 학문이니 夷狄이 中華를 어지럽히도록 계도하였고, 王介甫(王安石)가 佛老의 사이를 출입하여 남긴 禍가 지금까지 이르고 있다.〔楊朱乃老子弟子 其學專於爲己 退步愛身 不理會事 東晉之淸談 此是楊氏之學 啓夷狄亂華 王介甫出入佛老之間 遺禍至今〕

集註 | 楊朱는 但知愛身하고 而不復知有致身之義라 故로 無君이요 墨子는 愛無差

··· 著 드러날 저 誣 속일 무 致 바칠 치 差 다를 차

等하여 而視其至親을 無異衆人이라 故로 無父[128]라 無父無君이면 則人道滅絶이니
是亦禽獸而已라 公明儀之言은 義見首篇하니라 充塞仁義는 謂邪說徧滿하여 妨於
仁義也[129]라 孟子引儀之言하사 以明楊墨道行이면 則人皆無父無君하여 以陷於禽
獸而大亂將起하리니 是亦率獸食人而人又相食也라 此는 又一亂也라

楊朱는 몸을 아낄 줄만 알고 다시 몸을 바치는 의리가 있음을 알지 못하였다. 그러므로 군
주가 없는 것이요, 墨子는 사랑함에 差等이 없어 至親을 보기를 衆人과 다름없이 하였다.
그러므로 아버지가 없는 것이다. 아버지가 없고 군주가 없으면 人道가 滅絶되니, 이 또한
禽獸일 뿐이다. 公明儀의 말은 뜻이 首篇(梁惠王上)에 보인다. '仁義를 꽉 막는다.'는 것
은 부정한 학설이 두루 가득해서 仁義를 해침을 이른다. 孟子께서 公明儀의 말을 인용하여
楊墨의 道가 행해지면 사람들이 다 아버지가 없고 군주가 없어서 禽獸의 지경에 빠져 큰
난리가 장차 일어날 것이니, 이 또한 짐승을 내몰아 사람을 잡아먹게 하고, 사람이 또 서로
잡아먹는 것임을 밝히신 것이다. 이는 또 한 번 어지러워진 것이다.

9-9. 吾爲此懼하여 閑先聖之道하여 距楊墨하며 放淫辭하여 邪說者不
得作케하노니 作於其心하여 害於其事하며 作於其事하여 害於其政하나니
聖人이 復起사도 不易吾言矣시리라

내가 이 때문에 두려워하여 先聖의 道를 보호해서 楊·墨을 막으며 부정한 학설을 추
방하여 부정한 학설을 하는 자가 나오지 못하게 하는 것이다. 〈부정한 학설은〉 그 마음
에서 나와 그 일에 해를 끼치며 일에서 나와 정사에 해를 끼치니, 聖人이 다시 나오셔도
내 말을 바꾸지 않으실 것이다.

---

128 墨子……無父:朱子는 "부모를 사랑함이 반드시 소홀해서 그 효도가 온전하고 지극하지 못한 것이
다.〔其愛父母也 必疎 其孝也 不周至〕"하였다.《語類》'無父'는 父子有親을 무시하여 행하지 않는
것이고, '無君'은 君臣有義를 무시하여 행하지 않는 것이다.

129 邪說徧滿 妨於仁義也:雲峰胡氏(胡炳文)는 "말이 道理에 맞지 않는 것을 橫議라 하고, 바르지 않은
것을 邪說이라 한다.〔不中則曰橫議 不正則曰邪說〕"하였다. 壺山은 "살펴보건대 '徧滿'은 '誣民'의
뜻을 해석한 것이니 백성을 속이지 않음이 없음을 말한 것이요, '妨'은 '充塞'을 해석한 것으로 充塞은
閉塞이란 말과 같은바, 閉塞되면 행해지지 못하니, 이것이 해치는 것이다. 만약 徧滿을 '充塞을 해석한
것이다'라고 한다면 그 아랫구에 '仁義가 충색했다.'는 것이 말이 될 수 없는 것이다.〔按徧滿 釋誣民意
言無民不誣也 妨釋充塞 充塞猶言閉塞也 閉塞則不行 是妨也 若謂徧滿釋充塞 則於其下句仁義
充塞 爲說不去矣〕"하였다.

··· 異 다를 이 徧 두루미칠 변(편) 妨 해로울 방 陷 빠질 함 閑 보호할 한 距 막을 거 放 쫓을 방 淫 음탕할 음
復 다시 부

集註ㅣ 閑은 衛也[130]라 放은 驅而遠之也라 作은 起也라 事는 所行이요 政은 大體也[131]라 孟子雖不得志於時나 然楊墨之害 自是滅息하여 而君臣父子之道 賴以不墜하니 是亦一治[132]也라

程子曰 楊墨之害는 甚於申韓하고 佛老之害는 甚於楊墨하니 蓋楊氏는 爲我하니 疑於義하고 墨氏는 兼愛하니 疑於仁[133]이요 申韓則淺陋易見[134]이라 故로 孟子止闢楊墨하시니 爲其惑世之甚也라 佛氏之言은 近理[135]하니 又非楊墨之比라 所以爲害尤甚이니라

'閑'은 保衛(보호)함이다. '放'은 몰아서 멀리 내쫓음이다. '作'은 일어남이다. '事'는 행하는 것이요, '政'은 大體이다. 孟子께서 비록 당시에 뜻을 얻지 못하셨으나 楊·墨의 폐해가

---

130 閑 衛也:壺山은 "'馬閑'의 '閑'과 같다.〔如馬閑之閑〕" 하였다. '馬閑'은 '말의 마굿간'으로 말을 보호하는 물건이다.

131 事……大體也:西山眞氏(眞德秀)는 "'事'는 政의 조목이고 '政'은 事의 綱領이다.〔事者 政之目 政者 事之綱〕" 하였다.

132 一治:慶源輔氏(輔廣)는 "이 한 번의 다스려짐은 또 순수한 人事이다. 비록 氣化가 應하지 아니하여 孟子 또한 당시에 뜻을 얻지 못했으나 그 말씀으로 인하여 異端이 멸식되어서 우리의 道가 지금까지 실추되지 않을 수 있었으니, 이것이 孟子의 功이 禹王의 아래에 있지 않고 孔子의 다음이 된 이유이다.〔此一治 又純乎人事也 雖氣化不應 孟子亦不得志於時 然因其言而異端滅息 吾道至今得以不墜 此孟氏之功 所以不在禹下而亞於孔子也〕" 하였다.

133 楊氏爲我……疑於仁:楊朱는 자신의 지조를 중시하여 혼탁한 조정에서 벼슬하지 않고 은둔하였으므로 사람들은 그의 행위가 義롭다고 의심하며, 墨翟은 모든 사람을 똑같이 사랑해야 한다고 주장하였으므로 사람들은 그의 마음이 仁하다고 의심함을 이른다.

134 申韓則淺陋易見:《史記》에 "申不害는 옛 鄭나라의 賤한 신하이다. 학문은 黃老를 근본으로 하고 刑名을 주장하였다. 책 두 편을 저술하니, 이름을 《申子》라 했다.〔申不害 故鄭之賤臣 學本於黃老而主刑名 著書二篇 號曰申子〕" 하였다. 《大全》에 "韓非는 韓나라의 여러 公子들 중 한 사람이다. 刑名과 法術의 학문을 좋아하였는데, 그 귀결은 黃老에 근본하였으며 글을 쓰는데 뛰어났다. 李斯와 함께 荀卿을 섬겼는데, 李斯는 자기가 韓非만 못하다고 여겼다.〔韓非者 韓之諸公子也 喜刑名法術之學 而其歸本於黃老 善著書 與李斯俱事荀卿 斯自以爲不如非〕" 하였다. 黃老는 黃帝와 老子를 이른다. 壺山은 "〈申不害와 韓非는〉 애당초 仁義와 근사한 점이 없으니, 그 학설의 천근하고 비루함은 사람들이 보기 쉬운 것이다.〔初無仁義之近似 其淺陋者 使人易見〕" 하였다.

135 佛氏之言 近理:茶山은 "佛氏의 말은 가장 이치에 가깝지 않다. 내가 남쪽 변방에 유배되어 깊은 산중에 거처할 적에 經僧을 따라 佛書를 보았는데, 佛書에서 心性의 이치를 논한 것이 모두 本原이 없고 지극함이 없어서 매우 이치에 가깝지 않았다. 宋나라의 여러 선생들이 무슨 까닭으로 매번 佛氏가 이치에 가깝다.'고 말하였는지 모르겠다.〔佛氏之言 最不近理 余流落南荒 居深山之中 從經僧觀佛書 其所論心性之理 皆無原本 亦無究竟 大不近理 不知有宋諸先生 何故每云佛氏近理〕" 하였으니, 이는 佛敎의 哲學을 비하하여 말한 것이다. 茶山은 性을 기호로 보아 性을 仁義禮智로 보는 程朱의 學說을 부정하였으므로, '佛氏의 말이 이치에 가깝다.'는 程子의 말 역시 부정한 것이다.

··· 衛 호위할 위 息 그칠 식 賴 힘입을 뢰 墜 떨어질 추 疑 의심스러울 의 淺 얕을 천 陋 더러울 루 止 다만 지 闢 물리칠 벽 惑 미혹할 혹

이로부터 滅息되어 君臣과 父子의 道가 이에 힘입어 실추되지 않았으니, 이 또한 한 번 다스려진 것이다.

程子(明道)가 말씀하였다. "楊朱와 墨翟의 폐해는 申不害와 韓非子보다 심하고, 佛氏와 老子의 폐해는 楊朱와 墨翟보다 심하다. 楊氏는 자신만을 위하니 義인가 의심스럽고, 墨氏는 똑같이 사랑하니 仁인가 의심스러우며, 申不害와 韓非子는 淺陋하여 사람들이 알기 쉽다. 그러므로 孟子께서 다만 楊朱·墨翟을 배척하셨으니, 이는 세상을 미혹시킴이 심하기 때문이었다. 佛氏의 말(학설)은 이치에 가까우니, 또 楊朱와 墨翟에 비할 바가 아니다. 이 때문에 그 폐해가 더욱 심한 것이다."

9-10. 昔者에 禹抑洪水而天下平하고 周公이 兼夷狄驅猛獸而百姓寧하고 孔子成春秋而亂臣賊子懼하니라

옛적에 禹가 洪水를 억제하시자 天下가 평해졌고, 周公이 夷狄을 兼并하고 猛獸를 몰아내시자 百姓들이 편안하였고, 孔子가 《春秋》를 완성하시자 亂臣賊子들이 두려워하였다.

> 按說 | '亂臣賊子'에 대하여, 官本諺解와 栗谷諺解에는 '亂臣'과 '賊子'로 해석하였는바, 이는 앞의 '臣弑其君'과 '子弑其父'를 이어 나라를 어지럽히는 신하와 집안을 해치는 자식으로 풀이한 것이다. 그러나 일반적으로 亂臣賊子는 君父를 배반하는 신하를 가리킨다. 君父 역시 군주와 아버지로 나누어 볼 수 있으나 나라의 군주는 집안의 아버지와 같다 하여 군주를 지칭하는 말로 많이 쓰인다.

> 集註 | 抑은 止也라 兼은 幷之也라 總結上文也라
> '抑'은 그침(억제)이다. '兼'은 겸병이다. 윗글을 모두 맺은 것이다.

9-11. 詩云 戎狄是膺하니 荊舒是懲하여 則莫我敢承이라하니 無父無君은 是周公所膺也니라

··· 抑 누를 억 兼 겸병할 겸 猛 사나울 맹 寧 편안할 녕 幷 아우를 병, 겸병할 병 戎 오랑캐 융 狄 오랑캐 적
荊 가시 형 舒 펼 서 懲 징계할 징 承 당할 승

《詩經》에 이르기를 '戎狄을 정벌하니, 荊과 舒가 이에 다스려져 나를 감히 당할 자가 없다.' 하였으니, 아버지가 없고 군주가 없는 것은 周公도 응징하신 바이다.

> 按說 | '戎狄是膺 荊舒是懲'은 위의 〈滕文公上〉 4장에도 보이는데, 壺山은 두 句를 對句인 것으로 보았다. 壺山의 說대로 라면 '戎狄是膺하고 荊舒是懲하니'로 懸吐해야 할 것이다.

集註 | 說見上篇하니라 承은 當也라

해설이 上篇(滕文公上)에 보인다. '承'은 당함이다.

9-12. 我亦欲正人心하여 息邪說하며 距詖行하며 放淫辭하여 以承三聖者로니 豈好辯哉리오 予不得已也니라

나 또한 人心을 바로잡아 부정한 학설을 종식시키며 편벽된 행실을 막으며 방탕한 말을 추방하여 세 聖人을 계승하려고 하는 것이니, 어찌 변론을 좋아하겠는가. 내 不得已해서이다.

集註 | 詖, 淫은 解見前篇하니라 辭者는 說之詳也라 承은 繼也라 三聖은 禹, 周公, 孔子也라 蓋邪說橫流하여 壞人心術이 甚於洪水猛獸之災하고 慘於夷狄篡弑之禍라 故로 孟子深懼而力救之하시니라 再言豈好辯哉, 予不得已也는 所以深致意焉이라 然이나 非知道之君子면 孰能眞知其所以不得已之故哉리오

'詖'와 '淫'은 해석이 前篇(公孫丑上)에 보인다. '辭'는 설명을 상세히 하는 것이다. '承'은 계승이다. '三聖'은 禹·周公·孔子이다. 부정한 학설이 멋대로 유행하여 사람의 心術을 파괴함이 洪水와 猛獸의 재앙보다 심하고 夷狄과 篡弑의 禍보다 참혹하였다. 그러므로 孟子께서 깊이 두려워하여 힘써 바로잡으신 것이다. '내 어찌 변론하기를 좋아하겠는가. 내 不得已해서이다.' 라고 두 번 말씀함은 깊이 뜻을 다하신 것이다. 그러나 道를 아는 君子가 아니면 누가 참으로 그 不得已한 연고(所以)를 알겠는가.

··· 距 막을 거 詖 편벽될 피 放 쫓을 방 淫 음탕할 음 辯 변론할 변 災 재앙 재 慘 참혹할 참
篡 빼앗을 찬 弑 시해할 시 救 바로잡을 구 致 다할 치

9-13. 能言距楊墨者는 聖人之徒也니라

능히 楊墨을 막을 것을 말하는 자는 聖人의 무리이다."

集註Ⅰ言 苟有能爲此距楊墨之說者면 則其所趨正矣니 雖未必知道나 是亦聖人
之徒也라 孟子旣答公都子之問이로되 而意有未盡이라 故로 復言此하시니라 蓋邪說
害正을 人人得而攻之요 不必聖賢이니 如春秋之法에 亂臣賊子를 人人得而誅之요
不必士師也라[136] 聖人救世立法之意가 其切如此하시니 若以此意推之하면 則不能
攻討하고 而又唱爲不必攻討之說者는 其爲邪詖之徒, 亂賊之黨을 可知矣로다

만일 이 楊·墨을 막는 말을 하는 자가 있다면 그 趨向하는(나아가는) 바가 바르니, 비록 반
드시 道를 알지는 못한다 하더라도 이 또한 聖人의 무리라고 말씀한 것이다. 孟子께서 이
미 公都子의 질문에 답하셨으나 뜻에 未盡함이 있었으므로 다시 이를 말씀하신 것이다. 부
정한 학설이 正道를 해침은 사람마다 공격할 수 있고 굳이 聖賢만이 하는 것이 아니니, 이
는 《春秋》의 법에 亂臣賊子를 사람마다 죽일 수 있고 굳이 士師(法官)만이 하는 것이 아
닌 것과 같다. 聖人이 세상을 구제하고 法을 세운 뜻이 그 간절함이 이와 같으시니, 만일 이
뜻을 가지고 미루어 본다면, 부정한 학설을 攻討하지 못하고, 또 '굳이 攻討할 것이 없다.'
는 말을 제창하는 자는 邪說·詖行의 무리와 亂臣賊子의 도당이 됨을 알 수 있다.

章下註Ⅰ○尹氏曰 學者於是非之原에 毫釐有差면 則害流於生民하고 禍及於後
世라 故로 孟子辯邪說을 如是之嚴하시고 而自以爲承三聖之功也어시늘 當是時하여
方且以好辯目之하니 是는 以常人之心으로 而度(탁)聖賢之心也니라

○尹氏(尹焞)가 말하였다. "배우는 자가 옳고 그름의 근원에 털끝만큼이라도 차이가 있으
면 폐해가 生民에게 흐르고 禍가 後世에 미친다. 그러므로 孟子께서 부정한 학설을 변론하

---

136 苟有能爲此距楊墨之說者……不必士師也:朱子는 "邪에서 나오면 正으로 들어가고 正에서 나오면
邪로 들어가서 두 가지 사이에 털끝만큼도 용납하지 못한다. 비록 道를 알지 못하더라도 능히 楊朱와
墨翟을 막을 것을 말하는 자는 이미 心術이 바름을 向한 사람이다. 이 때문에 聖人의 무리로 인정한
것이니,《春秋》에 역적을 討伐하는 뜻과 같은 것이다.〔出邪則入正 出正則入邪 兩者之間 蓋不容髮
也 雖未知道 而能言距楊墨者 已是心術向正之人 所以以聖人之徒許之 與春秋討賊之意同〕"하였
다.《朱子大全 答石子重》

··· 趨 나아갈추 原 근원원 毫 터럭호 釐 털끝리 度 헤아릴탁

기를 이처럼 엄하게 하시고, 스스로 三聖의 功을 계승한다고 여기신 것이다. 그런데 이때를 당하여 '변론하기를 좋아한다.'고 지목하였으니, 이는 常人의 마음으로 聖賢의 마음을 헤아린 것이다."

|陳仲子章|

10-1. 匡章曰 陳仲子는 豈不誠廉士哉리오 居於(오)陵할새 三日不食하여 耳無聞하며 目無見也러니 井上有李 螬食實者過半矣어늘 匍匐往將食之하여 三咽(연)然後에야 耳有聞하며 目有見하니이다

匡章이 말하였다. "陳仲子는 어찌 참으로 청렴한 선비가 아니겠습니까. 於陵에 살 적에 3일 동안 먹지 못하여 귀에는 들리는 것이 없으며 눈에는 보이는 것이 없었는데, 우물가에 벌레가 반이 넘게 파먹은 오얏이 있자 기어가서 가져다가 먹어 세 번 삼킨 뒤에야 귀에 들리는 것이 있었고 눈에 보이는 것이 있었습니다."

集註 | 匡章, 陳仲子는 皆齊人[137]이라 廉은 有分辨하여 不苟取也라 於陵은 地名이라 螬는 蠐螬蟲也라 匍匐은 言無力하여 不能行也라 咽은 呑也라

匡章과 陳仲子는 모두 齊나라 사람이다. '廉'은 분변함이 있어 구차히 취하지 않는 것이다. 於陵은 地名이다. '螬'는 굼벵이 벌레이다. '匍匐'은 힘이 없어 걸어갈 수 없음을 말한다. '咽'은 삼킴이다.

10-2. 孟子曰 於齊國之士에 吾必以仲子로 爲巨擘焉이어니와 雖然이나 仲子惡(오)能廉이리오 充仲子之操면 則蚓而後에 可者也니라

孟子께서 말씀하셨다. "齊國의 선비 중에 내 반드시 仲子를 巨擘(엄지손가락)으로

---

137 匡章……皆齊人 : 楊伯峻은 "匡章은 齊나라 사람으로 일찍이 齊 威王의 장수가 되어 병사를 기느리고 秦나라를 막아 대패시켰다. 宣王 때에는 또 다섯 도읍의 병사를 이끌고 가서 燕나라를 취하였다. 그의 언행은 《戰國策》의 〈齊策〉·〈燕策〉과 《呂氏春秋》의 〈不屈〉·〈愛類〉 등 여러 편에 보인다." 하였다. 陳仲子는 《荀子》의 〈不苟〉·〈非十二〉와 《韓非子》의 〈外儲說右〉에 田仲 또는 陳仲이라고 표기되어 있다.

··· 匡 바를 광 章 문채 장 誠 진실로 성 廉 청렴할 렴 螬 굼벵이 조 過 지날 과 匍 기어갈 포 匐 기어갈 복 將 가질 장 咽 삼킬 연 蠐 굼벵이 제 蟲 벌레 충 呑 삼킬 탄 巨 클 거 擘 엄지손가락 벽 蚓 지렁이 인

여기지만 그러나 仲子가 어찌 청렴할 수 있겠는가. 仲子의 지조를 채우려면 지렁이가 된 뒤에야 可할 것이다.

> 集註 | 巨擘은 大指也니 言 齊人中에 有仲子는 如衆小指中에 有大指也라 充은 推而滿之也라 操는 所守也라 蚓은 丘(蚯)蚓也라 言 仲子未得爲廉也니 必若滿其所守之志면 則惟丘蚓之無求於世然後에 可以爲廉耳라
>
> '巨擘'은 엄지손가락이니, 齊나라 사람 가운데 仲子가 있음은 여러 작은 손가락 가운데 엄지손가락이 있음과 같음을 말씀한 것이다. '充'은 미루어 채움이다. '操'는 지키는 지조이다. '蚓'은 蚯蚓(지렁이)이다. '仲子는 청렴함이 될 수 없으니 만일 반드시 그 지키는 바의 지조를 채우려면 오직 지렁이처럼 세상에 요구함이 없은 뒤에야 청렴함이 될 수 있다.'고 말씀한 것이다.

10-3. 夫蚓은 上食槁壤하고 下飮黃泉하나니 仲子所居之室은 伯夷之所築與아 抑亦盜跖之所築與아 所食之粟은 伯夷之所樹與아 抑亦盜跖之所樹與아 是未可知也로다

지렁이는 위로 마른 흙을 먹고 아래로 누런 물을 마시니, 仲子가 사는 집은 伯夷가 지은 것인가? 아니면 盜跖이 지은 것인가? 먹는 곡식은 伯夷가 심은 것인가? 아니면 盜跖이 심은 것인가? 이것을 알 수 없구나."

> 按說 | 壺山은
>
> 여기에서 伯夷와 盜跖 중 누가 짓고 심었는지 알 수 없다고 한 것은, 말은 비록 양쪽이 모두 可하다고 한 것이나 뜻은 실로 귀결이 있다. 그러므로 《集註》에 곧바로 '義가 아닌 것'으로 말한 것이니, 무릇 두 가지 일을 나열하여 말한 경우에는 항상 후자를 위주로 한다.〔是未可知其爲夷跖所築樹云者 語雖兩可 意實有歸 故註直以非義言之 蓋凡兩事列言者 常以其後者爲主〕
>
> 하였다.

··· 蚓 지렁이 구 槁 마를 고 壤 흙덩이 양 泉 샘 천 築 쌓을 축 盜 도둑 도 跖 밟을 척 樹 심을 수

集註 | 槁壤은 乾土也요 黃泉은 濁水也[138]라 抑은 發語辭也라 言 蚓은 無求於人而自足이어니와 而仲子는 不免居室食粟하니 若所從來[139] 或有非義면 則是未能如蚓之廉也라

'槁壤'은 마른 흙이요, '黃泉'은 흐린 물이다. '抑'은 發語辭이다. 지렁이는 사람에게 요구함이 없이 스스로 만족할 수 있지만 仲子는 집에 살고 곡식을 먹음을 면치 못하니, 만일 그 所從來가 혹시라도 義가 아닌 것이 있으면 이는 지렁이의 청렴함만 못하다고 말씀한 것이다.

10-4. 曰 是何傷哉리오 彼身織屨하고 妻辟纑하여 以易之也니이다

匡章이 말하였다. "이 어찌 나쁠 것이 있겠습니까. 그는 자신이 신을 짜고 아내가 마전한 삼을 길쌈하여 곡식을 바꾸어 먹습니다."

集註 | 辟은 績也요 纑는 練麻也라

'辟'은 길쌈이요, '纑'는 삼을 마전함이다.

10-5. 曰 仲子는 齊之世家也라 兄戴蓋(합)祿이 萬鍾이러니 以兄之祿으로 爲不義之祿而不食也하며 以兄之室로 爲不義之室而不居也하고 辟(피)兄離母하여 處於於陵이러니 他日歸하니 則有饋其兄生鵝者어늘 己頻顣(빈축)曰 惡(오)用是鶃鶃者爲哉리오하나라 他日에 其母殺是鵝也하여 與之食之러니 其兄이 自外至曰 是鶃鶃之肉也라한대 出而哇之하나라

孟子께서 말씀하셨다. "仲子는 齊나라의 世家이다. 兄 戴가 蓋(합) 땅에서 받는 祿이 萬鍾이었는데, 兄의 祿을 의롭지 못한 祿이라 하여 먹지 않고, 兄의 집을 의롭지

---

138 黃泉 濁水也:楊伯峻은《春秋左傳》隱公 원년 杜預의 註에 "땅속의 샘이기 때문에 黃泉이라 한다.〔地中之泉 故曰黃泉〕" 한 것을 취하여 黃泉을 지하수(泉水)로 번역하였다.

139 所從來:그 유래를 말한 것으로, 위의 '사는 집은 伯夷가 지은 것인가? 盜蹠이 지은 것인가?'라고 따짐을 말한 것이다.

••• 乾 마를 간(건) 濁 흐릴 탁 免 면할 면 粟 곡식 속 織 짤 직 屨 신 구 辟 길쌈 벽 纑 익힌삼 로 績 길쌈 적 練 마전할 련 戴 머리에일 대 蓋 땅이름 합 辟 피할 피(避同) 離 떠날 리 饋 선물할 궤 鵝 거위 아 頻 찌푸릴 빈 顣 찌푸릴 축 鶃 거위소리 예(얼) 哇 토할 와

못한 집이라 하여 살지 않고, 兄을 피하고 어머니를 떠나 於陵에 거주하였다. 후일 집에 돌아가니, 그 兄에게 산 거위를 선물한 자가 있자, 그는 이마를 찌푸리며 말하기를 '鶃鶃(꽥꽥거리는 것)을 어디에 쓰겠는가.' 하였다. 후일에 어머니가 이 거위를 잡아서 주자 먹었는데, 兄이 밖에서 돌아와 '이것은 鶃鶃의 고기이다.'라고 말하자, 그는 밖으로 나가 그것을 토하였다.

> 集註 | 世家는 世卿之家라 兄名이 戴니 食采於蓋하니 其入이 萬鍾也라 歸는 自於陵歸也라 己는 仲子也라 鶃鶃는 鵝聲也라 頻顣而言은 以其兄受饋爲不義也라 哇는 吐之也라
>
> '世家'는 世卿의 집이다. 兄의 이름이 戴였는데, 蓋 땅에서 거두는 租稅 수입을 먹으니, 그 수입이 萬鍾이었다. '歸'는 於陵으로부터 돌아온 것이다. '己'는 仲子이다. '鶃鶃'은 거위의 소리이다. '이마를 찌푸리며 말한 것'은 兄이 선물을 받은 것을 의롭지 못하다고 여긴 것이다. '哇'는 토함이다.

10-6. 以母則不食하고 以妻則食之하며 以兄之室則弗居하고 以於陵則居之하니 是尙爲能充其類也乎아 若仲子者는 蚓而後에 充其操者也니라

어머니가 해주면 먹지 않고 아내가 해주면 먹으며, 兄의 집이면 살지 않고 於陵이면 거주하였으니, 이러고도 오히려 그 지조를 채움이 될 수 있겠는가. 仲子와 같은 자는 지렁이가 된 뒤에야 그 지조를 채울 수 있는 것이다."

> 集註 | 言 仲子以母之食, 兄之室로 爲不義라하여 而不食不居하니 其操守如此로되 至於妻所易之粟과 於陵所居之室하여는 旣未必伯夷之所爲면 則亦不義之類耳어늘 今仲子於此則不食不居하고 於彼則食之居之하니 豈爲能充滿其操守之類者乎아 必其無求自足을 如丘蚓然이라야 乃爲能滿其志而得爲廉耳라 然이나 豈人之所可爲哉리오
>
> 仲子는 어머니가 주는 밥과 兄의 집을 의롭지 못하다 하여 먹지 않고 거주하지 않았으니,

··· 卿 벼슬 경 采 식읍 채 哇 토할 토 操 지조 조

그 지조를 지킴이 이와 같았다. 그러나 아내가 바꿔 온 곡식과 於陵의 거주하는 집에 이르러서는 반드시 伯夷가 한 것은 아닐 터이니 그렇다면 이 역시 의롭지 못한 부류인데, 이제 仲子가 이것에 대해서는 먹지 않고 거주하지 않으면서 저것에 대해서는 먹고 거주하니, 어찌 지조 지키는 종류를 채움이 될 수 있겠는가. 반드시 요구함이 없이 스스로 만족하기를 지렁이와 같이 하여야 비로소 그 지조를 채워 청렴함이 될 수 있는 것이다. 그러나 이것이 어찌 사람이 할 수 있는 일이겠는가.

章下註 | ○范氏曰 天之所生과 地之所養에 惟人이 爲大[140]하니 人之所以爲大者는 以其有人倫也라 仲子避兄離母하여 無親戚君臣上下하니 是는 無人倫也니 豈有無人倫而可以爲廉哉리오

○范氏(范祖禹)가 말하였다. "하늘이 내고 땅이 기르는 것 중에 오직 사람이 위대하니, 사람이 위대한 까닭은 人倫이 있기 때문이다. 仲子는 형을 피하고 어머니를 떠나 親戚과 君臣과 上下가 없었으니, 이는 人倫이 없는 것이다. 어찌 人倫이 없으면서 청렴함이 될 수 있겠는가."

---

140 天之所生……惟人爲大:《禮記》〈祭義〉에 "사람이 있으면 天地에 참여하여 三才가 되고 사람이 없으면 天地 또한 능히 스스로 서지 못한다.〔有人則可參天地而爲三才 無人則天地亦不能以自立矣〕" 하였다.

··· 戚 친척 척

離婁章句 上

集註 | 凡二十八章이라

모두 28章이다.

| 離婁之明章(泄泄章) |

1-1. 孟子曰 離婁之明과 公輸子之巧로도 不以規矩면 不能成方員(圓)이요 師曠之聰으로도 不以六律이면 不能正五音이요 堯舜之道로도 不以仁政이면 不能平治天下니라

孟子께서 말씀하셨다. "離婁의 눈밝음과 公輸子의 솜씨로도 規矩를 쓰지 않으면 方形과 圓形을 이루지 못하고, 師曠의 귀밝음으로도 六律을 쓰지 않으면 五音을 바로잡지 못하고, 堯·舜의 道로도 仁政을 쓰지 않으면 天下를 고르게 다스리지 못한다.

按說 | '堯舜之道'는 堯·舜의 仁慈한 마음으로, 뒤에 나오는 先王之道와는 다르다. 先王之道는 井田法 등의 仁政(制度)을 가리킨다. 壺山은

살펴건대 '堯舜之道'에서 이 '道'字는 性善을 가지고 말한 것으로, 앞 편 〈滕文公上〉 1장에서 말씀한 "道는 하나일 뿐이다.〔道一而已〕"라는 것이니, 아랫절에 先王의 道를 仁政으

··· 離 떠날 리 婁 끌 루 輸 실을 수 巧 공교할 교 規 둥근기구 규, 그림쇠 규 矩 곡척 구 員 둥글 원(圓同)
聰 귀밝을 총 曠 빌 광

로 말한 것과는 똑같지 않다.[按堯舜之道此道字 以性善言 卽前篇所云道一而已者也 與下節先王之道以仁政言者不同]

하였다.

集註 | 離婁[141]는 古之明目者라 公輸子는 名班이니 魯之巧人也[142]라 規는 所以爲員之器也[143]요 矩는 所以爲方之器也[144]라 師曠은 晉之樂師[145]니 知音者也라 六律은 截竹爲筩하여 陰陽各六하여 以節五音之上下[146]하니 黃鍾(종), 大簇(태주), 姑洗(선), 蕤(유)賓, 夷則(칙), 無射(역)은 爲陽이요 大呂, 夾鍾, 仲呂, 林鍾, 南呂, 應鍾은 爲陰也[147]라 五音은 宮, 商, 角, 徵(치), 羽也라

---

141 離婁 : 楊伯峻은 《莊子》에서는 '離朱'라고 하였다. 전하는 바에 의하면 黃帝 때 사람으로, 시력이 매우 좋아서 백 보 밖에서도 秋毫의 끝을 볼 수 있었다고 한다." 하였다.

142 公輸子……魯之巧人也 : 楊伯峻은 "班'은 '般'으로도 쓴다. 魯班으로도 불리는데, 楚 惠王에게 雲梯(城을 공격하는 긴 사다리)를 만들어주어 宋나라를 공격하는데 사용하게 하려고 했다." 하였다.

143 規 所以爲員之器也 : 《大全》에 "規는 돌려서 圓形을 만드는 筳(작은 대쪽)이다.[所運以爲圓之筳也]" 하였다.

144 矩 所以爲方之器也 : 《大全》에 "지금의 曲尺이다.[今曲尺也]" 하였다.

145 師曠 晉之樂師 : 楊伯峻은 "晉 平公의 太師(樂官의 長)였다." 하였다.

146 六律……以節五音之上下 : 趙氏(趙順孫)는 "다만 六律을 말한 것은 陽이 陰을 통솔하기 때문이다.[只言六律者 陽統陰也]" 하였다. 茶山은 "六律은 바로 악기를 만드는 자[尺]이다. 秦·漢 이래로 '律을 불어 소리를 정한다[吹律定聲]'는 說이 생겨났으니, 이에 六律이 없어지게 되었다. 그런데 또 十二律을 五聲과 二變에 짝하고 나머지 五律을 啞鍾이라 하니, 이에 五聲과 六律이 모두 없어지게 되었다.[六律乃造樂器之尺也 秦漢以來 吹律之說作 於是乎六律亡矣 然且以十二律 配之於五聲二變 其剩者五 謂之啞鍾 於是五聲與六律 偕亡矣]" 하였다. 十二律을 五聲과 二變에 짝한다는 것은 《國語》의 〈周語〉에 景王이 악공 州鳩에게 "七律이란 무엇인가?"라고 물었는데, 韋昭의 註에 "周나라에 七音이 있었으니,……黃鍾은 宮이 되고 太族은 商이 되고 姑洗은 角이 되고 林鍾은 徵가 되고 南呂는 羽가 되고 應鍾은 變宮이 되고 蕤賓은 變徵가 된다." 하였다. 啞鍾은 조율하지 못하여 버려진 옛날의 樂鍾으로 《舊唐書》 〈張文收傳〉에 "太樂에 옛 樂鍾 12개가 있으니, 近代에 오직 7개만을 사용하고 5개는 세속에서 啞鍾이라 하는데 능히 통달한 자가 없다.[太樂有古鍾十二 近代惟用其七 餘有五 俗號啞鍾 莫能通者]"라고 보인다. 楊伯峻은 "〈五音은〉 宮·商·角·徵·羽이니, 宮은 도, 商은 레, 角은 미, 徵는 솔, 羽는 라에 해당한다." 하였다.

147 黃鍾……爲陰也 : 《前漢書》 〈律歷志〉에 다음과 같이 보인다. "律은 12개가 있는데, 陽의 여섯 개가 律이 되고 陰의 여섯 개가 呂가 된다. 律은 氣를 거느리고 물건을 분류하니, 첫 번째는 黃鍾, 두 번째는 太簇, 세 번째는 姑洗, 네 번째는 蕤賓, 다섯 번째는 夷則, 여섯 번째는 無射이다. 呂는 陽을 돕고 氣를 펴니, 첫 번째는 林鍾, 두 번째는 南呂, 세 번째는 應鍾, 네 번째는 大呂, 다섯 번째는 夾鍾, 여섯 번째는 仲呂이니, 三統의 義가 있다. 그 傳에 다음과 같이 말하였다. 十二律은 黃帝가 만든 것이다. 黃帝가 伶倫으로 하여금 大夏國의 서쪽인 昆侖山의 북쪽 解谷에서 나는 대나무를 취하여 구멍의 두께가 똑

··· 截끊을절 筩대통통 簇발주(족) 洗깨끗할선 蕤늘어질유 射싫을역 徵소리치

范氏曰 此는 言 治天下에 不可無法度니 仁政者는 治天下之法度也[148]라

離婁는 옛날에 눈이 밝은 자이다. 公輸子는 이름이 班이니, 魯나라의 솜씨 있는 사람이다. '規'는 圓形을 만드는 기구이고, '矩'는 方形을 만드는 기구이다. 師曠은 晉나라의 樂師로 음률을 잘 안 자이다. '六律'은 대나무를 잘라 대통을 만들어 陰·陽이 각각 여섯 개로 五音의 높고 낮음을 조절하는 것이니, 黃鍾·大簇·姑洗·蕤賓·夷則·無射은 陽이 되고, 大呂·夾鍾·仲呂·林鍾·南呂·應鍾은 陰이 된다. '五音'은 宮·商·角·徵·羽이다.

范氏(范祖禹)가 말하였다. "이는 天下를 다스림에 法度가 없을 수 없는데, 仁政이 바로 천하를 다스리는 법도임을 말씀한 것이다."

1-2. 今有仁心仁聞이로되 而民이 不被其澤하여 不可法於後世者는 不行先王之道也일새니라

이제 〈君主가〉 仁心과 仁聞이 있으나 백성들이 그 혜택을 입지 못하여 후세에 법이 될 수 없는 것은 先王의 道를 행하지 않기 때문이다.

고른 것으로 양쪽 마디 중간 부분을 잘라 불어서 黃鍾의 宮을 만들었다. 12개의 대통을 만들어 봉황새의 울음소리를 들으니, 수컷 울음소리가 여섯 개이고 암컷 울음소리 또한 여섯 개였다. 黃鍾의 宮에 맞추어 律呂를 모두 만들 수 있으니, 이것을 律의 근본이라 한다.〔律十有二 陽六爲律 陰六爲呂 律以統氣類物 一曰黃鍾 二曰太簇 三曰姑洗 四曰蕤賓 五曰夷則 六曰亡射 呂以旅陽宣氣 一曰林鍾 二曰南呂 三曰應鍾 四曰大呂 五曰夾鍾 六曰中(仲)呂 有三統之義焉 其傳曰 黃帝之所作也 黃帝使伶倫 自大夏之西 昆侖之陰 取竹之解谷生 其竅厚均者 斷兩節間而吹之 以爲黃鍾之宮 制十二箭 以聽鳳之鳴 其雄鳴爲六 雌鳴亦六 比黃鍾之宮 而皆可以生之 是謂律本〕三統은 하늘이 베풀고 땅이 변화하고 사람의 일에 기강〔天施地化人事之紀〕으로, 黃鍾·林鍾·大簇라 하는바, 《前漢書》〈律歷志〉와 註에 보인다.

148 仁政者 治天下之法度也:仁政은 善政으로 井田法 등을 이르며, 法度는 制度를 이른다. 茶山은 "規矩와 律呂는 工人과 樂師의 法度가 말미암아 생기는 바이니, 仁政도 法度(제도)의 측면에서 이해해야 한다. 아래 단락에서 詩를 인용하여 先王의 法을 따라야 함을 말했으니, 그 뜻을 알 수 있다.〔規矩律呂 爲工師法度之所由生 仁政亦當於法度上理會 下段引詩而言遵先王之法 可見其義也〕" 하였다. 茶山은 또 "滕 文公이 井田法을 시행하자, 〈許行이〉 '군주께서 仁政을 행하신다는 말을 들었다.' 하였으니, 孟子 일생의 經世濟民이 〈土地의〉 경계를 다스림에 있었다. 대저 王政에 있어서 井田法은 規矩가 方員에 있어서와 六律이 宮商에 있어서와 같다. 田政이 먼저 바루어진 뒤에 禮·樂·兵·刑의 수많은 일의 頭緒가 모두 조리가 있게 된다.〔滕文公行井田法 則曰聞君行仁政 孟子一生經濟 在於經界 大抵井田之法在王政 如規矩之於方員 六律之於宮商 田政先正 然後禮樂兵刑 萬緖千頭 俱有條理〕" 하였다.

··· 聞 소문날 문 被 입을 피 澤 은택 택

集註 | 仁心은 愛人之心也요 仁聞者는 有愛人之聲이 聞於人也라 先王之道는 仁政이 是也라

范氏曰 齊宣王이 不忍一牛之死하여 以羊易之하니 可謂有仁心이요 梁武帝 終日一食蔬素하고 宗廟에 以麪爲犧牲하며 斷死刑에 必爲之涕泣[149]하여 天下知其慈仁하니 可謂有仁聞이라 然而宣王之時에 齊國不治하고 武帝之末에 江南大亂하니 其故는 何哉오 有仁心仁聞而不行先王之道故也니라

'仁心'은 人民을 사랑하는 마음이요, '仁聞'은 人民을 사랑한다는 명성(소문)이 사람들에게 알려진 것이다. '先王의 道'는 仁政이 이것이다.

范氏(范祖禹)가 말하였다. "齊 宣王은 소 한 마리가 죽는 것을 차마 보지 못하여 羊으로써 바꾸게 하였으니 仁心이 있다고 이를 만하고, 梁 武帝는 하루 종일 蔬素(素食) 한 끼만 먹고 宗廟에는 밀가루로 犧牲을 만들어 썼으며, 死刑을 결단함에는 반드시 그를 위하여 눈물을 흘려서 천하가 그의 仁慈함을 알았으니 仁聞이 있다고 이를 만하다. 그러나 宣王 때에 齊나라가 잘 다스려지지 못하였고 武帝 말기에 江南이 크게 혼란하였으니, 그 연고는 어째서인가? 仁心과 仁聞이 있으나 先王의 道를 행하지 않았기 때문이다."

1-3. 故로 曰 徒善이 不足以爲政이요 徒法이 不能以自行이라하니라

---

149 梁武帝……必爲之涕泣 :《大全》에는《資治通鑑》148권과 159권의 기록을 다음과 같이 인용하고 있다. "梁 武帝 天監 16년(517) 4월에 詔命을 내려 '宗廟의 제사에 희생을 사용하는 것은 冥道에 누가 되니, 마땅히 모두 밀가루로 〈희생의 모양을〉 만들어 써라.' 하였다. 이에 朝野에서 의논이 분분하여 宗廟의 제사에 희생을 사용하지 않는 것은 바로 다시는 血食하지 못하게 하는 것이라고 비판하였으나 武帝는 끝내 따르지 않았다. 八座가 마침내 의논하여 큰 脯 하나를 가지고 소 한 마리〔一元大武〕를 대신하였는데, 10월에 詔命을 내리기를 '宗廟에서 아직도 脯를 사용하니 다시 의논하여 대신하게 하라.' 하였다. 이에 큰 떡을 가지고 큰 脯를 대신하고 나머지는 모두 채소와 과일을 사용하였다. 〈梁 武帝는〉 天監 연간으로부터 佛敎의 法을 사용하여 오랫동안 재계할 적에 魚物과 肉類를 끊고 하루에 밥을 한 끼만 먹되, 오직 나물국과 거친 밥뿐이었다. 몸소 삼베옷을 입고 木綿에 검은 휘장을 치고, 貴妃 이하의 옷이 땅에 끌리지 않게 하였다. 매번 重罪를 결단할 때마다 종일토록 기뻐하지 않았으며 혹 謀反하는 일이 발각되더라도 울면서 용서하였다. 이 때문에 王侯가 더욱 횡포를 부리니, 武帝는 그 병폐를 잘 알고 있었으나 慈愛에 빠져서 금지하지 못하였다.〔梁武帝天監十六年四月 詔以宗廟用牲牢 有累冥道 宜皆以麪爲之 於是朝野誼譁 以爲宗廟去牲 乃是不復血食 帝竟不從 八座乃議 以大脯 代一元大武 十月詔以宗廟 猶用脯脩 更議代之 於是以大餠代大脯 其餘盡用蔬果 自天監中 用釋氏法 長齋 斷魚肉 日止一食 惟菜羹糲飯而已 身衣布衣 木綿皁帳 貴妃以下 衣不曳地 每斷重罪 終日不懌 或謀反事覺 亦泣而宥之 由是王侯益橫 上深知其弊 而溺於慈愛 不能禁也〕"

••• 蔬 푸성귀 소 麪 밀가루 면 犧 희생 희 牲 희생 생 涕 눈물 체 泣 울 읍 徒 한갓 도

그러므로 말하기를 '한갓 善心만으로는 정사를 할 수 없고, 한갓 法(制度)만으로는 저절로 행해질 수 없다.'고 한 것이다.

> 集註│徒는 猶空也라 有其心, 無其政을 是謂徒善이요 有其政, 無其心을 是謂徒法이라 程子嘗言 爲政에 須要有綱紀文章이니 謹權, 審量, 讀法, 平價[150]를 皆不可闕이라하시고 而又曰 必有關雎麟趾之意[151]然後에 可以行周官之法度[152]라하시니 正謂此也니라

'徒'는 空(한갓)과 같다. 善心만 있고 善政(制度)이 없는 것을 徒善이라 이르고, 善政만 있고 善心이 없는 것을 徒法이라 이른다. 程子(明道)가 일찍이 말씀하기를 "정사를 함에는 모름지기 紀綱과 文章이 있어야 하니, 저울을 삼가고 量을 살피며 法을 읽고 物價를 公平하게 함을 모두 빼놓을 수 없다." 하였고, 또 말씀하기를 "반드시 〈關雎〉와 〈麟趾〉의 인자한 마음이 있은 뒤에야 《周官》의 法度(制度)를 행할 수 있다." 하였으니, 바로 이것을 말씀한 것이다.

1-4. 詩云 不愆不忘은 率由舊章이라하니 遵先王之法而過者 未之有也니라

《詩經》에 이르기를 '잘못되지 않고 잊어버리지 않음은 옛법을 따르기 때문이다.' 하였

---

150 爲政……平價 : 이 내용은 《近思錄》 권8 〈治本〉 17장에 보인다. 建安葉氏(葉采)는 "文章은 法條文과 章程(도량형의 법식)이다.〔文章 文法章程也〕" 하였고, 朱子는 "이른바 文章이란 바로 저울을 삼가고 量을 살피며, 백성들에게 法을 읽어 주고 物價를 공평하게 하는 따위를 문식하는 것이다.〔所謂文章者 便是文飾 那謹權, 審量, 讀法, 平價之類耳〕" 하였다.《語類 程子之書》 謹權, 審量은 度·量·衡을 철저히 통일시키는 것이고, 讀法은 백성들이 알아야 할 國法을 읽혀 周知시키는 것이며, 平價는 物價를 公平하게 하는 것이다.

151 關雎麟趾之意 : 〈關雎〉와 〈麟趾〉는 모두 《詩經》〈周南〉의 篇名으로, 〈關雎〉는 文王의 后妃인 太姒의 훌륭한 德을 읊은 것이며, 〈麟趾〉는 太姒의 仁厚함 때문에 자손 또한 仁厚함을 읊은 것으로, 王者가 德을 닦아 집안을 잘 다스려 妻子에게 미쳤음을 뜻한다. 壺山은 "文王이 집안을 바로잡은 道이다.〔文王正家之道也〕" 하였다.

152 程子嘗言……可以行周官之法度 : 新安陳氏(陳櫟)는 "程子의 앞에 한 말씀을 인용하여 徒善을 증명하였으니 法(제도)이 없을 수 없음을 말하였고, 또 뒤의 한 말씀을 인용하여 徒法을 증명하였으니 한갓 法에만 있지 않음을 말한 것이다.〔引程子前一說 以證徒善 謂不可無法 又引後一說 以證徒法 謂不徒在於法〕" 하였다.《周官》은 주나라 때의 官職과 制度를 기록한 《周禮》를 가리킨다.

••• 權 저울 권 關 빠뜨릴 궐 關 새우는소리 관 雎 새이름 저 麟 기린 린 趾 발꿈치 지 愆 허물 건 率 따를 솔
遵 따를 준

으니, 先王의 法을 따르고서 잘못되는 자는 있지 않다.

集註 | 詩는 大雅假樂之篇이라 愆은 過也요 率은 循也라 章은 典法也라 所行이 不過差, 不遺忘者는 以其循用舊典故也라

詩는 〈大雅 假樂〉篇이다. '愆'은 잘못이요, '率'은 따름이다. '章'은 典法이다. 행하는 바가 잘못되지 않고 잊어버리지 않는 것은 옛법을 따라 쓰기 때문이다.

1-5. 聖人이 旣竭目力焉하시고 繼之以規矩準繩하시니 以爲方員平直에 不可勝用也며 旣竭耳力焉하시고 繼之以六律하시니 正五音에 不可勝用也며 旣竭心思焉하시고 繼之以不忍人之政하시니 而仁覆(부)天下矣시니라

聖人이 이미 視力을 다하시고 規·矩·準·繩으로써 계속하시니 方·圓·平·直을 만듦에 이루 다 쓸 수 없으며, 이미 聽力을 다하시고 六律로써 계속하시니 五音을 바로잡음에 이루 다 쓸 수 없으며, 이미 心思를 다하시고 사람을 차마 해치지 못하는 정사로써 계속하시니 仁이 천하에 덮여졌다(입혀졌다).

集註 | 準은 所以爲平이요 繩은 所以爲直이라 覆는 被也라 此는 言 古之聖人이 旣竭耳目心思之力하사되 然猶以爲未足以徧天下及後世라 故로 制爲法度하여 以繼續之하시니 則其用不窮하여 而仁之所被者廣矣니라

'準(水平器)'은 평평함을 만드는 것이요, '繩(먹줄)'은 곧음을 만드는 것이다. '覆'는 입힘이다. 이는 옛날 聖人이 이미 耳·目·心思의 힘을 다하셨으나 오히려 天下에 두루 미치고 後世에 미칠 수 없다고 여기셨다. 이 때문에 法度를 만들어 계속하시니, 그 쓰임이 다하지 않아 仁의 입혀짐이 넓음을 말씀한 것이다.

1-6. 故로 曰 爲高호되 必因丘陵하며 爲下호되 必因川澤이라하니 爲政호되 不因先王之道면 可謂智乎아

··· 循 따를 순 竭 다할 갈 準 수평기 준 繩 먹줄 승 覆 덮을 부 徧 두루미칠 변(편) 丘 언덕 구 陵 언덕 릉

그러므로 '높은 것을 만들되 반드시 丘陵을 따르고 낮은 것을 만들되 반드시 川澤을 따르라.' 하였으니, 정사를 하면서 先王의 道를 따르지 않는다면 지혜롭다고 이를 수 있겠는가.

> 集註 | 丘陵은 本高하고 川澤은 本下하니 爲高下者[153]因之면 則用力少而成功多矣라
>
> 鄒氏曰 自章首로 至此는 論以仁心仁聞行先王之道하니라
>
> 丘陵은 본래 높고 川澤은 본래 낮으니, 높은 것과 낮은 것을 만드는 자가 이를 따르면 힘을 씀이 적고도 功을 이룸이 많은 것이다.
> 鄒氏(鄒浩)가 말하였다. "章의 첫머리로부터 여기까지는 仁心과 仁聞으로써 先王의 道를 행함을 말씀하였다."

1-7. 是以로 惟仁者아 宜在高位니 不仁而在高位면 是는 播其惡於衆也니라

이 때문에 오직 仁者만이 높은 지위에 있어야 하는 것이니, 不仁하면서 높은 지위에 있으면 이는 그 惡(폐해)을 여러 사람에게 끼치는 것이다.

> 集註 | 仁者는 有仁心仁聞而能擴而充之하여 以行先王之道者也라 播惡於衆은 謂貽患於下也라
>
> '仁者'는 仁心과 仁聞이 있으면서 능히 이것을 擴充하여 先王의 道를 행하는 자이다. '播惡於衆'은 여러 사람에게 폐해를 끼침을 이른다.

1-8. 上無道揆也하며 下無法守也하여 朝不信道하며 工不信度하여 君子犯義요 小人이 犯刑이면 國之所存者 幸也니라

위에서는 道로 헤아림이 없고 아래에서는 法을 지킴이 없어, 조정에서는 道를 믿지 않

---

153 爲高下者:壺山은 "城을 쌓고 해자를 파는 것과 같은 것이다.〔如築城鑿池〕" 하였다.

··· 播 뿌릴 파 擴 넓힐 확 貽 끼칠 이 揆 헤아릴 규 度 법도 도, 헤아릴 탁

으며 관리들은 法度를 믿지 아니하여 君子(政治家)가 義를 범하고 小人(백성)이 法을 범한다면 〈그 나라는 반드시 망하니, 그러고도〉 나라가 보존되는 것은 요행이다.

按說 | '工不信度'의 '工'을 朱子는 百官으로 해석하였는데, 趙岐는 民間의 百工으로 해석하였고, 楊伯峻은 "장인들은 尺度를 믿지 않는다."로 번역하였다. '朝不信道'는 君子犯義에, '工不信度'는 小人犯刑에 연관된다고 볼 때, 趙岐와 楊伯峻의 설이 옳은 것으로 보인다.

集註 | 此는 言不仁而在高位之禍也라 道는 義理也[154]라 揆는 度(탁)也라 法은 制度也라 道揆는 謂以義理度(탁)量事物而制其宜요 法守는 謂以法度自守라 工은 官也라 度는 卽法也라 君子, 小人은 以位而言也라 由上無道揆故로 下無法守하니 無道揆면 則朝不信道하여 而君子犯義하고 無法守면 則工不信度하여 而小人犯刑이라 有此六者면 其國必亡이니 其不亡者는 僥倖而已니라

이는 不仁하면서 높은 지위에 있는 禍를 말씀한 것이다. '道'는 義理이다. '揆'는 헤아림이다. '法'은 制度이다. '道揆'는 義理로써 事物을 헤아려 마땅하게 하는 것이요, '法守'는 法度로써 스스로 지킴을 이른다. '工'은 관원이다. '度'는 바로 法이다. '君子'와 '小人'은 지위로써 말한 것이다. 위에서 道로 헤아림이 없기 때문에 아래에서 法을 지킴이 없는 것이니, 道로 헤아림이 없으면 조정에서 道를 믿지 아니하여 君子가 義를 범하고, 法을 지킴이 없으면 관리들이 法度를 믿지 아니하여 小人이 刑罰을 범하게 된다. 이 여섯 가지가 있으면 그 나라는 반드시 망하니, 그러고도 망하지 않는 것은 요행일 뿐이다.

1-9. 故로 曰 城郭不完하며 兵甲不多 非國之災也며 田野不辟(闢)하며 貨財不聚 非國之害也라 上無禮하며 下無學이면 賊民이 興하여 喪無日矣라하니라

---

154 道 義理也 : 茶山은 "여기로부터 저기에 이르는 것을 道라 하니, 사람이 일생 동안 經由하는 것이다. 義理와는 다른 듯하다.〔自此至彼曰道 吾人一生之所由也 恐與義理不同〕" 하였다.

··· 僥 바랄 요 倖 요행 행 郭 성곽 곽 辟 개간할 벽 聚 모을 취 賊 해칠 적 喪 망할 상

그러므로 말하기를 '城郭이 완전하지 못하고 兵甲이 많지 못한 것이 나라의 재앙이 아니며, 田野가 개간되지 못하고 재화가 모이지 못하는 것이 나라의 해가 아니다. 윗사람이 禮가 없고 아랫사람이 배움이 없으면 나라를 해치는 백성이 일어나서 오래지 않아 망하게 된다.' 한 것이다.

按說 | '喪無日矣'에 대하여, 壺山은

> 살펴보건대 '無日'은 '不日'이란 말과 같으니, 이 句는 윗 절의 끝 句를 거듭한 것이다.〔按無日 猶言不日也 此句 申上節末句〕

하였는데, 이는 멸망이 당장 닥쳐와 시간적 여유가 없음을 뜻한다.

集註 | 上不知禮면 則無以教民이요 下不知學이면 則易與(예)爲亂[155]이라
鄒氏曰 自是以惟仁者로 至此는 所以責其君이니라

윗사람이 禮를 모르면 백성을 가르칠 수 없고, 아랫사람이 배움을 모르면 亂(반란)에 참예(가담)하기 쉽다.

鄒氏(鄒浩)가 말하였다. "'是以惟仁者'부터 여기까지는 그 군주를 책한 것이다."

1-10. 詩曰 天之方蹶(궤)시니 無然泄(예)泄라하니

《詩經》에 이르기를 '하늘이 막 〈周나라 王室을〉 쓰러뜨리려 하니, 그렇게 泄泄하지 말라.' 하였으니,

集註 | 詩는 大雅板之篇이라 蹶는 顚覆之意라 泄泄는 怠緩悅從之貌[156]라 言 天欲顚覆周室하니 群臣이 無得泄泄然不急救正之니라

---

155 易與爲亂 : 新安陳氏(陳櫟)는 "小人이 道를 배우면 부리기가 쉬우니, 만약 배우지 않으면 道理를 알지 못하여 분수를 범하고 亂을 일으키기 쉽다.〔小人學道 則易使 若不學 則不識道理 易於犯分而爲亂矣〕" 하였다.

156 泄泄 怠緩悅從之貌 : 楊伯峻은 "'泄泄'는 《說文解字》에는 '呭呭'로 되어 있고 또 '詍詍'로 되어 있는데, 모두 '말이 많은 것이다.〔多言也〕'라고 했다." 하였다.

··· 蹶 넘어질 궤 泄 느슨할 예 板 뒤집어질 판 顚 엎어질 전 覆 뒤엎을 복 怠 게으를 태 緩 느슨할 완
救 바로잡을 구

詩는 〈大雅 板〉篇이다. '蹶'는 전복의 뜻이다. '泄泄'는 게으르고 느슨하며 기뻐하여 따르는 모양이다. 하늘이 周나라 王室을 전복시키려 하니, 신하들이 느슨하고 태평하여 바로잡는 것을 급하게 여기지 않아서는 안 됨을 말씀한 것이다.

1-11. 泄泄는 猶沓沓也니라

'泄泄'는 沓沓과 같다.

集註 | 沓沓은 卽泄泄之意[157]니 蓋孟子時人語如此하니라

'沓沓'은 바로 泄泄의 뜻이니, 孟子 당시 사람들의 말이 이와 같았다.

1-12. 事君無義하며 進退無禮하고 言則非先王之道者 猶沓沓也니라

군주를 섬김에 義가 없고 進退함에 禮가 없으며, 말을 하면 先王의 道를 비방하는 것이 沓沓과 같은 것이다.

集註 | 非는 詆毁也라

'非'는 비방함이다.

1-13. 故로 曰 責難於君을 謂之恭이요 陳善閉邪를 謂之敬이요 吾君不能을 謂之賊이라하니라

그러므로 '어려운 일을 君主에게 책하는 것을 恭이라 이르고, 善道를 開陳하여(말하여) 邪心을 막는 것을 敬이라 이르고, 우리 군주는 불가능하다고 생각하는 것을 賊(해침)이라 이른다.' 한 것이다."

---

157 沓沓 卽泄泄之意 : 壺山은 "泄泄'는 그 모양이고 '沓沓'은 그 뜻이니, 아랫절에 세 句가 바로 그 일이다.(泄泄 其貌也 沓沓 其意也 下節三句 其事也)" 하였다. 아랫절의 세 句는 "事君無義 進退無禮 言則非先王之道"를 이른다.

··· 沓 느릴답, 겹칠답 非 비방할비 詆 비방할저 毁 훼방할훼 閉 막을폐

按説 | 《或問》에 '陳善閉邪'에 대해 묻자, 朱子가 대답하기를

군주가 간사한 마음이 있으면 마땅히 막아야 한다. 그러나 응용하는 방법을 알지 못하고 거슬러 막으려 하면 번번이 군주를 거스르는 병통이 있어서 그 말이 군주에게 수용되지 못한다. 그러므로 반드시 군주를 위하여 善한 道를 개진해서 군주로 하여금 善한 道가 있는 것을 분명히 알게 하면 이른바 '邪'라는 것을 어렵지 않게 막을 것이다. 孟子가 당시의 군주와 일을 논할 적에 대부분 이와 같이 하셨으니, 스스로 王을 공경한다고 말씀한 것이 어찌 빈말이셨겠는가.〔君有邪心 所當閉也 然不知所以用之之道而逆閉之 則動有矯拂之患 其言不可得而入矣 故必爲之開陳善道 使之曉然知善道之所在 則所謂邪者 亦不難乎閉之矣 孟子與時君論事多類此 其自謂敬上者 豈虛語哉〕

하였다. 朱子는 經文의 '閉邪'를 '군주의 邪心을 막는 것'으로 해석하였는데, 楊伯峻은 "異端을 막다."로 번역하였다. 그러나 이단을 막는 것을 敬이라 하기는 어려울 것이다.

集註 | 范氏曰 人臣이 以難事責於君하여 使其君爲堯舜之君者는 尊君之大也요 開陳善道하여 以禁閉君之邪心하여 惟恐其君或陷於有過之地者는 敬君之至也요 謂其君不能行善道하여 而不以告者는 賊害其君之甚也니라
鄒氏曰 自詩云天之方蹶로 至此는 所以責其臣이니라

范氏(范祖禹)가 말하였다. "신하가 어려운 일을 군주에게 책하여 그 군주로 하여금 堯·舜과 같은 聖君이 되게 하는 자는 군주를 높임이 큰 것이요, 善道를 開陳하여 군주의 邪心을 막아서 행여 그 군주가 과실이 있는 곳에 빠질까 두려워하는 자는 군주를 공경함이 지극한 것이요, 군주가 善道를 행할 수 없다고 생각하여 말하지 않는 자는 그 군주를 해침이 심한 것이다."
鄒氏(鄒浩)가 말하였다. "詩云天之方蹶로부터 여기까지는 신하를 책한 것이다."

章下註 | ○鄒氏曰 此章은 言 爲治者 當有仁心仁聞하여 以行先王之政이요 而君臣이 又當各任其責也니라

○鄒氏가 말하였다. "이 章은 정치를 하는 자는 마땅히 仁心과 仁聞을 갖고서 先王의 정사를 행하고, 군주와 신하는 또 마땅히 각각 자신의 책임을 져야 함을 말씀한 것이다."

··· 禁 금할 금 閉 닫을 폐 陷 빠질 함

|盡君道章(規矩方圓之至也章)|

2-1. 孟子曰 規矩는 方員(圓)之至也요 聖人은 人倫之至也니라

孟子께서 말씀하셨다. "規와 矩는 方形과 圓形의 지극(극진)함이요, 聖人은 人倫의 지극함이다.

按說 | '規矩'에 대하여, 壺山은

> 살펴보건대 윗장의 '規矩'는 用을 가지고 말하여 仁政을 비유하였고, 이 章의 '規矩'는 이치를 가지고 말하여 聖人의 道를 비유하였다.〔按上章規矩 以用言而喩仁政 此章規矩 以理言而喩聖人之道〕

하였다.

集註 | 至는 極也라 人倫은 說見前篇하니라 規矩盡所以爲方員之理하니 猶聖人盡所以爲人之道라

'至'는 지극함이다. '人倫'은 해설이 前篇(滕文公上)에 보인다. 規・矩는 方・圓을 만드는 이치를 다하니, 마치 聖人이 사람이 된 道理를 다함과 같은 것이다.

2-2. 欲爲君인댄 盡君道요 欲爲臣인댄 盡臣道니 二者를 皆法堯舜而已矣니 不以舜之所以事堯로 事君이면 不敬其君者也요 不以堯之所以治民으로 治民이면 賊其民者也니라

군주가 되고자 하면 군주의 도리를 다할 것이요, 신하가 되고자 하면 신하의 도리를 다해야 하니, 두 가지 모두 堯・舜을 본받을 뿐이다. 舜이 堯를 섬기던 것으로써 군주를 섬기지 않는다면 그 군주를 공경하지 않는 것이요, 堯가 백성을 다스리던 것으로써 백성을 다스리지 않는다면 그 백성을 해치는 것이다.

集註 | 法堯舜以盡君臣之道는 猶用規矩以盡方員之極이니 此는 孟子所以道性善而稱堯舜也시니라

··· 賊 해칠 적 道 말할 도

堯・舜을 본받아 君・臣의 道理를 다함은 規・矩를 사용하여 方・圓의 지극함을 다하는 것과 같으니, 이것이 孟子께서 性善을 말씀하면서 堯・舜을 稱하신 까닭이다.

2-3. 孔子曰 道二니 仁與不仁而已矣라하시니라

孔子께서 말씀하시기를 '길은 둘이니, 仁과 不仁 뿐이다.' 하셨다.

集註 | 法堯舜이면 則盡君臣之道而仁矣요 不法堯舜이면 則慢君賊民而不仁矣니 二端之外에 更無他道라 出乎此則入乎彼矣니 可不謹哉아

堯・舜을 본받으면 君・臣의 道理를 다하여 仁하고, 堯・舜을 본받지 않으면 군주를 忽慢히 하고 백성을 해쳐 不仁하니, 이 두 가지 이외에 다시 다른 길이 없다. 여기(仁)에서 벗어나면 저기(不仁)로 들어가니, 삼가지 않을 수 있겠는가.

2-4. 暴其民이 甚則身弑國亡하고 不甚則身危國削하나니 名之曰幽厲면 雖孝子慈孫이라도 百世에 不能改也니라

백성들에게 포학하게 함이 심하면 자신은 시해를 당하고 나라는 망하며, 심하지 않으면 자신은 위태롭고 나라(국토)는 줄어든다. 그리하여 幽・厲라 이름하면 비록 孝子와 慈孫이 있더라도 百世토록 〈나쁜 시호를〉 고치지 못한다.

集註 | 幽는 暗이요 厲는 虐이니 皆惡謐也[158]라 苟得其實이면 則雖有孝子慈孫[159]愛其祖考之甚者라도 亦不得廢公義而改之라 言 不仁之禍 必至於此하니 可懼之甚也니라

---

158 幽……皆惡謐也:《逸周書》卷6〈謐法解〉에 "막혀서 통하지 못한 것을 幽라 하고, 제사를 변동하여 常道를 어지럽힌 것을 幽라 한다.〔壅遏不通曰幽 動祭亂常曰幽〕" 하였고, 또 "무죄한 자를 죽인 것을 厲라 한다.〔殺戮無辜曰厲〕" 하였다. 幽王은 褒姒를 총애하고 아첨하는 신하 虢石父를 등용하였다가 마침내 申侯와 犬戎에게 살해되었으며, 厲王은 포학하고 자신을 비방하는 자를 죽였다가 마침내 國人에 의해 쫓겨났다.

159 慈孫:壺山은 "'慈'는 사랑이니, '慈孫'은 順孫(효도하고 순종하는 손자)이란 말과 같다. 혹자는 할아버지를 위주하여 慈라고 말했다.〔慈 愛也 慈孫 猶言順孫也 或曰 主祖而言慈〕" 하였다. '할아버지를 위주하여 말했다.'는 것은 할아버지가 사랑하는 손자라는 뜻에서 '慈孫'이라고 한다는 말이다.

… 慢 태만할 만, 불경할 만 弑 시해할 시 削 깎일 삭 幽 어두울 유 厲 사나울 려 暗 어두울 암 虐 모질 학 謐 시호 시 考 죽은아버지 고

'幽'는 어둠이요 '厲'는 사나움이니, 모두 나쁜 시호이다. 만일 〈이 시호가〉 그 실제에 맞다면 비록 孝子와 慈孫이 있어 그 祖·考를 매우 사랑하더라도 公義를 폐하고 시호를 고칠 수 없다. 不仁의 禍가 반드시 이에 이르니, 두려워할 만함이 심함을 말씀한 것이다.

2-5. 詩云 殷鑑不遠하여 在夏后之世라하니 此之謂也니라

《詩經》에 이르기를 '殷나라에서 거울로 삼아야 할 것이 멀리 있지 않아 夏后의 세대에 있다.' 하였으니, 이것을 말한 것이다."

集註 | 詩는 大雅蕩之篇이라 言 商紂之所當鑑者 近在夏桀之世라하니 而孟子引之하여 又欲後人以幽厲爲鑑也[160]시니라

詩는 〈大雅 蕩〉篇이다. 《詩經》에서 商나라 紂王이 마땅히 거울로 삼아야 할 것이 가까이 夏나라 桀王의 세대에 있다고 한 것이니, 孟子께서 이것을 인용하여 또 후인들이 幽王과 厲王을 거울로 삼게 하고자 하신 것이다.

|惡醉而强酒章|

3-1. 孟子曰 三代之得天下也는 以仁이요 其失天下也는 以不仁이니라

孟子께서 말씀하셨다. "三代가 天下를 얻은 것은 仁으로써 하였고, 天下를 잃은 것은 不仁으로써 하였다.

集註 | 三代는 謂夏, 商, 周也라 禹, 湯, 文·武는 以仁得之하고 桀, 紂, 幽·厲는 以不仁失之라

'三代'는 夏·商·周를 이른다. 夏의 禹王, 商의 湯王, 周의 文王·武王은 仁으로써 천하를 얻었고, 夏의 桀王, 商의 紂王, 周의 幽王·厲王은 不仁으로써 잃었다.

---

160 孟子引之 又欲後人以幽厲爲鑑也:新安陳氏(陳櫟)는 "이 章은 사람들이 堯·舜을 본받아 仁하기를 바라고, 사람들이 幽王과 厲王처럼 不仁하는 것을 경계하였으니, 人欲을 막고 天理를 넓힌 것이다.〔此章 欲人法堯舜而仁 戒人如幽厲之不仁 遏人欲 擴天理也〕" 하였다.

··· 殷 나라이름은 鑑 거울 감 蕩 넓을 탕

3-2. 國之所以廢興存亡者도 亦然하니라

諸侯의 나라가 廢·興하고 存·亡함도 또한 그러하다.

集註 | 國은 謂諸侯之國이라

'國'은 諸侯의 나라를 이른다.

3-3. 天子不仁이면 不保四海하고 諸侯不仁이면 不保社稷하고 卿大夫不仁이면 不保宗廟하고 士庶人이 不仁이면 不保四體니라

天子가 不仁하면 四海를 보전하지 못하고, 諸侯가 不仁하면 社稷을 보전하지 못하고, 卿·大夫가 不仁하면 宗廟를 보전하지 못하고, 士·庶人이 不仁하면 四體(四肢)를 보전하지 못한다.

集註 | 言必死亡이라

반드시 죽고 망함을 말씀한 것이다.

3-4. 今에 惡(오)死亡而樂不仁하나니 是猶惡醉而强酒니라

지금에 죽고 망하는 것을 싫어하면서 不仁을 좋아하니, 이는 취하는 것을 싫어하면서 술을 한사코 마시는 것과 같다."

集註 | 此는 承上章之意而推言之也라

이는 윗장의 뜻을 이어 미루어 말씀한 것이다.

|愛人不親章|

4-1. 孟子曰 愛人不親이어든 反其仁하고 治人不治어든 反其智하고 禮人不答이어든 反其敬이니라

··· 稷 곡신(穀神) 직 惡 미워할 오 醉 취할 취 强 억지로 강 反 돌이킬 반

孟子께서 말씀하셨다. "사람(남)을 사랑해도 나를 친하게 여기지 않으면 자신의 仁을 돌이켜보고, 사람을 다스려도 다스려지지 않으면 자신의 智를 돌이켜보고, 사람에게 禮를 해도 답례하지 않으면 자신의 敬을 돌이켜보아야 한다.

集註 | 我愛人而人不親我면 則反求諸己니 恐我之仁未至也라 智敬放此하니라

내가 남을 사랑해도 남이 나를 친애하지 않으면 자신에게 돌이켜 찾아야 하니, 이것은 나의 仁이 지극하지 못할까 두려워하는 것이다. 智와 敬도 이와 같다.

4-2. 行有不得者어든 皆反求諸己니 其身正而天下歸之니라

행하고서 〈원하는 바를〉 얻지 못함이 있으면 모두 자신에게 돌이켜 찾아야 하니, 자신의 몸이 바르면 천하가 돌아온다.

集註 | 不得은 謂不得其所欲이니 如不親, 不治, 不答이 是也라 反求諸己는 謂反其仁, 反其智, 反其敬也라 如此則自治益詳하여 而身無不正矣[161]리라 天下歸之는 極言其效也라

'不得'은 자기의 所欲(所願)을 얻지 못함을 이르니, 친해지지 않음[不親]과 다스려지지 않음[不治]과 답례하지 않음[不答]과 같은 것이 이것이다. '反求諸己'는 자신의 仁을 돌이켜보고[反其仁] 자신의 智를 돌이켜보고[反其智] 자신의 敬을 돌이켜보는[反其敬] 것을 이른다. 이와 같이 하면 스스로 다스림이 더욱 치밀하여 몸이 바르지 않음이 없을 것이다. '천하가 돌아온다.'는 것은 그 효험을 지극히 말씀한 것이다.

4-3. 詩云 永言配命이 自求多福이라하니라

《詩經》에 이르기를 '길이 생각하여 天命에 배합함이 스스로 많은 福을 구하는 길이다.' 하였다"

---

161 如此則自治益詳 而身無不正矣 : 南軒張氏(張栻)는 "자신에 돌이키면 天理가 밝아지고 돌이키지 못하면 人欲이 방자해진다.〔反身則天理明 不能則人欲肆〕"하였다.

··· 言 생각할 언 配 배합할 배

集註 | 解見前篇하니라

해석이 前篇(公孫丑上)에 보인다.

章下註 | ○亦承上章而言이니라

○ 또한 윗장을 이어 말씀한 것이다.

| 人有恒言章 |

5. 孟子曰 人有恒言호되 皆曰天下國家라하나니 天下之本은 在國하고 國
之本은 在家하고 家之本은 在身하니라

孟子께서 말씀하셨다. "사람들이 항상 말하기를 '天下·國·家'라 하니, 天下의 근본
은 나라에 있고 나라의 근본은 집에 있고 집의 근본은 몸에 있는 것이다."

按說 | '天下·國·家'는, 天子가 다스리는 영역을 天下라 하고, 諸侯의 영역을 國이라
하고, 食邑이 있는 卿·大夫의 집안을 家라 한 것이다.

集註 | 恒은 常也라 雖常言之나 而未必知其言之有序也라 故로 推言之하고 而又以
家本乎身[162]也라 此는 亦承上章而推言之하니 大學所謂自天子至於庶人히 壹是
皆以修身爲本은 爲是故也니라

'恒'은 항상이다. 비록 항상 말하고 있으나 그 말에 순서가 있음을 반드시 알지는 못한다.
그러므로 미루어 말씀하시고, 또 집을 몸에 근본한 것이다.
이 章 또한 윗장을 이어 미루어 말씀하였으니, 《大學》經 1장에 이른바 '天子로부터 庶人
에 이르기까지 모두 한결같이 修身을 근본으로 삼는다.'고 한 것은 이 때문이다.

---

162 以家本乎身 : 《大全》에 "몸에 근본함[本於身]은 바로 항상 하는 말이 미치지 못하는 바이다.[本於身
乃恒言之所未及]" 하였다. 즉 사람들이 天下·國·家는 항상 말하지만 이것이 결국 身에 근본한다는
것은 말하지 않는다는 뜻이다.

··· 恒 항상 항

|爲政不難章(巨室章)|

6. 孟子曰 爲政이 不難하니 不得罪於巨室이니 巨室之所慕를 一國이 慕之하고 一國之所慕를 天下慕之하나니 故로 沛然德敎 溢乎四海하나니라

孟子께서 말씀하셨다. "정사를 하기가 어렵지 않으니, 巨室에게 죄를 짓지 말아야 한다. 巨室의 사모하는 바를 一國이 사모하고, 一國의 사모하는 바를 天下가 사모한다. 그러므로 沛然히 德敎가 四海에 넘치는 것이다."

集註 | 巨室은 世臣大家也[163]라 得罪는 謂身不正而取怨怒也[164]라 麥丘邑人이 祝齊桓公曰 願主君은 無得罪於群臣百姓[165]이라하니 意蓋如此라 慕는 向也니 心悅誠

---

163 巨室 世臣大家也 : 趙岐는 "'巨室'은 大家이니 어진 卿大夫의 집안을 이른다.[巨室 大家也 謂賢卿大夫之家]" 하였다. 雙峰饒氏(饒魯)는 《集註》의 '世臣'과 '大家'는 바로 두 조항이니, 世臣은 1代의 신하가 아니고 大家는 바로 高貴한 벼슬을 하는 집안이다.[集註世臣大家 是兩項 世臣 非一代之臣 大家 是貴宦之家]" 하였다. 壺山은 "世臣은 周나라의 尹氏(尹吉甫)와 같고 大家는 漢나라의 霍氏(霍光)와 같은 것이다.[按世臣 如周之尹氏 大家 如漢之霍氏]" 하였다.

164 得罪 謂身不正而取怨怒也 : 潛室陳氏(陳埴)는 "罪를 얻는다는 것은 非理로 원망을 부름을 이르니, 이른바 '罪를 얻지 않는다.'는 것은 正理에 부합하여 남에게 원망을 사지 않음을 이른 것이요, 法을 굽혀 받드는 것이 아니다.[得罪 謂非理致怨 所謂不得罪者 謂合正理而不致怨於人 非曲法以奉之也]" 하였다.

165 麥丘邑人……無得罪於群臣百姓 : 《大全》에 劉向의 《新序》〈雜事〉篇을 들어 다음과 같이 말하였다. "齊 桓公이 사냥할 적에 麥丘에 이르러 麥丘邑의 사람을 보고 '나이가 얼마인가?' 하고 물으니, 대답하기를 '83세입니다.' 하였다. 桓公이 말하기를 '아름답다 長壽함이여! 그대는 그대의 壽命을 가지고 寡人에게 祝願하라.' 하였다. 麥丘邑의 사람이 '主君을 위해 축원하노니, 主君께서 매우 長壽하여 金玉을 賤하게 여기고 善人을 보배로 삼기를 원합니다.' 하였다. 桓公이 말하기를 '좋다. 지극한 德은 외롭지 아니하여 善한 말은 반드시 두 번하니 그대는 다시 하라.' 하였다. 그는 또 축원하기를 '主君을 위해 축원하노니, 主君께서 배우기를 부끄러워하지 않고 아랫사람에게 묻기를 싫어하지 않으며, 賢者가 곁에 있고 정직하게 諫하는 사람을 얻기를 원합니다.' 하였다. 桓公이 말하기를 '좋다. 지극한 德은 외롭지 아니하여 善한 말은 반드시 세 번하니 그대는 다시 하라.' 하였다. 그는 또 축원하기를 '主君을 위해 축원하노니, 主君께서 여러 신하와 백성들에게 죄를 얻지 않기를 원합니다.' 하였다. 桓公이 성을 내어 얼굴빛을 붉히며 말하기를 '나는 자식이 아버지에게 죄를 얻고 신하가 군주에게 죄를 얻는다는 말은 들었지만, 군주가 신하에게 죄를 얻는다는 말은 듣지 못했다.' 하였다. 麥丘邑의 사람이 절하고 일어나 대답하기를 '자식이 아버지에게 죄를 얻으면 姑母와 姉妹와 叔父를 통하여 노여움을 풀게 해서 아버지가 자식을 용서할 수 있고, 신하가 군주에게 죄를 얻으면 군주가 총애하는 左右의 측근을 통하여 사죄하게 해서 군주가 용서할 수 있습니다. 옛날에 桀王은 湯王에게 죄를 얻었고 紂王은 武王에게 죄를 얻었으니, 이는 군주가 신하에게 죄를 얻은 것인데, 그들을 위하여 사죄해 줄 사람이 없어서 지금까지 죄를 얻고 있습니다.' 하였다. 桓公은 '좋다.' 하고 그를 부축하여 수레에 태우고 스스로 수레를 몰고 돌아와서 그를 조정에서 예우하고 麥丘 땅을 봉하여 政事를 결단하게 하였다.[桓公田 至於麥丘 見麥丘邑人 問年幾何 對曰 八十有三矣 公曰 美哉壽乎 子其以子壽祝寡人 麥丘邑人 祝主君 使主君甚壽 金玉是

··· 巨클거 沛성할패 溢넘칠일 麥보리맥

服之謂也라 沛然은 盛大流行之貌라 溢은 充滿也라 蓋巨室之心은 難以力服이요 而國人素所取信이니 今旣悅服이면 則國人皆服하여 而吾德敎之所施 可以無遠而不至矣라 此는 亦承上章而言이니 蓋君子不患人心之不服이요 而患吾身之不修하나니 吾身旣修면 則人心之難服者先服하여 而無一人之不服矣리라

'巨室'은 世臣과 大家이다. '得罪'는 몸이 바르지 못하여 원망과 노여움을 취하는 것이다. 麥丘邑 사람이 齊 桓公에게 축원하기를 "主君께서는 群臣과 百姓들에게 죄를 얻지 마소서." 하였으니, 그 뜻이 이와 같은 것이다. '慕'는 向함이니, 마음으로 기뻐하고 진실로 복종함을 이른다. '沛然'은 성대히 유행하는 모양이다. '溢'은 충만함이다. 巨室의 마음은 힘으로 복종시키기 어려우며 國人들에게 평소 신임을 얻고 있으니, 이제 巨室이 기뻐하고 복종한다면 國人들이 모두 복종하여 나(군주)의 德敎의 베풀어짐이 먼 곳까지 이르지 않음이 없게 될 것이다.

이 章 또한 윗장을 이어 말씀한 것이니, 君子는 사람의 마음이 복종하지 않음을 걱정하지 않고, 자신의 몸이 닦여지지 않음을 걱정한다. 자신의 몸이 닦여지면 복종시키기 어려운 사람의 마음이 먼저 복종하여 한 사람도 복종하지 않는 자가 없을 것이다.

賤 人爲寶 公曰善哉 至德不孤 善言必再 吾子復之 曰 祝主君 使主君無羞學 無惡下問 賢者在傍 諫者得人 公曰 善哉 至德不孤 善言必三 吾子復之 曰 祝主君 使主君無得罪於群臣百姓 公怫然作色曰 吾聞之 子得罪於父 臣得罪於君 未聞君得罪於臣也 麥丘邑人拜而起曰 子得罪於父 可以因姑姊妹叔父而解之 父能救之 臣得罪於君 可以因便嬖左右而謝之 君能救之 昔桀得罪於湯 紂得罪於武王 此則君之得罪於臣者也 莫爲謝 至今得罪 公曰 善 扶而載之 自御以歸 禮之於朝 封之以麥丘而斷政焉)"

166 未必能勝而適以取禍:壹山은 "魯나라 哀公이 越나라를 이용하여 三桓을 제거하려다가 邾나라로 도망하는 禍를 자초한 것과 같은 것이다.〔如魯哀公欲以越去三桓 而取遜邾之禍〕" 하였다. 자세한 내용은 《春秋左傳》 哀公 27년 조 참조.

167 韓洪 興疾討賊:《大全》에 《新唐書》〈韓弘列傳〉의 기록을 다음과 같이 인용하였다. "韓弘은 滑州 사람이다. 憲宗이 막 淮西 지방에 用兵하면서 淮西諸軍行營都統을 제수하여 兩河 지방을 맡게 하고 李光顔과 烏重胤으로 하여금 賊을 토벌하게 하였는데, 韓弘은 직접 가지 않고 아들 韓公武를 보내어 3천 명의 병력을 거느리고 李光顔에게 소속되게 하였다. 吳元濟가 평정되자, 功으로 兼侍中을 더해주고 許國公에 封하였으며, 조정에 들어오자 다시 司徒 中書令을 제수하였다. 또 발에 병이 있으므로 환관에게 명하여 扶腋하고 절하게 하였고, 한사코 京師에 머물 것을 원하자 皇帝가 그의 말을 따랐다.〔韓弘 滑州人 憲宗方用兵淮西 拜淮西諸軍行營都統 使扞兩河 而令李光顔烏重胤 擊賊 弘不親屯 遣子公武 領兵(二)〔三〕千 屬光顔 吳元濟旣平 以功加兼侍中 封許國公 入朝 再拜司徒中書令 以足疾 命中人掖拜 固願留京師 帝從之〕" 韓洪은 원래 이름이 弘이었으나 宋 太祖(趙匡胤)의 아버지 이름이 弘殷이므로 諱하여 洪으로 바꿔 썼다. 賊은 淮西節度使 吳少陽이 죽자, 世襲을 청하였다가 허락을 받지 못하고 마침내 蔡州에서 반란을 일으킨 그의 아들 吳元濟를 이른다.

··· 素 본디소

章下註 | ○林氏曰 戰國之世에 諸侯失德하여 巨室擅權하니 爲患이 甚矣라 然이나 或者不修其本하고 而遽欲勝之면 則未必能勝而適以取禍[166]라 故로 孟子推本而言하사 惟務修德以服其心이니 彼旣悅服이면 則吾之德教 無所留礙하여 可以及乎天下矣라하시니라 裴度所謂 韓洪이 輿疾討賊[167]하고 承宗이 斂手削地[168]는 非朝廷之力이 能制其死命[169]이요 特以處置得宜하여 能服其心故爾[170]라하니 政此類也라

○林氏(林之奇)가 말하였다. "戰國時代에 諸侯가 德을 잃어 巨室이 권력을 멋대로 행사해서 병폐가 심하였다. 그러나 혹자가 그 근본(몸)을 닦지 않고 갑자기 巨室을 이기려고 한다면 반드시 이기지는 못하고 다만 禍를 취할 뿐이다. 그러므로 孟子께서 근본을 미루어 말

---

168 承宗 斂手削地 : 《大全》에 《新唐書》〈柏耆列傳〉 등의 기록을 다음과 같이 인용하였다. "王承宗은 邊鎭의 장수 王士眞의 아들이다. 王承宗이 皇帝(憲宗)의 명령을 거역하였는데, 朝廷에서는 전쟁을 싫어하였다. 이에 布衣인 柏耆가 지팡이를 짚고 淮西 行營에 나아가 節度使 裴度를 뵙고 말하기를 '天子의 節을 얻어가지고 王承宗의 진영에 달려 들어가면 혀를 놀려 항복시킬 수 있습니다.' 하였다. 裴度가 이것을 〈皇帝에게〉 말하자, 황제가 마침내 左拾遺를 임명하여 보내었다. 柏耆가 도착하여 大義로 감동시키니, 王承宗이 눈물을 흘리고 마침내 德州와 棣州 두 州를 바치고 두 자식을 들여보내어 인질로 삼을 것을 청하자, 皇帝가 그의 말을 따랐다.〔王承宗 邊鎭王士眞之子 拒命 朝廷厭兵 布衣柏耆杖策 詣淮西行營 謁裴度 且言願得天子一節 馳入鎭 可掉舌下之 度爲言 乃以左拾遺往 旣至 以大誼(義)動 承宗泣下 乃與獻德棣二州 以二子入質 上從之〕"

169 制其死命 : 壺山은 "그 죽이고 살리는 권세를 잡은 것이다.〔謂執其生殺之權也〕" 하였다. 국가의 기강이 확립되어 군주가 生死與奪權을 잡고 있음을 뜻한다.

170 裴度所謂……能服其心故爾 : 《大全》에 《新唐書》〈皇甫鎛列傳〉의 기록을 다음과 같이 인용하였다. "〈皇甫鎛이〉 司農卿과 判度支가 되었다가 戶部侍郎으로 바뀌었다. 憲宗이 이때 막 蔡州를 정벌하고 있어 用度를 급하게 여기니, 皇甫鎛이 매우 급하게 재물을 긁어모아 군대의 비용을 마련하자, 皇帝가 기뻐하여 兼御史大夫로 승진시켰다. 蔡州가 평정된 明年에 同中書門下平章事를 제수하였는데 여전히 判度支를 겸하고 있었다. 皇甫鎛은 관리로 진출하여 가렴주구를 통해 재상이 되니, 심지어 시장이나 길을 가는 사람들도 모두 비웃었다. 崔群과 裴度가 이 사실을 〈皇帝에게〉 아뢰자, 皇帝가 노하여 듣지 않으니, 裴度는 마침내 表文을 올려 皇甫鎛에게 政事를 그만두게 할 것을 청하면서 '皇甫鎛이 간사하고 가혹하므로 천하의 모든 사람들이 원망하여 장차 그의 고기를 먹으려 한다.'고 極言하였고, 또 말하기를 '천하가 편안하고 편안하지 않음은 조정에 달려있고, 조정의 권위가 가볍고 중함은 輔相에게 달려있습니다. 지금 王承宗이 손을 모으고 땅을 떼어 바치고, 韓弘이 병든 몸을 수레에 싣고 역적을 토벌한 것은 조정의 힘이 능히 이들을 統制해서가 아니요, 다만 조정의 措處가 이들의 마음을 복종시켰기 때문입니다. 만약 皇甫鎛을 정승으로 삼는다면 四方이 해이해질 것이니, 청컨대 浙西觀察使를 제수하소서.' 하였다. 裴度의 말이 간절하고 지극하였으나 皇帝는 듣지 않았다.〔皇甫鎛爲司農卿, 判度支 改戶部侍郎 憲宗方伐蔡 急於用度 鎛袞會嚴亟 以辦濟師 帝悅 進兼御史大夫 蔡平之明年 遂拜同中書門下平章事 猶領度支 鎛以吏道進 旣由聚斂句剝 爲宰相 至雖市道 皆嗤之 崔群, 裴度以聞 帝怒不聽 度乃表罷政事 極語鎛姦邪苛刻 天下怨之 將食其肉 且言天下安否 繫朝廷 朝廷輕重 在輔相 今承宗斂手削地 韓弘輿疾討賊 非力能制之 顧朝廷處置能服其心也 若相鎛 則四方解矣 請授以浙西觀察使 其辭切至 上不聽〕"

••• 擅 독단할천 權 권세권 遽 갑자기거 適 다만적 留 머무를류 礙 막을애 裴 성배 輿 수레여 斂 거둘렴 削 깎일삭

씀하시기를 '오직 德을 닦아 그 마음을 복종시키기를 힘써야 하니, 저들이 기뻐하고 복종한다면 나의 德教가 멈추고 막히는 바가 없어 천하에 미칠 수 있다.'고 하신 것이다. 裵度의 이른바 '韓洪이 病을 무릅쓰고 수레에 올라 逆臣을 토벌하고 王承宗이 손을 거두고 땅을 떼어가게 한 것은, 조정의 힘이 死命을 쥐고 있어서가 아니라 다만 〈조정의〉 處置가 마땅함을 얻어 그들의 마음을 복종시켰기 때문일 뿐이다.'라는 것이 바로 이러한 종류이다."

天下有道章(小德役大德章)

7-1. 孟子曰 天下有道엔 小德이 役大德하며 小賢이 役大賢하고 天下無道엔 小役大하며 弱役强하나니 斯二者는 天也니 順天者는 存하고 逆天者는 亡하나니라

孟子께서 말씀하셨다. "천하에 道가 있을 적에는 小德이 大德에게 사역을 당하고 小賢이 大賢에게 사역을 당하며, 천하에 道가 없을 적에는 작은 자가 큰 자에게 사역을 당하고 약한 자가 강한 자에게 사역을 당한다. 이 두 가지는 하늘(이치와 형세)이니, 하늘에 순종하는 자는 보존되고 하늘을 거스르는 자는 망한다.

按說 | '小德役大德'은 小德役於大德의 뜻으로 '於'字가 생략된 것인바, 아래의 '小賢役大賢', '小役大', '弱役强'도 이와 같다. 壺山은

> 賢은 재주를 겸하고 德은 政事를 가지고 말한 것이다.(賢兼才 德以政事言)

하였다.

集註 | 有道之世엔 人皆修德하여 而位必稱其德之大小하고 天下無道엔 人不修德하니 則但以力相役而已[171]라 天者는 理勢之當然也라

---

171 有道之世……則但以力相役而已 : 新安陳氏(陳櫟)는 "小德과 小賢이 낮은 지위에 있고 大德과 大賢이 높은 지위에 있어서 지위와 德이 서로 걸맞으면, 이는 윗사람이 措處하기를 모두 합당하게 한 것이다. 그러므로 小德과 小賢이 大德과 大賢에게 使役을 당하면 道가 있는 세상이니 오직 德을 보는 것이요, 만약 힘이 약소한 자가 힘이 강대한 자에게 使役을 당하면 道가 없는 세상이니 오직 힘을 보는 것이다.(小德小賢者居小位 大德大賢者居大位 位與德相稱 是上之人處之各當 故小德小賢見役於

••• 役 사역할 역 稱 걸맞을 칭

道가 있는 세상에는 사람들이 모두 德을 닦아 지위가 반드시 그 德의 크고 작음에 걸맞고, 천하에 道가 없을 적에는 사람들이 德을 닦지 않으니, 다만 힘으로써 서로 사역할 뿐이다. 天은 理와 勢(형세)의 당연함이다.

7-2. 齊景公曰 旣不能令하고 又不受命이면 是는 絶物也라하고 涕出而女於吳하니라

齊 景公이 말하기를 〈국세가 약하여〉 이미 명령하지도 못하고 또 명령을 받지도 않는다면 이는 남과 끊는 것이다.' 하고는, 눈물을 흘리면서 吳나라에 딸을 시집보내었다.

按說ㅣ 이 내용은 《說苑》〈權謀〉에 다음과 같이 보인다.

齊 景公이 자신의 딸을 吳王 闔廬에게 시집보내며 교외에서 전송할 적에, 울면서 "내가 죽을 때까지 너를 보지 못하겠구나." 하였다. 高夢子가 아뢰기를 "齊나라는 바다를 등지고 산에 잇닿아 있으니, 비록 온 천하를 다 점령하지는 못하나 누가 우리를 범하겠습니까. 임금께서 따님을 아끼신다면 보내지 마십시오." 하자, 景公이 말하였다. "내가 비록 齊나라 지역의 險固함을 지니고 있지만, 제후들에게 명령할 수 없으면서 또 남의 명령을 따르지 않는다면 이는 난리를 만드는 것이오. 과인이 들으니, 명령할 수 없으면 남을 따르는 것만 못하다고 하였소.……" 하고 마침내 딸을 시집보내었다.〔齊景公以其子妻闔廬 送諸郊 泣曰 余死不汝見矣 高夢子曰 齊負海而縣山 縱不能全收天下 誰干我 君愛則勿行 公曰 余有齊國之固 不能以令諸侯 又不能聽 是生亂也 寡人聞之 不能令 則莫若從……遂遣之〕

集註ㅣ 引此以言小役大, 弱役强之事也라 令은 出令以使人也요 受命은 聽命於人也라 物은 猶人也라 女는 以女與人也[172]라 吳는 蠻夷之國也니 景公이 羞與爲昏(婚)이나 而畏其强이라 故로 涕泣而以女與之하니라

이것은 인용하여 '小役大', '弱役强'의 일을 말씀한 것이다. '令'은 명령을 내어 남을 부리

大德大賢 有道之世 惟德是視也 若力之小弱 見役於力之强大 無道之世 惟力是視耳〕" 하였다.

172 女 以女與人也 : '女'는 嫁(시집보내다)의 뜻이다.

··· 物 남물 涕 눈물 체 聽 들을 청 蠻 오랑캐 만 羞 부끄러울 수

는 것이요, '受命'은 남에게 명령을 듣는 것이다. '物'은 人(남)과 같다. '女'는 딸을 남에게
주는 것이다. 吳나라는 오랑캐 나라였으므로 景公이 그 나라와 혼인하는 것을 부끄러워하
였으나 그 강함을 두려워하였다. 이 때문에 눈물을 흘리면서 딸을 준 것이다.

7-3. 今也에 小國이 師大國而恥受命焉하나니 是猶弟子而恥受命於 先師也니라

지금 弱小國이 强大國의 소행을 본받으면서 강대국에게 명령을 받는 것을 부끄러워하
니, 이는 弟子가 先師(先生)에게 명령을 받는 것을 부끄러워함과 같은 것이다.

按說 │ '先師'에 대하여, 茶山은 蔡淸의 《四書蒙引》에

'先師'는 이미 죽은 자의 호칭이 아니니,【후세의 이른바 '先師와 先聖에게 釋奠을 올린다.'[173]는
것은 모두 이미 죽은 자의 호칭이다.】여기서는 이른바 先生·先輩의 '先'이므로 직접 그 가르침
을 받을 수 있는 것이다.〔先師不是已亡之稱【後世所謂釋奠於先師先聖者 則皆是已亡者之
稱】所謂先生先輩之先 故得親受其命〕

한 것을 인용하였다.

集註 │ 言 小國이 不修德以自强하고 其般樂怠敖[174]를 皆若效大國之所爲者而獨
恥受其敎命하니 不可得也라

弱小國이 德을 닦아 스스로 강하게 하지 않고, 즐겁게 놀며 태만히 행동하는 것을 모두 强
大國이 하는 것과 똑같이 하고 본받으면서 유독 강대국에게 가르침과 명령받기를 부끄러워
하니, 이것은 될 수 없는 일임을 말씀한 것이다.

7-4. 如恥之인댄 莫若師文王이니 師文王이면 大國은 五年이요 小國은 七 年에 必爲政於天下矣리라

---

173 先師와……올린다 : 이 내용은 《禮記》〈文王世子〉에 보인다.
174 般樂怠敖 : 이 내용은 앞의 〈公孫丑上〉 4장에 보인다.

··· 師 본받을 사 般 즐길 반 樂 즐길 락 怠 게으를 태 敖 오만할 오, 놀 오 效 본받을 효

만일 이것을 부끄러워한다면 文王을 본받는 것만 한 것이 없으니, 文王을 본받으면 大國은 5년, 小國은 7년에 반드시 천하에 정사를 하게 될 것이다.

集註 | 此는 因其愧恥之心而勉以修德也라 文王之政이 布在方策하니 學而行之면 所謂師文王也라 五年, 七年은 以其所乘之勢[175]不同爲差라 蓋天下雖無道나 然修德之至면 則道自我行하여 而大國이 反爲吾役矣리라

程子曰 五年, 七年은 聖人度(탁)其時則可矣라 然이나 凡此類[176]를 學者皆當思其作爲如何라야 乃有益耳[177]니라

이는 그 부끄러워하는 마음을 인하여 德을 닦을 것을 권면한 것이다. 文王의 정사가 方策(書冊)에 나와 있으니, 이것을 들어 행하면 이른바 '文王을 본받는다.'는 것이다. '5년', '7년'은 타고 있는 형세의 똑같지 않음으로써 차등을 삼은 것이다. 천하가 비록 無道하나 德을 닦기를 극진히 하면 道가 나로부터 행해져서 大國이 도리어 나에게 사역을 당할 것이다. 程子(伊川)가 말씀하였다. "5년, 7년은 聖人이 그때쯤이면 가능하다고 헤아리신 것이다. 그러나 무릇 이러한 類들은 배우는 자가 모두 마땅히 어떻게 作爲(조처와 시행)할 것인가를 생각하여야 유익함이 있을 것이다."

7-5. 詩云 商之孫子 其麗不億이언마는 上帝旣命이라 侯于周服이로다 侯

---

175 所乘之勢 : 慶源輔氏(輔廣)는 "타고 있는 바의 형세는 나라의 크고 작음을 가리켜 말한 것이다.〔所乘之勢 指國之大小而言也〕" 하였다.

176 此類 : 《論語》〈子路〉10장에 "만일 나를 등용해 주는 자가 있다면 1년만 하더라도 괜찮을 것이니, 3년이면 이루어짐이 있을 것이다.〔苟有用我者 朞月而已 可也 三年有成〕" 하였고, 〈子路〉11장에 "善人이 나라를 다스리기를 백 년 동안 하면 殘虐한 사람을 교화시키고 死刑을 없앨 수 있다.〔善人爲邦百年 亦可以勝殘去殺矣〕" 하였고, 〈子路〉12장에 "만일 王者가 있더라도 반드시 한 세대가 지난 뒤에야 백성들이 仁해진다.〔如有王者 必世而後仁〕" 하였고, 〈子路〉29장에 "善人이 7년 동안 백성을 가르치면 또한 군대(싸움터)에 나아가게 할 수 있다.〔善人敎民七年 亦可以卽戎矣〕" 등을 가리킨다.

177 學者皆當思其作爲如何 乃有益耳 : 慶源輔氏(輔廣)는 "程子의 말씀은 배우는 자들을 啓發함이 지극하다. 오직 聖人만이 때를 아신다. 그러므로 말씀하기를 '聖人이 그때쯤이면 가능하다고 헤아렸다.' 하셨으니, 배우는 자가 이치〔理〕를 봄이 이미 밝고 經歷이 오래되고 思慮가 깊으면 自然히 이것을 알게 된다.〔程子之言 所以啓發學者至矣 惟聖人能知時 故曰聖人度其時可矣 學者燭理旣明 而經歷之久 思慮之深 則自然見得〕" 하였다.

··· 愧 부끄러울 괴 度 헤아릴 탁 麗 무리 려 億 십만 억 侯 어조사 후 靡 아닐 미 膚 클 부 敏 통달할 민
裸 강신제 관 將 도울 장

服于周하니 天命靡常이라 殷士膚敏이 祼將于京이라하여늘 孔子曰 仁不可爲衆也니 夫國君이 好仁이면 天下無敵이라하시니라

《詩經》에 이르기를 '商나라의 子孫이 그 수가 億(십만)뿐만이 아니지만 上帝가 이미 〈天命을 周나라에〉 명한지라 周나라에 복종하도다. 周나라에 복종하니, 天命은 항상하지 않는지라(한 곳에 정해져있지 않으므로) 殷나라 선비로서 膚大하고 통달한 자들이 〈周나라〉 서울에서 술을 부어 제사를 돕는다.' 하였다. 孔子께서 말씀하시기를 '仁者에게는 많은 무리가 될 수 없으니, 나라의 군주가 仁을 좋아하면 天下에 대적할 이가 없을 것이다.' 하셨다.

集註 | 詩는 大雅文王之篇이라 孟子引此詩及孔子之言하여 以言文王之事하시니라 麗는 數也라 十萬曰億이라 侯는 維也라[178] 商士는 商孫子之臣也라 膚는 大也요 敏은 達也라 祼은 宗廟之祭에 以鬱鬯之酒로 灌地而降神也라[179] 將은 助也라 言 商之孫子衆多하여 其數不但十萬而已언마는 上帝旣命周以天下하시니 則凡此商之孫子皆臣服于周矣니 所以然者는 以天命不常하여 歸于有德故也라 是以로 商士之膚大而敏達者 皆執祼獻之禮하여 助王祭事于周之京師[180]也라 孔子因讀此詩而言하시되 有仁者면 則雖有十萬之衆이라도 不能當之라 故로 國君好仁이면 則必無敵於天下也라하시니라 不可爲衆은 猶所謂難爲兄, 難爲弟云爾[181]라

---

178 侯 維也:《大全》에 "'侯'는 助語辭이다." 하였다.

179 以鬱鬯之酒 灌地而降神也:新安倪氏(倪士毅)는 《周禮》에 秬鬯이 있고 鬱鬯이 있으니, 검은 기장쌀로 술을 만든 것을 秬鬯이라 하고, 장차 祭祀하게 되면 鬱金이란 香草를 다져서 달여 秬鬯酒와 섞고 이름을 鬱鬯이라 한다. 그리하여 마침내 降神할 때에 이 술을 사용하니, 그 향기가 사방으로 퍼져서 神을 내려오게 함을 취한 것이다. 鬯이란 條鬯(잘 풍김)한 것으로 이름한 것이다.〔周禮有秬鬯 有鬱鬯 以秬米爲酒 名秬鬯 將祭則築鬱金香草 煮之以和鬯酒 名鬱鬯 灌乃用之 取其芳香旁達以降神 鬯者以其條鬯也〕" 하였다.

180 周之京師:楊伯峻은 "西周의 서울은 鎬京으로 지금의 西安이다." 하였다.

181 不可爲衆……難爲弟云爾:'爲'는 '되다'의 뜻으로, '不可爲衆'은 仁者 앞에서는 아무리 숫자가 많아도 無力해져서 대적할 수 없음을 뜻한다. '難爲兄', '難爲弟'는 兄弟間이 너무 훌륭하여 그 아우의 형이 되기 어렵고 또한 그 형의 아우가 되기 어렵다는 뜻으로, 後漢 때 陳紀와 그의 아우 陳諶(담)의 功德이 엇비슷하다 하여 나온 말인데, 여기서는 단지 爲를 '되다'의 뜻으로 사용한 文法이 그와 유사함을 취했을 뿐이다. 《詩經》〈大雅 文王〉의 毛傳에 '盛德不可爲衆也'라 하였는데, 鄭玄의 箋에 "많은 무리가 德만 못함을 말한 것이다.〔言衆之不如德也〕" 하였다. '難爲兄', '難爲弟'와 비슷한 문장 구조인 '難爲水', '難爲言'은 〈盡心上〉 24章에 보인다. 《世說新語》〈德行〉篇에 "陳元方의〔陳元方은 이름이 紀이

… 敵 대적할적 鬱 울금초울 鬯 검은기장창 灌 부을관 獻 올릴헌

詩는 〈大雅 文王〉篇이다. 孟子께서 이 詩와 孔子의 말씀을 인용하여 文王의 일을 말씀하셨다. '麗'는 數이다. 십만을 億이라 한다. '侯'는 維(어조사)이다. '商士'는 商나라 子孫의 신하이다. '膚'는 큼이요, '敏'은 통달함이다. '祼'은 宗廟의 제사에 鬱鬯酒(울창술)를 땅에 부어 神을 내려오게 하는 것이다. '將'은 도움이다. 商나라의 子孫이 많아서 그 수가 다만 십만일 뿐이 아니지만 上帝가 이미 周나라에게 천하를 명하시니, 이 모든 商나라의 子孫들이 다 周나라에 신하로 복종하였다. 그러한 까닭은 天命이 無常하여 德이 있는 자에게 돌아가기 때문이다. 이 때문에 商나라 선비로서 膚大하고 敏達한 자들이 모두 降神하고 獻酒하는 禮를 행하여 周王의 제사를 周나라 京師(서울)에서 도운 것이다.

孔子께서 이 詩를 읽음으로 인하여 말씀하시기를 "仁者가 있으면 비록 십만의 많은 무리가 있더라도 그를 당해낼 수 없다. 그러므로 國君이 仁을 좋아하면 반드시 천하에 대적할 자가 없을 것이다." 하셨다. '不可爲衆'은 이른바 '형 되기가 어렵고 아우 되기가 어렵다.'는 말과 같다.

7-6. 今也에 欲無敵於天下而不以仁하나니 是猶執熱而不以濯也니 詩云 誰能執熱하여 逝不以濯이리오하니라

지금 천하에 대적할 자가 없기를 바라면서 仁政을 행하지 않으니, 이는 뜨거운 물건을 손에 쥐고서 물로 씻지 않는 것과 같다. 《詩經》에 이르기를 '누가 뜨거운 물건을 쥐고서 물로 씻지 않겠는가.' 하였다."

集註┃恥受命於大國은 是欲無敵於天下也요 乃師大國而不師文王은 是不以仁也라 詩는 大雅桑柔之篇이라 逝는 語辭也라 言 誰能執持熱物하여 而不以水自濯其手乎[182]아

다.] 아들 長文이[長文은 이름이 羣이다.] 英特한 재주가 있었는데, 季方의[季方은 이름이 諶이니, 元方의 아우이다.] 아들 孝先과 더불어[孝先은 이름이 忠이다.] 각각 아버지의 功德을 논하여 다투고 결정하지 못하였다. 太丘에게 묻자,[太丘는 이름이 寔이니 일찍이 太丘長에 除授되었는바, 바로 長文과 孝先의 祖父이다.] 太丘가 말하기를 '元方은 兄 되기가 어렵고 季方은 아우 되기가 어렵다.' 했다.[陳元方[名紀] 子長文[名羣] 有英才 與季方[名諶 元方之弟也] 子孝先[名忠] 各論其父功德 爭之不能決 咨於太丘[名寔 嘗除太丘長 乃長文孝先之祖父也] 太丘曰 元方難爲兄 季方難爲弟]" 하였다.

182 誰能執持熱物 而不以水自濯其手乎:段玉裁는 《經韻樓集》〈詩執熱解〉에 "詩의 의미를 연구해보면

··· 執 잡을 집 熱 더울 열 濯 씻을 탁 逝 어조사 서 桑 뽕나무 상 柔 부드러울 유

大國에게 명령 받기를 부끄러워함은 천하에 대적할 자가 없기를 바라는 것이요, 强大國의 소행을 본받고 文王을 본받지 않음은 仁政을 행하지 않는 것이다. 詩는 〈大雅 桑柔〉篇이다. '逝'는 어조사이다. 누가 뜨거운 물건을 쥐고서 물로 손을 씻지 않겠느냐고 말씀한 것이다.

章下註 | ○ 此章은 言 不能自强이면 則聽天所命이요 修德行仁이면 則天命在我니라

○ 이 章은 스스로 강해지지 못하면 하늘의 명하는 바를 들을(따를) 것이요, 德을 닦고 仁政을 행하면 天命이 자신에게 있음을 말씀한 것이다.

|不仁者可與言章(自取之也章)|

8-1. 孟子曰 不仁者는 可與言哉아 安其危而利其菑(災)하여 樂其所以亡者하나니 不仁而可與言이면 則何亡國敗家之有리오

孟子께서 말씀하셨다. "不仁한 자와는 더불어 말할 수 있겠는가. 위태로움을 편안히 여기고 재앙을 이롭게 여겨 그 망할 짓을 좋아한다. 不仁하면서도 더불어 말할 수 있다면 어찌 나라를 망하고 집안을 패하게 하는 일이 있겠는가.

集註 | 安其危, 利其菑者는 不知其爲危菑하여 而反以爲安利也라 所以亡者는 謂荒暴淫虐[183]하여 所以致亡之道也라 不仁之人은 私欲固蔽하여 失其本心이라 故로 其顚倒錯亂이 至於如此하니 所以不可告以忠言하여 而卒至於敗亡也니라

'安其危', '利其菑'는 이것이 위험과 재앙이 됨을 알지 못하여 도리어 편안하고 이롭게 여기는 것이다. '망할 짓〔所以亡〕'은 荒暴하고 淫虐하여 패망에 이르는 방도를 이른다. 不仁

'執熱'이란 '몹시 심한 더위를 겪는다〔觸熱, 苦熱〕'와 같다.……이 詩는 '몹시 심한 더위를 겪으면서 누가 목욕으로 몸을 깨끗이 씻어 상쾌함을 구하지 않겠는가'라고 말한 것이다. 鄭玄의 《毛詩》箋과 《孟子》의 趙岐 註와 朱子의 《集註》, 《春秋左傳》杜預 註에서 모두 '손을 씻다'로 풀이하여 도리어 의미를 불분명하게 하였으니, 이는 '執'字에 얽매여 그런 것이다.〔尋詩意 執熱猶觸熱苦熱……此詩 謂誰能苦熱而不澡浴以潔其體 以求凉快者乎 鄭箋, 孟子趙注, 朱注, 左傳杜注 皆云濯其手 轉使義晦 由泥於執字耳〕"라고 하여 '執熱'을 '심한 더위를 겪음'의 뜻으로 보았는데, 楊伯峻은 이 說을 취하였다.

183 荒暴淫虐 : 酒色에 빠지고 人民들에게 暴虐함을 이른다. '淫'은 過(지나침)의 뜻이다.

··· 菑 재앙 재(災同) 荒 빠질 황 暴 사나울 포 淫 지나칠 음 虐 모질 학 蔽 가릴 폐 倒 쓰러질 도 錯 어그러질 착
亂 어지러울 란

한 사람은 사욕에 굳게 가려 本心을 잃는다. 그러므로 顚倒하고 錯亂함이 이와 같음에 이르니, 이 때문에 忠言으로 고해 줄 수 없어 끝내 패망에 이르는 것이다.

8-2. 有孺子歌曰 滄浪之水淸兮어든 可以濯我纓이요 滄浪之水濁兮어든 可以濯我足이라하여늘

孺子(童子)가 노래하기를 '滄浪의 물이 맑으면 나의 〈소중한〉 갓끈을 빨고, 滄浪의 물이 흐리면 나의 〈더러운〉 발을 씻겠다.' 하였다.

集註 | 滄浪은 水名[184]이라 纓은 冠系也라

滄浪은 물 이름이다. '纓'은 갓끈이다.

8-3. 孔子曰 小子아 聽之하라 淸斯濯纓이요 濁斯濯足矣로소니 自取之也라하시니라

孔子께서 말씀하시기를 '小子들아, 저 노래를 들어보라. 물이 맑으면 갓끈을 빨고 물이 흐리면 발을 씻으니, 이는 물이 自取하는 것이다.' 하셨다.

集註 | 言 水之淸濁이 有以自取之也라 聖人이 聲入心通[185]하여 無非至理를 此類

---

184 滄浪 水名 : '滄浪'에 대하여 新安倪氏(倪士毅)는 "漢水의 동쪽이 滄浪의 물이니, 《書經》〈禹貢〉에 보인다. 後魏 酈道元이 말하기를 '武當縣 북쪽 40里 지점에 섬이 있으니, 이름을 滄浪洲라 하고 물을 滄浪水라 한 것이 이것이다.' 하였다.〔漢水東爲滄浪之水 見禹貢 後魏酈道元云 武當縣北四十里有洲曰滄浪洲 水曰滄浪水是也〕"하였으며, 茶山은 王應麟의 《困學紀聞》에 "孺子의 滄浪之歌는 《楚辭》〈漁父〉에도 보인다. 《書經》〈禹貢〉을 살펴보건대 漢水가 東으로 흘러 滄浪의 물이 되니, 이는 楚나라 노래이다.〔孺子滄浪之歌 亦見於楚辭漁父 考之禹貢 漢水東爲滄浪之水 則此楚歌聲也〕"한 것을 취하였다. 壺山은 "滄浪은 楚나라 땅에 있다. 孔子가 楚나라에 가실 때에 들었던 노래이니, 屈原이 또한 이것을 취하여 《楚辭》 가운데 드러내었다.〔滄浪 在楚地 蓋夫子適楚時所聞歌也 屈原亦取以著於楚辭中〕"하였다. 그러나 楊伯峻은 "盧文弨의 《鍾山札記》에 '滄浪은 靑色이니, 대나무에 있어서는 蒼筤이라 하고, 물에 있어서는 滄浪이라 한다.' 하였는데, 살펴보건대 盧氏의 說이 옳다. 前人 중에 滄浪을 강 이름이라고 한 자가 있고(혹자는 漢水의 지류라 하고, 혹자는 바로 漢水라 함), 또 地名이라고 한 자가 있는데(湖北省 均縣의 북쪽), 모두 믿을 수 없을 듯하다." 하여, '滄浪之水'를 푸른 물로 해석하였다.

185 聖人 聲入心通 : 新安陳氏(陳櫟)는 "이는 孔子가 耳順이 된 이유이다.〔此孔子所以爲耳順也〕"하였

··· 孺 어릴유 滄 물이름 창 浪 물결 랑 濯 씻을 탁 纓 갓끈 영 系 끈 계

可見이로다

물의 맑고 흐림이 갓끈과 발을 自取함을 말씀한 것이다. 聖人은 소리가 〈귀에〉 들어가면 마음으로 통달하여 지극한 이치 아님이 없음을 이러한 類에서 볼 수 있다.

8-4. 夫人必自侮然後에 人侮之하며 家必自毁而後에 人毁之하며 國必自伐而後에 人伐之하나니라

사람은 반드시 스스로 업신여긴 뒤에 남이 업신여기며, 집안은 반드시 스스로 훼손한 뒤에 남이 훼손하며, 나라는 반드시 스스로 공격한 뒤에 남이 공격하는 것이다.

按說 | '人必自侮'에 대하여, 雙峰饒氏(饒魯)는

스스로 업신여김은 스스로 진중하지 않는 것이니, 다만 남의 업신여김을 부를 뿐이다.〔自侮 是不自重 適所以召人之侮〕

하였다.

'自侮'는 스스로 자신을 업신여기는 것으로 자신이 남들로부터 업신여김을 당할 만한 행위를 함을 이르는바, 뒤의 '自毁'와 '自伐' 역시 제 스스로 자기 집안을 훼손하고 자기 나라를 망하게 할 만한 행위를 함을 이른 것이다.

集註 | 所謂自取之者라

이른바 '自取한다'는 것이다.

8-5. 太甲曰 天作孼은 猶可違어니와 自作孼은 不可活이라하니 此之謂也니라

〈太甲〉에 이르기를 '하늘이 지은 재앙은 그래도 피할 수 있지만 스스로 지은 재앙은

다. 《論語》〈爲政〉 4장에 孔子께서 "나는 60세에 귀로 소리를 들으면 순하다(그대로 이해되었다).〔六十而耳順〕" 하셨는데, 《集註》에 "소리가 귀로 들어오면 마음으로 통달하여 어긋나거나 걸림이 없는 것이다.〔聲入心通 無所違逆〕" 하였으므로 말한 것이다.

··· 侮 업신여길 모 毁 훼방할 훼 孼 재앙 얼 違 피할 위 活 살 활

170 · 附 按說 孟子集註

〈피하여〉 살 수 없다.' 하였으니, 이것을 말한 것이다."

集註 | 解見前篇하니라

해석이 前篇(公孫丑上)에 보인다.

章下註 | ○ 此章은 言 心存則有以審夫得失之幾요 不存則無以辨於存亡之著니 禍福之來 皆其自取니라

○ 이 章은 마음이 보존되면 得·失의 기미를 살필 수 있고, 보존되지 않으면 存·亡이 드러난 것도 분별할 수 없으니, 禍와 福의 옴이 모두 自取임을 말씀한 것이다.

|桀紂失天下章(七年之病章)|

9-1. 孟子曰 桀紂之失天下也는 失其民也니 失其民者는 失其心也라 得天下有道하니 得其民이면 斯得天下矣리라 得其民이 有道하니 得其心이면 斯得民矣리라 得其心이 有道하니 所欲을 與之聚之요 所惡(오)를 勿施爾也니라

孟子께서 말씀하셨다. "桀·紂가 천하를 잃은 것은 백성을 잃었기 때문이니, '백성을 잃었다.'는 것은 그 마음을 잃은 것이다. 천하를 얻음에 道(방법)가 있으니, 백성을 얻으면 천하를 얻을 것이다. 백성을 얻음에 道가 있으니, 그 마음을 얻으면 백성을 얻을 것이다. 마음을 얻음에 道가 있으니, 백성이 원하는 바를 위하여 모아 주고 백성이 싫어하는 바를 베풀지 말아야 한다.

按說 | '所欲 與之聚之'에 대하여, 沙溪(金長生)는

'與'는 '爲(위하다)'와 같으니, 바로 백성을 위하는 것이다.〔與 猶爲也 乃爲民也〕《經書辨疑》

하였다. 楊伯峻도 王引之의《經傳釋詞》에

··· 審 살필 심 聚 모을 취

'與'는 爲와 같으니, 爲字는 去聲(위하다)으로 읽는다.

한 說을 취하였다.

集註 | 民之所欲을 皆爲致之를 如聚斂然하고 民之所惡는 則勿施於民이니 鼂錯(조조)所謂 人情이 莫不欲壽어늘 三王이 生之而不傷하고 人情이 莫不欲富어늘 三王이 厚之而不困하고 人情이 莫不欲安이어늘 三王이 扶之而不危하고 人情이 莫不欲逸이어늘 三王이 節其力而不盡[186]은 此類之謂也라

백성이 원하는 바를 모두 위하여 이루어주기를 聚斂(재물을 모음)하듯이 하고, 백성이 싫어하는 것은 백성들에게 베풀지 말아야 한다. 鼂錯의 이른바 '사람들의 마음은 장수하기를 원하지 않는 이가 없는데 三王은 백성들을 살게 하고 상하지 않게 하였으며, 사람들의 마음은 부유하기를 원하지 않는 이가 없는데 三王은 백성들의 생활을 후하게 해주고 곤궁하지 않게 하였으며, 사람들의 마음은 편안하기를 원하지 않는 이가 없는데 三王은 백성들을 붙들어 주고 위태롭지 않게 하였으며, 사람들의 마음은 몸이 편함을 원하지 않는 이가 없는데 三王은 백성들의 힘을 절제하고 다하지 않게 했다.'는 것은 이러한 類를 말한 것이다.

9-2. 民之歸仁也 猶水之就下며 獸之走壙也니라

백성이 仁者에게 돌아감은 물이 아래로 내려가며 짐승이 들로 달아나는 것과 같다.

集註 | 壙은 廣野也라 言 民之所以歸乎此는 以其所欲之在乎此也라

'壙'은 넓은 들이다. 백성이 이곳(仁者)에 돌아가는 까닭은 그들의 원하는 바가 이곳에 있기 때문임을 말씀한 것이다.

9-3. 故로 爲淵敺(驅)魚者는 獺也요 爲叢敺爵(雀)者는 鸇也요 爲湯

---

186 鼂錯所謂……節其力而不盡：鼂錯는 前漢 文帝와 景帝 때의 인물로 이 내용은《漢書》〈鼂錯傳〉에 보인다.

··· 斂 거둘 렴 鼂 아침조 錯 둘 조 扶 붙들 부 逸 편안할 일 壙 들 광 淵 못 연 敺 몰 구(驅同) 獺 수달 달 叢 떨기 총 爵 참새 작(雀同) 鸇 새매 전

武歐民者는 桀與紂也니라

그러므로 못을 위하여 물고기를 몰아주는 것은 수달이요, 무성한 숲을 위하여 참새를
몰아주는 것은 새매요, 湯·武를 위하여 백성을 몰아준 자는 桀과 紂이다.

> 集註 | 淵은 深水也라 獺은 食魚者也라 叢은 茂林也라 鸇은 食雀者也라 言 民之所
> 以去此는 以其所欲在彼而所畏在此也[187]라
>
> '淵'은 깊은 물이다. '獺'은 물고기를 잡아먹는 짐승이다. '叢'은 무성한 숲이다. '鸇'은 참
> 새를 잡아먹는 새이다. 백성들이 이곳을 떠나가는 까닭은 그들이 원하는 바가 저곳에 있고
> 두려워하는 바가 이곳에 있기 때문임을 말씀한 것이다.

9-4. 今天下之君이 有好仁者면 則諸侯皆爲之歐矣리니 雖欲無王이나 不可得已니라

지금 천하의 군주 중에 仁을 좋아하는 자가 있으면 諸侯들이 모두 그를 위하여 〈백성
을〉 몰아줄 것이니, 비록 왕 노릇을 하지 않으려 하나 될 수 없을 것이다.

9-5. 今之欲王者는 猶七年之病에 求三年之艾(애)也니 苟爲不畜이면 終身不得하리니 苟不志於仁이면 終身憂辱하여 以陷於死亡하리라

지금 왕 노릇 하고자 하는 자는 7년 된 병에 3년 묵은 약쑥을 구하는 것과 같으니, 만일
〈지금 약쑥을 뜯어〉 저축해 두지 않으면 종신토록 얻지 못할 것이다. 〈이와 마찬가지로〉
만일 仁政에 뜻하지 않는다면 종신토록 근심하고 치욕을 받아 죽고 망함에 이를 것이다.

> 集註 | 艾는 草名이니 所以灸者니 乾(간)久益善이라 夫病已深而欲求乾久之艾면 固
> 難卒辦이라 然이나 自今畜之면 則猶或可及이어니와 不然이면 則病日益深하여 死日

---

187 以其所欲在彼而所畏在此也:新安陳氏(陳櫟)는 "'彼'는 湯王과 武王을 이르고 '此'는 桀王과 紂王
을 이른다. 예컨대 물고기와 참새가 생명을 온전히 할 수 있는 것은 연못과 무성한 숲에 있어서 수달과
새매에게 죽음을 면할 수 있기 때문인 것과 같다.〔彼謂湯武 此謂桀紂 如魚雀之可全生者 在淵叢而得
免死於獺鸇也〕" 하였다.

··· 茂 무성할 무 艾 쑥 애 苟 만일 구 畜 쌓을 축(蓄同) 陷 빠질 함 灸 뜸질할 구 乾 말릴 간(건) 辦 장만할 판

益迫하여도 而艾終不可得矣[188]리라

'艾'는 풀이름이니 뜸을 뜨는 것인데, 말린 지 오랠수록 〈약효가〉 더욱 좋다. 병이 이미 깊었는데, 말린 지 오래된 약쑥을 구하려고 하면 진실로 갑자기 장만하기가 어렵다. 그러나 지금부터라도 〈뜯어서〉 저축해 두면 오히려 혹 미쳐 고칠 수 있지만 그렇지 않으면 병이 날로 더욱 깊어져서 죽음이 날로 더욱 임박하여도 쑥을 끝내 얻지 못할 것이다.

9-6. 詩云 其何能淑이리오 載胥及溺이라하니 此之謂也니라

《詩經》에 이르기를 '어찌 善할 수 있겠는가. 서로 더불어 빠진다.' 하였으니, 이것을 말한 것이다."

集註ㅣ詩는 大雅桑柔之篇이라 淑은 善也라 載는 則也라 胥는 相也라 言 今之所爲 其何能善이리오 則相引以陷於亂亡而已니라

詩는 〈大雅 桑柔〉篇이다. '淑'은 善이다. '載'는 則(곧)이다. '胥'는 서로이다. 지금 하는 바가 어찌 善할 수 있겠는가, 곧 서로 이끌고서 혼란과 멸망에 빠질 뿐임을 말씀한 것이다.

|自暴自棄章|

10-1. 孟子曰 自暴者는 不可與有言也요 自棄者는 不可與有爲也니 言非禮義를 謂之自暴也요 吾身不能居仁由義를 謂之自棄也니라

孟子께서 말씀하셨다. "스스로 해치는〔自暴〕 자는 더불어 말할 수 없고, 스스로 버리는〔自棄〕 자는 더불어 일할 수 없으니, 말할 적에 禮義를 비방하는 사람을 自暴라 이르고, 내 몸은 仁에 居할 수 없고 義를 따를 수 없다고 말하는 사람을 自棄라 이른다.

按說ㅣ'言非'에 대하여, 壺山은

---

188 自今畜之……艾終不可得矣 : 王氏(王安石)는 "쑥은 오래된 것을 좋게 여기니 미리 저장해두지 않으면 사람의 목숨을 살릴 수 없고, 仁은 오래하여야 익숙해지니 仁을 쌓지 않으면 나라의 위태로움을 구원하지 못한다.〔艾 以久爲善 不畜 不足以活人之死 仁 以久而熟 不積 不足以拯國之危〕" 하였다.

··· 迫 다다를박, 닥칠박 淑 착할숙 載 곧재 胥 서로서 及 더불급 溺 빠질닉 暴 해칠포 由 따를유

言非는 말할 때마다 반드시 비난한다는 말과 같다.〔言非 猶云言必非之〕

하였다.

集註 | 暴는 猶害也요 非는 猶毁也라 自害其身者는 不知禮義之爲美而非毁之하니 雖與之言이라도 必不見信也요 自棄其身者는 猶知仁義之爲美로되 但溺於怠惰하여 自謂必不能行이니 與之有爲라도 必不能勉也라

程子曰 人苟以善自治면 則無不可移者니 雖昏愚之至라도 皆可漸磨而進也라 惟自暴者는 拒之以不信하고 自棄者는 絶之以不爲하나니 雖聖人與居라도 不能化而入也니 此所謂下愚之不移[189]也니라

'暴'는 害(해침)와 같고, '非'는 毁(비방)와 같다. 스스로 그 몸을 해치는 자는 禮義가 아름다움이 됨을 알지 못하여 비방하니, 비록 그와 더불어 말하더라도 반드시 믿지 않을 것이요, 스스로 그 몸을 버리는 자는 仁義가 아름다움이 됨을 알기는 하나 게으름에 빠져 반드시 행할 수 없다고 스스로 말할 것이니, 비록 그와 더불어 일하더라도 반드시 힘쓰지 못할 것이다.

程子(伊川)가 말씀하였다. "사람이 만일 善으로써 스스로 다스리면 옮길(변할) 수 없는 자가 없으니, 비록 지극히 昏愚한 사람이라도 모두 점점 연마하여 나아갈 수 있다. 오직 自暴하는 자는 막아서 믿지 않고 自棄하는 자는 끊어서(체념하여) 하지 않으니, 비록 聖人과 더불어 거처하더라도 교화하여 들어갈 수 없다. 이것이 이른바 '下愚不移'라는 것이다.

10-2. 仁은 人之安宅也요 義는 人之正路也라

仁은 사람의 편안한 집이요, 義는 사람의 바른 길이다.

集註 | 仁宅은 已見前篇하니라 義者는 宜也니 乃天理之當行이요 無人欲之邪曲이라 故로 曰正路라하니라

仁宅은 이미 前篇(公孫丑上)에 보인다. '義'는 마땅함이니, 바로 天理로서 마땅히 행해야 할 것이요 人欲의 邪曲함이 없다. 그러므로 正路라 한 것이다.

---

189 下愚之不移 : 가장 미련하여 변할 수 없는 자로서 《論語》〈陽貨〉 3장의 "上智와 下愚는 변할 수 없다.〔唯上知與下愚不移〕"는 말에서 나온 것이다.

··· 怠 게으를 태　惰 게으를 타　漸 점점 점　磨 갈 마　拒 막을 거　移 옮길 이

10-3. 曠安宅而弗居하며 舍正路而不由하나니 哀哉라

편안한 집을 비워두고 거처하지 않으며 바른 길을 버려두고 다니지 않으니, 애처롭다."

集註 | 曠은 空也라 由는 行也라

'曠'은 空(비움)이다. '由'는 다님이다.

章下註 | ○ 此章은 言 道本固有로되 而人自絶之하니 是可哀也라 此는 聖賢之深戒니 學者所當猛省也니라

○ 이 章은 道가 본래 고유한 것이나 사람이 스스로 끊으니, 이는 슬퍼할 만함을 말씀한 것이다. 이는 聖賢의 깊은 경계이니, 배우는 자들이 마땅히 크게 반성하여야 할 것이다.

|道在爾章|

11. 孟子曰 道在爾(邇)而求諸遠하며 事在易而求諸難하나니 人人이 親其親하며 長其長이면 而天下平하리라

孟子께서 말씀하셨다. "道가 가까운 곳에 있는데도 먼 곳에서 구하며, 일이 쉬운 데 있는데도 어려운 데에서 찾는다. 사람마다 각기 자기 어버이를 친히 하고 자기 어른을 어른으로 섬기면 천하가 평해질 것이다."

集註 | 親長은 在人에 爲甚邇하고 親之長之는 在人에 爲甚易로되 而道初不外是也라 舍此而他求면 則遠且難而反失之니 但人人이 各親其親하고 各長其長이면 則天下自平矣라

親(어버이)과 長(어른)은 사람에게 있어 매우 가까움이 되고, 친히 하고 어른으로 섬김은 사람에게 있어 매우 쉬움이 되는데, 道는 애당초 여기에서 벗어나지 않는다. 이것을 버리고 다른 데에서 구하면 멀고 또 어려워서 도리어 잃게 되니, 다만 사람마다 각기 그 어버이를 친히 하고 그 어른을 어른으로 섬기면 천하가 저절로 평해질 것이다.

··· 曠 빌 광 舍 버릴 사(捨同) 猛 맹렬할 맹, 엄할 맹 爾 가까울 이(邇通) 外 벗어날 외

|居下位章(誠身有道章)|

12-1. 孟子曰 居下位而不獲於上이면 **民不可得而治也**리라 **獲於上**이 **有道**하니 **不信於友**면 **弗獲於上矣**리라 **信於友** **有道**하니 **事親弗悅**이면 **弗信於友矣**리라 **悅親**이 **有道**하니 **反身不誠**이면 **不悅於親矣**리라 **誠身**이 **有道**하니 **不明乎善**이면 **不誠其身矣**리라

孟子께서 말씀하셨다. "아랫자리에 있으면서 윗사람에게 〈신임을〉 얻지 못하면 백성을 다스리지 못할 것이다. 윗사람에게 신임을 얻는 것이 方道가 있으니, 벗에게 믿음을 받지 못하면 윗사람에게 〈신임을〉 얻지 못할 것이다. 벗에게 믿음을 받는 것이 方道가 있으니, 어버이를 섬겨 기쁘게 하지 못하면 벗에게 믿음을 받지 못할 것이다. 어버이를 기쁘게 하는 것이 方道가 있으니, 자기 몸에 돌이켜봄에 성실하지 못하면 어버이를 기쁘게 하지 못할 것이다. 몸을 성실히 하는 것이 方道가 있으니, 善을 밝게 알지 못하면 그 몸을 성실히 하지 못할 것이다.

> 集註 | 獲於上은 得其上之信任也라 誠은 實也니 反身不誠은 反求諸身而其所以爲善之心이 有不實也라 不明乎善은 不能卽事窮理하여 無以眞知善之所在也라
> 游氏曰 欲誠其意인댄 先致其知니 不明乎善이면 不誠乎身矣[190]라 學至於誠身이면 則安往而不致其極哉리오 以內則順乎親이요 以外則信乎友요 以上則可以得君이요 以下則可以得民矣리라

'獲於上'은 윗사람의 신임을 얻는 것이다. '誠'은 성실함이다. '反身不誠'은 자기 몸에 돌이켜 찾아봄에 善을 하려는 마음이 성실하지 못함이 있는 것이다. '不明乎善'은 사물에 나아가 理를 궁구하지 못하여 善의 所在를 참으로 알지 못하는 것이다.

游氏(游酢)가 말하였다. "그 뜻을 성실히 하려고 하면 먼저 그 지식을 지극히 하여야 하니, 善을 밝게 알지 못하면 그 몸을 성실히 하지 못할 것이다. 학문이 몸을 성실히 함에 이르면

---

190 欲誠其意……不誠乎身矣:新安倪氏(倪士毅)는 《大學》을 인용하여 이 章을 증명하였다. 致知는 바로 善을 밝게 아는 것인데, 다만 誠意는 自修의 시작으로 말하였고, 誠身은 自修의 完成으로 말하였으니, 誠意, 正心, 修身은 모두 誠身 두 글자 가운데 포함되어 있다.〔引大學以證此章 致知 卽所以明善也 但誠意則以自修之始言 誠身則以自修之成言 誠意正心修身 皆該於誠身二字中矣〕하였다.

··· 獲 얻을 획 安 어찌 안

어디를 간들 그 지극함을 다하지 않겠는가. 안으로는 어버이에게 순하고, 밖으로는 벗에게 믿음을 받고, 위로는 군주에게 신임을 얻고, 아래로는 백성들에게 민심을 얻을 것이다."

12-2. 是故로 誠者는 天之道也요 思誠者는 人之道也니라

이러므로 〈자연스럽게〉 성실히 함은 하늘의 道요, 성실히 할 것을 생각함은 사람의 道이다.

按說 | 《集註》에는 "이 章은 《中庸》의 孔子 말씀을 기술한 것이다." 하였는바, 孔子의 말씀은 《中庸》 20장에

아랫자리에 있으면서 윗사람에게 신임을 얻지 못하면 백성을 다스리지 못할 것이다. 윗사람에게 신임을 얻는 것이 방법이 있으니, 朋友에게 믿음을 받지 못하면 윗사람에게 신임을 얻지 못할 것이다. 朋友에게 믿음을 받는 것이 방법이 있으니, 어버이에게 순하지 못하면 朋友에게 믿음을 받지 못할 것이다. 어버이에게 순함이 방법이 있으니, 자기 몸에 돌이켜보아 성실하지 못하면 어버이에게 순하지 못할 것이다. 몸을 성실히 함이 방법이 있으니, 善을 밝게 알지 못하면 몸을 성실히 하지 못할 것이다. 성실한 자는 하늘의 道요, 성실히 하려는 자는 사람의 道이니, 성실한 자는 힘쓰지 않고도 道에 맞으며 생각하지 않고도 알아서 從容히 道에 맞으니 聖人이요, 성실히 하려는 자는 善을 택하여 굳게 지키는 자이다.〔在下位不獲乎上民不可得而治矣 獲乎上有道 不信乎朋友 不獲乎上矣 信乎朋友有道 不順乎親 不信乎朋友矣 順乎親有道 反諸身不誠 不順乎親矣 誠身有道 不明乎善 不誠乎身矣 誠者 天之道也 誠之者 人之道也 誠者 不勉而中 不思而得 從容中道 聖人也 誠之者 擇善而固執之者也〕

한 것을 가리킨다. 다만 《中庸》에서는 '思誠者'를 '誠之者'라고 하였는데, '思誠'과 '誠之'는 아직 온전히 誠者가 되지 못하여 誠할 것을 생각하고 誠하려고 노력한다는 데에서 의미가 통한다.

集註 | 誠者는 理之在我者 皆實而無僞니 天道之本然也요 思誠者는 欲此理之在我者 皆實而無僞니 人道之當然也라

··· 僞 거짓 위

誠은 나에게 있는 理를 모두 성실히 하여 거짓이 없는 것이니 天道의 本然이요, 思誠은 나에게 있는 이 理를 모두 성실히 하여 거짓이 없게 하고자 하는 것이니 人道의 當然함이다.

12-3. 至誠而不動者 未之有也니 不誠이면 未有能動者也니라

지극히 성실하고서 〈남을〉 감동시키지 못하는 자는 있지 않으니, 성실하지 못하면 능히 감동시킬 자가 있지 않다."

集註 | 至는 極也라

楊氏曰 動은 便是驗處니 若獲乎上, 信乎友, 悅於親之類 是也라

'至'는 지극함이다.

楊氏(楊時)가 말하였다. "'動'(감동시킴)은 바로 효험이 나는 곳이니, 獲乎上, 信乎友, 悅於親과 같은 따위가 이것이다."

章下註 | ○ 此章은 述中庸孔子之言하니 見思誠爲修身之本이요 而明善又爲思誠之本[191]이니 乃子思所聞於曾子요 而孟子所受乎子思者라 亦與大學相表裏하니 學者宜潛心焉[192]이니라

○ 이 章은 《中庸》에 있는 孔子의 말씀을 기술한 것이니, 思誠은 修身의 근본이 되고 明善은 또 思誠의 근본이 됨을 볼 수 있다. 이는 바로 子思가 曾子에게 들으신 것이요, 孟子가 子思에게 전수받은 것이다. 또한 《大學》과 서로 表裏가 되니, 배우는 자가 마땅히 마음을 다하여야 할 것이다.

---

191 見思誠爲修身之本 而明善又爲思誠之本 : 雲峰胡氏(胡炳文)는 "여기에서 말한 思誠은 바로 《中庸》에서 말한 '誠實히 한다.〔誠之〕'는 것이니, 그 공부가 知와 行을 모두 겸하여 말하였다. 思誠은 修身의 근본이니 이 修身은 知와 行을 우선으로 삼고, 明善은 또 思誠의 근본이니 이 知와 行 가운데에 또 마땅히 知를 우선으로 삼아야 하는 것이다.〔此所謂思誠 卽中庸所謂誠之 其工夫皆兼知行而言 思誠者 修身之本 是修身 以知行爲先 明善又爲思誠之本 是知行之中 又當以知爲先也〕" 하였다.

192 與大學相表裏 學者宜潛心焉 :《大學章句》의 註에 "제5장(格物致知章)은 바로 明善의 요체이고 제6장(誠意章)은 바로 誠身의 근본이다.〔其第五章 乃明善之要 第六章 乃誠身之本〕" 하였다.

··· 驗 효험험 表 겉표 裏 속리 潛 잠길잠

|伯夷避紂章(善養老章)|

13-1. 孟子曰 伯夷辟(避)紂하여 居北海之濱이러니 聞文王作하고 興曰
盍歸乎來리오 吾聞西伯은 善養老者라하며 太公辟紂하여 居東海之濱
이러니 聞文王作하고 興曰 盍歸乎來리오 吾聞西伯은 善養老者라하니라

孟子께서 말씀하셨다. "伯夷가 紂王을 피하여 北海의 가에 살았는데, 文王이 일어
났다는 말을 듣고 興起하여 말씀하기를 '내 어찌 그에게 돌아가지 않겠는가. 내 들으니
西伯(文王)은 늙은 자를 잘 봉양한다 했다.' 하였으며, 太公이 紂王을 피하여 東海
의 가에 살았는데, 文王이 일어났다는 말을 듣고 흥기하여 말씀하기를 '내 어찌 그에게
돌아가지 않겠는가. 내 들으니 西伯은 늙은 자를 잘 봉양한다 했다.' 하였다.

按說 | '聞文王作 興'에 대하여, 官本諺解에는 '聞文王作興하고'로 懸吐하였으나
栗谷諺解에는 '聞文王作ᄒ고 興曰'로 되어 있다. 沙溪(金長生)는

《集註》에는 "作과 興은 모두 일어남이다."라고 하였으니, '作'은 마땅히 文王에게 속하고
'興'은 마땅히 二老(伯夷와 太公)에게 속해야 한다. 《直解》에는, '作은 바로 일어나서 西伯
의 지위에 있는 것이고, 興은 바로 奮起하여 興發하는 생각이다.' 하였는데, 小註와 諺解
에는 '作'과 '興'을 모두 文王에게 소속시켰으니, 옳지 못하다.〔註作興皆起也 作當屬文王
興當屬二老 直解作是起而在西伯之位 興是奮起興發之念云云 小註及諺解 作興皆
屬文王 非是〕《經書辨疑》

하였다. '小註'는 《大全》에 作興에 대해 "文王이 일어나 方伯이 됨을 말했다.〔言文王起
而爲方伯〕" 하였음을 가리킨 것이다. 尤菴(宋時烈)은,

일찍이 듣건대, 鄭愚伏(鄭經世)이 燕京에 갔을 적에 한 童子가 이 책을 옆에 끼고 있는 것
을 보고서 이 章을 읽게 하였더니 '作'字에서 句를 떼었다고 하였는데,《經書辨疑》의 말씀
을 읽어보니 바로 이와 서로 부합하니, 마땅히 이것을 따라야 할 듯하다.〔嘗聞鄭愚伏赴京時
遇一童子挾是書 使讀此章 則作字句絶 讀辨疑之說 正與此相符 恐當從之〕《宋子大
全 答三錫》

하였다. 또 尤菴은,

··· 辟 피할 피(避同) 濱 물가 빈 作 일어날 작 盍 어찌아니 합

'作興' 두 글자를 합하여 한 말씀으로 보면 《集註》에 "作과 興은 모두 일어남이다."라고 말할 필요가 없다. 그러나 小註에 "文王이 일어나 方伯이 됨을 말한 것이다." 하였으니, 이에 근거해보면 이 두 글자는 모두 마땅히 文王에 속해야 한다. 그렇다면 《集註》의 뜻은 '作'字, '興'字의 뜻이 똑같지 않은 듯하므로 '皆'字를 놓은 것인데, 그 大義는 또한 합하여 말해서 하나로 만든 뜻이 아니겠는가.〔作興二字 若合作一說看 則集註不必曰作興皆起也 然小註言文王起而爲方伯 據此則此二字皆當屬文王矣 然則集註之意 豈以爲作字興字 義若不同 故下皆字 而其大義則亦合說爲一之義耶〕《宋子大全 答洪虞卿》

하였다. 茶山은 漢代에는 '作興'으로 句讀를 끊었다는 毛奇齡의 說을 취하여

우리나라에서는 '文王作興'으로 句讀를 떼니, 漢代의 句讀에 절로 부합한다.〔吾東以文王作興爲句 自與漢合〕

하였다. 壺山은

살펴보건대 栗谷諺解에 '作'에서 句를 떼었는데 尤菴은 두 가지를 따랐는바, '興曰' 두 글자는 文法이 생경하니, 우선 尤菴의 아래 한 설을 따라 현행 諺解(官本諺解)대로 읽더라도 무방할 듯하고, 또 '作人'의 '作'과 '待興'의 '興'을 가지고 訓하는 것 또한 충분히 한 뜻을 구비할 듯하니, 노인을 봉양함은 또한 인재를 진작하고 백성을 일으키는 한 가지 일인 것이다.〔按栗谷諺解 以作爲句 而尤菴則兩從之 蓋興曰二字 文法生硬 姑從尤菴下一說 依見行諺解讀之 恐亦無妨 且以作人之作 待興之興爲訓 似亦足備義 蓋養老亦作人興民之一事云〕

하여, 官本諺解대로 읽어도 무방함을 말하고 또 '作興'을 '作人과 興民'의 뜻으로 보아 '作興'을 한 구로 읽어도 됨을 말하였다. 楊伯峻은

朱子의 《集註》는 '作'字에서 句를 떼고 '興'字를 아래에 붙여 읽었으나, 趙岐의 註는 '作興'을 붙여 한 단어로 보았다.……이 '興'字는 바로 〈盡心上〉 10장의 '豪傑의 선비로 말하면 비록 文王 같은 聖君이 없더라도 오히려 흥기한다.〔若夫豪傑之士 雖無文王 猶興〕'의 '興'자와 같다.

하고, '作'字에서 句讀를 떼었다. 그러나 朱子가 作에서 句를 뗀 것은 보이지 않는데 楊伯峻이 이렇게 말한 것은 《集註》의 "作과 興은 모두 일어남이다."라는 말을 근거한 것으

로, '作興'이 한 단어라면 '皆'가 필요 없기 때문이다.

集註 | 作, 興은 皆起也라 盍은 何不也라 西伯은 卽文王也니 紂命爲西方諸侯之長
하여 得專征伐이라 故로 稱西伯이라 太公은 姜姓이요 呂氏니 名尙[193]이라 文王發政에
必先鰥寡孤獨하시고 庶人之老 皆無凍餒라 故로 伯夷, 太公이 來就其養[194]이요 非
求仕也라

'作'과 '興'은 모두 일어남이다. '盍'은 '어찌 아니'이다. 西伯은 바로 文王이니, 紂王이
〈文王에게〉 명하여 西方에 있는 諸侯의 우두머리로 삼아 征伐을 마음대로 할 수 있게 하였
다. 이 때문에 西伯이라 칭한 것이다. 太公은 姜姓이요 呂氏이니, 이름이 尙이다. 文王은
정사를 폄에 반드시 鰥(홀아비)·寡(과부)·孤(고아)·獨(무의탁자)을 우선하셨고, 庶人의
노인들도 모두 얼고 굶주리는 자가 없게 하였다. 그러므로 伯夷와 太公이 와서 그의 봉양에
나아간 것이요, 벼슬을 구한 것이 아니다.

13-2. 二老者는 天下之大老也而歸之하니 是는 天下之父 歸之也라 天
下之父 歸之어니 其子 焉往이리오

---

193 太公……名尙 : 《史記》〈齊太公世家〉에 다음과 같이 보인다. "太公望 呂尙은 東海 가 사람이니, 그 先
祖가 일찍이 四嶽이 되어서 禹임금을 도와 洪水와 땅을 다스려 큰 功이 있었다. 舜임금과 夏나라의 즈
음에 呂 땅에 봉해지기도 하고 申 땅에 봉해지기도 하였는데, 姓은 姜氏이다. 夏나라와 商나라의 때에
申 땅과 呂 땅은 혹은 支庶의 자손을 봉하고 혹은 庶人이 되었으니, 尙은 그의 後孫이다. 本姓은 姜氏
인데, 봉해진 姓을 따랐기 때문에 呂尙이라 한 것이다.……西伯이 사냥을 나갔다가 과연 太公을 渭水
의 북쪽에서 만나 함께 말을 하고 크게 기뻐하며 '우리 先君 太公으로부터 「聖人이 周나라에 와서 周
나라가 흥왕할 것이다.」하였다. 그대가 진실로 그 사람인가? 우리 太公이 그대가 오기를 바란 지 오래
이다.' 하였다. 그러므로 칭호를 太公望이라 하였다.〔太公望呂尙者 東海上人 其先祖嘗爲四嶽 佐禹
平水土 甚有功 虞夏之際 封於呂 或封於申 姓姜氏 夏商之時 申呂或封支庶子孫 或爲庶人 尙 其
後苗裔也 本姓姜氏 從其封姓 故曰呂尙……西伯獵 果遇太公於渭之陽 與語大說 曰 自吾先君太
公曰 當有聖人適周 周以興 子眞是邪 吾太公望子久矣 故號之曰太公望〕'太公 姜姓 呂氏'는 古
代에 姓과 氏가 구분되었는바, 氏는 封地로 지금의 貫鄕과 같다. 先君 太公은 文王의 祖考이고 王季
의 아버지인 古公亶父로 뒤에 太王으로 추존되었다.

194 伯夷太公 來就其養 : 茶山은 "두 노인이 스스로 늙었다고 여겨 文王의 봉양에 나아간 것이 아니다. 늙
은이를 잘 봉양하는 것이 王政이다. 이는 '내 들으니 西伯은 王政을 행한다고 한다. 어찌 돌아가지 않
겠는가.'라고 한 것이다.〔二老非自以其老 往就文王之養也 善養老 王政也 吾聞西伯行王政 盍歸乎
來〕" 하였다.

··· 鰥 홀아비 환 寡 과부 과 孤 고아 고 獨 홀로 독 凍 얼 동 餒 굶주릴 뇌 焉 어찌 언

두 노인은 天下의 大老인데 文王에게 돌아갔으니, 이는 천하의 아버지가 文王에게 돌아간 것이다. 천하의 아버지가 文王에게 돌아갔으니, 그 자제들이 〈文王에게 돌아가지 않고〉 어디로 가겠는가.

> 集註 | 二老는 伯夷, 太公也라 大老는 言非常人之老者[195]라 天下之父는 言齒德皆尊하여 如衆父[196]然이라 旣得其心이면 則天下之心이 不能外矣니라 蕭何所謂 養民致賢하여 以圖天下者[197] 其意暗與此合이로되 但其意則有公私之辨[198]하니 學者又不可不察也니라

'二老'는 伯夷와 太公이다. '大老'는 보통 노인이 아님을 말한다. '천하의 아버지'는 연치와 德이 모두 높아서 여러 사람들의 아버지와 같음을 말한다. 이미 그의 마음을 얻었다면 천하의 마음이 벗어나지 않을 것이다. 蕭何의 이른바 '백성을 기르고 賢者를 초치하여 천하를 도모한다.'는 것이 그 뜻이 은연중 이와 합하나, 다만 그 뜻에 公과 私의 구별이 있으니, 배우는 자가 또 이것을 살피지 않으면 안 될 것이다.

---

195 大老 言非常人之老者 : 壺山은 "大老와 巨室이 대략 서로 비슷하다.〔大老巨室 略相同〕"하였다.

196 衆父 : 慶源輔氏(輔廣)는 "'衆父' 두 글자는 《老子》에 나오는데 《集註》에서 빌려 사용하였으니, 그 뜻은 衆人의 아버지를 말한 것이다.〔衆父二字 出老子 集註借用之 其義則謂衆人之父爾〕"하였다.

197 蕭何所謂……以圖天下者 : 《資治通鑑》 漢 高帝 元年(B.C.206) 2월에 "〔項羽가〕 沛公을 漢王으로 세워 巴蜀과 漢中에 王 노릇하여 南鄭에 도읍하게 하고, 關中을 셋으로 나누어 秦나라에서 항복해온 장수〔章邯 등 세 사람〕를 王으로 세워 漢나라의 길을 막게 하였다.……漢王이 怒하여 項羽를 공격하려 하자, 周勃과 灌嬰, 樊噲가 모두 권하였다. 그러나 蕭何는 諫하기를 '비록 漢中의 나쁜 땅에 王 노릇하지만 죽는 것보다는 낫지 않겠습니까.……능히 한 사람의 아래에 굽혀서 萬乘의 위에 편 자는 湯王과 武王이 이분입니다. 臣은 원컨대 大王께서 漢中에 王 노릇하여 백성들을 기르고 賢人을 招致하며 巴蜀지방의 인물을 거두어 쓰고 돌아가 三秦을 平定하면 天下를 도모할 수 있을 것입니다.' 했다.〔立沛公爲漢王 王巴蜀漢中 都南鄭 而三分關中 王秦降將〔章邯等三人〕 以距塞漢路……漢王怒 欲攻項羽 周勃, 灌嬰, 樊噲皆勸之 蕭何諫曰 雖王漢中之惡 不猶愈於死乎……能詘(屈)於一人之下 而信(伸)於萬乘之上者 湯武是也 臣願大王王漢中 養其民以致賢人 收用巴蜀 還定三秦 天下可圖也〕"라고 보인다.

198 但其意則有公私之辨 : 慶源輔氏(輔廣)는 "蕭何의 말은 이것을 하여 천하를 도모하고자 한 것이니 위하는 바가 있어서 한 것으로 이른바 사사로움이란 것이요, 文王이 이것을 한 것은 애당초 위하는 바가 없고 자신의 義理를 행했을 뿐으로 이른바 공변됨이란 것이니, 二老가 돌아간 것은 바로 자연스러운 呼應이다.〔蕭何之說 是欲爲此以圖天下 有爲而爲 所謂私也 文王之爲此 則初無所爲也 行吾義而已 所謂公也 二老之歸 乃其自然之應爾〕"하였다. '위하는 바가 있어서 한다.'는 것은 본래 어떤 목적을 달성하기 위해 하는 것으로, 천하를 차지할 속셈으로 하기 때문에 '사사로움'이라 한 것이다.

••• 齒 연치 치   蕭 쑥 소   致 부를 치   圖 도모할 도   暗 은밀할 암

13-3. 諸侯有行文王之政者면 七年之內에 必爲政於天下矣리라

諸侯가 文王의 정사를 〈잘〉 행하는 자가 있으면 7년 이내에 반드시 천하에 정사를 할 것이다."

集註 | 七年은 以小國而言也니 大國五年은 在其中矣라

'7년'은 小國을 가지고 말한 것이니, '大國 5년'은 이 안에 들어 있다.

|善戰者服上刑章(鳴鼓而攻之章)|

14-1. 孟子曰 求也爲季氏宰하여 無能改於其德이요 而賦粟이 倍他日한대 孔子曰 求는 非我徒也로소니 小子아 鳴鼓而攻之 可也라하시니라

孟子께서 말씀하셨다. "求가 季氏의 家臣이 되어 季氏의 德(마음씨와 행실)을 고치지 못하고 곡식(세금)을 취한 것이 다른 날보다 倍加하자, 孔子께서 말씀하시기를 '求는 나의 무리가 아니니, 小子들아 북을 울리며 攻討(聲討)하는 것이 可하다.' 하셨다.

按說 | '求也爲季氏宰……鳴鼓而攻之可也'에 대하여, 《論語》〈先進〉 16장에

季氏가 周公보다 부유하였는데도 求(冉有)가 그를 위해 聚斂(세금을 많이 거둠)하여 재산을 더 늘려주었다. 孔子께서 말씀하셨다. "〈求는〉 우리 무리가 아니니, 小子들아! 북을 울려 죄를 聲討함이 옳다.〔季氏富於周公 而求也 爲之聚斂而附益之 子曰 非吾徒也 小子 鳴鼓而攻之 可也〕

라고 보이며, 《春秋左傳》哀公 11년 조에

季孫(季康子)이 田賦를 거두려고 冉有(冉求)를 보내어 仲尼에게 의견을 묻자, 仲尼는 "나는 모른다." 하였다. 季孫이 연달아 세 차례 보내어 물었는데, 마지막으로 "그대는 국가의 원로라서 그대의 대답을 기다려 시행하려고 하는데, 어찌하여 그대는 말을 하지 않는가?" 하였다. 仲尼는 대답하지 않고 私的으로 冉有에게 말씀하기를 "군자가 정사를 시행함은 禮를 헤아려서, 베푸는 것은 많은 쪽을 취하고 일은 꼭 알맞게 하고 조세를 거두는 것은 적은 쪽

··· 賦 취할 부 粟 곡식 속 徒 무리 도 鳴 울릴 명 鼓 북 고

을 따라야 한다. 이와 같이 하면 丘賦로도 충분하지만, 만약 禮를 헤아리지 않고 탐욕스러워 만족할 줄을 모른다면 田賦를 거두어도 부족할 것이다. 장차 자네 季孫氏가 정사의 시행을 법에 맞게 하고자 한다면 周公의 법이 남아 있다. 만약 구차하게 시행하고자 한다면 또 어찌 의견을 묻는가?" 하였다. 季孫은 孔子의 말을 듣지 않았다.〔季孫欲以田賦 使冉有訪諸仲尼 仲尼曰 丘不識也 三發 卒曰 子爲國老 待子而行 若之何子之不言也 仲尼不對而私於冉有曰 君子之行也 度於禮 施取其厚 事擧其中 斂從其薄 如是則以丘亦足矣 若不度於禮而貪冒無厭 則雖以田賦 將又不足 且子季孫若欲行而法 則周公之典在 若欲苟而行 又何訪焉 弗聽〕

라고 보인다.

'無能改於其德'에 대하여, 壺山은

季氏로 하여금 그 탐욕하는 마음을 고치게 하지 못한 것이다.〔不能使季氏改其貪德〕

하였다.

集註 | 求는 孔子弟子冉求라 季氏는 魯卿이라 宰는 家臣이라 賦는 猶取也니 取民之粟이 倍於他日也라 小子는 弟子也라 鳴鼓而攻之는 聲其罪而責之也[199]라

求는 孔子의 弟子 冉求이다. 季氏는 魯나라 卿이다. '宰'는 家臣이다. '賦'는 取(취함)와 같으니, 백성의 곡식을 취함이 다른 날보다 倍加한 것이다. '小子'는 弟子이다. '북을 울리며 攻討한다.'는 것은 그 죄를 소리내어(성토하여) 꾸짖는 것이다.

14-2. 由此觀之컨대 君不行仁政而富之면 皆棄於孔子者也니 況於爲之强戰하여 爭地以戰에 殺人盈野하며 爭城以戰에 殺人盈城이온여 此

---

199 鳴鼓而攻之 聲其罪而責之也 : 茶山은 "'鳴鼓'는 군대의 일이다. 私家에서 사람을 가르치면서 북을 울려 그 제자를 攻討하였다는 말은 듣지 못하였다. 정말로 이런 일이 있었다면 다시 누가 聖門에 遊學하려고 하겠는가.《周禮》〈夏官司馬 大司馬〉의 아홉 가지 죄악을 토벌하는 법 중에 '어진 이를 해치고 백성에 해를 끼치는 자는 伐한다.〔鍾鼓가 있는 것을 伐이라 한다.〕' 하였으니, 冉求의 죄는 바로 '害民'의 법률에 해당한다. 그러므로 孔子께서 군대의 법으로 판단하여 '鳴鼓가 可하다.'고 말씀하신 것이다.〔鳴鼓者 軍旅之事 未聞私室敎人 鳴鼓以攻其弟子 誠有是也 復誰肯游於聖門者乎 大司馬九伐之法 賊賢害民則伐之〔有鐘鼓曰伐〕 冉求之罪 正中害民之律 故孔子繩之以軍旅之法 曰鳴鼓可也〕" 하고, 실제로 冉求에게 북을 울려 攻討한 것은 아니라고 하였다.

··· 冉 성염, 나아갈염 强 억지로 강 盈 가득찰영 野 들 야

所謂率土地而食人肉이라 罪不容於死니라

이것을 가지고 본다면 군주가 仁政을 행하지 않는데 그 군주를 부유하게 하면 모두 孔子에게 버림을 받을 자인 것이다. 하물며 그 군주를 위하여 억지로 싸워서, 땅을 다투어 싸움에 사람을 죽인 것이 들에 가득하며 城을 다투어 싸움에 사람을 죽인 것이 城에 가득함에 있어서랴. 이것은 이른바 '土地를 따라(위하여) 사람의 고기를 먹는다.'는 것이니, 죄가 죽음에 이르러도 용서받지 못할 것이다.

> 集註 | 林氏曰 富其君者는 奪民之財耳로되 而夫子猶惡(오)之하시니 況爲土地之故而殺人하여 使其肝腦塗地면 則是率土地而食人之肉이라 其罪之大 雖至於死라도 猶不足以容之也니라
>
> 林氏(林之奇)가 말하였다. "그 군주를 부유하게 한 자는 백성의 재물을 빼앗을 뿐인데도 夫子(孔子)가 오히려 미워하셨는데, 하물며 土地 때문에 사람을 죽여 肝과 腦를 땅에 바르게 한다면 이는 土地를 위하여 사람의 고기를 먹는 것이니, 그 죄의 큼이 비록 죽음에 이르러도 오히려 용서받을 수 없는 것이다."

14-3. 故로 善戰者 服上刑하고 連諸侯者 次之하고 辟草萊任土地者 次之니라

그러므로 전투를 잘하는 자가 上刑(극형)을 받아야 하고, 〈外交를 잘하여〉 제후들과 연합하는 자가 다음의 刑을 받아야 하고, 풀밭과 쑥밭을 개간하여 〈백성들에게〉 土地를 맡겨주는 자가 다음의 刑을 받아야 한다."

> 按說 | '服'에 대하여, 壺山은
>
> 服은 입음(받음)이다.〔服 被也〕
>
> 하였다.

> 集註 | 善戰은 如孫臏, 吳起之徒요 連結諸侯는 如蘇秦, 張儀之類라 辟은 開墾也

··· 奪 빼앗을 탈 肝 간 간 腦 뇌 뇌 塗 바를 도 辟 개간할 벽 萊 쑥 래 臏 정강이뼈 빈 蘇 소생할 소 墾 개간할 간

라 任土地는 謂分土授民하여 使任耕稼之責이니 如李悝盡地力²⁰⁰과 商鞅開阡陌(맥)²⁰¹之類也라

---

200 李悝盡地力 : 壺山은 "李悝는 바로 李克이니, 魏나라 文侯 때 사람이다.〔即李克 魏文侯時人〕"하였다. 《前漢書》〈食貨志〉에 "〈전국 시대에 李悝가〉魏 文侯를 위하여 地力을 다하는 가르침을 만들어서 '方百里는 封內(국경 안)를 통틀어 9만 頃인데, 산과 늪과 邑內의 거주지를 제하여 3분의 1을 빼면 田地가 600만 畝(6만 頃)가 되니, 農地를 부지런히 다스리면 곡식 三升을 더 주고〔服虔은 말하기를 "三升을 주는 것이다." 하였고, 臣瓚은 말하기를 "마땅히 三斗라고 해야 하니, 田地를 부지런히 다스리면 1畝에 三斗를 더 줌을 이른다." 하였다.〕 그리고 부지런히 다스리지 않으면 또한 이와 같이 줄인다. 方百里에서 수확되는 곡식은 조금 차이가 있더라도 거의 곡식 180만 石이 된다.'하였고, 또 '쌀을 너무 비싸게 收買하면 백성들을 해치고〔백성은 士와 工과 商人을 이른다.〕 너무 싸게 수매하면 농민들을 해치니, 백성들이 해를 입으면 離散되고 농민들이 해를 입으면 나라가 가난해진다. 그러므로 收買價가 너무 비싸거나 너무 싼 것은 그 해친다는 점에서는 똑같다. 나라를 잘 다스리는 자는 백성들에게는 피해가 없게 하고 농민들은 더욱 부지런히 농사에 힘쓰게 한다. 지금 한 가장이 다섯 명의 식구를 데리고 田地 100畝를 가꾸어서 해마다 1畝에서 1石 半을 수확하면 곡식이 150石이 되는데, 이 가운데 10분의 1의 세금인 15石을 제하면 135石이 남는다. 食糧은 식구마다 매달 1石 半을 먹으면 다섯 식구가 1년에 먹는 곡식이 90石이 되고 45石이 남으니, 1石에 30錢을 받으면 돈이 1,350錢이 된다. 社와 閭의 嘗新(새 곡식을 올리고 맛봄)과 봄가을의 제사에 쓰는 돈 300錢을 제하면 1,050錢이 남는다. 衣服은 식구마다 대체로 300錢을 사용하면 다섯 명이 1년에 1,500錢을 사용하게 되어 450錢이 부족하게 되고, 불행히 질병이나 초상의 비용과 위에서 별도로 거두는 세금은 또 여기에 포함되어 있지 않으니, 이 때문에 농부가 항상 곤궁하여 경작에 힘을 다하지 않는 마음이 생겨 수매가가 매우 비싸진 것이다. 그러므로 쌀 수매를 공평하게 잘하는 자는 반드시 그 해의 상·중·하 세 등급의 풍년을 잘 살핀다.……大孰(풍년)이면 위에서 300석을 사들이고 100석을 남기며, 中孰(중간 풍년)이면 200석을 사들이고 下孰(조금 풍년)이면 50석을 사들여서, 백성들로 하여금 충분히 사용하게 하되 값을 공평하게 할 뿐이다. 小饑(조금 흉년)이면 小孰에 거두었던 곡식을 풀고, 中饑(중간의 흉년)이면 中孰에 거두었던 곡식을 풀고, 大饑(심한 흉년)이면 大孰에 거두었던 곡식을 풀어서 판다. 이 때문에 비록 饑饉과 水害와 旱害를 만나더라도 수매가가 비싸지 아니하여 백성들이 흩어지지 않는다.'했다.〔爲魏文侯 作盡地力之敎 以爲地方百里 提封九萬頃 除山澤邑居 參分去一 爲田六百萬畝 治田勤謹則畝益三升〔服虔曰 與之三升也 臣瓚曰 當言三斗 謂治田勤則畝加三斗也〕不勤則損亦如之 地方百里之增減 輒爲粟百八十萬石矣 又曰 糴甚貴 傷民〔謂士工商也〕甚賤 傷農 民傷則離散 農傷則國貧 故甚貴與甚賤 其傷一也 善爲國者 使民無傷而農益勸 今一夫挾五口 治田百畝 歲收畝一石半 爲粟百五十石 除十一之稅十五石 餘百三十五石 食 人月一石半 五人終歲爲粟九十石 餘有四十五石 石三十 爲錢千三百五十 除社閭嘗新春秋之祠 用錢三百 餘千五十 衣 人率用錢三百 五人終歲用千五百 不足四百五十 不幸疾病死喪之費 及上賦斂 又未與此 此農夫所以常困 有不勸耕之心 而令糴至於甚貴者也 是故善平糴者 必謹觀歲上中下孰(熟)……大孰則上糴三而舍一 中孰則糴二 下孰則糴一 使民適足 賈平而止 小饑則發小孰之所斂 中饑則發中孰之所斂 大饑則發大孰之所斂而糴之 故雖遇饑饉水旱 糴不貴而民不散〕." 하였다.

201 商鞅開阡陌 : 南으로 난 길을 阡이라 하고 東西로 난 길을 陌이라 하는바, 그 전에는 井田法을 시행하여 土地를 井字로 구획한 다음, 여기에서 남는 자투리땅은 경작하지 않고 버려두었으나 秦나라 孝公 때에 商鞅이 처음으로 길의 일부인 阡陌까지도 모두 경작하게 하였으므로 말한 것이다. 이에 대한 내용이 《資治通鑑》〈周紀〉顯王 19년(秦나라 孝公 12년)에 다음과 같이 보인다. "〈秦나라 商鞅이〉백성들에게 父子와 兄弟가 한 집에서 사는 것을 禁하고, 여러 작은 시골과 부락을 합병하여 한 縣을 만든 다음 縣에 令과 丞을 설치하였으며……井田法을 폐지하고 阡陌을 개간하였으며 斗斛과 權衡과 丈尺을 고르게 하였다.〔令民父子兄弟同室內(納)息者爲禁 幷諸小鄕聚 集爲一縣 縣置令丞……廢井田 開

••• 耕 밭갈 경 稼 심을 가 悝 이름 회 鞅 고삐 앙 阡 길 천 陌 길 맥

'전투를 잘한다.'는 것은 孫臏·吳起와 같은 무리요, '제후를 연결한다.'는 것은 蘇秦·張儀
와 같은 무리이다. '辟'은 개간함이다. '任土地'는 땅을 나누어 백성들에게 주어서 밭 갈고
벼 심는 책임을 맡기는 것이니, 李悝가 地力을 다하여 生産力을 높이고 商鞅이 阡陌을 개
간한 것과 같은 따위이다.

|存乎人者莫良於眸子章|

15-1. 孟子曰 存乎人者 莫良於眸子하니 眸子不能掩其惡하나니 胸中이 正則眸子瞭焉하고 胸中이 不正則眸子眊焉이니라

孟子께서 말씀하셨다. "사람에게 보존되어 있는 것(神氣)은 눈동자보다 더 좋은 것이
없으니, 눈동자는 그의 惡을 은폐하지 못한다. 가슴속이 바르면 눈동자가 밝고, 가슴속
이 바르지 못하면 눈동자가 흐리다.

按說| '存'에 대하여, 楊伯峻은 《爾雅》〈釋詁〉에 "存은 察(살핌)이다." 한 것을 취하
였다.

集註| 良은 善也라 眸子는 目瞳子也라 瞭는 明也라 眊者는 蒙蒙하여 目不明之貌라
蓋人與物接之時에 其神在目이라 故로 胸中正則神精而明하고 不正則神散而昏이
니라

'良'은 좋음이다. '眸子'는 눈의 동자이다. '瞭'는 밝음이다. '眊'는 蒙蒙(가리움)하여 눈이
밝지 못한 모양이다. 사람이 사물과 접할 때에 그 精神이 눈에 있다. 이 때문에 가슴속이 바
르면 精神이 精하여 〈눈동자가〉 밝고, 가슴속이 바르지 못하면 精神이 흩어져 〈눈동자가〉
밝지 못한 것이다.

阡陌 平斗桶, 權衡, 丈尺)"同室內(納)息'은, '內'는 '納'의 뜻이고 '息'은 자식이니, 子弟가 아내를 들
여 자식을 낳으면 同居를 금하여 동거할 경우 세금을 곱절로 부과한 것이다. 옛날 農地에 대한 租稅에,
家戶에 따른 戶稅와 壯丁에 따른 身役(軍役)이 있었는바, 商鞅의 처음 법령에는 두 아들 이상이면서
分居하지 않는 자는 戶稅를 곱절로 거두었는데, 뒤에는 獨子라도 결혼하여 자식을 낳으면 家戶를 달리
하여 戶稅를 거두었다.

··· 眸 눈동자 모 胸 가슴 흉 瞭 밝을 료 眊 흐릴 모 瞳 눈동자 동 蒙 덮어씌울 몽

15-2. 聽其言也요 觀其眸子면 人焉廋哉리오

그의 말을 들어보고 그의 눈동자를 관찰한다면 사람들이 어떻게 〈자신을〉 숨기겠는가."

集註ㅣ廋는 匿也라 言亦心之所發이라 故로 幷此以觀이면 則人之邪正을 不可匿矣라 然이나 言猶可以僞爲어니와 眸子則有不容僞者니라

'廋'는 숨김이다. 말 또한 마음에서 나오는 것이다. 그러므로 이것(말)까지 아울러(겸하여) 관찰한다면 사람의 사악함과 바름을 숨길 수 없는 것이다. 그러나 말은 오히려 거짓으로 잘 할 수 있지만 눈동자는 속일 수 없는 것이다.

|恭者不侮人章(侮奪章)|

16. 孟子曰 恭者는 不侮人하고 儉者는 不奪人하나니 侮奪人之君은 惟恐不順焉이어니 惡(오)得爲恭儉이리오 恭儉을 豈可以聲音笑貌爲哉리오

孟子께서 말씀하셨다. "공손한 자는 남을 업신여기지 않고, 검소한 자는 남의 것을 빼앗지 않는다. 남을 업신여기고 남의 것을 빼앗는 군주는 〈사람들이 자신의 뜻에〉 순종하지 않을까 두려워하니, 어찌 공손함과 검소함을 할 수 있겠는가. 공손함과 검소함을 어찌 음성이나 웃음과 모양으로써 〈꾸며서〉 할 수 있겠는가."

集註ㅣ惟恐不順은 言恐人之不順己라 聲音笑貌는 僞爲於外也라

'惟恐不順'은 사람들이 자신에게 순종하지 않을까 두려워함을 말한다. '聲音'과 '笑貌'는 외면에 거짓으로 꾸며서 하는 것이다.

|淳于髡章(嫂溺章)|

17-1. 淳于髡曰 男女授受不親이 禮與잇가 孟子曰 禮也니라 曰 嫂溺이어든 則援之以手乎잇가 曰 嫂溺不援이면 是는 豺狼也니 男女授受不親은 禮也요 嫂溺이어든 援之以手者는 權也니라

··· 廋 숨길 수 匿 숨길 닉 僞 거짓 위 侮 업신여길 모 奪 빼앗을 탈 笑 웃을 소 貌 모양 모 髡 머리깎을 곤 援 구원할 원 嫂 아주머니 수 溺 빠질 닉 豺 이리 시 狼 이리 랑

淳于髡이 "남녀간에 주고받기를 친히 하지 않는 것이 禮입니까?" 하고 묻자, 孟子께서 "禮이다." 하고 대답하셨다.

"弟嫂가 우물에 빠지면 손으로써 구원하여야 합니까?" 하고 묻자, 대답하시기를 "제수가 물에 빠졌는데도 구원하지 않는다면 이는 豺狼(승냥이)이니, 남녀 간에 주고받기를 친히 하지 않음은 禮이고, 제수가 물에 빠졌으면 손으로써 구원함은 權道이다." 하셨다.

> 按說┃ '嫂'는 兄嫂와 弟嫂가 모두 해당되는데, 옛날에 시숙과 제수 사이를 더욱 조심하였으므로 제수로 번역하였음을 밝혀둔다.

集註┃ 淳于는 姓이요 髡은 名이니 齊之辯士라 授는 與也요 受는 取也라 古禮에 男女不親授受하니 以遠別也[202]라 援은 救之也라 權은 稱錘也니 稱物輕重而往來以取中者也[203]라 權而得中이면 是乃禮也[204]니라

淳于는 姓이요 髡은 이름이니, 齊나라의 辯士이다. '授'는 줌이요, '受'는 취함이다. 古禮에 남녀가 물건을 친히 주고받지 않았으니, 이는 남녀의 분별을 멀리(크게) 한 것이다. '援'은 구원함이다. '權'은 저울의 추이니, 물건의 輕重을 저울질하여 왔다갔다 해서 맞음을 취하는 것이다. 〈상황을〉 저울질하여 中道를 얻는다면 이것이 바로 禮이다.

17-2. 日 今天下溺矣어늘 夫子之不援은 何也잇고

淳于髡이 말하였다. "지금 천하가 도탄에 빠졌는데, 夫子께서 구원하지 않으심은 어째서입니까?"

---

202 古禮……以遠別也 : 禮는 《禮記》〈內則〉을 가리킨 것으로, "男子는 안의 일을 말하지 않고 女子는 밖의 일을 말하지 않으며, 祭祀가 아니고 喪事가 아니면 서로 그릇을 주고받지 않으니, 서로 주게 되면 女子가 광주리로써 주고 광주리가 없으면 〈男女가〉 모두 앉아서 물건을 바닥에 놓은 뒤에 상대방이 가져간다.〔男不言內 女不言外 非祭非喪 不相授器 其相授 則女授以筐 其無筐 則皆坐 奠之而後 取之〕"라고 보인다. 《大全》에 이는 "禮의 떳떳함이다.〔禮之經也〕" 하였다.

203 稱物輕重而往來以取中者也 : 《大全》에 "이는 '權'字의 뜻을 해석한 것이다.〔此釋權字之義〕" 하였다.

204 權而得中 是乃禮也 : 朱子는 "일에는 緩急이 있고 이치에는 大小가 있으니, 이러한 곳은 다 모름지기 權道로써 맞춰야 한다.〔事有緩急 理有大小 這樣處 皆須以權稱之〕" 하였다.《語類》

··· 辯 말잘할변 稱 저울질할칭 錘 저울추

集註 | 言今天下大亂하여 民遭陷溺하니 亦當從權以援之요 不可守先王之正道也라

지금 천하가 크게 혼란하여 백성들이 함정에 빠지고 물에 빠짐을 만났으니, 또한 마땅히 權道를 따라 이들을 구원하여야 할 것이요, 先王의 正道만을 지켜서는 안 됨을 말한 것이다.

17-3. 曰 天下溺이어든 援之以道요 嫂溺이어든 援之以手니 子欲手援天下乎아

孟子께서 말씀하셨다. "천하가 도탄에 빠지거든 道로써 구원하고, 제수가 물에 빠지거든 손으로써 구원하는 것이니, 자네는 손으로 천하를 구원하고자 하는가."

集註 | 言 天下溺엔 惟道可以捄之[205]니 非若嫂溺可手援也라 今子欲援天下호되 乃欲使我枉道求合하니 則先失其所以援之之具矣니 是欲使我以手援天下乎아

'천하가 도탄에 빠졌을 적에는 오직 道만이 이를 구원할 수 있으니, 제수가 물에 빠졌을 적에 손으로 구원할 수 있는 것과는 같지 않다. 이제 자네가 천하를 구원하고자 하면서 마침내 나로 하여금 道를 굽혀 〈제후왕에게〉 영합하기를 구하게 하려 하니, 이것은 구원할 수 있는 도구(道)를 먼저 잃는 것이다. 이는 나로 하여금 손으로써 천하를 구원하게 하고자 하는 것이다.'라고 말씀한 것이다.

章下註 | ○ 此章은 言 直己守道 所以濟時니 枉道徇人은 徒爲失己니라

○ 이 章은 자신을 곧게 하고 道를 지킴이 세상을 구제하는 것이니, 道를 굽혀 남을 따름은 다만 자신의 지조를 잃음이 됨을 말씀한 것이다.

|易子而敎之章|

18-1. 公孫丑曰 君子之不敎子는 何也잇고

公孫丑가 말하였다. "君子가 〈직접〉 자식을 가르치지 않음은 어째서입니까?"

---

205 捄之:《大全》에 "救之(구제하다)와 같다.〔與救之同〕" 하였다.

··· 遭 만날 조 陷 함정에빠질 함 捄 구원할 구(救同) 枉 굽힐 왕 徇 따를 순

集註 | 不親教也라

직접 가르치지 않는 것이다.

18-2. 孟子曰 勢不行也니라 敎者는 必以正이니 以正不行이어든 繼之以怒하고 繼之以怒면 則反夷矣니 夫子敎我以正하사되 夫子도 未出於正也라하면 則是父子相夷也니 父子相夷면 則惡矣니라

孟子께서 말씀하셨다. "勢가 행해지지 않기 때문이다. 가르치는 것은 반드시 올바름으로써 하는데, 올바름으로써 가르쳐 행해지지 않으면 怒함이 뒤따르고, 노함이 뒤따르면 도리어 〈자식의 마음을〉 상하게 된다. 〈자식이 생각하기를〉 '夫子(아버지)께서 나를 바름으로써 가르치시지만 夫子도 〈행실이〉 바름에서 나오지 못하신다.'라고 한다면, 이는 부자간에 서로 〈의를〉 상하는 것이니, 부자간에 서로 의를 상하면 나쁜 것이다.

按說 | '勢不行'에 대하여, 壺山은

'勢不行'은 가르치고자 하나 될 수 없음을 말한 것이다.〔勢不行 言欲敎而不得也〕

하였다.

集註 | 夷는 傷也라 敎子者는 本爲愛其子也로되 繼之以怒면 則反傷其子矣라 父旣傷其子하면 子之心에 又責其父曰 夫子敎我以正道하사되 而夫子之身도 未必自行正道라하면 則是子又傷其父也니라

'夷'는 상함이다. 자식을 가르침은 본래 자식을 사랑하기 때문이나 怒함이 뒤따르면 도리어 자식의 마음을 상하게 한다. 아버지가 이미 자식의 마음을 상하게 하면, 자식의 마음에 또 아버지를 책망하기를 '夫子는 나를 바른 道로써 가르치시지만 夫子 자신도 반드시 스스로 바른 道를 행하시지는 못한다.'라고 할 것이니, 이렇게 되면 이는 또 자식이 아버지의 마음을 상하게 하는 것이다.

18-3. 古者에 易子而敎之하니라

··· 反 도리어 반 夷 상할 이

옛날에는 자식을 바꾸어 가르쳤다.

集註 | 易子而敎는 所以全父子之恩이요 而亦不失其爲敎니라

자식을 바꾸어 가르침은 부자간의 은혜를 온전히 하고 또한 가르쳐 줌을 잃지 않게 하는 것이다.

18-4. 父子之間은 不責善이니 責善則離하나니 離則不祥이 莫大焉이니라

부자간에는 善으로 책하지 않으니, 善으로 책하면 〈情이〉 떨어지게 된다. 情이 떨어지면 不祥함이(나쁨이) 이보다 더 큼이 없는 것이다."

集註 | 責善은 朋友之道也라

善으로 책함은 붕우간의 道理이다.

章下註 | ○王氏曰 父有爭子[206]는 何也오 所謂爭者는 非責善也라 當不義면 則爭之而已矣니라 父之於子也에 如何오 曰 當不義면 則亦戒之而已矣니라

○王氏(王勉)가 말하였다. "'아버지에게 간하는 자식이 있다.'는 것은 무엇인가? 이른바 '간한다'는 것은 責善이 아니요, 不義를 당하면 간할 뿐이다. 아버지가 자식에 대하여 어떻게 해야 하는가? 不義를 당하면 또한 경계할 뿐이다."

| 事親爲大章(養志章) |
19-1. 孟子曰 事孰爲大오 事親이 爲大하니라 守孰爲大오 守身이 爲大하니라 不失其身而能事其親者를 吾聞之矣요 失其身而能事其親者를 吾未之聞也로라

---

206 父有爭子:《孝經》〈諫爭〉에 "선비가 간쟁하는 벗이 있으면 어진 이름이 몸에서 떠나지 않고, 아비가 간쟁하는 자식이 있으면 몸이 불의에 빠지지 않는다.〔士有爭友 則身不離於令名 父有爭子 則身不陷於不義〕"라고 보인다.

··· 離 떨어질 리 祥 길할 상 爭 간쟁할 쟁 孰 무엇 숙

孟子께서 말씀하셨다. "섬기는 일 중에 무엇이 큼이 되는가? 어버이를 섬김이 큼이 된다. 지키는 일 중에 무엇이 큼이 되는가? 몸(지조)을 지킴이 큼이 된다. 몸을 잃지 않고서 그 어버이를 잘 섬긴 자는 내가 들었고, 몸을 잃고서 그 어버이를 잘 섬긴 자는 내가 듣지 못하였다.

集註ㅣ 守身은 持守其身하여 使不陷於不義也라 一失其身이면 則虧體辱親하니 雖日用三牲之養이라도 亦不足以爲孝矣니라

守身은 몸을 잘 지켜 不義에 빠지지 않게 하는 것이다. 한 번 몸을 잃으면 몸을 훼손하고 어버이를 욕되게 하니, 비록 하루에 세 희생(소·양·돼지)의 봉양을 올리더라도 孝라 할 수 없는 것이다.

19-2. 孰不爲事리오마는 事親이 事之本也요 孰不爲守리오마는 守身이 守之本也니라

〈섬기는 일 중에〉 무엇이 섬김이 되지 않겠는가마는 어버이를 섬김이 섬김의 근본이요, 〈지키는 일 중에〉 무엇이 지킴이 되지 않겠는가마는 몸을 지킴이 지킴의 근본이다.

集註ㅣ 事親孝면 則忠可移於君이요 順可移於長[207]이며 身正이면 則家齊國治而天下平이니라

어버이를 섬기기를 孝로써 하면 충성을 군주에게 옮길 수 있고 순종함을 어른(上官)에게 옮길 수 있으며, 몸이 바루어지면 집안이 가지런해지고 나라가 다스려져 천하가 平하게 된다.

19-3. 曾子養曾晳하사되 必有酒肉이러시니 將徹할새 必請所與하시며 問有餘어든 必曰有라하더시다 曾晳이 死커늘 曾元이 養曾子호되 必有酒肉하

---

207 忠可移於君 順可移於長:《孝經》〈廣揚名〉에 있는 孔子의 말씀으로, 父母를 孝誠으로 섬기는 자가 이것을 군주에게 옮기면 忠이 되고 공경을 어른에게 옮기면 順이 됨을 이른다.

··· 虧 이지러질 휴 牲 희생 생 移 옮길 이 晳 밝을 석 徹 거둘 철(撤同) 與 줄 여

더니 將徹할새 不請所與하며 問有餘어시든 曰亡(무)矣라하니 將以復進也라
此所謂養口體者也니 若曾子면 則可謂養志也니라

曾子가 曾晳을 봉양할 적에 〈밥상에〉 반드시 술과 고기가 있었는데, 장차 밥상을 치우려 할 적에 〈曾子는〉 반드시 '누구에게 주시겠습니까?' 하고 청하였으며(물었으며), 〈曾晳이〉 '남은 것이 있느냐?' 하고 물으면 반드시 '있습니다.' 하고 대답하셨다.

曾晳이 죽자 曾元이 曾子를 봉양하였는데, 〈밥상에〉 반드시 술과 고기가 있었다. 그러나 밥상을 치울 적에 〈曾元은〉 '누구에게 주시겠습니까?' 하고 청하지 않았으며, 〈曾子가〉 '남은 것이 있느냐?' 하고 물으시면 반드시 '없습니다' 하고 대답하였으니, 이는 그 음식을 다시 올리려고 해서였다. 이것은 이른바 '부모의 口體(입과 몸)만을 봉양한다.'는 것이니, 曾子와 같이 하면 부모의 뜻을 봉양한다고 이를 만하다.

集註 | 此는 承上文事親言之라 曾晳은 名點이니 曾子父也요 曾元은 曾子子也라 曾子養其父하사되 每食에 必有酒肉이러시니 食畢將徹去할새 必請於父曰 此餘者를 與誰오하며 或父問此物尙有餘否어든 必曰有라하시니 恐親意更欲與人也[208]라 曾元은 不請所與하고 雖有라도 言無하니 其意將以復進於親이요 不欲其與人也니 此는 但能養父母之口體而已라 曾子則能承順父母之志하여 而不忍傷之也시니라

이는 윗글의 어버이 섬김을 이어서 말씀한 것이다. 曾晳은 이름이 點이니 曾子의 아버지이고, 曾元은 曾子의 아들이다. 曾子가 아버지를 봉양하실 적에 식사 때마다 반드시 술과 고기가 있었는데, 식사가 끝난 후 밥상을 치울 적에 반드시 아버지(曾晳)에게 청하시기를 '이 남은 것을 누구에게 주시렵니까?' 하였으며, 혹 아버지가 '이 음식이 아직 남은 것이 있느냐?' 하고 물으면 반드시 '있습니다.' 하고 대답하셨으니, 이는 어버이의 뜻이 다시 남에게 주시려고 하시는가 해서였다. 曾元은 누구에게 줄 것인가를 청하지 않았으며, 비록 남은 것이 있어도 '없다.'고 대답하였으니, 그 뜻이 장차 어버이에게 다시 올리고 남에게 주려고 하지 않은 것이니, 이는 다만 父母의 口體만을 잘 봉양하였을 뿐이다. 曾子는 父母의 뜻을 잘 받들어 치미 상하게 하지 않으신 것이다

---

208 恐親意更欲與人也 : 朱子는 "〈格은〉 合格의 '格'字와 같으니, 하여금 바름으로 돌아가게 함을 이른다.〔如合格之格 謂使之歸于正也〕" 하였다.《語類 書經 囧命》壺山은 "'恐'字를 굳이 깊이 볼 필요가 없으니, 혹 염려하다는 것과 같다.〔恐字 不必深看 猶或慮也〕" 하였다.

••• 進 올릴진 點 점점 畢 마칠필 誰 누구수

19-4. 事親을 若曾子者 可也니라

어버이 섬김을 曾子와 같이 하는 것이 可하다."

> 集註 | 言 當如曾子之養志요 不可如曾元但養口體니라
>
> 程子曰 子之身에 所能爲者는 皆所當爲니 無過分之事也라 故로 事親을 若曾子면 可謂至矣어늘 而孟子止曰可也라하시니 豈以曾子之孝爲有餘哉[209]리오
>
> 마땅히 曾子와 같이 뜻을 봉양해야 할 것이요, 曾元처럼 단지 口體만을 봉양해서는 안 됨을 말씀한 것이다.
>
> 程子(明道)가 말씀하였다. "자식의 몸에 능히 할 수 있는 것은 모두 자식이 당연히 해야 할 바이니, 분수에 지나치는 일이 없다. 그러므로 어버이 섬김을 曾子와 같이 하면 지극하다고 이를 만한데도 孟子께서 다만 '可하다.'고 하신 것이니, 어찌 曾子의 孝를 有餘하다 하겠는가."

|人不足與適章|

20. 孟子曰 人不足與適也며 政不足〈與〉間也라 惟大人이아 爲能格君心之非니 君仁이면 莫不仁이요 君義면 莫不義요 君正이면 莫不正이니 一正君而國定矣니라

孟子께서 말씀하셨다. "〈등용한〉 인물을 군주와 더불어 〈일일이 다〉 허물(지적)할 수 없으며, 〈잘못된〉 정사를 군주와 더불어 〈일일이 다〉 흠잡을 수 없다. 오직 大人이어야 군주의 나쁜 마음을 바로잡을 수 있으니, 군주가 仁하면 仁하지 않은 사람이 없고, 군주가 義로우면 義롭지 않은 사람이 없고, 군주가 바르면 바르지 않은 사람이 없으니, 한 번 군주의 마음을 바루면 나라가 안정된다."

---

[209] 孟子止曰可也 豈以曾子之孝爲有餘哉 : '有餘'는 不足의 반대말로, 曾子의 이러한 孝는 자식 된 도리에 당연히 해야 할 일이니, 어찌 지극하다고 할 수 있겠느냐는 뜻이다. 茶山은 《論語》와 《孟子》의 《集註》에서 '可也' 두 글자가 나오는 경우에 모두 조금 폄하하는 뜻으로 해석하였으나, 반드시 모두 그런 것은 아니고, 그런 경우도 있고 그렇지 않은 경우도 있는 듯하다.……'어버이 섬김을 曾子와 같이 하는 것이 可하다.' 한 것도 폄하하는 뜻이 없는 듯하다.〔論孟集註 凡遇可也二字 皆作微貶之意 恐不必皆然 有然者 有不然者……事親若曾子 亦恐無微(貶)意〕하였다.

… 適 나무랄 적 間 흠잡을 간 格 바로잡을 격, 이를 격

集註 | 趙氏曰 適은 過也[210]요 間은 非也[211]라 格은 正也라 徐氏曰 格者는 物之所取正也[212]니 書曰 格其非心[213]이라하니라

愚謂 間字上에 亦當有與字라 言 人君用人之非를 不足過讁이요 行政之失을 不足非間이라 惟有大人之德이면 則能格君心之不正하여 以歸于正하여 而國無不治矣라 大人者는 大德之人이니 正己而物正者也[214]라

趙氏(趙岐)가 말하였다. "'適'은 허물함이요, '間'은 비난함이다. '格'은 바로잡음이다." 徐氏(徐度)가 말하였다. "'格'은 물건이 바름을 취하는 것이니, 《書經》에 이르기를 '그 나쁜 마음을 바로잡는다.' 하였다."

내가 생각하건대 '間'字 위에도 마땅히 '與'字가 있어야 할 것이다. 人君의 인물 등용의 잘못을 허물할 수 없고 行政의 잘못을 일일이 흠잡을 수 없다. 오직 〈신하가〉 大人의 德이 있으면 능히 군주의 바르지 못한 마음을 바로잡아 바름으로 돌아가게 해서 나라가 다스려지지 않음이 없음을 말씀한 것이다. '大人'은 大德의 사람이니, 자기 몸을 바룸에 남이 저절로 바루어지는 자이다.

章下註 | ○程子曰 天下之治亂이 繫乎人君之仁與不仁耳라 心之非는 卽害於政이니 不待乎發之於外也라 昔者에 孟子三見齊王而不言事어늘 門人이 疑之한대 孟子曰 我先攻其邪心[215]이라하시니 心旣正而後에 天下之事를 可從而理也라 夫政

---

210 適 過也:壺山은 "〈適은〉 責과 같다.〔猶責也〕" 하였다.

211 間 非也:壺山은 "〈間은〉 譏와 같다.〔猶譏也〕" 하였다.

212 格者 物之所取正也:朱子는 "〈格은〉 合格의 '格'字와 같으니, 하여금 바름으로 돌아가게 함을 이른다.〔如合格之格 謂使之歸于正也〕" 하였다.《語類 書經 囧命》壺山은 "合格은 물건을 바로잡는 기구이니, 나무를 합쳐 만든 듯하다.〔合格 正物之器 蓋合木爲之耳〕" 하였다. 그러나 合은 부합의 뜻이요 나무를 합친다는 뜻은 아니다. '格'은 직각으로 된 나무판자로 여기에 맞추어 물건을 바루었기 때문에 말한 것으로 보인다. 옛날 格尺이란 것이 있었는데, 이 역시 물건을 재고 물건을 맞추는 것이므로 여기에 맞는 것을 格式이라 하고 이 格式에 맞는 것을 合格이라 하였다.

213 書曰 格其非心:蔡氏(蔡沈)는 "非心은 非僻한 마음이다.〔非心 非僻之心也〕" 하였다.

214 大人者……正己而物正者也:뒤의 〈盡心上〉 19장에 "有大人者 正己而物正者也"라고 보인다.

215 孟子三見齊王而不言事……我先攻其邪心:《荀子》〈大略〉에 "孟子가 세 번 齊 宣王을 만나보고도 일을 말씀하지 않자, 門人이 '어찌하여 세 번이나 齊 宣王을 만나보고도 政事를 말씀하시지 않았습니까?' 하고 물으니, 孟子가 대답하시기를 '나는 먼저 그의 邪心을 다스렸다.' 하셨다.〔孟子三見宣王不言事 門人曰 曷爲三遇齊王而不言事 孟子曰 我先攻其邪心〕"라고 보인다.

••• 讁 허물할 적 繫 맬 계 理 다스릴 리

事之失과 用人之非는 知(智)者能更(경)之하고 直者能諫之라 然이나 非心이 存焉이
면 則事事而更之라도 後復有其事하여 將不勝其更矣요 人人而去之라도 後復用其
人하여 將不勝其去矣라 是以로 輔相之職은 必在乎格君心之非하니 然後에 無所不
正이요 而欲格君心之非者는 非有大人之德이면 則亦莫之能也니라

○程子(伊川)가 말씀하였다. "天下의 다스려짐과 혼란함은 人君의 마음이 仁한가 不仁한
가에 달려 있을 뿐이다. 마음의 나쁨(바르지 못한 마음)은 바로 정사에 해를 끼치니, 밖에
나타나기를 기다리지 않는다. 옛날에 孟子께서 세 번 齊王을 만나보시고 정사를 말씀하시
지 않자, 門人들이 의심하였다. 이에 孟子께서 대답하시기를 '나는 먼저 그 邪心(바르지 못
한 마음)을 다스렸다.' 하셨으니, 마음이 바루어진 뒤에야 천하의 일을 따라서 다스릴 수 있
는 것이다. 정사의 잘못과 인물 등용의 잘못은, 지혜로운 자(신하)는 능히 고치고 忠直한 자
는 능히 간한다. 그러나 군주에게 나쁜 마음이 남아 있으면 일마다 고치더라도 뒤에 다시 그
러한 일이 있어서 장차 이루 다 고치지 못할 것이요, 사람마다 제거하더라도 뒤에 다시 그러
한 인물을 등용하여 장차 이루 다 제거하지 못할 것이다. 이 때문에 輔相(보필)하는 大臣의
직책은 반드시 군주의 나쁜 마음을 바로잡음에 있는 것이니 이렇게 한 뒤에는 바르지 않음
이 없을 것이요, 군주의 나쁜 마음을 바로잡고자 하는 자는 大人의 德이 있지 않으면 또한
이것을 할 수 없는 것이다."

|不虞之譽章|

21. 孟子曰 有不虞之譽하며 有求全之毁하니라

孟子께서 말씀하셨다. "예상치 않은 칭찬이 있으며, 완전하기를 구하다가 받는 비방이
있다."

集註 | 虞는 度(탁)也라
呂氏曰 行不足以致譽而偶得譽를 是謂不虞之譽요 求免於毁而反致毁를 是謂求
全之毁라 言 毁譽之言이 未必皆實[216]이니 修己者 不可以是遽爲憂喜요 觀人者 不

---

216 呂氏曰……未必皆實 : 雙峰饒氏(饒魯)는 "譽는 본래 남의 좋은 점을 찬미하는 것인데, 다만 '毁'字와
    상대하여 말하면 두 가지가 다 그 진실을 얻지 못한 뜻이 있다.(譽 本是美人之好處 但對毁字說 則二

⋯ 更 고칠 경 相 도울 상 虞 헤아릴 우 譽 기릴 예 毁 훼방할 훼 致 부를 치 偶 우연우 遽 갑자기 거

可以是輕爲進退니라

'虞'는 헤아림이다.

呂氏(呂大臨)가 말하였다. "행실이 칭찬을 불러올 만하지 못한데도 우연히 칭찬을 얻는 것을 '不虞之譽'라 이르고, 비방을 면하기를 구하다가 도리어 비방을 불러옴을 '求全之毁'라 이른다. 비방하고 칭찬하는 말이 반드시 다 진실한 것은 아니니, 몸을 닦는 자는 이것(毁譽)으로써 대번에 근심하거나 기뻐해서는 안 될 것이요, 사람을 관찰하는 자는 이것으로써 가볍게 사람을 올려주거나 물리쳐서는 안 됨을 말씀한 것이다."

|易其言章|

22. 孟子曰 人之易(이)其言也는 無責耳矣니라

孟子께서 말씀하셨다. "사람이 말을 함부로 하는 것은 꾸짖음을 받지 않았기 때문이다."

按說 | '人之易其言也 無責耳矣'에 대하여, 趙岐는

사람이 그 말을 가볍게 하고 함부로 하는 것은 失言의 꾸짖음을 받지 못했기 때문이다. 一說에 "사람이 가볍고 함부로 행동하며 임금에게 간하여 바로잡으려 하지 않는 것은 그가 言責의 자리에 있지 않기 때문이다." 했다.〔人之輕易其言 不得失言之咎責也 一說人之輕易 不肯諫正君者 以其不在言責之位者也〕

하였다. 茶山은

《集註》는 趙岐의 原註를 따른 것이다. 그러나 趙岐의 두 설은 모두 옳지 않은 듯하다.……

者皆有不得其眞之意〕" 하였다. 茶山은 "내가 생각하건대 칭찬을 구하여 칭찬을 얻는 것은 不虞가 아니다. 사람이 일을 만나 信實한 마음으로 곧게 행하고 비방을 피하지 않았는데 도리어 혹 이로써 칭찬을 얻기도 하니, 이것이 '不虞之譽'이다. 우연히 잘못하여 비방을 받는 것은 '求全之毁'가 아니다. 반드시 잘못을 저지른 뒤에 또 따라서 잘못을 文飾하여 그 사취를 감추려다가 도리어 혹 이로 인해 비방을 더하기도 하니, 이것이 '求全之毁'이다. 呂氏가 '비방하고 칭찬하는 말이 반드시 다 진실한 것은 아니다.'라고 한 것은 본뜻이 아닌 듯하다.〔余謂要譽而得譽者 非不虞也 凡人遇事 信心直行 不避毁謗 反或以此而得譽 此不虞之譽也 偶誤而得毁者 非求全之毁也 必於作過之後 又從而文過飾非 以掩其跡 反或因此而增毁 此求全之毁也 呂氏謂毁譽之言 未必皆實 恐非本旨〕" 하였다.

사람이 말을 함부로 하면 이는 쓸모없는 사람이니, 그에게 어찌 꾸짖을 것이 있겠는가. 그러므로 '꾸짖을 필요도 없다'고 한 것이다.[集註從趙之原註 然趙之兩說 恐皆未然……人之易其言也 此是棄物 於女何誅 故曰無責耳矣]

하였다. 楊伯峻도, 茶山과 마찬가지로 經文의 '無責耳矣'를 '책망할 것이 못 된다.'로 번역하였다.

集註 | 人之所以輕易其言者는 以其未遭失言之責故耳라 蓋常人之情은 無所懲於前이면 則無所警於後하니 非以爲君子之學이 必俟有責而後에 不敢易其言也라 然이나 此豈亦有爲而言[217]之與인저

사람이 그 말을 가볍게 하고 함부로 하는 까닭은 失言의 꾸짖음을 당하지 않았기 때문이다. 常人의 情은 앞에서 징계한 바가 없으면 뒤에 경계하는 바가 없으니, '君子의 학문이 반드시 꾸짖음이 있기를 기다린 뒤에 감히 그 말을 함부로 하지 않는다.'고 말씀한 것은 아니다. 그러나 이것은 아마도 이유가 있어서 하신 말씀일 것이다.

|好爲人師章|
23. 孟子曰 人之患이 在好爲人師니라

孟子께서 말씀하셨다. "사람들의 병통은 남의 스승 되기를 좋아함에 있다."

集註 | 王勉曰 學問有餘하여 人資於己어든 不得已而應之는 可也어니와 若好爲人師면 則自足而不復有進矣니 此는 人之大患也니라

王勉이 말하였다. "學問이 有餘(충분)하여 남들이 자기에게 의뢰하면 부득이하여 응하는 것은 可하지만, 만일 남의 스승이 되기를 좋아한다면 스스로 만족하게 여겨 다시는 진전이 있지 않을 것이니, 이는 사람들의 큰 병통이다."

---

217 有爲而言 : 까닭이 있어서 한 말씀으로, 곧 일반적인 경우가 아니고 특별한 경우를 지적하여 말씀함을 가리킨다.

··· 遭 만날 조 懲 징계할 징 俟 기다릴 사 資 의뢰할 자

|樂正子從於子敖章(舍館章)|

24-1. 樂正子從於子敖하여 之齊러니

樂正子가 子敖를 따라 齊나라에 갔었다.

集註ㅣ子敖는 王驩의 字라

子敖는 王驩의 字이다.

24-2. 樂正子見(현)孟子한대 孟子曰 子亦來見我乎아 曰 先生은 何爲
出此言也시니잇고 曰 子來幾日矣오 曰 昔者니이다 曰 昔者면 則我出此
言也 不亦宜乎아 曰 舍館을 未定이러이다 曰 子聞之也아 舍館을 定然
後에 求見長者乎아

樂正子가 孟子를 뵙자, 孟子께서 "자네도 나를 보러 왔는가?" 하시니,
樂正子가 "先生은 어찌하여 이런 말씀을 하십니까?" 하였다.
"자네가 이곳에 온 지 며칠이 되었는가?"
"前日에 왔습니다."
"前日이라면 내가 이러한 말을 하는 것이 당연하지 않은가."
"머물 客舍를 정하지 못해서였습니다."
"자네는 들었는가? 客舍를 정한 뒤에 長者(어른)를 찾아본다 하던가?"

按說ㅣ官本諺解와 栗谷諺解에 '樂正子見孟子'의 '見'만 '현'으로 읽고 그 외는 '견'
으로 읽었다. 그런데 〈梁惠王下〉16-3절의 '樂正子見孟子'의 諺解에서는 '見'을 '견'으
로 읽었다. 壺山은 이에 대하여,

위의 〈樂正子見孟子'의〉 '見'字는 여기와 首篇 末章에 모두 《集註》의 音訓이 없는데 여
기의 諺解에만 '현'이라는 음을 달았으니, 다시 살펴보아야 한다.(上見字 此及首篇末章
皆無音訓 而此諺解 特音現 更詳之)

하였다.

··· 敖 오만할 오 驩 기쁠 환 舍 머물 사 館 객사 관

集註 | 昔者는 前日也라 館은 客舍也라 王驩은 孟子所不與言者[218]니 則其人을 可知
矣어늘 樂正子乃從之行하니 其失身之罪大矣요 又不早見長者하니 則其罪又有甚
者焉이라 故로 孟子姑以此責之[219]하시니라

'昔者'는 前日이다. '館'은 客舍이다. 王驩은 孟子께서 더불어 말씀하시지 않은 자이니,
그렇다면 그의 인품을 알 수 있는데, 樂正子가 그를 따라 왔으니 몸의 지조를 잃은 죄가 크
며, 또 일찍 長者를 찾아뵙지 않았으니 그 죄가 더욱 심하다. 그러므로 孟子께서 우선 이것
을 꾸짖으신 것이다.

24-3. 曰 克이 有罪호이다

樂正子가 말하였다. "제(克)가 죄를 졌습니다."

集註 | 陳氏曰 樂正子固不能無罪矣라 然이나 其勇於受責이 如此하니 非好善而篤
信之면 其能若是乎[220]아 世有强辯飾非하여 聞諫愈甚者하니 又樂正子之罪人[221]也
니라

陳氏(陳暘)가 말하였다. "樂正子는 진실로 죄가 없지 못하다. 그러나 꾸짖음을 받아들임에
용맹함이 이와 같았으니, 善을 좋아하고 독실히 믿는 자가 아니면 이와 같이 할 수 있겠는

---

218 王驩 孟子所不與言者 : 앞의 〈公孫丑下〉 4장에 "孟子가 齊나라에서 卿이 되어 나가 滕나라에 조문
하실 적에……副使인 王驩이 아침과 저녁으로 뵈었으나 齊나라와 滕나라를 왕복하도록 일찍이 그와
더불어 말씀하지 않으셨다.〔孟子爲卿於齊 出弔於滕……王驩朝暮見 反齊滕之路 未嘗與之言行事
也〕"라고 보인다.

219 樂正子乃從之行……孟子姑以此責之 : 新安陳氏(陳櫟)는 "小人을 따름으로써 몸의 지조를 잃은 것
이 한 罪이고, 일찍 長者를 뵙지 않은 것이 또 한 죄이니, 孟子께서는 우선 뒤의 한 罪를 가지고 책망하
신 것이다.〔從小人 爲失身 一罪也 不見長者 又一罪也 孟子且以後一罪責之〕" 하였다.

220 其勇於受責……其能若是乎 : 新安陳氏(陳櫟)는 "樂正子는 善人이고 信人이니, 이 때문에 능히 善
을 좋아하고 돈독히 믿은 것이다. 善을 좋아하고 돈독히 믿었으므로 의로운 일을 행함에 용감하여 스
스로 罪라고 인정하였으니, 또한 可尙하다.〔樂正子 善人也 信人也 所以能好善而篤信之 惟好善篤信
所以勇於服義 自以爲罪 亦可尙也〕" 하였다. '樂正子가 善人이고 信人이다.'라는 것은 孟子의 말씀으
로 아래 〈盡心下〉 25장에 보인다.

221 樂正子之罪人 : 樂正子는 孟子에게 죄를 지었으므로 孟子의 罪人인 반면, 세상에 꾸짖음을 들으면 달
게 받아들이지 않고 强辯하는 자들은 또 용감하게 자신의 죄를 인정한 樂正子에게 죄를 지은 사람이
란 뜻이다.

··· 姑 우선고 飾 꾸밀식 非 그를비 愈 더욱유

가. 세상에는 强辯하여 非行을 꾸며 간하는 말을 들으면 더욱 심한 자가 있으니, 이는 또 樂正子의 罪人이다."

|餔啜章|

25. 孟子謂樂正子曰 子之從於子敖來는 徒餔啜也로다 我不意子學古之道而以餔啜也호라

孟子께서 樂正子에게 말씀하셨다. "자네가 子敖를 따라 〈齊나라에〉 온 것은 한갓 먹고 마시기 위해서이다. 나는 자네가 옛 道를 배우고서 먹고 마시는 것에 쓰리라고는 생각하지 못하였노라."

按說 | '以'에 대하여, 壺山은

以는 '爲'와 같다.〔以 猶爲也〕

하였다.

集註 | 徒는 但也라 餔는 食也요 啜은 飮也니 言其不擇所從하고 但求食耳라 此乃正其罪而切責之[222]시니라

'徒'는 다만이다. '餔'는 먹음이요 '啜'은 마심이니, 따르는(從遊하는) 바를 택하지 않고 다만 음식을 구할 뿐임을 말씀한 것이다. 이는 그 죄를 바로잡아 간절히 꾸짖으신 것이다.

|不告而娶章|

26-1. 孟子曰 不孝有三하니 無後爲大하니라

孟子께서 말씀하셨다. "不孝가 세 가지 있으니, 〈그 중에 자식을 낳지 아니하여〉 後孫

---

222 此乃正其罪而切責之 : 趙氏(趙順孫)는 "樂正子가 능히 꾸짖음을 받는 것에 용감한 뒤에 孟子가 그 죄를 바로잡아 간절히 책망하셨으니, 이른바 '더불어 말할 만한 뒤에 더불어 말한다.'는 것이다.〔樂正子 能勇於受責 然後孟子正其罪而切責之 所謂可與言而後 與之言者也〕" 하였다.

··· 徒 한갓 도 餔 먹을 포 啜 마실 철

이 없는 것이 가장 크다.

集註 | 趙氏曰 於禮에 有不孝者三事하니 謂阿意曲從하여 陷親不義 一也요 家貧親老호되 不爲祿仕 二也요 不娶無子하여 絶先祖祀 三也니 三者之中에 無後爲大하니라

趙氏(趙岐)가 말하였다. "禮에 不孝란 것이 세 가지가 있으니, 父母의 뜻에 아첨하고 굽혀 따라서 어버이를 不義에 빠뜨림이 첫째요, 집이 가난하고 어버이가 늙었는데도 祿仕(祿을 받기 위한 벼슬)를 하지 않음이 둘째요, 장가들지 않아 자식이 없어서 先祖의 제사를 끊음이 셋째이니, 이 세 가지 중에 후손이 없는 것이 가장 크다."

26-2. 舜이 不告而娶는 爲無後也시니 君子以爲猶告也라하니라

舜임금이 〈父母에게〉 아뢰지 않고 장가든 것은 無後 때문이셨으니, 君子가 '아뢴 것과 같다.'고 말하였다."

集註 | 舜告焉이면 則不得娶而終於無後矣리니 告者는 禮也요 不告者는 權也[223]라 猶告는 言與告同也라 蓋權而得中이면 則不離於正矣니라

舜임금이 父母에게 아뢰었으면 장가들 수가 없어서 無後로 끝났을 것이니, 아뢰는 것은 禮이고 아뢰지 않는 것은 權道이다. '猶告'는 아룀과 같음을 말한다. 저울질하여(權道를 행하여) 中道에 맞으면 正道에서 이탈되지 않는다.

章下註 | ○ 范氏曰 天下之道 有正有權하니 正者는 萬世之常이요 權者는 一時之用이니 常道는 人皆可守어니와 權은 非體道[224]者면 不能用也라 蓋權은 出於不得已者也니 若父非瞽瞍요 子非大舜이어늘 而欲不告而娶면 則天下之罪人也니라

○ 范氏(范祖禹)가 말하였다. "天下의 道에는 正道가 있고 權道가 있으니, 正道는 萬世의

---

223 告者……權也 : 新安陳氏(陳櫟)는 "告하는 것은 禮의 바름이니 經道이고, 告하지 않는 것은 禮의 變이니 權道이다.〔告者 禮之正也 經也 不告者 禮之變也 權也〕" 하였다.

224 體道 : 新安陳氏(陳櫟)는 "體道는 이 道를 몸에 온전히 體行하여 道와 하나가 됨을 이른다.〔體道 謂全體此道於身 與道爲一者也〕" 하였다.

··· 阿 아첨할 아 曲 곡진할 곡, 굽을 곡 陷 빠질 함 娶 장가들 취 瞽 소경 고 瞍 소경 수

떳떳함이요 權道는 一時의 운용이다. 常道는 사람들이 다 지킬 수 있으나 權道는 道를 체행한 자가 아니면 쓰지 못한다. 權道는 부득이한 데서 나오는 것이니, 만일 아버지가 瞽瞍와 같은 나쁜 아버지가 아니요 아들이 大舜과 같은 孝子가 아닌데 아뢰지 않고 장가들려 한다면 天下의 罪人이다."

|仁之實章(事親從兄章)|

27-1. 孟子曰 仁之實은 事親이 是也요 義之實은 從兄이 是也니라

孟子께서 말씀하셨다. "仁의 實은 어버이를 섬김이 이것이요, 義의 實은 兄을 따름(兄에게 순종함)이 이것이다.

按說 | '實'에 대하여, 朱子는

'實'字는 名에 상대하여 말한 경우가 있으니 名實의 實을 이르고, 理에 상대하여 말한 경우가 있으니 事實의 實을 이르고, 꽃에 상대하여 말한 경우가 있으니 華實(꽃과 열매)의 實이다. 지금 여기의 '實'字는 名實이나 事實의 實이 아니고, 바로 華實의 實이다. 仁의 實은 본래 단지 事親인데, 이를 미루어 넓히면 남을 사랑하고 만물을 이롭게 함이 이 仁 아닌 것이 없으며, 義의 實은 본래 단지 從兄인데, 이를 미루어 넓히면 임금에게 충성하고 어른을 공경함이 이 義 아닌 것이 없다. 事親과 從兄은 바로 仁義의 實이고, 미루어 넓혀 나가는 것은 바로 仁義의 華采이다.〔實字 有對名而言者 謂名實之實 有對理而言者 謂事實之實 有對華而言者 謂華實之實 今這實字 不是名實事實之實 正是華實之實 仁之實本只是事親 推廣之 愛人利物 無非是仁 義之實 本只是從兄 推廣之 忠君弟長 無非是義 事親從兄 便是仁義之實 推廣出去者 乃是仁義底華采〕《語類》

하였다. 이에 대해 正祖와 茶山이 문답을 하였는데, 正祖가

'實'字를 華에 상대되는 實로 해석한 것은, 理에 상대되는 實로 해석하는 것만 못한 듯하다. 仁·義는 단지 理이니 일이 있는 것이 아니고 事實로 말하면 事親과 從兄이 이것이다.〔以實字作對華之實 恐不如作對理之實 蓋仁義只是理耳 非有事在 而以事實言之 則事親從兄是也〕

하니, 茶山은

저는 이 章에서 말한 것은 모두 名實의 實인듯 합니다. 戰國時代에는 仁義를 가장하고 禮
樂을 꾸며 오로지 詐智만을 숭상하였습니다.……孝弟의 道가 거의 없어졌습니다. 이에 孟
子께서 堯舜의 道를 推本하여 孝·弟 두 가지를 仁·義·智·禮·樂 다섯 가지의 實로 삼은
것입니다. 實이란 虛의 반대이며 名의 상대입니다.〔臣恐此章所言 皆名實之實 蓋戰國之
時 假仁義 飾禮樂 專尙詐智……孝弟之道 幾乎熄矣 於是孟子推本堯舜之道 以孝
弟二者 爲五者之實 實者虛之反 名之對也〕

하였다.

集註 | 仁主於愛而愛莫切於事親이요 義主於敬而敬莫先於從²²⁵兄이라 故로 仁義
之道 其用이 至廣이나 而其實은 不越於事親從兄之間하니 蓋良心之發이 最爲切
近而精實者라 有子以孝弟爲爲仁之本²²⁶하니 其意亦猶此也니라

仁은 사랑을 주장하는데 사랑은 어버이를 섬기는 것보다 간절함이 없으며, 義는 공경을 주
장하는데 공경은 兄을 따르는 것보다 앞섬이 없다. 그러므로 仁·義의 道가 그 쓰임이 지극
히 넓으나 그 실제는 어버이를 섬기고 兄을 따르는 사이에 지나지 않으니, 良心이 발로됨이
가장 간절하고 가까우면서 精하고 진실한 것이다. 有子가 孝弟로써 仁을 행하는 근본을 삼
았으니, 그 뜻이 또한 이와 같다.

27-2. 智之實은 知斯二者하여 弗去 是也요 禮之實은 節文斯二者 是也요 樂(악)之實은 樂(락)斯二者니 樂(락)則生矣니 生則惡(오)可已也리오 惡可已면 則不知足之蹈之, 手之舞之니라

智의 實은 이 두 가지(事親·從兄)를 알아서 떠나지 않는 것이요, 禮의 實은 이 두 가
지를 節文하는 것이요, 樂의 實은 이 두 가지를 즐거워하는 것이다. 즐거워하면 〈이러
한 마음이〉 생겨날 것이니, 생겨난다면 〈이러한 행실을〉 어찌 그만둘 수 있겠는가. 어찌

---

225 從:壺山은 "從은 順과 같다.〔從 猶順也〕" 하였다.

226 有子以孝弟爲爲仁之本 : 有子는 孔子의 弟子인 有若을 존칭한 것으로, 이 내용은 《論語》〈學而〉 2장
에 보인다.

… 越 넘을 월 切 간절할 절 精 정밀할 정 惡 어찌 오 已 그만둘 이 蹈 뛸 도 舞 춤출 무

그만둘 수 있겠느냐고 한다면(그만둘 수 없다면) 자신도 모르게 발로 뛰고 손으로 춤을 추게 될 것이다.”

按說 | '樂則生矣'에 대하여 朱子는 '樂則生矣'의 '生'의 주어를 '事親·從兄하는 마음'으로 보았으나, 趙岐는

> 이 事親·從兄을 즐거워함이 中心에서 나오면 즐거움이 이 가운데에서 생긴다. 즐거움이 생김이 지극한데 어찌 그만둘 수 있겠는가.〔樂此事親從兄 出於中心 則樂生其中矣 樂生之至 安可已也〕

하여 '生'의 주어를 '樂'으로 보았다. 茶山은 《禮記》〈祭義〉에

> 여러 사람을 가르치는 근본은 孝이다.……樂은 이것을 順히 함으로부터 생겨난다.〔衆之本教曰孝……樂自順此生〕

한 것을 인용하여 趙岐의 說을 지지하였다. 楊伯峻은 '樂之實 樂斯二者 樂則生矣'를

> 樂(악)의 주요 내용은 이 두 가지 가운데서 즐거움을 얻어서 즐거움이 생겨나는 것이다.

라고 번역하여, '生'의 주어는 '樂'이며, '樂之實'이 '樂則生矣'까지 걸리는 것으로 보았다.

集註 | 斯二者는 指事親從兄而言이라 知而弗去는 則見之明而守之固矣라 節文은 謂品節文章[227]이라 樂則生矣는 謂和順從容하여 無所勉强하여 事親從兄之意 油然自生이 如草木之有生意也라 旣有生意면 則其暢茂條達이 自有不可遏者니 所謂惡可已也라 其又盛이면 則至於手舞足蹈而不自知矣[228]니라

'이 두 가지'는 事親과 從兄을 가리켜 말한 것이다. 알아서 떠나지 않는다면 보기를 분명히

---

227 節文 謂品節文章 : '節'은 品節로 品格에 맞게 제한하는 것이며, '文'은 文飾을 가하여 문채(文章)가 나게 하는 것이다

228 至於手舞足蹈而不自知矣 : 新安陳氏(陳櫟)는 “손으로 춤추고 발로 뛰는 것은 天理의 참다운 즐거움이 용모를 움직이는 사이(행동거지)에 나타나는데도 스스로 알지 못하는 것이다.〔手舞足蹈 天理之眞樂 形見於動容之間而不自知者也〕” 하였다.

··· 暢 통할 창 茂 무성할 무 遏 막을 알

하고 지키기를 굳게 한 것이다. '節文'은 品節과 文章을 이른다. '즐거워하면 생겨난다.'는 것은 和順하고 從容(여유 있음)하여 억지로 힘쓰는 바가 없으면서 事親·從兄의 마음이 油然히 스스로 생겨남이 草木에 살려는 뜻이 있음과 같음을 이른다. 이미 살려는 뜻이 있다면 〈草木이〉 무성하고 가지가 발달됨이 자연 막을 수 없을 것이니, 이것이 이른바 '어찌 그만둘 수 있겠는가.〔惡可已〕'란 것이다. 더욱 성해지면 손으로 춤을 추고 발로 뛰면서도 스스로 알지 못하는 경지에 이를 것이다.

章下註 | ○ 此章은 言 事親從兄은 良心眞切이니 天下之道 皆原於此라 然이나 必知之明而守之固然後에 節之密而樂之深也니라

○ 이 章은 어버이를 섬기고 형을 섬김은 良心이 참되고 간절한 것이니, 天下의 道가 모두 여기에서 근원하였다. 그러나 반드시 알기를 분명히 하고 지키기를 굳게 한 뒤에야 예절에 맞게 節制하기를 치밀히 하고 즐거워하기를 깊이 함을 말씀한 것이다.

|天下悅而歸己章(瞽瞍底豫章)|

28-1. 孟子曰 天下大悅而將歸己어늘 視天下悅而歸己호되 猶草芥也는 惟舜이 爲然하시니 不得乎親이면 不可以爲人이요 不順乎親이면 不可以爲子러시다

孟子께서 말씀하셨다. "천하 사람들이 크게 기뻐하면서 장차 자신에게 돌아오려 하는데 천하 사람들이 기뻐하면서 자신에게 돌아옴을 보기를 草芥와 같이 여기신 것은 오직 舜임금이 그러하셨다. 어버이에게 기쁨을 얻지 못하면 사람이 될 수 없다고 여기시고, 어버이에게 순하지 못하면 자식이 될 수 없다고 여기셨다.

集註 | 言 舜視天下之歸己를 如草芥하고 而惟欲得其親而順之也라 得者는 曲爲承順하여 以得其心之悅而已요 順則有以諭之於道하여 心與之一하여 而未始有違니 尤人所難也라 爲人은 蓋泛言之요 爲子는 則愈密矣[229]니라

---

[229] 得者……則愈密矣 : '心與之一'을 壺山은 "자기(자식)의 마음이 어버이의 마음과 하나가 되는 것이다.〔己之心與親之心爲一〕"라고 하였으나, 《語類》를 따라 위와 같이 해석하였다. 朱子는 《語類》에서

··· 芥 지푸라기 개 諭 깨우칠 유 尤 더욱 우 泛 넓을 범 愈 더욱 유

舜임금은 천하가 자신에게 돌아옴을 보기를 草芥처럼 여기고, 오직 그 어버이에게 기뻐함을 얻고 〈어버이를 道에〉順하게 하려고 하셨음을 말씀한 것이다. '得'은 곡진히 받들고 따라서 그 마음에 기뻐함을 얻을 뿐이요, '順'은 어버이를 道로 깨우쳐서 어버이의 마음이 道와 하나가 되어 일찍이 어김이 있지 않게 하는 것이니, 더욱 사람의 어려운 바이다. '사람이 된다.'는 것은 범범하게 말한 것이요, '자식이 된다.'는 것은 더욱 치밀하다.

28-2. 舜이 盡事親之道而瞽瞍底(지)豫하니 瞽瞍底豫而天下化하며 瞽瞍底豫而天下之爲父子者定하니 此之謂大孝니라

舜임금이 어버이 섬기는 道理를 다함에 瞽瞍가 기뻐함에 이르렀으니, 고수가 기뻐함에 이르자 천하가 교화되었으며, 고수가 기뻐함에 이르자 천하의 父子 된 자들이 안정되었으니, 이것을 일러 大孝라 한다."

集註 | 瞽瞍는 舜父名이라 底는 致也요 豫는 悅樂(락)也라 瞽瞍至頑하여 嘗欲殺舜이러니 至是而底豫焉하니 書所謂不格姦[230], 亦允若[231]이 是也라 蓋舜至此而有以順乎親矣라 是以로 天下之爲子者 知天下에 無不可事之親이요 顧吾所以事之者未若舜耳라 於是에 莫不勉而爲孝하여 至於其親亦底豫焉이면 則天下之爲父者 亦莫不慈하니 所謂化也라 子孝父慈하여 各止其所하여 而無不安其位之意 所謂定也[232]라 爲法於天下하여 可傳於後世요 非止一身一家之孝而已니 此所以爲大孝

"'人'字는 다만 대강으로 말한 것이고 '子'字는 말한 것이 重하다. 어버이의 마음을 얻지 못하더라도 진실로 人子가 부모의 顏色을 받들어 순종해서 부모가 하시는 일을 보면 是非를 따지지 않고 한결같이 그 뜻을 거스르지 않는 것이니, 이는 어버이의 마음을 얻은 것이다. 그러나 이것은 오히려 천근한 일이요, 오직 어버이를 道에 順하게 함이 어버이의 마음이 모두 이치(道)에 순한 것이니, 이와 같이 한 뒤에야 자식이 될 수 있다.〔人字只說大綱 子字卻說得重 不得乎親之心 固有人承親順色 看父母做甚麼事 不問是非 一向不逆其志 這也是得親之心 然猶是淺事 惟順乎親 則親之心皆順乎理 必如此而後可以爲子〕"하였다.

230 不格姦 : 《書經》〈堯典〉에 "〈舜임금은〉瞽瞍의 아들이니, 아버지는 頑惡하고 어머니는 어리석고 象은 오만하였는데, 能히 孝道로써 회합하여 꾸준히 다스려서 간악함에 이르지 않게 했다.〔瞽子 父頑母嚚 象傲 克諧以孝 烝烝乂 不格姦〕"라고 보인다.

231 亦允若 : 《書經》〈大禹謨〉에 "공경히 일하여 瞽瞍를 뵙되, 조심하고 조심하며 공경하고 두려워하시니, 瞽瞍 또한 믿고 따랐다.〔祗載見瞽瞍 夔夔齊慄 瞽亦允若〕"하였다.

232 莫不勉而爲孝……所謂定也 : 新安陳氏(陳櫟)는 "化는 마음으로써 말하였고, 定은 분수로써 말하였

··· 底 이를 지 豫 기쁠 예 頑 완악할 완 格 이를 격 姦 간악할 간 允 믿을 윤 若 순할 약 顧 다만 고

也니라

瞽瞍는 舜임금의 아버지 이름이다. '底'는 이룸이요, '豫'는 기뻐함이다. 瞽瞍가 지극히 완
악하여 일찍이 舜임금을 죽이고자 하였는데, 이때에 이르러 기뻐함에 이르렀으니,《書經》
에 이른바 '姦惡(죄악)에 이르지 않게 하였다.'와 '瞽瞍 또한 믿고 따랐다.'는 것이 이것이
다. 舜임금이 이때에 이르러 어버이에게 順히 함이 있었던 것이다. 이 때문에 천하의 자식
된 자들이 천하에 섬길 수 없는 父母가 없고, 다만 자신이 부모를 섬기는 것이 舜임금만 못
하다는 것을 알았다. 이에 힘써 孝를 하지 않는 이가 없어서 그의 어버이 또한 기뻐함에 이
르렀으면, 천하의 아버지 된 자들이 또한 자식을 사랑하지 않는 이가 없었으니, 이것이 이
른바 '化(敎化)'란 것이다. 아들은 효도하고 아버지는 사랑하여 각각 제자리에 멈추어서 그
위치에 편안하지 않음이 없는 뜻이 이른바 '定'이라는 것이다. 천하에 모범이 되어 후세에
전할 만하고 一身과 一家의 孝에 그칠 뿐만이 아니었으니, 이 때문에 大孝가 된 것이다.

章下註 | ○李氏曰 舜之所以能使瞽瞍底豫者는 盡事親之道하여 共(恭)爲子職이
요 不見父母之非而已라 昔에 羅仲素[233]語此云 只爲天下에 無不是底父母라한대
了翁[234]이 聞而善之曰 唯如此而後에 天下之爲父子者定이니 彼臣弑其君하며 子
弑其父者는 常始於見其有不是處耳라하니라

○李氏(李郁)가 말하였다. "舜임금이 瞽瞍로 하여금 기뻐함에 이르게 한 것은 〈舜임금이〉
어버이 섬기는 道理를 다하여 공손히 자식 된 직분을 하고 父母의 잘못을 보지 않았기 때문
일 뿐이다. 옛적에 羅仲素가 이것을 말하기를 '다만 천하에 옳지 않은 父母가 없다고 생각
하기 때문이다.' 하였는데, 了翁(陳瓘)이 이 말을 듣고서 좋게 여겨 말씀하기를 '이와 같이
생각한 뒤에야 천하에 父子 된 자들이 안정될 수 있으니, 신하가 군주를 시해하고 자식이
아버지를 시해하는 것은 항상 〈君·父의〉 옳지 못한 점을 봄에서 비롯된다.' 하였다."

다.〔化 以心言 定 以分言〕" 하였다.

233 羅仲素 : 《大全》에 "仲素는 이름이 從彥이고 豫章 사람인데, 뒤에 延平에 거주하였다.〔仲素 名從彥
豫章人 後居延平〕" 하였다. 仲素는 羅從彥의 字이다. 程子의 門人인 龜山 楊時에게 배웠으며 배우는
자들이 豫章先生이라 칭하였다. 延平 李侗에게 학문을 전수하여 朱子에게 이르게 하였다.

234 了翁 : 《大全》에 "了翁은 姓이 陳이고 이름이 瓘이고 字가 瑩中이니, 延平 사람이다.〔了翁 姓陳 名瓘
字瑩中 延平人〕" 하였다.

… 素 흴소 底 어조사저 了 밝을료 弑 시해할시 是 옳을시

離婁章句 下

|舜生於諸馮章|

1-1. 孟子曰 舜은 生於諸馮하사 遷於負夏하사 卒於鳴條하시니 東夷之
人也시니라

孟子께서 말씀하셨다. "舜임금은 諸馮에서 태어나 負夏로 옮기시어 鳴條에서 별세하
셨으니, 東夷의 사람이시다.

按說 | 《或問》에

여기에 舜이 鳴條에서 별세하셨다고 하였으니, 鳴條는 湯王이 桀王과 전쟁한 땅인데 《竹
書紀年》에는 '남쪽으로 순행하다가 돌아오지 못했다.'라고 하고, 《禮記》〈檀弓上〉에는 '蒼
梧에 장례지냈다.'는 說이 있으니, 어찌 된 것입니까?(此以爲舜卒於鳴條 則湯與桀戰之
地也 而竹書有南巡不反 禮記有葬於蒼梧之說 何邪)

하고 묻자, 朱子는

··· 馮 성 풍 遷 옮길 천 負 질 부 條 가지 조

孟子의 말씀은 반드시 근거한 바가 있을 것이다. 두 책이 잡박하여 다 믿기 어려울 듯하다.〔孟子之言 必有所據 二書駁雜 恐難盡信〕

하였다.

集註 | 諸馮, 負夏, 鳴條는 皆地名이니 在東方夷服[235]之地하니라

諸馮·負夏·鳴條는 모두 地名이니, 東方 夷服의 땅에 있었다.

1-2. 文王은 生於岐周하사 卒於畢郢하시니 西夷之人也시니라

文王은 岐周에서 태어나 畢郢에서 별세하셨으니, 西夷의 사람이시다.

集註 | 岐周는 岐山下周舊邑이니 近畎夷[236]하니라 畢郢은 近豐鎬[237]하니 今有文王墓하니라

岐周는 岐山 아래에 있는 周나라의 옛 도읍이니, 畎夷와 가깝다. 畢郢은 豐·鎬에 가까우니, 지금 文王의 墓가 있다.

1-3. 地之相去也 千有餘里며 世之相後也 千有餘歲로되 得志하여 行乎中國하사는 若合符節하니라

지역이 서로 떨어져 있음이 천여 리나 되며 世代가 서로 차이남이 천여 년이나 되지만, 뜻을 얻어 〈道를〉 中國에 행함에 있어서는 符節을 합한 듯이 똑같았다.

---

235 夷服 : 天子의 王城에서 멀리 떨어져 있는 지역으로, 《周禮》〈夏官司馬 職方氏〉에 "九服의 나라를 구별하는데, 天子의 직할 구역인 方千里를 王畿라 하고, 그 다음의 500里를 侯服, 그 다음의 500里를 甸服, 그 다음의 500里를 男服, 그 다음의 500里를 采服, 그 다음의 500里를 衛服, 그 다음의 500里를 蠻服, 그 다음의 500里를 夷服, 그 다음의 500里를 鎭服, 그 다음의 500里를 藩服이라 한다." 하였다.
236 畎夷 : 壺山은 "犬戎이라고도 칭한다." 하였다. 犬戎은 西戎과 같은 말로, 春秋時代 서쪽 변방의 오랑캐이다.
237 畢郢 近豐鎬 : 新安陳氏(陳櫟)는 "畢은 鎬京의 동쪽에 있으니, 楚나라의 도읍지인 郢 땅이 아니다.〔畢在鎬東 非楚都之郢〕" 하였다.

··· 服 구역 복 岐 산이름 기 畢 마칠 필 郢 땅이름 영 畎 밭이랑 견 鎬 호경(鎬京) 호 符 병부 부

集註 | 得志行乎中國은 謂舜爲天子하고 文王爲方伯하여 得行其道於天下也라 符節은 以玉爲之[238]하니 篆刻文字而中分之하여 彼此各藏其半이라가 有故則左右相合하여 以爲信也[239]라 若合符節은 言其同也라

'뜻을 얻어 中國에 행하였다.'는 것은 舜임금은 天子가 되시고 文王은 方伯이 되시어 그 道를 천하에 행할 수 있었음을 이른다. '符節'은 玉으로 만들었으니, 文字를 篆刻하고 반으로 나누어 彼·此가 각각 반씩을 보관하고 있다가 연고가 있으면 左·右의 것을 서로 합하여 信標로 삼는다. '符節을 합한 듯하다.'는 것은 똑같음을 말씀한 것이다.

1-4. 先聖後聖이 其揆一也니라

앞의 聖人과 뒤의 聖人이 헤아려 봄에 똑같다."

集註 | 揆는 度(탁)也니 其揆一者는 言 度之而其道無不同也라

'揆'는 헤아림이니, '헤아려 봄에 똑같다.'는 것은 헤아려 봄에 道가 같지 않음이 없음을 말씀한 것이다.

章下註 | ○范氏曰 言 聖人之生이 雖有先後遠近之不同이나 然其道則一也[240]니라

○范氏(范祖禹)가 말하였다. "聖人의 태어남은 비록 先後와 遠近의 차이가 있으나 그 道는 똑같음을 말씀한 것이다."

---

238 符節 以玉爲之:《周禮》〈地官司徒 掌節〉에 "나라를 지키는 자는 玉으로 만든 節을 사용하고, 都鄙를 지키는 자는 뿔로 만든 節을 사용한다. 무릇 나라의 使節은 山이 많은 나라는 虎節을 사용하고 平地(田地)가 많은 나라는 人節을 사용하고 못이 많은 나라는 龍節을 사용하니, 모두 쇠로 만들며……門과 關門에는 符節을 사용하고 貨賄를 유통하는 곳에는 璽節을 사용하고 道路에는 旌節을 사용한다.〔守邦國者 用玉節 守都鄙者 用角節 凡邦國之使節 山國用虎節 土國用人節 澤國用龍節 皆金也……門關用符節 貨賄用璽節 道路用旌節〕"라고 보인다. 虎節은 범의 형상으로 주조하고 人節은 사람의 형상으로 주조하고 龍節은 용의 형상으로 주조하였으므로 이렇게 이름한 것이다.

239 有故則左右相合 以爲信也:朱子는 "오른쪽의 것은 군주의 처소에 보관하고 왼쪽이 것은 임명받은 사람에게 준다.〔右留君所 左以與其人〕" 하였다.《語類》

240 雖有先後遠近之不同 然其道則一也:新安陳氏(陳櫟)는 "先後는 때를 가지고 말한 것이고, 遠近은 땅을 가지고 말한 것이고, 道가 같음은 이 마음과 이 이치를 가지고 말한 것이다.〔先後 以時言 遠近 以地言 道之同 以此心此理言〕" 하였다.

··· 篆 전서 전 刻 새길 각 藏 보관할 장 揆 헤아릴 규

2-1. 子産이 聽鄭國之政할새 以其乘輿로 濟人於溱洧한대

子産이 鄭나라의 정사를 다스릴 적에 자기가 타는 수레를 가지고 溱水와 洧水에서
사람들을 건네주었다.

按說 | '溱洧'에 대하여, 趙岐는

溱洧는 물의 이름이다.〔溱洧 水名〕

하여, 溱洧를 하나의 물 이름으로 본 듯하다. 그러나 《詩經》〈鄭風 溱洧〉에

溱水와 洧水가 봄물이 막 성하다.〔溱與洧 方渙渙兮〕

하였으므로 溱과 洧가 두 물의 이름인 것이 분명하다. 茶山은 이에 대하여,

사람들을 건네준 것은 아마도 溱水와 洧水가 합류하는 곳일 것이다. 그러므로 趙岐의 註에
서 두 물이라고 말하지 않은 것이다.〔子産濟人 蓋在溱洧合流之處 故趙注不言二水〕

하였다. 이는 子産이 우연히 이 물가를 지나다가 徒涉하는 자를 보고 수레로써 건네준 것
이요, 두 물에서 일부러 사람을 건네준 것이 아니기 때문이다. 茶山의 말이 일리가 있는 것
으로 보인다.

集註 | 子産은 鄭大夫公孫僑也라 溱洧는 二水名也라 子産이 見人有徒涉此水
者[241]하고 以其所乘之車로 載而渡之라

子産은 鄭나라 大夫인 公孫僑이다. 溱과 洧는 두 물의 이름이다. 子産은 사람들이 이 물
을 徒涉(맨몸으로 건너거나 옷을 걷고 건넘)하는 자가 있음을 보고는 자기가 타는 수레를
가지고 태워서 건네준 것이다.

---

[241] 見人有徒涉此水者 : 趙岐는 "겨울에 물을 徒涉하는 자가 있음을 보고 인자한 마음에 차마 방관할 수
없었다.〔見人有多涉者 仁心不忍〕" 하였는데, 茶山은 "아랫글로 보면 겨울에 물을 건넌 것이 분명하
다.〔以下文觀之 則多涉明矣〕" 하였다.

··· 聽 다스릴 청 輿 수레 여 濟 건널 제 溱 물이름 진 洧 물이름 유 僑 우거할 교 徒 걸을 도 涉 건널 섭
載 실을 재 渡 건널 도

2-2. 孟子曰 惠而不知爲政이로다

孟子께서 말씀하셨다. "은혜로우나 정치를 하는 법을 알지 못하였다.

集註 | 惠는 謂私恩小利[242]요 政則有公平正大之體와 綱紀法度之施焉[243]이니라

'惠'는 사사로운 은혜와 작은 이익을 이르고, '政'은 公平하고 正大한 本體, 紀綱과 法度의 베풂이 있는 것이다.

2-3. 歲十一月에 徒杠이 成하며 十二月에 輿梁이 成하면 民未病涉也니라

11월에 徒杠이 이루어지며 12월에 輿梁이 이루어지면 백성들이 물 건너는 것을 괴롭게 여기지 않는다.

集註 | 杠은 方橋也[244]니 徒杠은 可通徒行者라 梁은 亦橋也니 輿梁은 可通車輿者라 周十一月은 夏九月也요 周十二月은 夏十月也라 夏令曰 十月成梁[245]이라하니 蓋農

---

242 惠 謂私恩小利 : 朱子는 "東坡(蘇軾)가 말하기를 '백성들에게 미치는 가까운 이로움은 있고, 세상을 경륜하는 원대한 계책은 없다.'라고 하였으니, 또한 말이 지극하다.〔東坡云 有及人之近利 無經世之遠圖 亦說得盡〕" 하였다.《語類》朱子는 또 "孔子의 말씀은 크고 작음에 통하므로〈子産의 은혜를〉君子의 道라고 하신 것이 무방하다.……孟子는 후세에 정사하는 자가 혹 또 이것을 좋아하여 본받으면 그 말류의 폐단이 반드시 장차 공정한 도리를 폐하여 사사로운 은혜를 사고 바른 이치를 어기며 헛된 명예를 구하는 자가 있을 것을 염려하였다. 그러므로 지극히 말씀하여 깊이 비난하신 것이다.〔孔子之言 通乎巨細 故不害其爲君子之道 ……孟子慮夫後之爲政者 或又悅而效之 則其流必將有廢公道以市私恩 違正理而干虛譽者 故極語而深譏之〕" 하였다.《或問》孔子께서〈子産의 은혜를〉君子의 道'라 했다는 것은《論語》〈公冶長〉15장에 "孔子께서 子産을 두고 평하셨다. '君子의 道가 네 가지가 있었으니, 몸가짐이 공손하며, 윗사람을 섬김에 공경하며, 백성을 기름이 은혜로우며, 백성을 부림에 의로웠다.〔子謂子産 有君子之道四焉 其行己也恭 其事上也敬 其養民也惠 其使民也義〕" 하신 내용을 가리킨 것이다.

243 政則有公平正大之體 綱紀法度之施焉 : 慶源輔氏(輔廣)는 "은혜가 사사로움에서 나왔기 때문에 이로움이 남에게 미치는 것이 적은 것이다.〔惟其恩之出於私 故其利之及人者小〕" 하였고, 또 "體는 理를 가지고 말하였으니 근본이고, 베풂은 일을 가지고 말하였으니 用이다.〔體 以理言 本也 施 以事言 用也〕" 하였다.

244 杠 方橋也 : 沙溪(金長生)는 "《韻會》에 '矼은 돌을 모아놓아 걸어서 물을 건너게 만든 것이다.' 하였으니, 杠과 통한다.〔韻會 矼 聚石爲步渡水 通作杠〕" 하였다.《經書辨疑》

245 夏令曰 十月成梁 : 夏令은 夏나라 때의 政令이란 뜻으로,《禮記》〈月令〉과 같이 그 당시의 政令을 적은 책인 듯하다.《國語》〈周語〉에 "《夏令》에 이르기를 '9월에는 길을 닦고 10월에는 다리를 이룬다.' 하였

… 恩 은혜은 杠 작은다리 강 梁 다리량 病 괴로울병 橋 다리교

功已畢하여 可用民力이요 又時將寒沍라 水有橋梁이면 則民不患於徒涉이니 亦王政之一事也라

'杠'은 판자로 만든 다리이니, '徒杠'은 徒步로 다니는 자를 통행하게 하는 것이다. '梁' 또한 다리이니, '輿梁'은 수레를 통행하게 하는 것이다. 周나라의 11월은 夏나라의 9월이요, 周나라의 12월은 夏나라의 10월이다. 《夏令》에 이르기를 '10월에 다리를 이룬다.' 하였으니, 농사일이 이미 끝나서 백성의 노동력을 쓸 수 있고, 또 때가 장차 추워져서 물이 얼 것인데, 물에 橋梁이 있으면 백성들이 徒涉하는 것을 염려하지 않을 것이니, 이 또한 王政의 한 가지 일이다.

2-4. 君子平其政이면 行辟(벽)人도 可也니 焉得人人而濟之리오

君子가 政事를 공평히 한다면 出行할 적에 사람들을 辟除하는 것도 가하니, 어찌 사람마다 모두 건네줄 수 있겠는가.

集註 | 辟은 辟除也니 如周禮閽人爲之辟之辟[246]이라 言 能平其政이면 則出行之際에 辟除行人하여 使之避己라도 亦不爲過라 況國中之水에 當涉者衆하니 豈能悉以乘輿濟之哉리오

'辟'은 辟除함이니, 《周禮》에 '閽人이 위하여 辟除한다.'는 辟과 같다. 능히 政事를 공평히 한다면 出行하는 즈음에 행인들을 辟除하여 자신을 피하게 하는 것도 지나침이 되지 않는다. 더구나 國中의 물에 건너야 할 곳이 많으니, 어찌 타고 있는 수레로 그들을 다 건네줄 수 있겠느냐고 말씀한 것이다.

2-5. 故로 爲政者 每人而悅之면 日亦不足矣리라

다.〔夏令曰 九月除道 十月成梁〕"라고 보인다.

246 如周禮閽人爲之辟之辟:《周禮》〈天官冢宰 閽人〉에 "閽人은 王宮 中門의 禁함을 관장하여 지킨다. ……무릇 밖과 안의 命夫와 命婦가 出入하게 되면 그들을 위하여 벽제한다.〔閽人은 새벽과 저녁에 문을 열고 닫는 것을 주관하는 자이다. 闢은 左右로 길을 다니는 자를 벽제하여 길을 열어주는 것이다.〕〔閽人掌守王宮之中門之禁……凡外內命夫命婦出入 則爲之闢〔閽人 主晨昏啓閉 闢 闢開左右行者〕〕"하였다. 벽제는 군주나 고관이 출행하면 소리쳐 행인을 통제하고 길을 엶을 이른다.

··· 功 일공 沍 얼호 辟 물리칠벽 焉 어찌언 閽 문지기혼 避 피할피 悉 다실 悅 기쁠열

그러므로 爲政者가 사람마다 그 마음을 기쁘게 해주려 한다면 날마다 하여도 부족할
것이다."

> 集註 | 言 每人을 皆欲致私恩하여 以悅其意면 則人多日少하여 亦不足於用矣라 諸
> 葛武侯嘗言 治世는 以大德이요 不以小惠[247]라하니 得孟子之意矣로다

사람마다 모두 사사로운 은혜를 지극히 하여 그 뜻을 기쁘게 하고자 한다면 사람은 많고 날
짜는 적어서 또한 쓰기에 부족함을 말씀한 것이다. 諸葛武侯(諸葛亮)가 일찍이 말하기를
"세상을 다스림은 大德으로써 하고 작은 은혜로써 하지 않는다." 하였으니, 孟子의 뜻을 얻
었다.

|君視臣如手足章|

3-1. 孟子告齊宣王曰 君之視臣이 如手足이면 則臣視君을 如腹心하고
君之視臣이 如犬馬면 則臣視君을 如國人하고 君之視臣이 如土芥면 則
臣視君을 如寇讐니이다

孟子께서 齊 宣王에게 말씀하시기를 "君主가 신하 보기를 手足과 같이 하면 신하가
군주 보기를 腹心(배와 심장)과 같이 하고, 군주가 신하 보기를 개와 말처럼 하면 신하
가 군주 보기를 國人과 같이 하고, 군주가 신하 보기를 土芥(흙과 풀)와 같이 하면 신
하가 군주 보기를 원수와 같이 합니다." 하셨다.

> 集註 | 孔氏曰 宣王之遇臣下에 恩禮衰薄하여 至於昔者所進을 今日에 不知其
> 亡[248]하니 則其於群臣에 可謂邈然無敬矣라 故로 孟子告之以此하시니라 手足腹心
> 은 相待一體니 恩義之至也요 如犬馬則輕賤之라 然이나 猶有豢養之恩焉이라 國人
> 은 猶言路人이니 言無怨無德也라 土芥則踐踏之而已矣요 斬艾(예)之而已矣니 其

---

247 諸葛武侯嘗言……不以小惠:《資治通鑑》《魏紀》邵陵厲公 正始 7년에 "諸葛亮이 丞相이었을 적에
　　어떤 사람이 '公은 사면을 아낀다.'고 말하자, 諸葛亮이 대답하기를 '治世는 大德으로써 하고 작은 은
　　혜로써 하지 않는다.'고 했다.〔丞相亮時 有言公惜赦者 亮答曰 治世 以大德 不以小惠〕" 하였다.
248 昔者所進……不知其亡:위 〈梁惠王下〉 7장에 보인다.
··· 葛칡갈 腹배복 芥지푸라기 개 寇도적구 讐원수 수 薄엷을 박, 야박할 박 邈아득할 막 豢기를 환
　　踐밟을 천 踏밟을 답 斬벨참 艾벨예

賤惡(오)之又甚矣라 寇讐之報 不亦宜乎아

孔氏(孔文仲)가 말하였다. "宣王이 신하를 대우함에 은혜와 禮가 쇠하고 박하여 예전에 등용한 자가 오늘에 도망한 것을 모르는 지경에 이르렀으니, 群臣들에 대해 막연하여 공경함이 없다고 이를 만하다. 그러므로 孟子께서 이 말씀을 하신 것이다. '手足'과 '腹心'은 서로 대하기를 一體로 하는 것이니 은혜와 義가 지극한 것이요, '개와 말'처럼 한다면 가볍고 천하게 여기는 것이나 그래도 길러주는 은혜가 있다. '國人'은 路人(길가는 사람)이란 말과 같으니, 원망도 없고 은덕도 없음을 말한다. '흙과 풀'처럼 한다면 밟을 뿐이고 벨 뿐이니, 천히 여기고 미워함이 더욱 심하다. 원수로 보답함이 당연하지 않겠는가."

3-2. 王曰 禮에 爲舊君有服하니 何如라야 斯可爲服矣니잇고

王이 말씀하였다. "禮에 옛 군주를 위하여 服이 있으니, 어떠하여야 이 服을 입습니까?"

集註 | 儀禮曰 以道去君而未絶者는 服齊衰(자최)三月[249]이라하니 王疑孟子之言太甚이라 故로 以此禮爲問하니라

《儀禮》〈喪服〉의 傳에 이르기를 "道로써 군주를 떠났으나 그 군주가 아직도 그에 대한 恩義를 끊지 않은 경우에는 齊衰 三月服을 입는다." 하였으니, 王은 孟子의 말씀이 너무 심하다고 의심하였다. 그러므로 이 禮를 가지고 질문한 것이다.

3-3. 曰 諫行言聽하여 膏澤이 下於民이요 有故而去어든 則君이 使人導

---

249 儀禮曰……服齊衰三月:《儀禮》〈喪服〉傳에 "大夫가 옛 군주를 위하여 어찌하여 齊衰 3月服을 입는가? 大夫가 떠났더라도 군주가 그의 宗廟를 관리해 주기 때문에 齊衰 3月服을 입는 것이니, 일반 백성과 같음을 말한 것이다. 어찌하여 여전히 大夫라 이르는가? 그 道로써 군주를 떠나갔으나 군주의 恩義가 아직 끊어지지 않았음을 말한 것이다.〔大夫爲舊君 何以服齊衰三月也 大夫去 君埽其宗廟 故服齊衰三月 言與民同也 何大夫之謂乎 言其以道去君而猶未絶也〕" 하였는데, 그 註에 이르기를 "'道로써 군주를 떠나갔다.'는 것은 세 번 諫하여도 따르지 아니하여, 郊外에서 추방을 기다리는 것을 이른다. '끊어지지 않았다.'는 것은 爵祿이 아직 조정에 나열되어 있고 출입할 때에 나라에 詔命이 있음을 이른다.〔以道去君 謂三諫不從 待放於郊 未絶者 言爵祿尙有列於朝 出入有詔於國〕" 하였다. 《大全》에 이 說을 취하여 "무릇 畿內의 백성은 모두 齊衰 3月服을 입는다." 하였다.

… 舊 옛 구 齊 상복아랫단꿰맬 자 衰 상복 최 膏 윤택할 고 導 인도할 도

之出疆하고 又先於其所往하며 去三年不反然後에 收其田里하나니 此之謂三有禮焉이니 如此則爲之服矣니이다

孟子께서 말씀하셨다. "諫하면 행하고 말하면 받아들여서 은택이 백성들에게 내려지고, 연고가 있어 떠나가면 군주가 사람으로 하여금 인도하여 국경을 나가게 하고 또 그가 가는 곳에 먼저 기별하여 주선하며, 떠난 지 3년이 되어도 돌아오지 않은 뒤에야 그의 田里(토지와 주택)를 환수하니, 이것을 일러 세 가지 禮가 있다 하는 것이니, 이와 같이 하면 그 군주를 위하여 服을 입어줍니다.

按說 | '諫'과 '言'에 대하여, 雙峰饒氏(饒魯)는

諫은 간사함을 막는 것이고, 言은 善言을 아뢰는 것이다.〔諫是閉邪 言是陳善〕

하였다.
'有故而去'에 대하여, 朱子는

'有故而去'는 大義에 관계된 것이 아니니, 굳이 깊이 해설할 것이 없다. 신하가 나라를 떠날 적에 그 연고가 한 가지만이 아니다.〔有故而去 非大義所繫 不必深爲之說 臣之去國 其故非一端〕《朱子大全 答何叔京》

하였다.
'又先於其所往'의 '先'에 대하여, 楊伯峻은《禮記》〈檀弓上〉의

옛날에 夫子가 魯나라 司寇의 지위를 잃으시고 장차 楚나라로 가시려 할 적에 먼저 子夏를 보내시고 또 거듭 冉有를 보내셨으니, 이 때문에 지위를 잃으면 빨리 가난해지고자 하지 않음을 알았다.〔昔者 夫子失魯司寇 將之荊 蓋先之以子夏 又申之以冉有 以斯知不欲速貧也〕

에서의 '先'과 같은 의미로 '사람으로 하여금 먼저 가서 주선하게 하다.'의 뜻이라고 하였다.

集註 | 導之出疆은 防剽掠也라 先於其所往은 稱道其賢하여 欲其收用之也라 三年而後에 收其田祿里居는 前此엔 猶望其歸也라

··· 疆 지경 강 反 돌아올 반 剽 노략질할 표 掠 노략질할 략 道 말할 도

'인도하여 국경을 나가게 함'은 도적의 노략질을 막는 것이다. '그가 가는 곳에 먼저 기별함'은 그의 어짊을 칭찬하여 그를 거두어 쓰기를 바라는 것이다. 3년이 된 뒤에야 그의 田祿과 거주하던 집을 환수하는 것은, 그전에는 여전히 그가 돌아오기를 바란 것이다.

3-4. 今也엔 爲臣하여 諫則不行하며 言則不聽하여 膏澤이 不下於民이요 有故而去어든 則君이 搏執之하고 又極之於其所往하며 去之日에 遂收 其田里하나니 此之謂寇讐니 寇讐에 何服之有리잇고

지금은 신하가 되어 간하면 행하지 않으며 말하면 받아들이지 아니하여 은택이 백성들에게 내려지지 못하고, 연고가 있어 떠나가면 군주가 그를 속박하며 또 그가 가는 곳에 곤궁하게 하고, 떠나는 날에 바로 그의 田里를 환수합니다. 이것을 일러 원수라 하는 것이니, 원수에게 무슨 服을 입어줌이 있겠습니까."

集註 | 極은 窮也니 窮之於其所往之國은 如晉錮欒盈[250]也라

'極'은 곤궁함이니, 그가 가는 나라에 곤궁하게 하는 것은, 晉나라가 欒盈을 금고한 것과

---

250 晉錮欒盈 : 春秋時代 晉나라 六卿의 하나인 欒盈이 실각하고 楚나라로 망명하자, 晉나라에서는 '欒盈의 망명을 받아주는 나라가 있으면 공격을 가하겠다.'고 위협하여 禁錮시켰는바, 이 사실이 《春秋左傳》 襄公 21년 조에 다음과 같이 보인다. "欒桓子(欒黶)가 范宣子(士匄)의 딸을 아내로 맞아 欒懷子(欒盈)를 낳았다. 范宣子의 아들인 范鞅(士鞅)은 자신이 쫓겨나 도망갔던 일로 欒氏에게 원한을 품고 있었다.(이보다 앞선 襄公 14년에 欒黶이 范鞅을 강제로 축출하여 秦나라로 出奔케 하였다.] 그러므로 欒盈과 함께 公族大夫가 되었으나 서로 사이가 좋지 못하였다. 欒桓子가 죽은 뒤에 欒祁가 家老(家臣의 長) 州賓과 간통하여 거의 가산을 탕진하였다.(欒祁는 欒桓子의 아내이고 范宣子의 딸이다. 老는 家臣의 長이다.] 欒懷子가 이를 걱정하자, 欒祁가 姦夫 州賓이 토벌당할 것을 두려워하여 范宣子에게 '欒盈이 叛亂을 일으키려 한다.……'라고 참소하니, 范鞅은 欒祁의 말이 사실이라고 보증하였다.……范宣子가 欒盈을 著邑으로 보내어 城을 쌓게 하고 드디어 그를 축출하니, 가을에 欒盈이 楚나라로 出奔하였다.…… 商任에서 회합하니 欒氏를 禁錮하기 위함이었다.(欒盈을 禁錮하여 諸侯들이 받아주지 못하게 한 것이다.] (欒桓子娶於范宣子 生懷子 范鞅以其亡也 怨欒氏(先是十四年 欒黶强逐范鞅 使奔秦) 故與欒盈爲公族 大夫而不相能 桓子卒 欒祁與其老州賓通 幾亡室矣(欒祁 桓子之妻 范宣子之女也 老 家臣之長) 懷子患之 祁懼其討也 愬諸宣子曰 盈將爲亂……范鞅爲之徵……宣子使城著 而遂逐之 秋欒盈出奔楚…… 會於商任 錮欒氏也(禁錮之 使諸侯不得受)" 그리고 《春秋左傳》 襄公 22년 조에 다음과 같이 보인다. "가을에 欒盈이 楚나라에서 齊나라로 갔다. 晏平仲이 齊侯에게 말하기를 '商任의 회합에서 晉나라의 命(欒盈을 금고하라는 命)을 받았으니, 지금 欒氏를 받아들여 장차 어디에 쓰겠습니까. 하였다.……겨울에 沙隨에서 회합하니, 다시 欒氏를 禁錮하기 위함이었다.(晉나라는 欒盈이 齊나라에 있음을 알았기 때문에 다시 금고시키려 한 것이다.](秋 欒盈自楚適齊 晏平仲言於齊侯曰 商任之會 受命於晉 今納欒氏 將安用之……多會于沙隨 復錮欒氏也(晉知欒盈在齊 故復錮也))"

⋯ 搏 잡을 박 執 잡을 집 極 곤궁할 극 錮 가둘 고 欒 나무이름 란 盈 가득찰 영

같은 것이다.

章下註 | ○潘興嗣曰 孟子告齊王之言은 猶孔子對定公之意[251]也로되 而其言이 有迹하여 不若孔子之渾然也하니 蓋聖賢之別이 如此[252]하니라

楊氏曰 君臣은 以義合者也라 故로 孟子爲齊王하여 深言報施[253]之道하사 使知爲 君者不可不以禮遇其臣耳라 若君子之自處는 則豈處其薄乎아 孟子曰 王庶幾改 之를 予日望之[254]라하시니 君子之言이 蓋如此하니라

○潘興嗣가 말하였다. "孟子께서 齊 宣王에게 한 말씀은 孔子께서 定公에게 대답한 뜻과 같으나 그 말씀이 자취가 있어서 孔子의 渾然함만 못하니, 聖(孔子)·賢(孟子)의 분별이 이와 같다."

---

251 孔子對定公之意: 魯나라 定公이 군주가 신하를 부리고 신하가 군주를 섬기는 법을 묻자, 孔子께서 "군주는 신하를 禮로써 부리고, 신하는 군주를 충성으로써 섬겨야 한다.〔君使臣以禮 臣事君以忠〕"라 고 대답하셨는데, 이것을 尹氏(尹焞)가 '군주가 신하 부리기를 禮로써 하면 신하가 군주 섬기기를 忠 으로써 한다.〔君使臣以禮 則臣事君以忠〕'로 보아 '則'자를 넣어 해석하여 말한 것으로, 이 내용은《論 語》〈八佾〉19장에 보인다. 新安陳氏(陳櫟)는《論語集註》에 孔子가 定公에게 대답한 말씀을 해석하 면서 맨 끝의 한 說(尹氏 說)에 '군주가 신하 부리기를 禮로써 하면 신하가 군주 섬기기를 충성으로써 한다.' 하였으니, 이 章이 그 뜻과 유사하다. 그러나 성인(孔子)의 말씀은 함축되어 드러나지 않았는데, 여기의 孟子 말씀은 英氣가 매우 발로되었다. 孟子 또한《禮記》〈檀弓下〉에 子思가 魯 穆公이 禮에 옛 군주를 위하여 服 입는 뜻을 물음에 답한 것을 기술한 것이다.〔論語集註 釋孔子對定公之語 末一 說 謂君使臣以禮 則臣事君以忠 此章與之意似 然聖言 含蓄不露 此則英氣發露甚矣 孟子亦是述 記檀弓篇子思答魯穆公問禮爲舊君反服之意〕"하였다. 〈檀弓下〉에 보이는 내용은 다음과 같다. "穆 公이 子思에게 '옛 君主를 위하여 服을 입는 것이 옛 禮입니까?' 하고 묻자, 子思는 대답하시기를 '옛 君子는 사람을 등용하기를 禮로써 하고 사람을 물러나게 하기를 禮로써 하였으므로 옛 君主를 위하여 服을 입는 禮가 있었던 것입니다. 지금의 君子들은 사람을 등용할 적에는 장차 무릎에 올려놓으려 하 고 사람을 물러가게 할 적에는 장차 깊은 못에 떨어뜨릴 듯이 하니, 반란의 괴수가 되지 않는 것만도 좋지 않겠습니까. 또 무슨 服을 입어 주는 禮가 있겠습니까?' 라고 하셨다.〔穆公問於子思曰 爲舊君反服 古 與 子思曰 古之君子 進人以禮 退人以禮 故有舊君反服之禮也 今之君子 進人若將加諸膝 退人若 將隊(墜)諸淵 毋爲戎首 不亦善乎 又何反服之禮之有〕"

252 潘興嗣曰……如此: 茶山은 "임금에게 아뢰는 말은 간절함을 혐의하지 않는다. 孟子는 임금에게 아 뢰는 것이었으므로 그 말씀이 이와 같았던 것이다. 어찌 이것으로 孟子가 聖人이 아니라고 의심하겠는 가. 孔子와 孟子의 大小를 누구인들 알지 못하겠는가마는 이 장의 내용은 굳이 병통으로 여길 것이 없 다.〔告君之辭 不嫌剴切 孟子以其告君之故 其言如此 豈可以此疑孟之非聖乎 孔孟大小 人孰不知 惟此章不必病也〕"하였다.

253 報施: 壺山은 "報施는 갚음과 베풂이니, 혹자는 말하기를 '그 베풂에 갚는다.'라고 한다.〔報施 報與施 也 或曰報其施也〕"하였다.

254 孟子曰……予日望之: 앞의 〈公孫丑下〉 12-5절에 보인다.

••• 潘 성반 嗣 이을 사 迹 자취 적 渾 온전할 혼

楊氏(楊時)가 말하였다. "군주와 신하는 義로써 합한 자이다. 그러므로 孟子께서 齊王을 위하여 報施의 道를 깊이 말씀해서 군주가 된 자는 그 신하를 禮로써 대우하지 않으면 안 됨을 알게 하셨을 뿐이다. 君子의 自處함으로 말하면 어찌 그 薄함에 처하겠는가. 孟子께서 말씀하시기를 '王이 행여 고치시기를 나는 날마다 바란다.' 하셨으니, 君子의 말씀이 이와 같은 것이다."

|無罪而殺士章|

4. 孟子曰 無罪而殺士면 則大夫可以去요 無罪而戮民이면 則士可以徙니라

孟子께서 말씀하셨다. "죄 없이 士를 죽이면 大夫가 그 나라를 떠나야 하고, 죄 없이 백성을 죽이면 士가 옮겨가야 한다."

集註 | 言 君子當見幾而作이니 禍已迫이면 則不能去矣니라

君子는 마땅히 幾微를 보고 떠나야 하니, 禍가 이미 임박하면 떠날 수 없음을 말씀한 것이다.

|君仁莫不仁章|

5. 孟子曰 君仁이면 莫不仁이요 君義면 莫不義니라

孟子께서 말씀하셨다. "군주가 仁하면 仁하지 않은 사람이 없고, 군주가 의로우면 의롭지 않은 사람이 없다."

集註 | 張氏[255]曰 此章은 重出이라 然이나 上篇은 主言人臣當以正君爲急이요 此章은 直戒人君하니 義亦小異耳니라

---

[255] 張氏 : 壺山은 "〈張氏의〉 이름은 九成이고 字는 子韶이며 錢塘 사람으로 《孟子傳》 20권을 지었다.〔名九成 字子韶 錢塘人 著孟子傳二十卷〕" 하였고, 《四書集註典據考》에는 胡炳文의 《四書集編》에 張琥라고 기록되어 있음을 들어 "《集註》의 張氏는 張琥를 가리킨 듯하나 자세하지 않다."라고 하였다.

··· 戮 죽일륙 徙 옮길사 幾 기미 기 作 일어날작 迫 닥칠박 直 다만직

張氏가 말하였다. "이 章은 거듭 나왔다. 그러나 上篇(〈離婁上〉20章)에서는 신하가 마땅히 군주를 바로잡는 것을 급하게 여겨야 함을 주장하여 말씀하였고, 이 章에서는 다만 人君을 경계하였으니, 뜻이 또한 조금 다르다."

| 非禮之禮章 |

6. 孟子曰 非禮之禮와 非義之義를 大人은 弗爲니라

孟子께서 말씀하셨다. "禮가 아닌 禮와 義가 아닌 義를 大人은 하지 않는다."

按説 | 程子(伊川)는

恭은 본래 禮이나 지나친 공손은 禮가 아닌 禮이고, 물건을 남에게 주는 것은 義이나 지나치게 주는 것은 義가 아닌 義이다.〔恭本爲禮 過恭 是非禮之禮也 以物予人爲義 過予 是非義之義也〕《精義》

하였다.

集註 | 察理不精이라 故로 有二者之蔽라 大人則隨事而順理하고 因時而處宜하니 豈爲是哉리오

理를 살핌이 精하지 못하기 때문에 두 가지의 가리움이 있는 것이다. 大人은 일에 따라 理를 順히 하고 때에 따라 마땅하게 대처하니, 어찌 이런 짓을 하겠는가.

| 中也養不中章(人樂有賢父兄章) |

7. 孟子曰 中也養不中하며 才也養不才라 故로 人樂有賢父兄也니 如中也棄不中하며 才也棄不才면 則賢不肖之相去 其間이 不能以寸이니라

孟子께서 말씀하셨다. "〈道에〉 맞는 자가 〈道에〉 맞지 않는 자를 길러주며, 재주 있는 자가 재주 없는 자를 길러준다. 그러므로 사람들이 어진 父兄이 있음을 즐거워하는 것

··· 弗 아닐 불 蔽 가릴 폐 隨 따를 수 樂 즐길 락 棄 버릴 기 肖 어질 초, 닮을 초

이다. 만일 〈道에〉 맞는 자가 〈道에〉 맞지 않는 자를 버리며 재주 있는 자가 재주 없는 자를 버린다면 賢者와 不肖한 자의 거리는 그 간격이 한 치도 못된다."

按說 | '中也'와 '才也'에 대하여, 壺山은

'中也'와 '才也'의 네 '也'자는 모두 '者'字의 뜻이 있다.〔中也才也四也字 皆有者字義〕

하였다. 이에 따라 위와 같이 해석하였다.

集註 | 無過不及之謂中이요 足以有爲之謂才라 養은 謂涵育薰陶하여 俟其自化也라 賢은 謂中而才者也[256]라 樂有賢父兄者는 樂其終能成己也라 爲父兄者 若以子弟之不賢으로 遂遽絶之而不能教면 則吾亦過中而不才矣니 其相去之間이 能幾何哉리오

過와 不及이 없는 것을 '中'이라 이르고, 충분히 훌륭한 일을 할 수 있는 것을 '才'라 이른다. '養'은 涵育하고 薰陶하여 그가 스스로 변화하기를 기다림을 이른다. '賢'은 過不及이 없고 재주가 있는 자를 이른다. '어진 父兄이 있음을 즐거워함'은 마침내 자신을 이루어 줄 수 있음을 즐거워하는 것이다. 父兄이 된 자가 만일 子弟들이 어질지 못하다 하여 마침내 대번에 끊어버리고 제대로 가르치지 않는다면 자신도 또한 中을 지나치고 재주가 없는 것이니, 그 거리의 간격(차이)이 얼마나 되겠는가.

| 人有不爲章 |

8. 孟子曰 人有不爲也而後에 可以有爲니라

孟子께서 말씀하셨다. "사람이 하지 않음(지조)이 있은 뒤에야 훌륭한 일을 할 수 있는 것이다."

---

256 賢 謂中而才者也:慶源輔氏(輔廣)는 "中은 德을 가지고 말하였고 才는 재주를 가지고 말하였다. 德은 性에 근본하고 才는 氣에 근본하니, 賢은 재주와 德을 겸하여 소유한 자이다.〔中 以德言 才 以才言 德本於性 才本於氣 賢則兼有才德者也〕" 하였다.

··· 涵 잠길 함 育 기를 육 薰 감화할 훈 陶 도야할 도 俟 기다릴 사 遽 갑자기 거

集註 | 程子曰 有不爲는 知所擇也라 惟能有不爲라 是以로 可以有爲[257]니 無所不爲者는 安能有所爲耶아

程子(伊川)가 말씀하였다. "'하지 않음이 있음'은 택할 바를 아는 것이다. 능히 하지 않는 바가 있기 때문에 훌륭한 일을 할 수 있는 것이니, 하지 않는 바가 없는 자(못하는 짓이 없는 사람)는 어찌 훌륭한 일을 할 수 있겠는가."

| 言人之不善章 |

9. 孟子曰 言人之不善하다가 當如後患何오

孟子께서 말씀하셨다. "남의 不善함을 말하다가 後患을 어찌하려는가."

集註 | 此亦有爲而言이니라

이 또한 이유가 있어서 하신 말씀이다.

| 仲尼不爲已甚章 |

10. 孟子曰 仲尼는 不爲已甚者러시다

孟子께서 말씀하셨다. "仲尼께서는 너무 심한 것을 하지 않으셨다."

按說 | 趙岐는

仲尼는 邪를 비판하여 바로잡으실 적에 바르게 되면 可하다고 여기셨다. 그러므로 너무 심하고 지나친 것은 하고자 하지 않으신 것이다. 孟子가 이 때문에 〈段干木과 泄柳가〉 담장을 넘어 피하고 문을 닫고 받아들이지 않은 것을 비판한 것이다.〔仲尼彈邪以正 正斯可矣 故不欲爲已甚泰過也 孟子所以譏踰墻距門者也〕

---

257 惟能有不爲……可以有爲: 張橫渠는 "不仁을 하지 않으면 仁을 할 수 있고, 不義를 하지 않으면 義를 할 수 있다.〔不爲不仁 則可以爲仁 不爲不義 則可以爲義〕" 하였다. 《精義》 雙峰饒氏(饒魯)는 "악행을 하려고 하지 않으면 반드시 선을 행함에 용감하니, 먼저 지키는 지조가 있은 뒤에 훌륭한 일을 할 수 있는 것이다.〔不肯爲惡 則必勇於爲善 先有守而後 有爲〕" 하였다.

… 擇 가릴 택 已 너무 이 甚 심할 심

라고 하여 經文의 '已甚者'를 '남의 나쁜 점을 너무 심하게 비판하는 것'으로 보았는데 茶山은 이 說을 취하고, 《集註》의 說을 다음과 같이 비판하였다.

楊時의 說은 잘못인 듯하다. 聖人의 止於至善을 어찌 不爲已甚이라고 할 수 있겠는가. '已甚'은 폄하하는 말이다. 孟子가 직접 스스로 말씀하기를 "段干木과 泄柳는 모두 너무 심하다."라고 하여 趙岐의 註가 근거가 있으니, 고칠 수 없다. 互鄕의 童子가 찾아와 孔子를 뵈어 門人들이 의혹하였을 적에 孔子께서 "찾아오는 사람을 허여하고 떠나가는 사람을 허여하지 않을 뿐이다.[258] 어찌 심하게 할 것이 있겠는가." 하셨고 《論語》〈述而〉 28장), 孔子께서 "사람으로서 仁하지 못한 것을 너무 미워하는 것도 亂을 일으킨다." 하셨고 《論語》〈泰伯〉 10장), 《周易》〈睽卦 初九〉 爻辭에 "惡人을 만나보면 허물이 없으리라." 하였으니, 聖人의 義는 본래 이와 같다.[楊說恐謬 聖人之止於至善 豈可曰不爲已甚乎 已甚者貶辭 孟子親口自言曰 段干木泄柳是皆已甚 趙注有據 未可改也 互鄕童子見 門人惑 子曰 與其進也 不與其退也 惟何甚 子曰 人而不仁 疾之已甚 亂也 易曰 見惡人无咎 聖人之義 固如是也]

茶山의 고증이 확실하다고 생각된다. 다만 이 말씀을 자신과 타인 한쪽에만 연관시키지 말고 두 가지 모두에 해당하는 것으로 보면 좋을 듯하다.

集註ㅣ已는 猶太也라

楊氏曰 言 聖人所爲 本分之外에 不加毫末이니 非孟子眞知孔子면 不能以是稱之니라

'已'는 太(너무)와 같다.

楊氏(楊時)가 말하였다. "聖人이 하시는 바는 本分 밖에 털끝만큼도 더하지 않음을 말씀한 것이니, 참으로 孔子를 아신 孟子가 아니라면 이렇게 칭할 수 없다."

|惟義所在章|

11. 孟子曰 大人者는 言不必信이며 行不必果요 惟義所在니라

---

258 찾아오는……뿐이다 : 茶山의 《論語古今注》에 이 내용이 보인다. 그러나 《集註》에서는 '찾아옴을 허여할 뿐이요 물러간 뒤에 잘못하는 것을 허여하는 것'으로 해석하지 않았다.

… 毫 터럭 호 必 기필할 필 果 결행할 과

孟子께서 말씀하셨다. "大人은 말을 믿게 하기를 기필하지 않고 행실을 과단성 있게 하기를 기필하지 않고, 오직 義가 있는 데를 따른다."

按説 | '必'에 대하여, 朱子는 經文의 '必'을 '먼저 기필하는 것[先期]'으로 보았는데, 茶山은 '必'을 '사정이 중간에 변하였는데도 반드시 원래대로 하는 것'으로 보았다. 茶山은 《周易》〈乾卦 文言〉에 "평상시의 말을 믿게 하고 평상시의 행동을 삼간다." 하였으니, 말을 믿게 하고 행동을 과단성 있게 하는 것은 본디 大人이 힘쓰는 바이다. 다만 먼저 말한 바가 있었으나 혹 사정이 중간에 변해서 義에 맞지 않는 것이 있으면, 굳이 예전에 한 말을 집착하여 지킬 필요는 없으며, 장차 행하려고 한 바가 있었으나 혹 사정이 중간에 변해서 義에 맞지 않는 것이 있으면 굳이 그 행하려던 바를 이룰 필요는 없다.……만약 말하고 행동하는 처음부터 믿게 하기를 기필하지 않거나 과단성 있게 하기를 기필하지 않는다면 어찌 군자의 義이겠는가.《禮記》〈緇衣〉에 "말은 반드시 끝마칠 바를 생각해야 하고 행실은 반드시 병폐가 될 바를 상고해야 한다." 하였으며,《周易》〈歸妹卦 象〉에 "終을 영구하게 하여 弊壞함을 안다." 하였으니, 모두 믿게 하기를 기필하고 과단성 있게 하기를 기필하는 말이다. '必'을 '기필'이라 하는 것은 본뜻이 아닌 듯하다.〔易曰 庸言之信 庸行之謹 言信行果 固大人之所務 但先有所言 或其事情中變 義有不合 則不必膠守前言 將有所行 或其事情中變 義有不合 則不必遂成其行……若於言行之初 原不期信 原不期果 則豈君子之義乎 禮曰 言必慮其所終 行必稽其所敝 易曰 永終知敝 皆期乎信期乎果之說也 以必爲期 恐非本旨〕

하였다.

集註 | 必은 猶期也라 大人은 言行이 不先期於信果요 但義之所在면 則必從之[259]하

---

259 大人……則必從之：壹山은 "살펴보건대 이는 '硜硜章'과 '適莫章' 두 章의 뜻을 합하여 말씀한 것이다.〔按此合硜硜適莫二章之意 而爲言耳〕"하였다. '硜硜章'은 《論語》〈子路〉 20장에 "말을 반드시 믿게 하고 행실을 반드시 과단성 있게 하는 것이 硜硜한 小人이다.〔言必信 行必果 硜硜然小人哉〕"라고 한 것을 가리키며, '適莫章'은 《論語》〈里仁〉 10장에 "君子는 天下의 일에 있어 오로지 주장함도 없으며 그렇게 하지 않는다는 것도 없어서 義를 따를 뿐이다.〔君子之於天下也 無適也 無莫也 義之與比〕"라고 한 것을 가리킨다.

나니 卒亦未嘗不信果也니라

'必'은 期(기필함)와 같다. 大人은 말과 행실을 먼저 믿게 하고 과단성 있게 하기를 기필하지 않고, 다만 義가 있는 곳이면 반드시 따르니, 결국에는 미덥고 과단성 있지 않은 것이 아니다.

章下註 | ○尹氏曰 主於義면 則信果在其中矣요 主於信果면 則未必合義니라
王勉曰 若不合於義而不信不果면 則妄人爾니라

○尹氏(尹焞)가 말하였다. "義를 주장하면 信과 果가 이 가운데 들어 있고, 信과 果를 주장하면 반드시 義에 합하지는 못한다."
王勉이 말하였다. "만일 義에 합하지도 못하면서 믿게 하지도 못하고 과단성도 없다면 망령된 사람일 뿐이다."

|大人章(赤子之心章)|
12. 孟子曰 大人者는 不失其赤子之心者也니라
孟子께서 말씀하셨다. "大人은 赤子의 마음을 잃지 않은 자이다."

集註 | 大人之心은 通達萬變하고 赤子之心은 則純一無僞而已라 然이나 大人之所以爲大人은 正以其不爲物誘而有以全其純一無僞之本然이라 是以로 擴而充之면 則無所不知하고 無所不能하여 而極其大也니라

大人의 마음은 온갖 변화를 통달하고, 赤子의 마음은 純一하여 거짓이 없을 뿐이다. 그러나 大人이 大人이 된 까닭은 바로 外物에 유인되지 않아서 純一하여 거짓이 없는 本然의 마음을 온전히 함이 있기 때문이다. 그러므로 이것을 확충하면 알지 못하는 바가 없고 능하지 못한 바가 없어서 그 큼을 다하게 된다.

|養生不足以當大事章|
13. 孟子曰 養生者 不足以當大事요 惟送死라야 可以當大事니라

··· 赤 붉을적 僞 거짓위 誘 꾈유 擴 넓힐확 送 보낼송

孟子께서 말씀하셨다. "산 자(부모)를 봉양함은 大事에 해당될 수 없고, 오직 죽은 자를 葬送함이어야 大事에 해당될 수 있다."

按說| '養生者'의 '者'字에 대하여, 壺山은

'者'字에 굳이 얽매일 필요가 없다.〔者字 不必泥〕

하였다.

集註| 事生을 固當愛敬이라 然이나 亦人道之常耳요 至於送死하여는 則人道之大變이니 孝子之事親에 舍是면 無以用其力矣라 故로 尤以爲大事[260]하여 而必誠必信하여 不使少有後日之悔也[261]니라

산 자를 섬김을 진실로 마땅히 사랑과 공경으로 해야 한다. 그러나 이는 또한 人道의 떳떳함일 뿐이요, 죽은 자를 葬送함에 이르러는 人道의 큰 변고이니, 孝子가 어버이를 섬김에 이를 버린다면 그 힘을 쓸 데가 없다. 그러므로 더욱 이것을 큰 일로 여겨서 반드시 정성스럽게 하고 반드시 信實히 하여 조금이라도 後日의 후회가 있지 않게 하는 것이다.

|深造自得章|

14. 孟子曰 君子深造之以道는 欲其自得之也니 自得之則居之安하고 居之安則資之深하고 資之深則取之左右에 逢其原이니 故로 君子는 欲其自得之也니라

---

260 尤以爲大事 : '爲大事'는 經文의 '當大事'를 해석한 것으로, 新安陳氏(陳櫟)는 "〈經文의 '當'은〉'擔當'의 '當'이 아니다.〔非擔當之當〕" 하였고, 壺山은 "《集註》의 '爲'는 經文의〉'當(해당하다)'이다." 하였다. 茶山은 "大事는 본래 喪事의 호칭이므로 옛날에는 喪事를 바로 大事라고 불렀다. 《禮記》〈檀弓上〉에 '大事에 斂할 때 日中을 이용한다.' 했다.〔大事本喪事之稱 故古者喪事直稱大事 檀弓曰 大事斂用日中〕" 하였다.

261 必誠必信 不使少有後日之悔也 :《禮記》〈檀弓上〉에 "초상이 난 지 사흘 만에 殯하되, 무릇 몸에 딸리는 것을 반드시 정성스럽게 하고 반드시 신실하게 하여 후회함이 없게 해야 할 것이요, 3개월 만에 장례하되, 棺에 딸리는 것을 반드시 정성스럽게 하고 반드시 신실하게 하여 후회함이 없게 해야 한다.〔喪三日而殯 凡附於身者 必誠必信 勿之有悔焉耳矣 三月而葬 凡附於棺者 必誠必信 勿之有悔焉耳矣〕"라고 한 子思의 말씀을 인용한 것이다.

··· 舍 버릴 사 悔 뉘우칠 회 造 나아갈 조 資 의뢰할 자 逢 만날 봉

孟子께서 말씀하셨다. "君子가 깊이 나아가기를 道(방법)로써 함은 自得(자연히 얻어짐)하고자 해서이니, 自得하면 居함이 편안하고, 居함이 편안하면 이용함이 깊고, 이용함이 깊으면 좌우에서 취하여 씀에 그 근원을 만나게 된다. 그러므로 君子는 自得하고자 하는 것이다."

> 集註 | 造는 詣也니 深造之者는 進而不已之意라 道는 則其進爲之方也[262]라 資는 猶藉也[263]라 左右는 身之兩旁이니 言至近而非一處也라 逢은 猶値也라 原은 本也니 水之來處也라 言 君子務於深造而必以其道者는 欲其有所持循하여 以俟夫默識心通하여 自然而得之於已也라 自得於已면 則所以處之者 安固而不搖하고 處之安固면 則所藉者 深遠而無盡하고 所藉者深이면 則日用之間에 取之至近하여 無所往而不値其所資之本也니라

'造'는 나아감이니, '깊이 나아간다.'는 것은 나아가고 그치지 않는다는 뜻이다. '道'는 나아가는 방법이다. '資'는 藉(이용함)와 같다. '左右'는 몸의 양 곁이니, 지극히 가까우면서도 한 곳이 아님을 말한 것이다. '逢'은 値(만남)와 같다. '原'은 근본이니, 물이 오는 곳이다. 君子가 깊이 나아가기를 힘쓰되 반드시 그 道로써 하는 것은 믿고 따르는 바가 있어서 묵묵히 알고 마음속으로 통달하여 자연히 자기 몸에 얻어지기를 기다리고자 해서이다. 자기 몸에 얻어지면 處함이 편안하고 견고하여 흔들리지 않고, 處함이 편안하고 견고하면 이용함이 深遠하여 다함이 없고, 이용함이 深遠하면 날로 쓰는 사이에 지극히 가까운 곳에서 취해서 가는 곳마다 이용하는 바의 근본을 만나지 않음이 없을 것이다.

---

262 道 則其進爲之方也 : 茶山은 "이는 군자가 사람을 가르치는 방법이라고 생각한다. 《禮記》〈學記〉에 '군자는 열어주기만 하고 끝까지 다 말해주지 않으며 유도하기만 하고 억지로 끌고 가지 않는다.' 하였으니, '道'는 유도한다는 뜻이다. 군자가 사람을 가르침에 차근차근 유도하여 깊은 곳에 이르게 하니, 이것이 이른바 '深造之以道'이다. 깊은 곳에 나아가게 하는 방법에 유도만 하고 억지로 끌고 가지 않는 것은 그로 하여금 자득하게 하려는 것이다.〔余謂此君子敎人之法也 學記曰 君子開而不達 道而不牽 道者 導也 君子敎人 循循誘導 以達深處 此所謂深造之以道也 深造之法 道而不牽者 欲其自得之也〕" 하였다.

263 資 猶藉也 : 朱子는 "'資'字는 資給과 資助와 흡사하다.〔資字 恰似資給資助一般〕" 하였다.《語類》 '藉'는 빌려 쓰는 것으로, 이용함을 이른다.

··· 詣 나아갈 예 藉 빌릴 자 旁 곁 방 値 만날 치 持 잡을 지 循 따를 순 默 잠잠할 묵 搖 흔들 요

章下註 | ○程子曰 學은 不言而自得者 乃自得也²⁶⁴니 有安排布置者는 皆非自得也²⁶⁵라 然이나 必潛心積慮하여 優游厭飫²⁶⁶於其間然後에 可以有得이니 若急迫求之면 則是私己而已니 終不足以得之也니라

○程子(明道)가 말씀하였다. "학문은 말하지 않고 스스로 아는 것이 바로 自得함이니, 安排하고 布置함이 있는 것은 모두 自得함이 아니다. 그러나 반드시 마음을 다하고 생각을 쌓아서 그 사이에 優游하고 厭飫한 뒤에야 自得함이 있을 수 있으니, 만일 급박하게 구한다면 이는 私己일 뿐, 끝내 얻지 못할 것이다."

|博學而詳說章|

15. 孟子曰 博學而詳說之는 將以反說約也니라

孟子께서 말씀하셨다. "널리 배우고 상세히 말함은 장차 돌이켜서 요약함을 말하고자 해서이다."

按說 | '博'과 '約'에 대하여, 程伊川은

博과 約은 정반대이니, 聖人이 사람을 가르친 것은 다만 이 두 글자(博約)이다. 博은 널리 배우는 것이니 많이 알고 많이 보고 많이 듣는 것을 이르고, 約은 다만 사람들로 하여금 요점을 알게 하는 것이다.〔博與約正相對 聖人教人 只此兩字 博是博學, 多識, 多見, 多聞之謂 約只是使人知要也〕《精義》

하였다.

---

264 不言而自得者 乃自得也 : 壺山은 "말하지 않음은 바로 묵묵히 알고 마음속으로 통한다는 뜻이다.〔不言卽默識心通之意〕" 하였다.

265 有安排布置者 皆非自得也 : 新安陳氏(陳櫟)는 "安排하고 布置함이 있으면 바로 억지로 하는 것이니, 自然의 얻음이 아니다.〔有安排布置 便是勉强 而非自然之得〕" 하였다.

266 優游厭飫 : '優游'는 優柔로도 쓰는데 편안하다는 뜻으로 마음의 여유를 갖는 것이며, '厭飫'는 饜飫로도 쓰는데 음식을 배불리 먹는 것으로, '優游厭飫'는 충분한 시간을 갖고 오랫동안 學問에 종사하여 풍부한 지식과 실천적 경험을 쌓음을 뜻한다. 이 말은 원래《春秋左傳》의 杜預 序文에 "마음을 편안하게 해 주어서 스스로 구하게 하였고, 그 뜻을 충분히 알게 해서 배우는 자들로 하여금 스스로 나아가게 하였다.〔優而柔之 使求之 饜而飫之 使自趨之〕"라고 한 데서 유래한 것이다.

··· 排 배열할 배 優 넉넉할 우 游 놀 유 厭 물릴 염, 배부를 염 飫 배부를 어 詳 자세할 상 約 요약할 약

集註∣言 所以博學於文而詳說其理者²⁶⁷는 非欲以誇多而鬪靡也요 欲其融會貫
通하여 有以反而說到至約之地耳라 蓋承上章之意而言하니 學은 非欲其徒博²⁶⁸이
요 而亦不可以徑約²⁶⁹也니라

글을 널리 배우고 그 이치를 상세히 말하는 까닭은 많은 지식을 자랑하고 화려함을 다투고
자 해서가 아니요, 融會(자세히 이해)하고 貫通하여 돌이켜서 지극히 요약된 경지를 설명
하고자 해서임을 말씀한 것이다. 이는 윗 장의 뜻을 이어서 말씀하였으니, 배움은 다만 博學
하고자 할 것이 아니요 또한 곧바로 要約만을 해서도 안 되는 것이다.

|以善服人章|

16. 孟子曰 以善服人者는 未有能服人者也니 以善養人然後에 能服
天下하나니 天下不心服而王者 未之有也니라

孟子께서 말씀하셨다. "善으로써 남을 복종시키려 하는 자는 남을 복종시키는 자가 있
지 않으니, 善으로써 남을 길러준 뒤에야 천하를 복종시킬 수 있는 것이다. 천하가 마음
으로 복종하지 않고서 왕 노릇한 자는 있지 않다."

集註∣服人者는 欲以取勝於人이요 養人者는 欲其同歸於善²⁷⁰이니 蓋心之公私小

---

267 所以博學於文而詳說其理者:慶源輔氏(輔廣)는 《集註》에 이른바 '文'은 詩書·六藝의 文이고, '理'
는 詩書·六藝의 글에 실려 있는 허다한 道理를 이른다.〔集註所謂文 謂詩書六藝之文 理 謂詩書六
藝之文所載許多道理也〕하였다. 壺山은 "살펴보건대 여기의 '理'字는 만 가지 다른 이치를 가리키
니, 만약 지극히 요약된 것으로 말하면, 이는 근본이 하나인 이치이다.〔按此理字 指萬殊之理 若其至
約者 則是一本之理也〕하였다.

268 學 非欲其徒博:壺山은 "徒博은 詞章의 학문이다.〔徒博 詞章之學〕하였다.

269 亦不可以徑約:壺山은 "徑約은 陸象山(陸九淵)과 王陽明(王守仁)의 학문이다.〔徑約 陸王之學也〕"
하였다.

270 服人者……欲其同歸於善:朱子는 "善으로써 남을 복종시키려는 자는 행여 남이 善으로 나올까 두
려워하니, 예컨대 張華가 晉나라 武帝에게 대답하면서 행여 吳나라 사람이 훌륭한 군주로 바꿔 세우
면 江南 지방을 점령할 수 없을까 염려한 따위가 이것이요, 善으로써 남을 길러주는 자는 행여 남이 善
으로 들어오지 않을까 염려하니, 예컨대 湯王이 葛나라를 섬김에 제사에 쓸 소와 양을 보내주고 사람을
시켜 葛나라에 가서 제사에 올릴 곡식을 농사짓게 한 따위가 이것이다.〔以善服人者 惟恐人之進於善
也 如張華之對晉武帝 恐吳人更立令主 則江南不可取之類是也 以善養人者 惟恐人之不入於善也
若湯之事葛 遺之牛羊 使人往爲之耕之類是也〕"하였다.《朱子大全 答張敬之》湯王의 일은 〈滕文

⋯ 誇 자랑할 과 鬪 싸울 투 靡 화려할 미 融 밝을 융 會 알 회 徑 지름길 경

異에 而人之嚮背頓殊하니 學者於此에 不可以不審也니라

'服人'은 남에게 이김을 취하고자 하는 것이요, '養人'은 함께 善에 돌아가고자 하는 것이니, 마음의 公과 私가 조금 다름에 사람의 향하고 등짐(복종하지 않음)이 크게 다르니, 배우는 자가 이에 대하여 살피지 않으면 안 된다.

|言無實不祥章|

17. 孟子曰 言無實不祥하니 不祥之實은 蔽賢者 當之니라

孟子께서 말씀하셨다. "말에 실상이 없는 것이 길하지 못하니〔不祥〕, 길하지 못함의 실제는 어진이를 은폐함이 이에 해당된다."

集註 | 或曰 天下之言이 無有實不祥者하니 惟蔽賢이 爲不祥之實이라하고 或曰 言而無實者不祥이라 故로 蔽賢이 爲不祥之實이라하니 二說이 不同하여 未知孰是라 疑或有闕文焉이니라

或者는 이르기를 "천하의 말에 실제로 不祥한 것이 없으니, 오직 어진이를 은폐함이 不祥의 실제가 된다." 하고, 或者는 이르기를 "말에 실상이 없는 것이 不祥이다. 그러므로 어진이를 은폐함이 不祥의 실제가 된다." 하니, 두 말이 똑같지 아니하여 누가 옳은지 알 수 없다. 아마도 빠진 글자가 있는 듯하다.

|水哉水哉章(聲聞過情章)|

18-1. 徐子曰 仲尼亟(기)稱於水曰 水哉水哉여하시니 何取於水也시니잇고

徐子(徐辟)가 물었다. "仲尼께서 자주 물을 칭찬하시어 '물이여, 물이여.' 하셨으니, 무엇을 물에서 취하신 것입니까?"

公下〉5장 참조.

··· 嚮 향할 향 背 등질 배 頓 클 돈 殊 다를 수 祥 길할 상 蔽 가릴 폐 孰 누구 숙 亟 자주 기

集註 | 亟는 數(삭)也라 水哉水哉는 歎美之辭라

'亟'는 자주이다. '水哉水哉'는 찬미한 말씀이다.

18-2. 孟子曰 原泉이 混混하여 不舍晝夜하여 盈科而後에 進하여 放乎 四海하나니 有本者如是라 是之取爾시니라

孟子께서 말씀하셨다. "근원이 있는 물이 混混히 흘러 밤낮을 그치지 아니하여 구덩이가 가득 찬 뒤에 나아가서 四海에 이르니, 행실에 근본이 있는 것이 이와 같다. 이 때문에 취하신 것이다.

按說 | '不舍晝夜'에 대하여, 官本諺解의 解釋은 '晝夜를 舍티 아니ᄒᆞ야'로 되어 있는데, 壺山은

밤낮에 그치지 않는 것이니, 諺解의 解釋은 마땅히 다시 살펴보아야 할 듯하다.(不舍於晝夜也 諺釋恐合更詳)

하였다.
'有本者如是'에 대하여, 壺山은

살펴보건대 '有本者如是' 한 句를, 옛날에는 《論語》《子罕》 16장)에 '가는 것이 이와 같다.(逝者如斯)'라는 뜻으로 알았는데, 지금 보니 아랫절의 '근본이 없음'은 또한 물을 가지고 말씀한 것이다. 이는 물이 근본이 있고 없음을 가지고 사람이 실제 행실이 있고 없음을 비유한 것이다. 그렇다면 이 句는 《論語》의 글과 문세는 똑같으나 의의는 다르다.(按有本者如是一句 舊認如論語逝者如斯之義 今看來 下節無本 亦以水言 蓋以水之有本無本 譬人之有實行無實行 然則此句與論語之文 語勢同而意義異耳)

하였다.

集註 | 原泉은 有原之水也라 混混은 湧出之貌라 不舍晝夜는 言常出不竭也라 盈

··· 數 자주삭 混 용솟음칠혼 舍 그칠사 盈 가득찰영 科 구덩이과 放 이를방 湧 용솟음칠용 竭 다할갈

은 滿也요 科는 坎也[271]니 言其進以漸也라 放은 至也라 言 水有原本하여 不已而漸進[272]하여 以至于海하니 如人有實行이면 則亦不已而漸進하여 以至于極이니라

'原泉'은 근원이 있는 물이다. '混混'은 용솟음쳐 나오는 모양이다. '밤낮을 그치지 않는다.'는 것은 항상 나와 다하지 않음을 말한다. '盈'은 가득 참이요 '科'는 구덩이이니, 나아가기를 점진적으로 함을 말한 것이다. '放'은 이름이다. 물이 근원이 있어서 그치지 않고 점진하여 바다에 이르니, 사람이 실제 행실이 있으면 또한 그치지 않고 점진하여 지극한 경지에 이름과 같음을 말씀한 것이다.

18-3. 苟爲無本이면 七八月之間에 雨集하여 溝澮皆盈이나 其涸(학)也는 可立而待也라 故로 聲聞過情을 君子恥之니라

만일 근본이 없다면 7, 8월 사이에 빗물이 모여서 도랑이 모두 가득하나 그 마름은 서서도 기다릴 수 있다. 그러므로 명성이 실제보다 지나침을 君子는 부끄러워하는 것이다."

集註 | 集은 聚也라 澮는 田間水道也라 涸은 乾也라 如人無實行而暴(폭)得虛譽면 不能長久也[273]라 聲聞은 名譽也라 情은 實也라 恥者는 恥其無實而將不繼也라
林氏曰 徐子之爲人이 必有躐等干譽之病이라 故로 孟子以是答之하시니라

'集'은 모임이다. '澮'는 밭 사이의 물길이다. '涸'은 마름이다. 사람이 실제 행실이 없이 갑자기 헛된 명예를 얻으면 長久하지 못함과 같은 것이다. '聲聞'은 名譽이다. '情'은 실제이

---

271 科 坎也 : 茶山은 "'科'는 斗量(말의 용량)이다.〔글자가 禾와 斗로 이루어졌다.〕 '科'를 坎(구덩이)으로 訓한 것은 소략하다. 또 '舍'는 息(쉬다)이다.……물이 근원으로부터 바다에 이르는 것은 본래 개통된 길로 나와서 흘러가는 것이 아니다. 물이 산골짜기로 흘러들어가서 그 용량을 채우고 나면 물은 지형이 낮은 곳을 따라 흘러가고, 또 산골짜기를 만나면 역시 그렇게 하여 수로를 이루는 것이다.〔科者斗量也〔字從禾從斗〕訓科爲坎 疏矣 又舍者息也……水之自源至海 本非通道出路而然 水注山谷 旣盈其科 則水從地勢卑處決出去 又遇山谷亦然 以成水路耳〕" 하였다.

272 不已而漸進 :《大全》에 '不已'는 "밤낮을 그치지 않는 것이다.〔不舍晝夜〕" 하였고, '漸進'은 "웅덩이를 채운 뒤에 나아가는 것이다.〔盈科後進〕" 하였다.

273 如人無實行而暴得虛譽 不能長久也 : 新安陳氏(陳櫟)는 "물이 근원이 없음은 사람이 실제 행실이 없음을 비유한 것이다. 도랑이 모두 찼으나 마르기를 서서도 기다릴 수 있는 것은 윗글에 '混混하여 구덩이를 채우고 나아가서 四海에 이른다.'는 것과 相反되니, 사람이 갑자기 헛된 명예를 얻어 長久하지 못함을 비유한 것이다.〔水無原本 人無實行之譬也 溝澮皆盈 而涸可立待 與上文混混盈科而進 以至放乎四海者相反 暴得虛譽而不能長久之譬也〕" 하였다.

··· 坎 구덩이 감 漸 점점 점 苟 만일 구 溝 도랑 구 澮 도랑 회 涸 마를 학 乾 마를 간(건) 暴 갑자기 폭
躐 건너뛸 렵 干 요구할 간

다. '부끄러워하는 것'은 그 실제가 없어서 장차 이어지지 못할 것을 부끄러워하는 것이다.

林氏(林之奇)가 말하였다. "徐子의 사람됨이 반드시 등급을 건너뛰고 명예를 요구하는 병통이 있었을 것이다. 그러므로 孟子께서 이 말씀으로 대답하신 것이다."

章下註 | ○鄒氏曰 孔子之稱水는 其旨微矣[274]어늘 孟子獨取此者는 自徐子之所急者로 言之也라 孔子嘗以聞達로 告子張矣[275]시니 達者는 有本之謂也요 聞은 則無本之謂也라 然則學者其可以不務本乎아

○鄒氏(鄒浩)가 말하였다. "孔子께서 물을 칭찬하심은 그 뜻이 은미한데(깊은데), 孟子께서 유독 이것만을 취하심은 徐子의 시급한 바로써 말씀하신 것이다. 孔子께서 일찍이 聞과 達을 가지고 子張에게 말씀해 주셨으니, 達은 근본(德行)이 있음을 이르고 聞은 근본이 없음을 이른다. 그렇다면 배우는 자가 근본을 힘쓰지 않을 수 있겠는가."

| 人之所以異於禽獸章(明於庶物章) |

19-1. 孟子曰 人之所以異於禽獸者 幾希하니 庶民은 去之하고 君子는 存之니라

孟子께서 말씀하셨다. "사람이 禽獸와 다른 것이 얼마 안 되니, 庶民(衆人)들은 이것을 버리고 君子는 이것을 보존한다.

按說 | '幾希'를 《集註》에서는 '少'로 訓하였으나 茶山은 '微微'로 訓하였다. 茶山은

'幾'는 微이고 '希'도 微이다. '幾希'는 미묘하고 세미하여 얼마 되지 않는다는 뜻이다.……

---

274 孔子之稱水 其旨微矣:《論語》〈子罕〉16장에 孔子께서 냇가에 계시면서 감탄하여 "가는 것이 이와 같구나. 밤낮을 그치지 않는다.[逝者如斯夫 不舍晝夜]"라고 한 내용이 보인다. 이에 대하여 朱子는 《集註》에서 "天地의 造化가 가는 것은 지나가고 오는 것이 이어져서 한 순간의 그침이 없으니, 바로 道體의 本然이다. 그러나 지적하여 쉽게 볼 수 있는 것은 냇물의 흐름만한 것이 없다. 그러므로 여기에서 말씀하여 사람들에게 보여주셨으니, 배우는 자가 때때로 省察하여 털끝만한 間斷도 없게 하고자 하신 것이다." 하였다. 위에서 徐子가 이른바 '仲尼가 자주 물을 칭찬했다.'는 것은 바로 《論語》의 내용을 가리킨 것이며, 그 뜻이 깊다는 것 역시 道體의 本然과 學者들의 省察을 가리킨 것으로 보인다.

275 孔子嘗以聞達 告子張矣:'聞'은 실제가 없으면서 명성을 얻는 것이고, '達'은 실제의 德이 있어 사람들이 믿어 주어서 모든 일이 뜻대로 됨을 이르는바, 《論語》〈顏淵〉20장에 자세히 보인다.

… 鄒 성추 幾 몇기 希 드물 희 庶 많을 서

〈인간과 금수가〉 다른 것은 오직 하나의 道心뿐인데, 道心의 물건됨은 形質이 없고 지극

히 微微하니, 만약 이에 따라 道心을 버린다면 금수일 뿐이다. 장차 무엇으로 구별하겠는

가.〔幾者微也 希亦微也 幾希者 微眇芒忽 無幾無何之意也……所異者惟是一箇道心

而道心爲物 無形無質 至微至忽 若于是從而去之 則禽獸而已 將何以自別乎〕

하였다. 茶山은《集註》의 "사람과 금수의 性은 같고 차이는 오직 形氣에 있는데, 그 차이

가 적다." 한 것을 비판하고, 사람과 금수의 性은 다르며 道心이 있고 없는 차이가 있는데

이 道心은 微微한 것이므로 '그 차이가 微微하다.'라고 한 것이다.

集註 | 幾希는 少也라 庶는 衆也라 人物之生에 同得天地之理以爲性하고 同得天地

之氣以爲形하니 其不同者는 獨人於其間에 得形氣之正하여 而能有以全其性이 爲

少異耳라 雖曰少異나 然人物之所以分이 實在於此하니 衆人은 不知此而去之면

則名雖爲人이나 而實無以異於禽獸요 君子는 知此而存之[276]라 是以로 戰兢惕厲하

여 而卒能有以全其所受之正也니라

'幾希'는 적음이다. '庶'는 많음이다. 사람과 물건이 태어날 적에 똑같이 天地의 理를 얻어

性으로 삼았고 똑같이 天地의 氣를 얻어 형체로 삼았으니, 그 똑같지 않은 점은 오직 사람

만이 그 사이에 形氣의 올바름을 얻어 本性을 온전히 보존할 수 있음이 조금 다를 뿐이다.

비록 조금 다르다고 말하나 사람과 물건의 구분되는 바가 실로 여기에 있다. 衆人들은 이를

알지 못하여 버리니, 그렇다면 이름은 비록 사람이라 하나 실제는 禽獸와 다를 것이 없고,

君子는 이를 알아 보존한다. 이 때문에 전전긍긍하며 두려워하고 조심하여 마침내 그 받은

바의 올바름을 온전히 보존하는 것이다.

19-2. 舜은 明於庶物하시며 察於人倫하시니 由仁義行이라 非行仁義也

시니라

---

276 君子 知此而存之:《大全》에 "굶주리면 먹고 목마르면 마시는 따위는 사람이 금수와 똑같이 하는 것이

요, 〈父子간에〉 親함이 있고 〈君臣간에〉 義가 있는 倫理가 바로 사람이 禽獸와 다른 점이다. '存'은 禽

獸와 다른 所以의 道理를 보존하는 것인데, 지금 사람들이 스스로 능히 보존한다고 말하는 것은 다만

그 禽獸와 똑같은 점을 보존할 뿐이다.〔飢食渴飲之類 是人與禽獸同者 有親有義之倫 此乃與禽獸

異者 存是存所以異於禽獸之道理 今人自謂能存 只是存其與禽獸同者耳〕" 하였다.

··· 獨 홀로 독 異 다를 이 戰 두려울 전 兢 조심할 긍 惕 두려울 척 厲 두려울 려

舜임금은 여러 사물의 이치에 밝으시며 人倫에 특히 살피셨으니, 仁義를 따라 행하신 것이요 仁義를 행하려고 하신 것이 아니었다."

集註 | 物은 事物也요 明은 則有以識其理也라 人倫은 說見前篇하니라 察은 則有以盡其理之詳也라 物理固非度外로되 而人倫이 尤切於身이라 故로 其知之有詳略之異하니 在舜則皆生而知之[277]也라 由仁義行이요 非行仁義는 則仁義已根於心하여 而所行이 皆從此出이요 非以仁義爲美而後에 勉强行之니 所謂安而行之[278]也라 此則聖人之事니 不待存之而無不存矣니라

'物'은 事物이요, '明'은 그 이치를 아는 것이다. '人倫'은 해설이 前篇(滕文公上)에 보인다. '察'은 그 이치의 상세함을 다하는 것이다. 사물의 이치는 진실로 度外가 아니나 人倫이 더욱 사람의 몸에 간절하다. 그러므로 그 앎에 상세하고 간략한 차이가 있는 것이니, 舜임금에 있어서는 모두 生而知之이다. '仁義를 따라 행함이요 仁義를 행하려 함이 아니다.'라는 것은, 仁義가 이미 마음속에 근본하여 행하는 바가 모두 이로부터 나온 것이요, 仁義를 아름답게 여긴 뒤에 억지로 힘써 행한 것이 아니니, 이른바 '安而行之'라는 것이다. 이는 聖人의 일이니, 굳이 보존하려 하지 않아도 보존되지 않음이 없는 것이다.

章下註 | ○尹氏曰 存之者는 君子也요 存者는 聖人也라 君子所存은 存天理也니 由仁義行은 存者能之니라

○尹氏(尹焞)가 말하였다. "보존하려 하는 것은 君子요, 저절로 보존하는 것은 聖人이다. 君子가 보존하는 것은 天理를 보존함이니, 仁義를 따라 행함은 存者(聖人)만이 능하다."

---

277 生而知之 : 배우지 않고 태어나면서 저절로 道理를 아는 것으로 聖人을 이른다. 《中庸》 20장에 "혹은 태어나면서 이것을 알고 혹은 배워서 이것을 알고 혹은 애를 써서 이것을 아는데, 그 앎에 미쳐서는 똑같다.[或生而知之 或學而知之 或困而知之 及其知也 一也]"라고 보인다.

278 安而行之 : 道를 행함에 있어 억지로 힘쓰지 않고 편안히 행하는 것으로 聖人을 이른다. 《中庸》 20장에 "혹은 편안히 이것을 행하고 혹은 이롭게 여겨서 이것을 행하고 혹은 억지로 힘써서 이것을 행하는데, 그 成功함에 미쳐서는 똑같다.[或安而行之 或利而行之 或勉强而行之 及其成功 一也]"라고 보인다.

··· 勉 힘쓸 면 强 힘쓸 강

|思兼三王章(惡旨酒章)|

20-1. 孟子曰 禹는 惡(오)旨酒而好善言이러시다

孟子께서 말씀하셨다. "禹王은 맛있는 술을 싫어하고, 善言을 좋아하셨다.

按說 | 慶源輔氏(輔廣)는

맛있는 술을 싫어하면 物欲이 행해지지 않고 善言을 좋아하면 天理가 밝게 드러난다.〔惡
旨酒 則物欲不行 好善言 則天理昭著〕

하였다.

集註 | 戰國策曰 儀狄이 作酒어늘 禹飮而甘之曰 後世에 必有以酒亡其國者라하시
고 遂疏儀狄而絶旨酒라하니라 書曰 禹拜昌言이라하니라

《戰國策》《魏策》에 이르기를 "儀狄이 술을 만들자, 禹王은 그 술을 마셔보고 맛있게 여기며
말씀하시기를 '後世에 반드시 술로써 나라를 망칠 자가 있을 것이다.' 하시고는 마침내 儀
狄을 소원히 하고 맛있는 술을 끊었다." 하였다. 《書經》《大禹謨》에 이르기를 "禹王은 昌言
(善言)에 절하셨다." 하였다.

20-2. 湯은 執中하시며 立賢無方이러시다

湯王은 中道를 잡으시며, 어진 이를 세우되(등용하되) 일정한 方所가 없으셨다.

集註 | 執은 謂守而不失[279]이라 中者는 無過不及之名이라 方은 猶類也니 立賢無方
은 惟賢則立之於位하고 不問其類也[280]라

'執'은 지키고 잃지 않음을 이른다. '中'은 過와 不及이 없는 것의 명칭이다. '方'은 類와

---

279 執 謂守而不失:朱子는 "이 執中은 子莫의 執中과 같지 않다.……湯임금은 일마다 매우 합당하여 지
나치거나 미치지 못함이 없게 하려 하셨을 뿐이다.〔這執中 卻與子莫之執中不同……湯只是要事事
恰好 無過不及而已〕" 하였다.《語類》

280 不問其類也:壺山은 "'類'는 귀천의 종류이다.〔貴賤之類〕" 하였다.

··· 旨 맛 지　策 책 책　儀 거동 의　狄 오랑캐 적　疏 소원할 소　昌 좋은말 창　方 방소 방　類 종류 류

같으니, '어진 이를 세우되 方所가 없으셨다.'는 것은 오직 어진 자이면 지위에 세우고, 그 종류를 따지지 않은 것이다.

20-3. 文王은 視民如傷하시며 望道而(如)未之見이러시다

文王은 백성을 보기를 다칠 듯이 여기셨으며, 道를 바라보시기를 보지 못한 듯이 하셨다.

按說 │ 趙岐는

'視民如傷'은 온화하여 動擾(어지럽게 일을 벌임)하지 않는 것이다.

하였는데, 茶山은

趙岐의 註가 의미가 있다. 우리나라 속담에 '불면 날아갈 듯 쥐면 깨질 듯'이라 하니, 이것이 '如傷'을 이른 것이다. 《老子》(60장)에 "백성을 다스리는 것은 마치 작은 생선을 삶는 것과 같다. [어지럽게 뒤집으면 생선이 다 부서진다.]"했다.〔趙注有味 吾東鄙諺曰 吹之恐颺 握之恐破 此之謂如傷也 老子曰 治民如烹小鮮 [擾之則盡碎]〕

하였다.
《大全》에

'而'는 '如'로 읽으니, 古字에 통용되었다.〔而 讀爲如 古字通用〕

하였는데, 壺山은

諺解의 音에 여전히 그 本字를 따름은 어째서인가.〔諺音 猶依其本字 何哉〕

하여, '而'를 '如'로 읽어야 함을 강조하였다.

集註 │ 民已安矣로되 而視之를 猶若有傷하고 道已至矣로되 而望之를 猶若未見하시니 聖人之愛民深而求道切이 如此하니 不自滿足하여 終日乾乾之心也니라

백성이 이미 편안한데도 오히려 다칠 듯이 여기셨고, 道가 이미 지극한데도 바라보시기를 오히려 보지 못한 듯이 하셨으니, 聖人이 백성 사랑하기를 깊이 하고 道를 구하기를 간절

··· 傷 다칠 상 而 같을 이(如通) 乾 부지런히힘쓸 건

히 함이 이와 같았다. 이는 스스로 만족스럽게 여기지 않아 종일토록 부지런히 힘쓰신 마음이다.

20-4. 武王은 不泄邇하시며 不忘遠이러시다

武王은 가까운 자를 친압하지 않으셨으며, 먼 자를 잊지 않으셨다.

集註 | 泄은 狎也라 邇者는 人所易狎而不泄하시고 遠者는 人所易忘而不忘[281]하시니 德之盛이요 仁之至也니라

'泄'은 친압함(함부로 대함)이다. 가까운 자는 사람이 친압하기 쉬운 것인데도 친압하지 않으셨고, 먼 자는 사람이 잊기 쉬운 것인데도 잊지 않으셨으니, 德이 성하고 仁이 지극하시다.

20-5. 周公은 思兼三王하사 以施四事하사되 其有不合者어든 仰而思之하여 夜以繼日하사 幸而得之어시든 坐以待旦이러시다

周公은 세 王을 겸할 것을 생각하여 네 가지 일을 시행하시되 부합하지 않는 것이 있으면 우러러 생각하여 밤으로써 낮을 이어서 다행히 터득하시면 그대로 앉아 날이 새기를 기다리셨다.'

> 按說 | '仰而思之'에 대하여, 壺山은
>
> 일이 前代에 있었으므로 '仰(우러르다)'이라고 말한 것이다.〔事在前世 故言仰〕
>
> 하였다.

集註 | 三王은 禹也, 湯也, 文武也요 四事는 上四條之事也라 時異勢殊라 故로 其事

---

[281] 泄……人所易忘而不忘:朱子는 '泄邇'와 '忘遠'에 대해 "이는 사람과 일을 통틀어 말한 것이다. '泄'字는 친근히 신임하며 경멸하고 소홀히 하는 뜻을 겸하여 가지고 있다.〔此通人與事而言 泄字 兼有親信狎侮忽略之意〕"하였다.《朱子大全 答吳伯豐》楊伯峻은 趙岐의 註에 "'近'은 조정의 신하를 이르고 '遠'은 諸侯를 이른다.〔近謂朝臣 遠謂諸侯也〕"한 것을 취하였다.

··· 泄 친압할설 邇 가까울 이 忘 잊을 망 狎 친압할압 兼 겸할겸 仰 우러를앙 旦 아침단

或有所不合이나 思而得之하면 則其理初不異矣라 坐以待旦은 急於行也라

'三王'은 禹王, 湯王, 文王·武王이요, '四事'는 위 네 조항의 일이다. 때가 다르고 勢가 다르기 때문에 그 일이 혹 부합하지 않는 바가 있으나 생각하여 터득하면 그 이치는 애당초 다르지 않다. '앉아서 날이 새기를 기다린다.'는 것은 실행하기를 급히 여긴 것이다.

章下註 | ○ 此는 承上章言舜하여 因歷敍群聖以繼之하고 而各擧其一事하여 以見 (현)其憂勤惕厲之意하시니 蓋天理之所以常存이요 而人心之所以不死也니라
程子曰 孟子所稱은 各因其一事而言이니 非謂武王不能執中立賢이요 湯却泄邇 忘遠也라 人謂各擧其盛이라하나 亦非也라 聖人은 亦無不盛이시니라

○ 이는 윗장에 舜임금을 말씀한 것을 이어서 여러 聖人을 차례로 서술하여 뒤를 잇고 각각 한 가지 일을 들어 그 걱정하고 부지런히 힘쓰며 두려워한 뜻을 나타낸 것이니, 天理가 이 때문에 항상 보존되고 人心이 이 때문에 죽지 않는 것이다.
程子(伊川)가 말씀하였다. "孟子께서 칭한 바는 각각 한 가지 일을 인하여 말씀한 것이니, 武王은 中道를 잡지 못하고 어진 자를 세움에 方所가 없게 하지 못하였으며, 湯王은 가까운 자를 친압하고 먼 자를 잊었다고 말씀한 것은 아니다. 사람들이 이르기를 '각기 그 盛한 점을 들었다.' 하나 이 또한 잘못이다. 聖人은 또한 盛하지 않은 것이 없으시다."

|王者之跡熄章(檋杌章)|

21-1. 孟子曰 王者之跡이 熄而詩亡하니 詩亡然後에 春秋作하니라

孟子께서 말씀하셨다. "王者의 자취가 종식됨에 《詩》가 없어졌으니, 《詩》가 없어진 뒤에 《春秋》가 지어졌다.

按說 | '詩亡'에 대하여, 《集註》에서는 "〈黍離〉가 강등되어 國風이 됨에 雅가 없어짐을 이른다." 하여, 周나라 平王이 洛邑으로 천도한 뒤에 政敎가 천하에 미치지 못하여 마땅히 〈雅〉가 되어야 하는 〈王風〉이 列國風으로 강등된 것을 '詩가 없어진 것'으로 보았으나, 淸代의 學者들은 平王 이후로 天子가 제후국을 巡狩하지 아니하여 詩를 채집

··· 敍 서술할서 惕 두려워할척 厲 두려울려 跡 자취적 熄 꺼질식

하는 일이 없어진 것으로 보았다. 幽王이 鎬京에 도읍하였으나 포악무도하여 犬戎에게 죽임을 당하자, 그의 아들인 平王이 즉위하고 동쪽 洛邑으로 遷都하였는데, 王權이 크게 약화되어 天子라는 명칭만 있었을 뿐 약소국으로 전락하였다. 〈黍離〉는 어떤 大夫가 옛날 도성이었던 鎬京을 지나다가 궁궐터가 기장밭이 된 것을 보고 서글퍼하여 지은 詩로 《詩經》〈王風〉의 편명이다.

茶山은 원래의 詩는 천자에게 諷諫하고 제후를 포폄하는 것이었는데, 이러한 詩가 없어진 것을 '《詩》가 없어진 것'으로 보고는,

> 詩〔五言〕의 體는 오직 찬미와 풍자를 위주하여, 時政의 得失을 오로지 말하여 인도하고 諫하는 것인데, 더욱 중시된 것은 諫에 있었다. 그러므로 혹 이전의 일을 진술하여 비유적으로 찬미하고, 혹 당시의 일을 진술하여 풍자적으로 비탄한 것이다. 그중에 諷諭한 것을 風이라 하고, 바로 말한 것을 雅라 한다. 列國의 詩에 이르러는 王人이 채집해서 樂府를 지어 위로는 천자에게 諷諫하고 아래로는 제후를 포폄할 수 있었으니, 詩의 작용이 이와 같았다.…… 幽王이 죽고 平王이 東遷한 후에는 王者의 자취가 영원히 없어져, 비록 시를 짓는 이는 끊어지지 않았으나 풍유하고 외고 포폄하는 법은 없어졌으니, 시가 없어진 것이 아니겠는가. 이에 사관이 《春秋》를 지어 포폄하고 勸懲하였으니, 이것이 이른바 '《詩》가 없어진 뒤에 《春秋》가 지어졌다.'는 것이다.〔五言之體 唯以美刺爲主 專言時政得失 以導以諫 而其所重 尤在於諫 故或陳前事以美諷之 或陳時事以刺諷之 其諷喩者謂之風 其正言者謂之 雅 至於列國之詩 王人采之 以編樂府 上可以諷諫天子 下可以誅褒諸侯 詩之用如是 也…… 幽王旣滅 平王旣遷 王跡永熄 則雖作詩者不絶 而其諷誦誅褒之法則亡矣 詩 不亡乎 於是掌史之臣 作爲春秋 以誅以褒 以勸以懲 此所謂詩亡而春秋作也〕

하였다.

楊伯峻은 '迹(跡)'을 '迒(기)'의 誤字로 보고 《說文解字》에

> '迒'는 옛날의 遒(주)人이니, 木鐸을 가지고 돌아다니며 詩를 기록하였다.〔古之遒人 以木 鐸記詩言〕

한 것을 취하였으며, 經文의 '王者之跡 熄而詩亡'을 '聖王의 詩를 채집하는 일이 폐지되자 《詩》 또한 없어졌다.'로 번역하였다.

集註 | 王者之跡熄은 謂平王東遷에 而政敎號令이 不及於天下也라 詩亡은 謂黍離降爲國風而雅亡也라 春秋는 魯史記之名이니 孔子因而筆削之하사되 始於魯隱公之元年하시니 實平王之四十九年也라

'王者의 자취가 종식되었다.'는 것은 平王이 동쪽(洛邑)으로 遷都함에 政敎와 號令이 천하에 미치지 못함을 이른다. '詩亡'은 〈黍離〉가 강등되어 國風이 됨에 雅가 없어짐을 이른다. 《春秋》는 魯나라 史記의 이름이니, 孔子께서 명칭을 그대로 인습하여 〈일을〉 기록하고 삭제하시되 魯나라 隱公 元年에서 시작하셨으니, 실로 平王 49년(B.C.722)이다.

21-2. 晉之乘과 楚之檮杌과 魯之春秋 一也니라

晉나라의 《乘》과 楚나라의 《檮杌》과 魯나라의 《春秋》가 똑같은 것이다.

集註 | 乘은 義未詳이라 趙氏는 以爲興於田賦乘馬之事라하고 或曰 取記載當時行事而名之也라하니라 檮杌은 惡獸名이라 古者에 因以爲凶人之號하니 取記惡垂戒之義也라 春秋者는 記事者必表年以首事하니 年有四時라 故로 錯擧以爲所記之名也[282]라 古者에 列國이 皆有史官하여 掌記時事하니 此三者는 皆其所記冊書之名也라

'乘'은 뜻이 상세하지 않다. 趙氏(趙岐)는 이르기를 "田賦 乘馬의 일에서 나왔다." 하고, 혹자는 이르기를 "당시 行事를 기재함을 취하여 이름하였다." 한다. '檮杌'은 흉악한 짐승의 이름이다. 옛날에 인하여 凶人의 이름으로 삼았으니, 악한 일을 기록하여 경계를 남기는 뜻을 취한 것이다. '春秋'는 일을 기록하는 자가 반드시 年度를 표시하여 사건의 앞에 놓으니, 年에는 四時가 있기 때문에 봄과 가을을 번갈아 들어서 기록한 바의 책명으로 삼은 것이다. 옛날 列國에 모두 史官이 있어서 당시의 일을 기록하는 것을 관장하였으니, 이 세 가지는 모두 그 기록한 책의 이름이다.

---

282 必表年以首事……錯擧以爲所記之名也 : 新安陳氏(陳櫟)는 "'必表年' 이하는 晉나라 杜預가 지은 《春秋左傳》 序文에 나온다. '錯'은 섞음이니, 봄과 가을 두 철을 섞어 들어서 四時를 포괄하여 말한 것이다.〔必表年以下 出晉杜預所作左傳序文 錯 雜也 雜擧春秋二時 以該四時也〕" 하였다. 壺山은 '錯擧'에 대하여 "하나를 사이하여 취하는 것을 일러 '번갈아 들었다'고 한다.〔間一而取 謂之錯擧〕" 하였다.

··· 遷 옮길 천 黍 기장 서 離 이삭늘어질 리 雅 바를 아 削 삭제할 삭 檮 악한짐승이름 도 杌 악한짐승이름 올 錯 갈마들 착 冊 책 책

21-3. 其事則齊桓晉文이요 其文則史니 孔子曰 其義則丘竊取之矣로
라하시니라

그 일은 齊 桓公과 晉 文公의 일이요, 그 文體는 史官의 文體이다. 孔子께서 말씀
하시기를 '그 義는 내(丘)가 속으로 취했다.' 하셨다."

> 集註 | 春秋之時에 五霸迭興而桓文爲盛하니라 史는 史官也라 竊取者는 謙辭也[283]
> 라 公羊傳에 作其辭則丘有罪焉爾[284]라하니 意亦如此하니라 蓋言斷之在己하니 所謂
> 筆則筆 削則削하여 游夏不能贊一辭者也[285]라
> 尹氏曰 言 孔子作春秋에 亦以史之文으로 載當時之事也로되 而其義則定天下之
> 邪正하여 爲百王之大法이니라

春秋時代에 五霸가 차례로 일어났는데, 桓公과 文公이 가장 성하였다. '史'는 史官이다.
'竊取'는 謙辭이다.《春秋公羊傳》에는 "그 말(글)인즉 내가 책임이 있다."라고 되어 있으
니, 그 뜻이 또한 이와 같다. 이는 결단함이 자신에게 있었음을 말씀한 것이니,《史記》〈孔子
世家〉에 이른바 '기록할 것은 기록하고 삭제할 것은 삭제하여 子游와 子夏가 한 마디 말도
돕지 못했다.'는 것이다.

尹氏(尹焞)가 말하였다. "孔子께서《春秋》를 지으실 적에 또한 史官의 문체로써 당시의
일을 기재하셨는데, 그 義는 天下의 邪正을 결정하여 百王의 大法이 되었음을 말씀한 것
이다."

---

283 竊取者 謙辭也:茶山은《春秋》의 義는 褒貶으로《詩》의 교화를 대신함에 있다. 그러므로 孔子께서
'내가 옛날 春秋의 포폄하는 義를 속으로 취하여《春秋》를 편수하였다.'라고 하신 것이다.〔春秋之義
在於誅褒 以代詩敎 故孔子曰 我竊取古春秋誅褒之義 以修春秋〕하였다.

284 公羊傳 作其辭則丘有罪焉爾:《春秋公羊傳》昭公 12년에 "《春秋》는 진실한 역사이니, 그 제후 간에
서로 차례가 있었던 것은 齊 桓公과 晉 文公이요 그 모임은 會盟을 주관한 자가 한 것이요 그 글은 잘
못이 나(丘)에게 있다.〔春秋之信史也 其序則齊桓晉文 其會則主會者爲之也 其詞則丘有罪焉爾〕"
하였다.

285 游夏不能贊一辭者也:壺山은 "一辭는 一字란 말과 같다.〔一辭 猶言一字〕"하였다.《史記》〈孔子世
家〉에 "孔子가 지위에 계실 적에 송사를 다스리는 文辭는 남들과 함께할 수 있었고 단독으로 소유하지
않았으나,《春秋》를 지음에 이르러는 기록할 것은 기록하고 삭제할 것은 삭제하여 子夏의 무리가 한 마
디도 돕지 못했다.〔孔子在位 聽訟文辭 有可與人共者 弗獨有也 至於爲春秋 筆則筆 削則削 子夏之
徒不能贊一辭〕"라고 보인다. 이는 孔子가 매우 신중을 기하여 文學에 뛰어난 子游·子夏도《春秋》의
筆削에 참예하지 못하였음을 말한 것이다.

••• 竊 속으로절 迭 갈마들질 筆 기록할필 削 삭제할삭 贊 도울찬

章下註ㅣ ○此는 又承上章歷敍群聖하여 因以孔子之事繼之로되 而孔子之事는 莫大於春秋라 故로 特言之하시니라

○이는 또 윗장에 여러 聖人을 차례로 서술함을 이어서 孔子의 일로써 뒤를 이었는데, 孔子의 일은 《春秋》보다 더 큰 것이 없다. 그러므로 특별히 말씀하신 것이다.

五世而斬章(私淑諸人章)

22-1. 孟子曰 君子之澤도 五世而斬이요 小人之澤도 五世而斬이니라

孟子께서 말씀하셨다. "君子의 遺澤도 五世면 끊기고, 小人의 遺澤도 五世면 끊긴다.

集註ㅣ 澤은 猶言流風餘韻也라 父子相繼 爲一世요 三十年이 亦爲一世라 斬은 絶也니 大約君子小人之澤이 五世而絶也라

楊氏曰 四世而緦하니 服之窮也요 五世엔 袒免(단문)하니 殺(쇄)同姓也요 六世엔 親屬竭矣[286]라 服窮이면 則遺澤寢微라 故로 五世而斬이니라

'澤'은 流風 餘韻이란 말과 같다. 父子가 서로 계승하는 것이 一世이고, 30년이 또한 一世이다. '斬'은 끊김이니, 대략 君子와 小人의 遺澤이 五世면 끊긴다.

楊氏(楊時)가 말하였다. "四世엔 緦麻服을 입으니 服이 다한 것이요, 五世엔 袒免을 하니

---

286 五世……親屬竭矣 : 《禮記》〈大傳〉에 의하면, 袒免은 한쪽 어깨의 옷을 벗고 冠을 벗는 것으로, 먼 친족의 喪에 두루마기의 오른쪽 소매와 冠을 벗고 四角巾을 쓰는 약식의 喪服을 가리킨다. 四世인 高祖가 같으면 8촌 형제간이니 緦麻服을 입으며, 五世가 지나 8촌을 넘으면 服이 없고 단지 袒免을 하여 애도의 뜻을 나타내며, 六世가 되면 親屬이 다한다고 하였는데, 《大全》에는 이에 대한 孔穎達의 疏를 인용하여 "위로 高祖로부터 아래로 兄弟에 이르기까지가 똑같이 高祖의 뒤를 이어서 族兄弟가 된다. 친형제를 위해서는 期年服을 입고 從兄弟(4촌)는 大功服을 입고 再從兄弟(6촌)는 小功服을 입고 三從兄弟(8촌)는 緦麻服을 입으니, 四代를 함께하면 緦麻服이니, 服이 이에 다한다. 五世가 되면 袒免만 하고 정식 복이 없어서 減殺하여 同姓으로 내려오고, 六世가 되면 袒免도 하지 않고 오직 同姓일 뿐이다. 그러므로 '親屬이 다한다.'라고 한 것이다.[袒은 몸에 꾸밈을 제거하는 것이다. 袒免은 肉袒을 하고 免을 착용하는 것이니, 免은 모양이 冠과 같은데 넓이가 한 치이다. 冠은 지극히 높아서 肉袒한 몸에 쓸 수 없으므로 免을 만들어 대신하는 것이다.][上自高祖 下至己兄弟 同承高祖之後 爲族兄弟 爲親兄弟期 一從兄弟大功 再從兄弟小功 三從兄弟緦麻 共四世而緦 服盡也 五世則袒免而無正服 減殺(쇄)同姓 六世則不復袒免 惟同姓而已 故親屬竭[袒 身去飾也 袒免者 肉袒而著免 免狀如冠而廣一寸 冠至尊 不可居肉袒之體 故爲免以代之]]"라고 하였다.

··· 澤 은택 택 斬 끊을 참 韻 소리 운 緦 시마복 시 窮 다할 궁 袒 벗을 단 免 상복문 殺 줄일 쇄 竭 다할 갈 寢 잠길 침

同姓으로 강등된 것이며, 六世엔 親屬이 다한다. 服이 다하면 遺澤이 점점 미미해지기 때문에 五世면 끊기는 것이다."

22-2. 予未得爲孔子徒也나 予는 私淑諸人也로라

나는 孔子의 門徒가 되지는 못하였으나 나는 남에게서 사사로이 善하게 하였노라."

按説 | '淑'에 대하여, 楊伯峻은

叔의 假借字이니, 《說文解字》에 "叔은 取(취하다)이다." 했다.

하였다.

集註 | 私는 猶竊也요 淑은 善也라 李氏以爲方言이라하니 是也[287]라 人은 謂子思之徒也라 自孔子卒로 至孟子遊梁時에 方百四十餘年而孟子已老[288]하시니 然則孟子之生이 去孔子未百年也라 故로 孟子言 予雖未得親受業於孔子之門이나 然聖人之澤이 尙存[289]하여 猶有能傳其學者라 故로 我得聞孔子之道於人하여 而私竊以善

---

287 李氏以爲方言 是也:慶源輔氏(輔廣)는 《孟子》에 또 '私淑艾'라고 말하였으나 다른 곳에는 보이는 바가 없으므로 方言이라고 의심한 것이다.〔孟子又言私淑艾 而他無所見 故疑是方言〕하였다.

288 孟子已老:壺山은 "惠王이 '叟'라고 칭함을 가지고 알 수 있다.〔以惠王稱叟而可知也〕"하였다. 〈梁惠王上〉 첫머리에 惠王이 孟子를 만나보고 '叟不遠千里而來'라고 하였으므로 말한 것이다.

289 聖人之澤 尙存:茶山은 "위의 註로는 高祖에서 玄孫까지가 五世인 듯하고, 아래 註로는 150년이 五世인 듯한데, 쉽게 정할 수 없다. 子思의 문하에는 특별히 알려진 자가 없고 오직 子思의 아들 孔白 子上이 《禮記》〈檀弓上〉에 보이는데, 孔子로부터 四世이니 遺澤이 아직 끊기지 않았다. 孟子가 혹 子上으로부터 孔子의 微言을 들었으므로 앞에서 五世의 說을 언급하였는가 보다.〔以上注則似高祖玄孫爲五世 以下注則似百五十年爲五世 未易定也 子思之門 別無顯者 惟子思之子孔白子上 見於檀弓 於孔子爲四世 遺澤未絶 孟子或從子上得聞孔子之微言 故先爲五世之說也與〕"하였다.

290 私竊以善其身:壺山은 "살펴보건대 《集註》의 뜻은 '私竊' 두 글자를 한 뜻으로 삼았다. '私淑艾'의 註에 참고할 만한 것이 있는데, 《大全》의 雙峰饒氏(饒魯)와 新安陳氏(陳櫟)는 '竊'字를 해석하기를 '取'의 뜻과 같다고 하였으나, 옳지 않은 듯하다. 또 〈新安陳氏는 《集註》가 經文의 '諸人'을 해석함에 순하지 않다고 하였으나》 《集註》는 '諸人'이란 두 글자에 순하지 않음을 볼 수가 없으니, 만약 먼저 '諸人'을 해석하는 경우에는 더욱 그 순하고 편리함을 볼 수 있다.〔按集註之意 以私竊二字爲一義 私淑艾註 有可參考 而饒陳釋竊字 如取字義 恐不然 且集註於諸人二字 未見其不順 若其先釋諸人者 尤見其順便〕"하였다.

··· 徒 무리도 淑 착할숙 竊 훔칠절, 속으로절 遊 놀유 梁 나라이름량 尙 오히려상

其身[290]이라하시니 蓋推尊孔子而自謙之辭也[291]시니라

'私'는 竊과 같고, '淑'은 善함이다. 李氏(李郁)가 이르기를 "〈私淑은〉 方言이다." 하였으니, 그 말이 옳다. '人'은 子思의 무리를 이른다. 孔子께서 별세한 뒤로부터 孟子가 梁나라에 가셨을 때에 이르기까지 140여 년이었는데 孟子께서 이미 늙으셨으니, 그렇다면 孟子의 출생은 孔子와의 거리(차이)가 백 년이 못되는 것이다. 그러므로 孟子께서 말씀하시기를 "내 비록 孔子의 문하에서 친히 受業하지는 못하였으나 聖人의 遺澤이 아직 남아 있어서 그래도 그 학문을 전수한 자가 있었다. 그러므로 내가 孔子의 道를 남에게서 얻어들어 사사로이 몸을 善하게 할 수 있었다."라고 하신 것이니, 孔子를 推尊하고 스스로 겸양하신 말씀이다.

章下註 | ○ 此는 又承上三章歷敍舜禹至於周孔하여 而以是終之하시니 其辭雖謙이나 然其所以自任之重이 亦有不得而辭者矣니라

○ 이는 또 위의 세 章에서 舜임금과 禹王을 차례로 서술하고 周公과 孔子에 이른 것을 이어서 이것으로써 끝을 마치셨으니, 그 말씀은 비록 謙辭이나 그 스스로 책임지신 바의 重함은 또한 사양할 수 없는 점이 있는 것이다.

|可以取章(傷廉章)|

23. 孟子曰 可以取며 可以無取에 取면 傷廉이요 可以與며 可以無與에 與면 傷惠요 可以死며 可以無死에 死면 傷勇이니라

孟子께서 말씀하셨다. "얼핏 보면 취할 만하고 자세히 보면 취하지 말아야 할 경우에 취하면 청렴을 손상하며, 얼핏 보면 줄 만하고 자세히 보면 주지 말아야 할 경우에 주면 은혜를 손상하며, 얼핏 보면 죽을 만하고 자세히 보면 죽지 말아야 할 경우에 죽으면 용맹을 손상한다."

---

291 蓋推尊孔子而自謙之辭也 : 壺山은 '私淑'을 "後世에서는 마침내 문하에 미치지 못하고 그 사람을 스승삼는 것을 칭한다.〔後世遂爲不及門而師其人之名〕" 하였다.

··· 廉 청렴할렴 勇 용감할용

集註 | 先言可以者는 略見而自許之辭也요 後言可以無者는 深察而自疑之辭也
라 過取 固害於廉이라 然이나 過與 亦反害其惠요 過死 亦反害其勇[292]이니 蓋過猶
不及之意也[293]라

林氏曰 公西華受五秉之粟하니 是傷廉也요 冉子與之하니 是傷惠也[294]요 子路之
死於衛는 是傷勇也[295]니라

먼저 '可以'라고 말한 것은 대략 보고서 스스로 허여한 말이요, 뒤에 '可以無'라고 말한 것
은 깊이 살펴보고 스스로 의심한 말이다. 지나치게 취함은 진실로 청렴에 손상된다. 그러나
지나치게 주는 것도 또한 도리어 은혜를 손상하고, 지나치게 죽음 또한 도리어 용맹을 손상
하니, 過함이 不及함과 같다는 뜻이다.

---

292 過與……亦反害其勇 : 楊伯峻은 元나라 유학자 金履祥의 말을 인용하였다. "이것은 틀림없이 전국 시
대에 豪俠의 습속이 우세하여, 戰國의 四公子와 같이 가볍게 베풀어 빈객과 교분을 맺고, 荊軻·聶政
과 같이 刺客들이 목숨을 경시하는 일이 많았기 때문일 것이다. 그러므로 孟子가 당시를 경계한 것이
다.〔此必戰國之世 豪俠之習勝 多輕施結客 若四豪之類 刺客輕生 若荊聶之類 故孟子爲當時戒
耳〕" '戰國의 四公子'는 齊나라의 孟嘗君(田文), 趙나라의 平原君(趙勝), 魏나라의 信陵君(魏無
忌), 楚나라의 春申君(黃歇)으로, 이들은 豪俠을 좋아하여 食客이 수천 명에 달하였다.

293 過猶不及之意也 : 新安陳氏(陳櫟)는 "청렴을 손상함이 不及에 잘못된 것이고, 은혜를 손상하고 용맹
을 손상함은 너무 지나침에 잘못된 것이다.〔傷廉者 失之不及 傷惠, 傷勇者 失之太過〕" 하였다.

294 公西華受五秉之粟……是傷惠也 : 公西華는 孔子의 弟子인 公西赤으로 字가 子華이다. 1秉은 16斛
으로, 公西赤이 孔子를 위하여 齊나라로 심부름을 가자 冉求가 公西赤의 어머니를 위하여 곡식을 줄
것을 청하니, 孔子께서 조금만 주라고 하셨으나 冉求가 五秉의 곡식을 주었는바, 이 내용이 《論語》〈雍
也〉 3장에 자세히 보인다.

295 子路之死於衛 是傷勇也 : 衛 靈公의 아들 蒯聵가 죄를 짓고 晉나라로 망명해 있었는데, 靈公이 죽자
蒯聵의 아들인 輒이 즉위하고 孔悝가 집정대신이 되었다. 蒯聵가 본국에 들어가 孔悝를 협박하여 아
들 輒을 축출하고 자신을 군주로 추대할 것을 강요하여 난이 일어나자, 孔悝의 읍재였던 子路가 이 난
에 뛰어들어 죽음을 맞았는바, 자세한 내용이 《春秋左傳》哀公 15년 조에 다음과 같이 보인다. "子路
가 들어가 孔氏의 문에 이르니, 公孫敢이 문을 지키고 있다가 안에서 '들어올 것이 없다.'고 말하였다.
季子(子路)가 '이는 바로 公孫敢일 것이다. 孔氏에게 이익을 구하더니, 그 난은 피하는구나. 나는 그렇
게 할 수 없다. 孔氏의 녹을 이익으로 여겼으니, 반드시 그를 환난에서 구할 것이다.' 하였다. 나오는 使
者가 있어 〈문이 열리자〉 들어가 말하기를 '太子(蒯聵)께서는 어찌 孔悝를 이용하여 임금이 되려고 하
십니까? 그를 죽이더라도 반드시 다른 자가 그 뒤를 이을 것입니다.' 하고, 또 말하기를 '太子께서는 용
기가 없으시니 臺에 불을 질러 반 쯤 타면 반드시 孔叔(孔悝)을 놓아 주실 것입니다.' 하였다. 蒯聵가
이 말을 듣고 두려워하여 가신인 무리인 石乞과 盂黶을 내려 보내 子路를 대적하게 하였다. 그들이 창
으로 쳐서 子路의 冠의 끈을 끊자, 子路가 '군자는 죽을 때에도 冠을 벗지 않는다.' 하고는 冠의 끈을
매고 죽었다.〔子路入 及門 公孫敢門焉 曰 無入爲也 季子曰 是公孫也 求利焉而逃其難 由不然 利
其祿 必救其患 有使者出 乃入 曰 大子焉用孔悝 雖殺之 必或繼之 且曰 大子無勇 若燔臺半 必舍
孔叔 大子聞之 懼 下石乞盂黶 敵子路 以戈擊之 斷纓 子路曰 君子死 冠不免 結纓而死〕"

••• 略 대략 략 許 허여할 허 秉 열엿섬 병 粟 곡식 속 冉 성 염, 나아갈 염 衛 나라이름 위

林氏(林之奇)가 말하였다. "公西華가 五秉의 곡식을 받았으니 이는 청렴을 손상한 것이요, 冉子가 이것을 주었으니 이는 은혜를 손상한 것이요, 子路가 衛나라에서 죽은 것은 용맹을 손상한 것이다."

|逢蒙學射章|

24-1. 逢蒙이 學射於羿하여 盡羿之道하고 思天下에 惟羿爲愈己라하여 於是에 殺羿한대 孟子曰 是亦羿有罪焉이니라 公明儀曰 宜若無罪焉하니이다 曰 薄乎云爾언정 惡(오)得無罪리오

逢蒙이 활쏘기를 羿에게서 배워 羿의 기술을 다 배우고, 생각하기를 '천하에 오직 羿만이 나보다 낫다.' 하여 이에 羿를 죽였다. 孟子께서 이를 평하시기를 "이는 또한 羿에게도 책임이 있다." 하셨다. 公明儀가 말하기를 "아마도 죄가 없을 듯합니다." 하니, 孟子께서 말씀하셨다. "薄 할지언정(가벼울지언정) 어찌 죄가 없다 하겠는가.

按說 | '公明儀'에 대하여, 沙溪(金長生)는

《孟子》7편 가운데 公明儀가 모두 네 번 보이는데, 첫 번째는 《滕文公上》1장의 '文王我師也'이고, 두 번째와 세 번째는 《滕文公下》3장의 '三月無君則弔'와 9장의 '庖有肥肉'이고, 네 번째는 여기의 '宜若無罪'이다.〔七篇中 公明儀凡四見 一曰文王我師也 二曰三月無君則弔 三曰庖有肥肉 四曰宜若無罪〕《經書辨疑》

하였다. 栗谷은 公明儀를 孟子 이전의 人物로 보아 '宜若無罪焉이라하나 曰 薄乎云爾언정 惡得無罪리오하시니라'로 懸吐하여, 옛날에 公明儀가 評한 것을 孟子가 다시 評한 것으로 해석하였다. 그리하여

公明儀는 옛날의 賢人이니, 孟子와 동시대의 사람이 아니다. 이른바 '宜若無罪'도 의심컨대 옛날 公明儀의 말을 孟子가 인용한 것인 듯하다. 그렇지 않다면 公明儀가 두 사람이 있는데 한 사람은 孟子와 동시대의 사람일 것이다.〔公明儀 古之賢人 非與孟子同時 所謂宜若無罪 疑亦古公明儀之言 孟子引之也 不然 則公明儀有二人 而一人與孟子同時也〕《栗谷全書 語錄》

… 逢 성방(봉) 蒙 뒤집어쓸 몽 羿 이름 예 愈 나을 유 薄 적을 박

하였다. 壺山은

살펴보건대 栗谷諺解에는《栗谷全書 語錄》의 앞에 있는 한 말씀의 뜻을 따른 것이다. 그
러나 〈經文의〉 '是亦', '宜若', '惡得' 세 句는 文勢가 일관되게 이어져서 분명한 대화체이
니, 인용한 것이 아니다. 더구나 羿의 죄가 있고 없다는 의논이 어찌 옛날에 이미 있었다고
장담할 수 있겠는가. 그렇다면 栗谷이 뒤에 한 말씀이 마땅히 定論이 될 듯하다. 혹 公明儀
가 실제는 한 사람인데, 이보다 앞서 인용한 세 곳은 다만 朱子가 張敬夫와 何叔京의 말을
인용한 것처럼 하였는가보다.[296] 비록 公明儀가 孟子와 동시대의 인물이라 하더라도 옛날의
賢人이라고 하는 것이 문제될 것이 없다.〔按栗谷諺解 用語錄前一說之意 然是亦, 宜若,
惡得三句 文勢一串接續 分明是對話 非引用也 況羿之有無罪之論 安可知其古已有
之乎 然則其後一說 恐當爲定論 抑或儀實一人 而前此所引三處 只如朱子之引用張
敬夫何叔京說歟 雖使與孟子同時 亦不害其爲古之賢人云〕

하였다.

集註ㅣ 羿는 有窮后[297]羿也라 逄蒙은 羿之家衆也라 羿善射하여 簒夏自立이러니 後
爲家衆所殺[298]하니라 愈는 猶勝也라 薄은 言其罪差薄耳라

羿는 有窮國의 后(군주)인 羿이다. 逄蒙은 羿의 家衆(家臣)이다. 羿가 활쏘기를 잘하여
夏나라를 찬탈하고 스스로 즉위했었는데, 뒤에 家衆에게 살해당하였다. '愈'는 勝(나음)과
같다. '薄'은 그 죄가 조금 적음을 말한다.

24-2. 鄭人이 使子濯孺子로 侵衛어늘 衛使庾公之斯로 追之러니 子濯

---

296 朱子가……하였는가보다 : 張敬夫(張栻)와 何叔京(何鎬)은 모두 朱子와 동시대 인물인데, 朱子가《集
註》에서 그들의 說을 인용하여 '張敬夫曰' '何叔京曰'이라고 하였는바, 앞에서 孟子가 公明儀의 말을
인용한 것도 동시대 사람의 說을 인용하면서 '公明儀曰'이라고 한 것일 수 있다는 말이다.

297 有窮后 : 壺山은 "后는 侯와 같다.〔猶侯也〕" 하였다.

298 逄蒙……後爲家衆所殺 : 阮元의《校勘記》에 逄蒙의 '逄'을 '逢'으로 교정하였으며, 楊伯峻도 逢으로
표기하고 음이 봉(蓬) 또는 방(龐)이라 하였다. 楊伯峻은 "逢蒙은《莊子》에는 蓬蒙,《荀子》와《史記》
에는 蠭門,《漢書》에는 逢門이라 하였다.《春秋左傳》襄公 4년 조에 〈羿가〉 장차 사냥에서 놀아오려
하자, 家臣의 무리가 그를 살해하여 삶아서 그의 아들에게 먹이니, 그의 아들이 차마 먹지 못하고 도망
하여 窮門에서 죽었다.〔將歸自田 家衆殺而亨(烹)之 以食其子 其子不忍食諸 死於窮門〕' 하였다."라
고 보인다.

··· 后 임금 후 簒 빼앗을 찬 差 조금 차 濯 씻을 탁 孺 어릴 유 庚 창고 유

孺子曰 今日에 我疾作이라 不可以執弓이로소니 吾死矣夫인저하고 問其僕曰 追我者는 誰也오 其僕曰 庾公之斯也로소이다 曰 吾生矣로다 其僕曰 庾公之斯는 衛之善射者也어늘 夫子曰吾生은 何謂也잇고 曰 庾公之斯는 學射於尹公之他하고 尹公之他는 學射於我하니 夫尹公之他는 端人也라 其取友必端矣리라 庾公之斯至하여 曰 夫子는 何爲不執弓고 曰 今日에 我疾作이라 不可以執弓이로라 曰 小人은 學射於尹公之他하고 尹公之他는 學射於夫子하니 我不忍以夫子之道로 反害夫子하노라 雖然이나 今日之事는 君事也라 我不敢廢라하고 抽矢扣輪하여 去其金하고 發乘矢而後에 反하니라

鄭나라 사람이 子濯孺子로 하여금 衛나라를 침략하게 하자, 衛나라에서는 庾公 斯로 하여금 그를 추격하게 하였다. 子濯孺子가 말하기를 '오늘 내가 병이 나서 활을 잡을 수 없으니, 나는 죽었구나.' 하고, 그 마부에게 묻기를 '나를 추격해 오는 자가 누구인가?' 하고 묻자, 마부가 '庾公 斯입니다.' 하고 대답하였다. 子濯孺子가 말하기를 '나는 살았구나.' 하니, 마부가 말하기를 '庾公 斯는 衛나라의 활쏘기를 잘하는 자인데, 夫子께서 「내 살았다.」고 하심은 무슨 말씀입니까?' 하였다. 子濯孺子가 대답하기를 '庾公 斯는 활쏘기를 尹公 他에게서 배웠고 尹公 他는 활쏘기를 나에게서 배웠으니, 尹公 他는 단정한 사람이라서 벗을 취함에 반드시 단정할 것이다.' 하였다.

庾公 斯가 도착하여 이르기를 '夫子께서는 어찌하여 활을 잡지 않습니까?' 하고 묻자, 子濯孺子는 '오늘 나는 병이 나서 활을 잡을 수가 없네.'라고 대답하였다. 庾公 斯가 말하기를 '小人은 활쏘기를 尹公 他에게서 배웠고 尹公 他는 활쏘기를 夫子에게서 배웠으니, 나는 차마 夫子의 道(기술)로써 도리어 夫子를 해칠 수 없습니다. 그러나 오늘의 일은 군주(국가)의 일이니, 제가 감히 그만둘 수 없습니다.' 하고는 화살을 뽑아 수레바퀴에 두들겨 살촉을 빼버리고 네 개의 화살을 발사한 뒤에 돌아갔다."

按說 | 《春秋左傳》襄公 14년 조에 여기에 나오는 인물과 상황이 유사한 내용이 다음과 같이 보인다.

··· 僕 마부 복 端 바를 단 抽 뽑을 추 矢 화살 시 扣 두드릴 구 輪 수레바퀴 륜 乘 넷 승

尹公佗는 庾公差에게 활쏘기를 배우고, 庾公差는 公孫丁에게 활쏘기를 배웠다. 尹公佗와 庾公差가 衛 獻公을 추격할 적에 公孫丁이 衛 獻公의 수레를 몰았다. 子魚(庾公差)가 "활을 쏘는 것은 스승을 배반하는 것이고 쏘지 않으면 죽임을 당하니, 쏘는 것이 禮에 맞을 것이다." 하고, 두 마리 말의 멍에를 쏘아 맞히고 물러갔다. 그러나 尹公佗는 "그대에게는 公孫丁이 스승이 되지만 저와는 관계가 멉니다." 하고 수레를 돌려 다시 추격하였다. 公孫丁이 衛 獻公에게 고삐를 주고 尹公佗에게 활을 쏘아 그의 팔뚝을 꿰뚫었다.〔尹公佗學射於 庾公差 庾公差學射於公孫丁 二子追公 公孫丁御公 子魚曰 射爲背師 不射爲戮 射 爲禮乎 射兩軥而還 尹公佗曰 子爲師 我則遠矣 乃反之 公孫丁授公轡而射之 貫臂〕

이에 대해 孔穎達은《春秋左傳正義》에서

《孟子》에 나오는 성명이 여기《春秋左傳》과 대략 같은데 義를 행한 것은 이와 정반대이다. 한 사람의 몸에 이런 두 행실이 있을 수 없다.《孟子》는 아마도 辯士의 說을 빌려 말씀한 것인 듯하고, 이《春秋左傳》이 사실일 것이다.〔其姓名與此略同 行義與此正反 不應一人 之身有此二行 孟子辯士之說 或當假爲之辭 此傳應是實也〕

하였으며, 茶山은

毛奇齡이 "孟子의 시대에는 簡冊이 아직 나오지 않아 전해들은 것이 서로 다르므로 말이 이와 같다.〔孟子時 策書未出 而傳聞互異 故言如此〕"라고 했다.

하였다.

集註 | 之는 語助也[299]라 僕은 御也라 尹公他는 亦衛人也라 端은 正也라 孺子以尹公 正人이니 知其取友必正이라 故로 度(탁)庾公必不害己하니라 小人은 庾公自稱也라 金은 鏃也라 扣輪出鏃하여 令不害人하고 乃以射也[300]라 乘矢는 四矢也라 孟子言 使

---

299 之 語助也 : '庾公之斯'와 '尹公之他'의 두 '之'字를 가리켜 말한 것이다. 庾는 姓이고 公은 존칭이며 之는 어조사이고 斯는 이름으로, 庾公인 斯란 뜻이다. 壺山은 "두 '公'字 또한 複姓은 아니다.〔二公字 亦非複姓也〕" 하였다.

300 扣輪出鏃……乃以射也 : 程子(伊川)는 "만약 국가의 安危가 이 한 일에 달려 있다면 스승을 쏘아 죽여도 되나, 내버려두어도 국가에 해가 없으면 輕重을 저울질할 수 있으니, 이찌 네 개의 화살을 쏠 필요가 있겠는가.〔國之安危 在此一擧 則殺之可也 舍之而無害于國 權輕重可也 何用虛發四矢乎〕" 하였다.《精義》

••• 御 어거할 어 鏃 살촉 촉

羿如子濯孺子得尹公他而敎之면 則必無逢蒙之禍라 然이나 夷羿는 簒弑之賊이요 蒙乃逆儔며 庾斯는 雖全私恩이나 亦廢公義하니 其事皆無足論者라 孟子蓋特以取友而言耳시니라

'之'는 어조사이다. '僕'은 수레를 모는 것이다. 尹公他 또한 衛나라 사람이다. '端'은 단정함이다. 孺子는 尹公이 단정한 사람이므로 그가 벗을 취함에 반드시 단정할 줄을 알았다. 그러므로 庾公이 반드시 자신을 해치지 않을 줄을 헤아렸던 것이다. '小人'은 庾公이 자신을 칭한 것이다. '金'은 화살촉이다. 수레바퀴에 두들겨 화살촉을 빼내어 사람을 상하지 않게 하고 그제야 활을 쏜 것이다. '乘矢'는 네 개의 화살이다. 孟子께서 말씀하시기를 "가령 羿가 子濯孺子가 尹公他를 얻어서 가르친 것과 같이 하였더라면 반드시 逢蒙의 禍가 없었을 것이다."라고 하신 것이다.

그러나 夷羿는 군주를 시해하고 찬탈한 역적이요 逢蒙은 바로 역적의 무리이며, 庾公斯는 비록 사사로운 은혜를 온전히 하였으나 또한 公義를 폐하였으니, 그 일이 모두 논할 만한 것이 못된다. 孟子께서 다만 벗을 취함을 가지고 말씀하셨을 뿐이다.

|西子蒙不潔章|

25-1. 孟子曰 西子蒙不潔이면 則人皆掩鼻而過之니라

孟子께서 말씀하셨다. "西子가 불결한 것을 뒤집어쓰고 있으면 사람들이 모두 코를 막고 〈그 앞을〉 지나갈 것이다.

集註 | 西子는 美婦人[301]이라 蒙은 猶冒也라 不潔은 汚穢之物也라 掩鼻는 惡(오)其臭也라

西子는 아름다운 부인이다. '蒙'은 冒(뒤집어 씀)와 같다. '不潔'은 더러운 물건이다. '掩

---

[301] 西子 美婦人:趙岐는 "西子는 옛날의 미녀 西施이다.〔西子 古之好女西施也〕" 하였다. 楊伯峻은 "趙岐가 '옛날의 미녀'라고 말하고 '越나라 미녀'라고 말하지 않은 것은 일찍이 《管子》〈小稱〉편에 보이기 때문일 것이다. 《莊子》〈齊物論〉의 '厲與西施'에 대한 司馬彪의 註에 '西施는 夏姬이다.' 하였는데, 周柄中의 《孟子辨正》에 '아마도 옛날에 이 미인이 있었는데 후세에 인습하여 빌려서 미인의 호칭으로 쓴 듯하니, 활을 잘 쏘는 자를 모두 羿라고 칭하는 것과 같은 것이다.〔似乎古有此美人 而後世相因 借以相美 如善射者皆稱羿之類〕'했다." 하였다.

··· 儔 무리 주 蒙 뒤집어쓸 몽 潔 깨끗할 결 掩 가릴 엄 鼻 코 비 冒 뒤집어쓸 모 汚 더러울 오 穢 더러울 예

鼻'는 그 악취를 싫어하는 것이다.

25-2. 雖有惡人이라도 齊戒沐浴이면 則可以祀上帝니라

비록 추악한 사람이 있더라도 재계하고 목욕하면 上帝에게 제사지낼 수 있다."

按說 | '西子'와 '惡人'에 대하여 《集註》에서는 용모의 美惡을 가리키는 것으로 보았
는데, 茶山은

문장과 학식이 純美한 사람이 한 번 더러운 행동을 범하면 사람들이 다 천하게 여기고 싫어
한다. 西子는 이것을 비유한 것이다.……惡人은 용모가 추악한 사람이다. 살인과 도둑질, 음
행과 망령된 행동으로 못하는 행위가 없었더라도 허물을 뉘우쳐 스스로 새로워지면 하늘을
섬길 수 있다. 추악한 모습은 추행을 비유한 것이다.〔文章學識純美之人 一犯醜穢之行 人
皆賤惡之 西子所以喩是也……惡人者 惡貌者也 殺盜淫妄 無所不爲 而悔過自新 則
可以事天 惡貌所以比醜行也〕

하였다.

그러나 純美한 사람이 한 번 더러운 행동을 범했다 하여 사람들이 모두 천하게 여겨 싫
어하는 것은 너무 지나치지 않은가. 過而不改가 문제이지 過而能改는 문제될 것이 없
다. 물론 弒逆大故야 말할 것이 없지만 더러운 행실이 이것을 가리키지는 않을 것이다.
반면에 '추행을 일삼던 사람도 허물을 뉘우쳐 스스로 새로워지면……' 하였는데, 허물이
란 잘못인 줄을 알지 못하고 저지르는 것이니, 추행을 일삼는 사람에게 붙이기는 어려울
듯하다. 美惡은 일반적으로 용모로 말하지, 心性으로 말하지 않는다. 《集註》가 옳은 것
으로 보인다.

'齊戒沐浴 則可以祀上帝'에 대하여, 南軒張氏(張栻)는

齊 桓公이 陳나라 轅濤塗를 한 번 사로잡자 《春秋》에 〈齊侯라고 쓰지 않고〉'齊人'이라
고 썼으니, 이는 齊나라를 夷狄으로 여긴 것이니, 不潔함을 뒤집어 쓴 자와 가까울 것이다.
秦 穆公이 한 번 잘못을 뉘우치는 말을 하사 〈秦誓〉를 《書經》에 올렸으니, 이는 善으로 옮
겨가는 뜻이 있기 때문이니, 추악한 사람이 목욕재계하는 것에 가까울 것이다. 한 번 스스로

··· 齊 재계할 재 沐 머리감을 목 浴 목욕할 욕

더럽히면 아름다움을 상실하고, 한 번 스스로 새로워지면 악함을 깨끗이 씻어내니, 권고하고 경계함이 뚜렷하다.〔齊桓一執陳轅濤塗 而春秋書曰齊人 蓋夷狄之也 其近於蒙不潔者 歟 秦穆一有悔過之言 則進秦誓於書 以其有遷善之意也 其近於惡人齊沐者歟 一自 汚而喪其美 一自新而洗其惡 勸戒彰矣〕

하였다. 轅濤塗는 陳나라 대부로, 위 내용은《春秋》僖公 4년 조에 보인다.

集註 | 惡人은 醜貌者也라

'惡人'은 용모가 추악한 자이다.

章下註 | ○尹氏曰 此章은 戒人之喪善하고 而勉人以自新也시니라

○尹氏(尹焞)가 말하였다. "이 章은 사람들이 善을 잃는 것을 경계하고, 사람들에게 스스로 새로워지기를 권면하신 것이다."

|天下之言性章(大智章)|

26-1. 孟子曰 天下之言性也는 則故而已矣니 故者는 以利爲本이니라

孟子께서 말씀하셨다. "천하에 性을 말함은 곧 故로 할 뿐이니, 故라는 것은 利順을 근본으로 삼는다.

集註 | 性者는 人物所得以生之理也라 故者는 其已然之跡이니 若所謂天下之故者 也[302]라 利는 猶順也니 語其自然之勢也라 言 事物之理 雖若無形而難知나 然其發 見(현)之已然은 則必有跡而易見이라 故로 天下之言性者 但言其故而理自明하니 猶所謂善言天者必有驗於人也[303]라 然이나 其所謂故者는 又必本其自然之勢하

---

[302] 所謂天下之故者也:《周易》〈繫辭傳上〉에 "易은 생각함이 없고 함이 없어서 조용하여 動하지 않다가 감동하면 마침내 天下의 故(所以然)를 통한다.〔易无思也 无爲也 寂然不動 感而遂通天下之故〕" 하였다.

[303] 善言天者 必有驗於人也:《荀子》〈性惡篇〉에 "하늘을 잘 말하는 자는 반드시 사람에게 징험함이 있다.〔善言天者 必有徵於人〕" 하였는데, 이는 하늘의 이치를 잘 말하는 자는 반드시 사람에게서 실증을 댐을 이른다.《大全》에 "董仲舒는 '하늘을 잘 말하는 자는 반드시 사람에게 징험함이 있으니, 天道는

… 醜 추할추 貌 모양모 喪 잃을상 順 순할순 驗 징험할험

니 如人之善, 水之下하여 非有所矯揉³⁰⁴造作而然者也라 若人之爲惡, 水之在山은 則非自然之故矣니라

'性'은 사람과 물건이 얻어서 태어난 바의 理이다. '故'는 이미 그러한 자취이니,《周易》〈繫辭傳〉에) 이른바 '天下의 故'라는 것과 같은 것이다. '利'는 順과 같으니, 自然의 勢를 말한다. 사물의 이치가 비록 형체가 없어서 알기 어려운 듯하나 그 發見되어 이미 그러함은 반드시 자취가 있어서 보기 쉽다. 그러므로 천하에 性을 말하는 자가 단지 그 故를 말하면 理가 저절로 밝아지니, 이른바 '하늘을 잘 말하는 자는 반드시 사람에게 징험함이 있다.'는 것과 같다. 그러나 이른바 '故'라는 것은 또 반드시 자연의 勢에 근본하니, 사람의 性이 善함과 물이 아래로 흐르는 것과 같아서 억지로 矯揉하고 造作한 바가 있어 그러한 것이 아니다. 사람이 惡을 행하는 것과 물이 산에 있는 것으로 말하면 自然의 故가 아니다.

26-2. 所惡(오)於智者는 爲其鑿也니 如智者 若禹之行水也면 則無惡(오)於智矣리라 禹之行水也는 行其所無事也시니 如智者 亦行其所無事면 則智亦大矣리라

지혜로운 자를 미워하는 까닭은 穿鑿하기 때문이니, 만일 지혜로운 자가 禹王이 물을 흘러가게 하듯이 한다면 지혜를 미워할 까닭이 없을 것이다. 禹王이 물을 흘러가게 하심은 그 일삼아 함이 없는 바를 행하신 것이니, 만일 지혜로운 자가 그 일삼아 함이 없는 바를 행한다면 지혜가 또한 클 것이다.

按說 | '智'에 대하여, 壺山은

살펴보건대 '所惡於智'의 이 '智'字는 작은 지혜와 사사로운 지혜를 가지고 말하였고, '如智者'의 두 '智'字는 五常의 지혜를 가지고 범범히 말하였고, '智矣', '智亦'의 두 '智'字는 큰 지혜로써 말하였다.〔按所惡於智此智字 以小智私智言 如智之兩智字 汎以五常之智

형체가 없어 알기 어렵고, 사람의 일은 자취가 있어 보기 쉽다.' 했다.〔董仲舒曰 善言天者 必有徵於人 天道無形而難知 人事有迹而易見)" 하였다.

304 矯揉 : '矯'는 굽은 나무를 곧게 바로잡는 것이고 '揉'는 곧은 나무를 굽게 휘는 것으로, 모두 자연을 따르지 않고 人力으로 교정함을 이른다.

··· 矯 바로잡을교 揉 바로잡을유 造 지을조 鑿 뚫을착

言 智矣智亦兩智字 以大智言〕

하였다.

集註 | 天下之理 本皆利順이어늘 小智之人이 務爲穿鑿하니 所以失之라 禹之行水
는 則因其自然之勢而導之요 未嘗以私智穿鑿而有所事라 是以로 水得其潤下之
性而不爲害也라

천하의 理는 본래 모두 利順한데 작은 지혜를 쓰는 사람들이 穿鑿하기를 힘쓰니, 이 때문
에 잃는 것이다. 禹王이 물을 흘러가게 하심은 자연의 勢를 인하여 인도하였고, 일찍이 사
사로운 지혜로써 穿鑿하여 일삼은 바가 있지 않으셨다. 이 때문에 물이 그 潤下(적셔주고
아래로 흘러감)의 성질을 얻어 害가 되지 않은 것이다.

26-3. 天之高也와 星辰之遠也나 苟求其故면 千歲之日至를 可坐而致 也니라

하늘이 높이 있고 星辰이 멀리 있으나 만일 그 이미 지난 故를 찾는다면 千歲의 日至
(冬至)를 가만히 앉아서도 알 수 있다."

集註 | 天雖高하고 星辰雖遠이나 然求其已然之跡이면 則其運有常하여 雖千歲之久
라도 其日至之度를 可坐而得이니 況於事物之近에 若因其故而求之면 豈有不得其
理者而何以穿鑿爲哉[305]리오 必言日至者는 造歷(曆)者 以上古十一月甲子朔夜
半冬至로 爲歷元也[306]라

---

[305] 何以穿鑿爲哉 : '爲'는 反問을 나타내는 句末 종결어미로, '어찌 천착할 필요가 있겠는가.'의 뜻이다. 穿
鑿은 순리나 자연을 따르지 않고 억지로 구멍을 뚫어 해침을 이른다.

[306] 必言日至者……爲歷元也 : 日至는 冬至와 夏至를 통틀어 이르는데, 여기서 冬至라고 말한 것은 周나
라 曆法에 甲子年(癸亥年) 子月(동짓달) 甲子日 朔日 夜半인 子正(밤 12시)에 冬至가 되는 때를 冊
曆의 紀元으로 삼았기 때문이다. 《新唐書》〈曆志〉에 "책력을 다스리는 근본은 반드시 上元을 근본으
로 미루니, 上元에는 해와 달이 璧玉을 합한 듯하고 五星이 구슬을 연한 듯하며 한밤중 甲子日 초하룻
날 冬至를 만나게 된다. 이로부터 七曜(日·月·火·水·木·金·土)가 흩어져 운행하여 어느 때 다시 餘
分이 다하여 처음처럼 다시 모일 줄을 알지 못한다.〔治曆之本 必推上元 日月如合璧 五星如連珠 夜
半甲子朔旦冬至 自此七曜散行 不復餘分普盡 總會如初〕"하였고, 《新五代史》〈司天考〉에 "하늘과
사람의 사이가 멀고도 은미하나 재주가 있는 한 선비로 하여금 산대〔珠盤〕를 펴놓고 積分하여 위로 수

··· 穿 뚫을 천 潤 적실 윤 辰 별 신 運 돌 운 度 도수(度數) 도 歷 책력 력(曆通)

하늘이 비록 높고 星辰이 비록 멀리 있으나 그 이미 그러한 자취를 살펴보면 그 운행함에 일정함이 있어서, 비록 천 년의 오램이라 하더라도 그 日至의 度數를 가만히 앉아서 알 수 있으니, 하물며 가까이 있는 사물로서 만일 그 故를 인하여 찾는다면 어찌 그 이치를 알지 못함이 있어서 천착을 할 필요가 있겠는가. 반드시 日至라고 말한 것은 책력을 만든 자가 상고시대의 11월 甲子朔 夜半에 冬至가 든 날을 책력의 기원으로 삼았기 때문이다.

章下註 | ○程子曰 此章은 專爲智而發[307]이니라
愚謂 事物之理 莫非自然이니 順而循之면 則爲大智요 若用小智而鑿以自私면 則害於性而反爲不智라 程子之言이 可謂深得此章之旨矣로다

○程子(伊川)가 말씀하였다. "이 章은 오로지 지혜를 위하여 말씀하신 것이다."
내(朱子)가 생각하건대 事物의 이치는 自然 아님이 없으니, 이를 순히 하여 따르면 큰 지혜가 되고, 만일 작은 지혜를 써서 천착하여 스스로 사사롭게 하면 본성을 해쳐 도리어 지혜롭지 못함이 된다. 程子의 말씀은 이 章의 뜻을 깊이 알았다고 이를 만하다.

천만 년 이전의 일을 찾아보면, 반드시 甲子日 초하룻날 한밤중 冬至에 해와 달과 五星이 모두 子에 모이는 때를 얻을 것이니, 이것을 上元이라 일러 책력의 시초로 삼는다. 대체로 漢나라 이후 그 說이 비로소 세상에 자세히 나타났으나 그 근원이 시작된 것은 이와 같을 뿐이다. 이것이 과연 堯·舜과 三代의 法인지는 모두 상고할 수 없다. 그러나 이로부터 曆家의 術(방법)이 비록 시대마다 똑같지 않은 것이 많으나 애초에 여기에 근본을 두지 않은 적이 없다.〔夫天人之際 遠哉微矣 而使一藝之士 布算積分 上求數千萬歲之前 必得甲子朔旦夜半冬至 而日月五星皆會于子 謂之上元 以曆始 蓋自漢而後 其說始詳見於世 其源流所自 止於如此 是果堯舜三代之法歟 皆不可得而考矣 然自是以來 曆家之術 雖世多不同 而未始不本於此〕하였다. 新安陳氏(陳櫟)는 "夜半은 바로 甲子時이니, 年, 月, 日, 時가 모두 甲子인 것이 책력의 근원이 된다. '建寅月'로 正月을 삼으나 계산해보면 癸亥년 11월이니, '建寅月'을 한 해의 최초로 삼는바, 계산해보면 甲子년의 氣候가 이때(癸亥년 11월)에 시작된다. 그러므로 그해를 또한 甲子라 한 것이다.〔夜半 卽甲子時 歲月日時皆甲子 爲曆元 蓋以建寅月 爲歲首 算之 則是癸亥歲十一月 以建寅月 爲一歲之最初 算之 則甲子歲之氣候 已始於此矣 故云歲亦甲子也〕"하였다.

307 此章 專爲智而發 : 茶山은 "이 장은 性을 논하는 법을 위주하여 말씀하였다.……맹자께서 말씀하시기를 '그 마음을 다하는 자는 그 性을 안다.' 하였으니, 여기에서 말한 '智'는 性을 아는 지혜이다. 사람과 물건의 性을 알고자 하면서 順利로 근본을 삼지 않고, 굳이 穿鑿하고 견강부회하려고 하여 마치 告子의 행위와 같이 하는 것을 군자는 싫어한다. 사람과 물건의 性을 알고자 하는 자는 다만 이미 그러한 자취를 잡아서 그 차이가 있음과 없음을 증험하면 性을 논할 수 있다.〔此章主於論性之法而言……孟子曰 盡其心者 知其性 此云智者 知性之智也 欲知人物之性 而不以順利爲本 必欲穿鑿牽强 如告子之爲 則君子惡之 欲知人物之性者 但執已然之跡 以驗其差與不差 則斯可以論性矣〕"하였다.

··· 循 따를 순

|不與右師言章(簡驩章)|

27-1. 公行(형)子 有子之喪이어늘 右師往弔할새 入門커늘 有進而與右師言者하며 有就右師之位而與右師言者러니

公行子가 아들의 喪이 있으므로 右師가 가서 조문할 적에 右師가 문에 들어오자, 그 앞으로 나아가서 右師와 더불어 말하는 자가 있었으며, 〈右師가 자리에 나아가자〉[308] 右師의 자리로 나아가서 右師와 더불어 말하는 자가 있었다.

> 集註 │ 公行子는 齊大夫라 右師는 王驩也라
>
> 公行子는 齊나라의 大夫이다. 右師는 王驩이다.

27-2. 孟子不與右師言하신대 右師不悅曰 諸君子皆與驩言이어늘 孟子獨不與驩言하시니 是는 簡驩也로다

孟子께서 右師와 말씀하시지 않자, 右師가 기뻐하지 않으며 말하였다. "여러 君子들이 모두 나와 말하는데 孟子만이 홀로 나와 말씀하지 않으니, 이는 나를 소홀히 하는 것이다."

> 集註 │ 簡은 略也[309]라
>
> '簡'은 소홀히 하는 것이다.

27-3. 孟子聞之하시고 曰 禮에 朝廷에 不歷位而相與言하며 不踰階而相揖也하나니 我欲行禮어늘 子敖以我爲簡하니 不亦異乎아

孟子께서 이 말을 들으시고 말씀하셨다. "禮에 조정에서는 남의 자리를 지나 서로 말하지 않으며, 계급을 지나 서로 揖하지 않는다. 내가 이 禮를 행하고자 하였는데, 子敖

---

308 右師가 자리에 나아가자 : 이 부분을 楊伯峻은 "그가 자리에 앉자〔他坐定了〕"로 번역하였다.

309 簡 略也 : 壺山은 "簡은 蔑(멸시)과 같다.〔猶蔑也〕" 하였다.

··· 弔 조문할 조 驩 기쁠 환 簡 소홀할 간 踰 넘을 유 階 계급 계 揖 읍할 읍

(王驩의 字)가 나더러 소홀히 한다고 말하니, 이상하지 않은가.”

集註 | 是時에 齊卿大夫以君命弔하여 各有位次하니 若周禮에 凡有爵者之喪禮엔 則職喪이 涖其禁令하여 序其事[310]라 故로 云朝廷也라 歷은 更(경)涉也[311]라 位는 他 人之位也라 右師未就位而進與之言이면 則右師歷己之位矣요 右師已就位而就 與之言이면 則己歷右師之位矣[312]라 孟子右師之位 又不同階하니 孟子不敢失此 禮[313]라 故로 不與右師言也하시니라

이때에 齊나라 卿大夫들이 군주의 명에 따라 조문을 가서 각각 位次가 있었으니, 이것이 《周禮》에 “모든 官爵이 있는 자의 喪禮에는 職喪이 그 자리에 가서 禁令을 맡아 그 일을 차례한다.”는 것과 같기 때문에 朝廷이라고 말한 것이다. '歷'은 지나감이다. '位'는 他人의 자리이다. 右師가 아직 자리에 나아가지 않았는데 혹자가 나아가서 그와 더불어 말한다면 이는 右師가 자기 자리를 지나간 것이 되고, 右師가 이미 자기 자리로 나아갔는데 혹자가 찾아가서 그와 더불어 말한다면 자기가 右師의 자리를 지나간 것이 된다. 孟子와 右師의 지위는 또 계급이 같지 않았으니, 孟子가 감히 이 禮를 잃을 수 없었으므로 右師와 더불어 말씀하시지 않은 것이다.

君子所以異於人章(仁禮存心章)

28-1. 孟子曰 君子所以異於人者는 以其存心也니 君子는 以仁存心하

---

310 若周禮……序其事:《周禮》〈春官宗伯 職喪〉에 “職喪은 제후의 喪과 卿大夫와 士로서 모든 관작이 있는 자의 喪을 관장하여, 나라의 喪禮를 가지고 禁令을 임하여 다스리고 그 일을 차례한다.〔職喪掌 諸侯之喪及卿大夫士凡有爵者之喪 以國之喪禮 涖其禁令 序其事〕”하였다. 여기서 말한 제후는 畿 內의 王子와 同母弟로서 제후라고 칭하는 자를 이른다.

311 歷 更涉也:壺山은 “更涉은 犯과 같다.” 하였다.

312 右師未就位而進與之言 則己歷右師之位矣:右師가 아직 자기 자리로 가지 않았는데 그 앞으로 나아 가 말하면 결국 右師가 남의 자리를 침범함이 되고, 右師가 이미 자기 자리로 갔는데 찾아가 말하면 찾 아간 그 자신이 右師의 자리를 침범함이 됨을 말한 것이다. 壺山은 '右師歷己之位矣'에 대하여 “비록 右師가 지나갔으나 실제는 자기가 右師로 하여금 지나가게 한 것이다.〔雖右師歷之 而實己使之歷也〕” 하였다.

313 孟子不敢失此禮:壺山은 “이 禮는 반드시 출처가 있었을 것이다.〔此禮必有所出〕” 하였다. 이는 孟子 가 위에 인용한 禮가 현존하는 禮書에 보이지 않으므로 말한 것이다.

··· 職 맡을 직 涖 임할 리 更 지날 경

며 以禮存心이니라

孟子께서 말씀하셨다. "君子가 일반인과 다른 것은 그 마음에 두는 것 때문이니, 君子는 仁을 마음에 두며 禮를 마음에 둔다.

按說 | '存心'에 대하여, 茶山은

'存心'에는 옛날과 지금의 차이가 있다. 옛날의 이른바 '存心'은 장차 없어지려는 것을 보존하는 것인데, 지금의 이른바 '存心'은 마음에 工夫를 두어 잊지 않는 것이다. 이 편 19장에 "사람이 禽獸와 다른 것(道心)이 微微하니, 君子는 이것을 보존하고 小人들은 이것을 버린다." 하였는데, 무릇 이른바 '存心'은 모두 微微한 것을 보존하는 것을 이른다. 또 그 위의 12장에 "大人은 赤子의 마음을 잃지 않은 자이다." 하였으니, 이것은 微微한 것을 보존한 것이다. 아래 〈告子上〉 8장에 "낮에 하는 소행이 夜氣를 梏亡한다." 하였으니, 이는 微微한 것을 잃어버린 것이다. '微微한 것'은 道心이다. 道心이 아직 보존되어 있는 자는 사람이고, 道心이 보존된 것이 없는 자는 禽獸이며, 道心을 온전히 보존하여 잃지 않으면 聖人이다. 마음의 보존과 보존하지 못함은 다투는 바가 단지 이 道心이다. 이 道心을 보존하려면 어버이를 섬기고 어른을 섬기고 임금을 섬기고 벗을 사귀고 백성을 다스리고 사람을 가르치는 사이에 忠信을 힘써 행하여 터럭만큼의 속이고 성실하지 못한 잘못을 없게 하여야 하니, 그런 뒤에야 비로소 잃지 않았다고 말할 수 있다. '보존한다.'는 것은 '장차 없어지려는 것을 보존한다.'는 뜻이다. 후세의 이른바 '靜存·默存'은 思慮가 없고 말하지도 웃지도 않고 눈을 감고 마음을 집중하여 未發 이전의 氣象을 오로지 보아 本體를 虛明하고 洞澈하게 해서 한 티끌만큼도 더럽혀지지 않게 하여 活潑潑한 경지를 구하는 것이다. 이것이 옛날과 지금의 차이이다.〔存心 有古今之異 古之所謂存心者 將亡而保之也 今之所謂存心者 心有工而不忘也 上篇曰 人之所以異於禽獸者幾希 君子存之 小人去之 凡所謂存心者 皆存幾希之謂也 又其上章曰 大人者不失其赤子之心者 此存幾希者也 下篇曰 朝晝之所爲梏亡其夜氣 此亡幾希者也 幾希者道心也 道心猶有存者則人也 道心無攸存者則禽獸也 道心全存而不亡則聖人也 存與不存 所爭只是此物 欲存此物 則凡事親事長事君交友牧民教人之際 勉行其忠信 無一毫欺詐不誠之差 然後方可曰不失也 存者保其將亡之意 後世所云靜存默存者 無思無慮 不言不笑 瞑目凝心 專觀未發前氣象 使

本體虛明洞澈 一塵不染 以求活潑潑地 此古今之異也〕

하였다. '靜存·默存'은 靜할 때에 天理를 보존하는 것이고, 여기의 '存心'은 動靜을 포함하는 것으로 언제나 仁과 禮를 마음에 생각하여 잊지 않음을 말한다. 茶山이 말한 '지금의 存心'은 性理學의 存心을 가리키는바, 이 說은 性理學의 存心을 부정한 것으로, 소략한 듯하다.

集註 | 以仁禮存心은 言以是存於心而不忘也[314]라

仁과 禮를 마음에 둔다는 것은 이것을 마음속에 두어 잊지 않음을 말한다.

28-2. 仁者는 愛人하고 有禮者는 敬人하나니

仁者는 남을 사랑하고, 禮가 있는 자는 남을 공경한다.

集註 | 此는 仁禮之施[315]라

이는 仁과 禮의 베풂이다.

28-3. 愛人者는 人恒愛之하고 敬人者는 人恒敬之니라

남을 사랑하는 자는 남이 항상 사랑해 주고, 남을 공경하는 자는 남이 항상 공경해 준다.

---

314 以仁禮存心 言以是存於心而不忘也 : 雙峰饒氏(饒魯)는 《集註》에 '於'字를 첨가하였으니, 孟子의 뜻이 仁과 禮를 내 마음에 보존하는 것임을 알 수 있다.〔添於字 便可見孟子意 是只把仁禮來存於我心〕하였다. 朱子는 "이 '存心'은 '存其心, 養其性'의 '存心'과 다르니, 단지 마음에 두는 것이다.〔這箇存心 與存其心養其性底存心不同 只是處心〕"하였다.(《語類》) '存其心, 養其性'은 〈盡心上〉 1장에 보이는데, 이 '存其心'은 '마음을 보존함'이고, 이 장의 '存心'은 '마음에 보존함〔存心〕'이다. 官本諺解에 "君子의 뻐 人에 異흔 받 者는 그 心을 存홈으로써니 君子는 仁으로써 心을 存하며 禮로써 心을 存하느니라"로 되어 있으니 이는 '마음을 보존함'으로 해석한 것이고, 栗谷諺解에 "君子ㅣ 뻐 人의게 다른 바는 그 心의 存호믈 뻐니 君子는 仁으로써 心의 存하며 禮로써 心의 存하느니라"로 되어 있으니 '마음에 보존함'으로 해석한 것이다. 壺山은 "세 '存心'이 모두 그러하니('存其心'과 다르니), 官本諺解의 해석은 잘못되었다.〔三存心皆然 諺釋誤矣〕"하였다.

315 此 仁禮之施 : 慶源輔氏(輔廣)는 "안으로 말미암아 밖에 베푸는 것이다.〔由乎內以施外也〕"하였다.

••• 施 베풀 시 恒 항상 항

集註 | 此는 仁禮之驗이라

이는 仁과 禮의 효험이다.

28-4. 有人於此하니 其待我以橫逆이어든 則君子必自反也하여 我必不仁也며 必無禮也로다 此物이 奚宜至哉오하나니라

여기에 어떤 사람이 있는데, 자신을 대하기를 橫逆으로써 하면 君子는 반드시 스스로 돌이켜서 '내 반드시 仁하지 못하며 내 반드시 禮가 없었는가보다. 이러한 일이 어찌 이를 수 있겠는가.'라고 한다.

集註 | 橫逆은 謂强暴不順理也[316]라 物은 事也라

'橫逆'은 强暴하여 이치를 순종하지 않음을 이른다. '物'은 일이다.

28-5. 其自反而仁矣며 自反而有禮矣로되 其橫逆이 由(猶)是也어든 君子必自反也하여 我必不忠이로다하나니라

스스로 돌이켜보아 仁하였고 스스로 돌이켜보아 禮가 있었는데도 그 橫逆이 예전과 같으면 君子는 반드시 스스로 돌이켜 '내가 반드시 忠(성실)하지 못한가보다.'라고 한다.

集註 | 忠者는 盡己之謂라 我必不忠은 恐所以愛敬人者 有所不盡其心也라

'忠'은 자기 마음을 다함을 이른다. '내 반드시 忠하지 못하다.'는 것은 남을 사랑하고 공경함이 자신의 마음을 다하지 못한 바가 있을까 두려워하는 것이다.

28-6. 自反而忠矣로되 其橫逆이 由是也어든 君子曰 此亦妄人也已矣로다하나니 如此면 則與禽獸奚擇哉리오 於禽獸에 又何難焉이리오

---

[316] 橫逆 謂强暴不順理也：慶源輔氏(輔廣)는 "'强暴'는 '橫'이요, '不順理'는 '逆'이다.〔强暴 橫也 不順理 逆也〕" 하였다.

··· 驗 효험 험 橫 제멋대로할 횡, 사나울 횡 反 돌이킬 반 物 일물 奚 어찌 해 擇 가릴 택 難 힐난할 난
焉 어조사 언

스스로 돌이켜보아 성실하였으나 그 橫逆이 예전과 같으면 君子가 말하기를 '이 또한 妄人일 뿐이다.'라고 하니, 이와 같다면 禽獸와 어찌 다르겠는가. 禽獸에게 또 무엇을 꾸짖을 것이 있겠는가.

按說 | '如此'에 대하여, 壺山은

'如此'는 세 橫逆을 가리킨 것이다.〔如此 指三橫逆〕

하였다.
栗谷諺解에 '禽獸의게 쏜 므서슬 힐난ᄒ리오 ᄒᄂ니라'로 되어 있는데, 이에 대하여 壺山은

살펴보건대 栗谷諺解는 '日'字의 뜻이 '難焉'에서 그친 것으로 보았으니, 아마도 다시 살펴 보아야 할 듯하다.〔按栗谷諺解 以日字意 爲止於難焉 恐合更商〕

하였다.

集註 | 奚擇은 何異也라 又何難焉은 言不足與之校也[317]라

'奚擇'은 어찌 다름이다. '또 무엇을 꾸짖을 것이 있겠는가.'는 그와 더불어 따질 것이 못됨을 말씀한 것이다.

28-7. 是故로 君子有終身之憂요 無一朝之患也니 乃若所憂則有之하니 舜도 人也며 我亦人也로되 舜은 爲法於天下하사 可傳於後世어시늘 我는 由(猶)未免爲鄕人也하니 是則可憂也라 憂之如何오 如舜而已矣니라 若夫君子所患則亡(무)矣니 非仁無爲也며 非禮無行也라 如有一朝之患이라도 則君子不患矣니라

이 때문에 君子는 종신토록 하는 근심은 있어도 하루아침의 걱정은 없는 것이다. 근심하는 바로 말하면 있으니, 舜임금도 사람이며 나도 사람인네 舜임금은 천하에 모범이

---

317 又何難焉 言不足與之校也 : '難'은 논란하고 잘잘못을 따져 꾸짖음을 이른다.

··· 校 계교할 교 免 면할 면

되시어 後世에 전할 만하시거늘 나는 아직도 鄕人이 됨을 면치 못하였으니, 이는 근심할 만한 것이다. 근심하면 어찌하겠는가. 舜임금과 같이 할 뿐이다. 君子는 걱정하는 바가 없으니, 仁이 아니면 하지 않으며 禮가 아니면 행하지 않는다. 만일 하루아침의 걱정이 있다 하더라도 君子는 걱정하지 않는다."

按說 │ '君子有終身之憂 無一朝之患'의 '終身之憂'는 聖賢이 되지 못할까 두려워하여 종신토록 노력하는 근심이며, '一朝之患'은 하루아침에 갑자기 닥쳐온 患難 등의 걱정을 이른다. 壼山은

'憂'는 公이고 '患'은 私이다.〔憂公而患私〕

하였다.

集註 │ 鄕人은 鄕里之常人也라 君子存心不苟라 故로 無後憂라

'鄕人'은 鄕里의 보통 사람이다. 君子는 마음에 두기를 구차히 하지 않는다. 그러므로 뒤에 걱정이 없는 것이다.

│禹稷當平世章(禹稷顔回同道章)│

29-1. 禹稷이 當平世하여 三過其門而不入하신대 孔子賢之하시니라

禹王과 后稷(姬棄)이 平世를 당하여 세 번 자기 집 문 앞을 지나면서도 들어가지 않으시자, 孔子께서 그들을 어질게 여기셨다.

集註 │ 事見前篇하니라

일이 前篇(滕文公上)에 보인다.

29-2. 顔子當亂世하여 居於陋巷하사 一簞食(사)와 一瓢飮을 人不堪其憂어늘 顔子不改其樂하신대 孔子賢之하시니라

··· 常 보통상 苟 구차할구 稷 농관직 陋 더러울루 巷 골목항 簞 대그릇단 瓢 표주박표 堪 견딜감

顔子(顔回)가 亂世를 당하여 누추한 시골에 거처하면서 한 대그릇의 밥과 한 표주박의 음료로 사는 것을 딴 사람들은 그 걱정을 견뎌내지 못하는데 顔子는 그 즐거움을 변치 않으시자, 孔子께서 그를 어질게 여기셨다.

> 按說 | 이 내용은 《論語》〈雍也〉 9장에, 孔子께서
>
> 어질다, 顔回여. 한 대그릇의 밥과 한 표주박의 음료로 누추한 시골에 있는 것을 딴 사람들은 그 걱정을 견뎌내지 못하는데, 顔回는 그 즐거움을 변치 않으니, 어질다, 顔回여.〔賢哉 回也 一簞食 一瓢飲 在陋巷 人不堪其憂 回也不改其樂 賢哉 回也〕
>
> 라고 말씀하신 것을 이른다.

29-3. 孟子曰 禹, 稷, 顔回 同道하니라

孟子께서 말씀하셨다. "禹王과 后稷과 顔回가 道가 같다.

> 按說 | 壺山은
>
> 여기에서 顔子의 이름을 든 것은 우연일 뿐이다.〔此擧顔子名者 蓋偶耳〕
>
> 하였다.

> 集註 | 聖賢之道는 進則救民하고 退則修己하니 其心이 一而已矣니라
>
> 聖賢의 道는 나아가면 백성을 구제하고 물러가면 몸을 닦으니, 그 마음이 똑같을 뿐이다.

29-4. 禹는 思天下有溺者어든 由(猶)己溺之也하시며 稷은 思天下有飢者어든 由己飢之也하시니 是以로 如是其急也시니라

禹王은 천하에 물에 빠진 자가 있으면 마치 자신이 그를 빠뜨린 것과 같이 여기시며, 后稷은 천하에 굶주리는 자가 있으면 마치 자신이 그를 굶주리게 한 것처럼 여겼으니, 이 때문에 이와 같이 급하게 하신 것이다.

··· 救 구원할 구 溺 빠질 닉 飢 굶주릴 기

集註 | 禹稷은 身任其職이라 故로 以爲己責而救之急也시니라

禹王과 后稷은 자신이 그 직책을 맡았기 때문에 자신의 책임으로 삼아 구제하기를 급하게 하신 것이다.

29-5. 禹, 稷, 顔子 易地則皆然이시리라

禹王과 后稷과 顔子가 처지를 바꾸면 다 그러하셨을 것이다.

集註 | 聖賢之心은 無所偏倚[318]하여 隨感而應하여 各盡其道[319]라 故로 使禹稷居顔子之地면 則亦能樂顔子之樂이요 使顔子居禹稷之任[320]이면 亦能憂禹稷之憂也리라

聖賢의 마음은 편벽되고 치우친 바가 없어서 감동함에 따라 응하여 각각 道를 다한다. 그러므로 가령 禹王과 后稷이 顔子의 처지에 처했다면 또한 顔子의 樂을 즐거워했을 것이요, 가령 顔子가 禹王과 后稷의 책임을 맡았다면 또한 禹王과 后稷의 근심을 근심했을 것이다.

29-6. 今有同室之人이 鬪者어든 救之호되 雖被髮纓冠而救之라도 可也니라

이제 한 방에 같이 있는 사람이 싸우는 자가 있으면 이를 말리되, 비록 머리를 그대로 풀어 헤치고 갓끈만 매고 가서 말리더라도 可하다.

集註 | 不暇束髮而結纓往救[321]하니 言急也니 以喩禹稷이라

---

318 聖賢之心 無所偏倚:《大全》에 "大本의 中이다.〔大本之中〕" 하였다.

319 隨感而應 各盡其道:《大全》에 "時中의 中이다.〔時中之中〕" 하였다.

320 使禹稷居顔子之地……使顔子居禹稷之任:新安陳氏(陳櫟)는 "禹王과 后稷은 맡은 官職이 있었기 때문에 '任'이라 하였고, 顔子는 누추한 골목에 살았기 때문에 '地'라 한 것이다.〔禹稷有官守 故曰任 顔子居陋巷 故曰地〕" 하였다.

321 不暇束髮而結纓往救:新安陳氏(陳櫟)는 "마침 머리를 감고 있었으면 머리 묶을 겨를이 없이 冠을 산발한 위에 쓰고 갓끈만 매고 가서 구원하는 것이다.〔遇沐 不暇束髮 冒冠於所被髮上 結纓而往救〕" 하였다.

··· 偏 편벽될 편 倚 치우칠 의 鬪 싸울 투 救 말릴 구 被 산발할 피 髮 터럭 발 纓 갓끈 영 冠 갓 관 暇 겨를 가

머리를 묶을 겨를이 없어 갓끈만 매고 가서 말리는 것이니, 급함을 말한다. 이는 禹王과 后稷을 비유한 것이다.

29-7. 鄕鄰에 有鬪者어든 被髮纓冠而往救之면 則惑也니 雖閉戶라도 可也니라

鄕里와 이웃에 싸우는 자가 있거든 머리를 풀어 헤치고 갓끈만 매고 가서 말린다면 惑(미혹됨)한 것이니, 비록 문을 닫더라도 可하다."

按說 | 壺山은 "'惑'은 暗을 이른다.〔惑 謂暗也〕" 하였다.

集註 | 喩顏子也라

顏子를 비유한 것이다.

章下註 | ○ 此章은 言 聖賢이 心無不同이요 事則所遭或異라 然이나 處之各當其理하니 是乃所以爲同也니라
尹氏曰 當其可之謂時니 前聖後聖이 其心一也라 故로 所遇에 皆盡善[322]이니라

○ 이 章은, 聖賢이 마음은 똑같지 않음이 없고 일은 만나는 바가 혹 다르나 대처함에 각기 그 이치에 맞게 하니, 이것이 바로 똑같음이 된 이유임을 말씀한 것이다.
尹氏(尹焞)가 말하였다. "그 可함에 맞게 함을 '時'라 이르니, 앞의 聖人과 뒤의 聖人이 그 마음이 똑같다. 그러므로 만나는 바에 모두 극진히 善하게 하신 것이다."

---

322 當其可之謂時……皆盡善 : 程子(伊川)는 "君子의 時中은, 예컨대 세 번이나 자기의 문 앞을 지나면서도 들어가지 않는 것이 禹王과 后稷의 시대에는 中道가 되지만 누추한 골목에 살면서 이렇게 하는 것은 中道가 되지 못하고, 누추한 골목에 사는 것이 顏子의 때에 있어서는 中道가 되지만 세 번 자기의 집 문 앞을 지나면서도 들어가지 않는 것은 中道가 아니다.〔君子而時中 如三過其門而不入 在禹稷之世 爲中 若在陋巷 則不中矣 居陋巷 在顏子之時 爲中 三過其門而不入 則非中矣〕" 하였다.《精義》

··· 閉 닫을 폐 喩 비유할 유 遭 만날 조

|公都子問匡章章(子父責善章)|

30-1. 公都子曰 匡章을 通國이 皆稱不孝焉이어늘 夫子與之遊하시고 又從而禮貌之하시니 敢問何也잇고

公都子가 말하였다. "匡章을 온 나라 사람들이 모두 '不孝한다.'고 칭하는데, 夫子께서 그와 더불어 교유하시고 또 따라서 예우하시니, 감히 묻겠습니다. 어째서입니까?"

集註 ┃ 匡章은 齊人이라 通國은 盡一國之人也라 禮貌는 敬之也라

匡章은 齊나라 사람이다. '通國'은 온 나라의 사람을 다한 것이다. '禮貌'는 그를 존경하는 것이다.

30-2. 孟子曰 世俗所謂不孝者五니 惰其四肢하여 不顧父母之養이 一不孝也요 博奕好飲酒하여 不顧父母之養이 二不孝也요 好貨財하며 私妻子하여 不顧父母之養이 三不孝也요 從耳目之欲하여 以爲父母戮이 四不孝也요 好勇鬪狠하여 以危父母 五不孝也니 章子有一於是乎아

孟子께서 말씀하셨다. "세속에 이른바 '不孝'라는 것이 다섯 가지이니, 四肢를 게을리 하여 父母의 봉양을 돌보지 않음이 첫 번째 不孝요, 장기 두고 바둑 두며 술 마시기를 좋아하여 父母의 봉양을 돌보지 않음이 두 번째 不孝요, 재물을 좋아하며 妻子를 사사로이 하여(妻子만 보살펴) 父母의 봉양을 돌보지 않음이 세 번째 不孝요, 귀와 눈의 하고자 함을 따라 父母를 욕되게 함이 네 번째 不孝요, 용맹을 좋아하며 싸우고 분노하여 父母를 위태롭게 함이 다섯 번째 不孝이니, 章子에게 이중에 한 가지라도 있는가.

按說 ┃ '從耳目之欲'에 대하여, 壺山과 楊伯峻은 '從'을 '縱'과 같다고 하였으니, 縱은 放縱으로 귀와 눈의 욕망을 함부로 부림을 말한 것이다.
新安陳氏(陳櫟)는

··· 匡 바로잡을 광 惰 게으를 타 肢 사지 지 顧 돌볼 고 博 장기 박 奕 바둑 혁 貨 재화 화 戮 욕될 륙
狠 사나울 한

다섯 가지 不孝의 순서는 가벼운 것으로부터 점점 무거운 것으로 말해 나갔다.[五不孝之序 從輕漸說至重]"

하였다.

集註 | 戮은 羞辱也라 狠은 忿戾也라

'戮'은 치욕을 당하는 것이다. '狠'은 분노하고 원망하는 것이다.

30-3. 夫章子는 子父責善而不相遇也니라

저 章子는 父子間에 善을 責하다가 뜻이 서로 맞지 않은 것이다.

按說 | 《戰國策》〈齊策〉에 '章子의 어머니 啓가 章子의 아버지에게 죄를 짓자, 아버지 가 죽여서 마구간 밑에 매장하고는 移葬을 허락하지 않았다.'고 하였는데, 全祖望의 《經 史問答》에

그렇다면 이른바 '責善'이라는 것은 필시 자기 아버지에게 〈어머니의 移葬에 관해〉 너무 심 하게 하시지 말라고 권한 것일 것이다. 그러나 아버지가 듣지 않아 마침내 가까이 할 수 없었 던 것이다.[然則所云責善 蓋必勸其父以弗爲已甚 而父不聽 遂不得近]

하였다.

集註 | 遇는 合也라 相責以善而不相合이라 故로 爲父所逐也라

'遇'는 합함이다. 善을 責하다가 뜻이 합하지 못하였으므로 아버지에게 쫓겨난 것이다.

30-4. 責善은 朋友之道也니 父子責善은 賊恩之大者니라

責善은 朋友의 道이니, 父子間에 責善함은 은혜를 해침이 큰 것이다.

集註 | 賊은 害也라 朋友는 當相責以善이어니와 父子行之면 則害天性之恩也라

··· 羞 부끄러울 수 辱 욕될 욕 忿 성낼 분 戾 어그러질 려 逐 쫓을 축 責 권할 책, 바랄 책 賊 해칠 적

'賊'은 해침이다. 朋友는 마땅히 서로 善을 責해야 하지만 父子間에 이를 행하면 天性의 은혜를 해치게 된다.

30-5. 夫章子는 豈不欲有夫妻子母之屬哉리오마는 爲得罪於父하여 不得近이라 出妻屛子하여 終身不養焉하니 其設心에 以爲不若是면 是則 罪之大者라하니 是則章子已矣니라

저 章子는 어찌 夫妻와 子母의 家屬이 있기를 원하지 않겠는가마는 아버지에게 죄를 얻어 가까이 할 수 없었다. 이 때문에 아내를 내보내고 자식들을 물리쳐서 종신토록〈妻 子의〉봉양을 받지 않았으니, 그 마음에 '이와 같이 하지 않으면 이는 죄가 크다.'고 여긴 것이니, 이것은 章子일 뿐이다.'

按說 | 壺山은

'章子已矣'는 他人은 이렇게 하지 못함을 말한 것이다.〔章子已矣 言他人不能也〕

하였다.

集註 | 言 章子非不欲身有夫妻之配하고 子有子母之屬[323]이언마는 但爲身不得近 於父라 故로 不敢受妻子之養[324]하여 以自責罰하니 其心에 以爲不如此면 則其罪益 大也라하니라

章子가, 자신은 夫妻의 배필이 있고 자식은 子母의 등속이 있기를 원하지 않은 것이 아니 었으나, 자신이 아버지를 가까이 할 수 없었기 때문에 妻子의 봉양을 받지 아니하여 스스로 꾸짖고 벌하였으니, 그 마음에 '이와 같이 하지 않으면 그 죄가 더욱 크다.'고 여겼음을 말씀 하신 것이다.

---

[323] 身有夫妻之配 子有子母之屬 : 新安陳氏(陳櫟)는 "이 '屬'字는 바로 天屬과 家屬의 屬이다. 本文은 남편과 아내와 자식과 어머니를 총괄하여 말했는데,《集註》는 나누어 말했으므로 '配'字로써 '屬'字에 상대한 것이다.〔此屬字 卽天屬家屬之屬 本文總夫妻子母而言 集註分說 故以配字 對屬字〕" 하였 다.

[324] 不敢受妻子之養 : 壺山은 "〈經文의〉'不養'은 봉양을 받지 않음을 이른다.〔不養 謂不受養〕" 하였다.

··· 屛 물리칠병 設 베풀설 配 짝할배 罰 벌할벌

章下註 | ○ 此章之旨는 於衆所惡(오)而必察焉이니 可以見聖賢至公至仁之心矣로다

楊氏曰 章子之行을 孟子非取之也요 特哀其志而不與之絶耳시니라

○ 이 章의 뜻은 여러 사람들이 미워하는 바(사람)에 있어서도 반드시 살펴야 하니, 聖賢의 至公 至仁하신 마음을 볼 수 있다.

楊氏(楊時)가 말하였다. "孟子께서 章子의 행실을 취한 것이 아니요, 다만 그의 뜻을 가엾게 여겨 그와 절교하지 않으셨을 뿐이다."

|曾子居武城章(曾子子思同道章)|

31-1. 曾子居武城하실새 有越寇러니 或曰 寇至하나니 盍去諸리오 曰 無寓人於我室하여 毀傷其薪木하라 寇退則曰 修我牆屋하라 我將反호리라 寇退어늘 曾子反하신대 左右曰 待先生이 如此其忠且敬也어늘 寇至則先去하여 以爲民望하시고 寇退則反하시니 殆於不可로소이다 沈猶行曰 是는 非汝所知也라 昔에 沈猶有負芻之禍어늘 從先生者七十人이 未有與(예)焉이라하니라

曾子께서 武城에 거하실 적에 越나라의 침략이 있었다. 혹자가 말하기를 "침략군이 도착하는데, 어찌 떠나가지 않습니까." 하니, 曾子께서 말씀하시기를 "내 방에 사람을 붙여두어 섶과 나무를 毀傷하지 말도록 하라." 하셨다.

적이 물러갔다고 하자, "나의 담장과 지붕을 수리하라. 내 장차 돌아갈 것이다." 하셨다.

적이 물러간 다음 曾子께서 돌아오시자, 좌우에 있는 자들이 말하기를 〈武城의 大夫가〉 先生을 대하기를 이렇게 충성스럽고 또 공경하는데, 적이 이르자 먼저 떠나가시어 백성들이 바라보고 본받게 하시고 적이 물러가자 돌아오시니, 不可할 듯합니다." 하니, 沈猶行이 말하였다. "이는 너희들이 알 바가 아니다. 옛적에 우리 沈猶氏에게 負芻의 禍가 있었는데, 선생을 따르는 자 70명 중에 한 사람도 이에 참예한 자가 있지 않았다."

⋯ 越 나라 월 寇 침략할 구 盍 어찌아니 합 寓 붙일 우 毀 훼손할 훼 薪 나무섶 신 牆 담장 장 屋 지붕 옥
殆 자못 태 芻 꼴 추 與 참여할 예

按說 | '寇退'에 대하여, 尤菴(宋時烈)은

> 위의 '寇退'는 曾子가 장차 돌아오려 함을 가지고 말한 것이요, 아래의 '寇退'는 曾子가 이
> 미 돌아옴을 가지고 말하였으니, 글이 비록 중복되어 나왔으나 뜻은 각각 다르다.〔上寇退
> 以曾子將返而言 下寇退 以曾子旣返而言 文雖疊出 而意則各異也〕《宋子大全 答洪
> 虞卿》

하였다.

'左右曰'에 대하여, 壺山은

> 아래에 曾子가 대답한 말씀이 없고 오직 沈猶行의 대답이 있는 것으로 보아 아마도 同門들
> 끼리 사사로이 논란한 것인 듯하다.〔下文無曾子所答 而只有沈猶之答 蓋私與同門相難
> 耳〕

하였다.

'殆於不可'의 '殆'에 대하여, 壺山은 '幾(거의 ~에 가깝다)'와 같다고 하였고, 楊伯峻
은 '近(가깝다)'의 뜻이라고 하였다.

集註 | 武城은 魯邑名이라 盍은 何不也라 左右는 曾子之門人也라 忠敬은 言 武城之
大夫 事曾子忠誠恭敬也라 爲民望은 言使民望而效之라 沈猶行은 弟子姓名也라
言 曾子嘗舍於沈猶氏러니 時有負芻者作亂하여 來攻沈猶氏어늘 曾子率其弟子去
之하여 不與(예)其難하시니 言師賓不與臣同이라

武城은 魯나라의 고을 이름이다. '盍'은 '어찌 아니'이다. '左右'는 曾子의 門人이다. '忠
敬'은 武城의 大夫가 曾子를 섬기기를 충성스럽고 공경히 함을 말한다. '爲民望'은 백성
들로 하여금 바라보고 본받게 함을 말한다. 沈猶行은 弟子의 姓名이다. 曾子가 일찍이 沈
猶氏의 집에 머물렀는데, 이때 負芻라는 자가 亂을 일으켜서 沈猶氏를 공격하러 오자,
曾子가 그 弟子들을 거느리고 떠나가시어 亂에 참예하지 않았음을 말씀한 것이니, 스승과
손님은 신하와 똑같지 않음을 말씀한 것이다.

31-2. 子思居於衛하실새 有齊寇러니 或曰 寇至하나니 盍去諸리오 子思

··· 效 본받을 효 賓 손 빈

子思께서 衛나라에 계실 적에 齊나라의 침략이 있었다. 혹자가 말하기를 "적이 침략해 오는데, 어찌 떠나가지 않습니까?" 하니, 子思께서 말씀하시기를 "만일 내(伋)가 떠나 가면 군주가 누구와 더불어 지키시겠는가." 하셨다.

集註ㅣ 言所以不去之意如此하시니라

떠나가지 않는 所以의 뜻을 말씀하기를 이와 같이 하신 것이다.

31-3. 孟子曰 曾子 子思 同道하니 曾子는 師也며 父兄也요 子思는 臣也며 微也니 曾子子思 易地則皆然이시리라

孟子께서 말씀하셨다. "曾子와 子思가 道가 같으니, 曾子는 스승이며 父兄이었고 子思는 신하이며 미천하였으니, 曾子와 子思가 처지를 바꾼다면 다 그러하셨을 것이다."

集註ㅣ 微는 猶賤也라

尹氏曰 或遠害하고 或死難하여 其事不同者는 所處之地不同也일새라 君子之心은 不繫於利害하고 惟其是而已라 故로 易地則皆能爲之니라

'微'는 賤과 같다.

尹氏(尹焞)가 말하였다. "혹은 害를 멀리 피하고 혹은 亂에 죽을 각오를 하여, 그 일이 똑같지 않은 것은 만난 바의 처지가 똑같지 않기 때문이다. 君子의 마음은 利害에 관계하지 않고, 오직 그 옳은 것을 할 뿐이다. 그러므로 처지를 바꾸면 모두 능히 할 수 있는 것이다."

章下註ㅣ ○孔氏曰 古之聖賢이 言行不同하고 事業亦異나 而其道는 未始不同也라 學者知此면 則因所遇而應之를 若權衡之稱物하여 低昂屢變호되 而不害其爲同也니라

○孔氏(孔文仲)가 말하였다. "옛 聖賢들이 言·行이 똑같지 않고 事業 또한 달랐으나 그

··· 伋 이름 급 微 미천할 미 繫 맬 계 始 일찍이 시 權 저울 권 衡 저울대 형 稱 저울질할 칭 低 낮을 저
昂 높을 앙 屢 여러 루

道는 일찍이 같지 않은 적이 없었다. 배우는 자들이 이것을 안다면 만나는 바에 따라 대응하기를 저울추와 저울대로 물건을 다는 것과 같이 하여, 오르내림이 여러 번 변하지만 똑같음이 됨에 해롭지 않은 것이다."

|儲子曰章(堯舜與人同章)|

32. 儲子曰 王이 使人瞷夫子하시나니 果有以異於人乎잇가 孟子曰 何以異於人哉리오 堯舜도 與人同耳시니라

儲子가 물었다. "王이 사람으로 하여금 夫子를 엿보게 하시니, 과연 다른 사람과 다른 점이 있습니까?"[325]

孟子께서 말씀하셨다. "어찌 다른 사람과 다르겠는가. 堯·舜도 다른 사람과 똑같으셨다."

集註 | 儲子는 齊人也라 瞷은 竊視也라 聖人亦人耳니 豈有異於人哉리오

儲子는 齊나라 사람이다. '瞷'은 몰래 훔쳐보는 것이다. 聖人도 또한 사람이니, 어찌 다른 사람과 다름이 있겠는가.

|齊人有一妻一妾章(墦間章)|

33-1. 齊人이 有一妻一妾而處室者러니 其良人이 出이면 則必饜酒肉而後에 反이어늘 其妻問所與飮食者하니 則盡富貴也러라 其妻告其妾曰 良人이 出이면 則必饜酒肉而後에 反할새 問其與飮食者호니 盡富貴也로되 而未嘗有顯者來하니 吾將瞷良人之所之也호리라하고 蚤(早)起하여 施(이)從良人之所之하니 徧國中호되 無與立談者러니 卒之東郭墦間之祭者하여 乞其餘하고 不足이어든 又顧而之他하니 此其爲饜足之道也러라 其妻歸告其妾曰 良人者는 所仰望而終身也어늘 今若此라하고 與其

---

325 과연……있습니까:一本에는 '果有以異於人乎'에 '以'字가 빠져 있다.

… 儲 쌓을 저 瞷 엿볼 간 竊 훔칠 절 饜 배부를 염 顯 영달할 현 蚤 일찍 조 施 둘러갈 이(迤通), 잘난체할 시 徧 두루미칠 변(편) 郭 성곽 곽 墦 무덤 번 乞 빌 걸

妾으로 訕其良人而相泣於中庭이어늘 而良人이 未之知也하여 施施(시시) 從外來하여 驕其妻妾하더라

齊나라 사람 중에 아내와 첩을 두고 집에 사는 자가 있었는데, 남편(良人)이 밖으로 나가면 반드시 술과 고기를 배불리 먹은 뒤에 돌아오곤 하였다. 그 아내가 남편에게 누구와 더불어 음식을 먹었는가를 물었더니, 모두 富貴한 사람이었다.

그 아내가 첩에게 말하기를 "남편이 외출하면 반드시 술과 고기를 배불리 드신 뒤에 돌아오기에 내가 누구와 더불어 음식을 먹었는가를 물어보니, 모두 부귀한 사람이었다. 그런데도 일찍이 현달한 자가 찾아오는 일이 없으니, 내 장차 남편이 가는 곳을 엿보겠다." 하고는 아침 일찍 일어나 남편이 가는 곳을 미행하여 따라가 보니, 온 도성(國中)을 두루 배회하였으나 더불어 서서 말하는 자도 없었다. 그는 마침내 동쪽 성곽의 〈북망산에 있는〉 무덤 사이의 제사하는 자에게 가서 남은 음식을 빌어먹고, 거기에서 부족하면 또 돌아보고 딴 곳으로 가니, 이것이 술과 고기를 배불리 얻어먹는 방법이었다.

그 아내가 돌아와서 첩에게 말하기를 "남편은 〈우리가〉 우러러보면서 일생을 마쳐야 할 사람인데, 지금 이 모양이다." 하고는 첩과 더불어 남편을 원망하며 뜰 가운데서 울고 있었는데, 남편은 그것을 알지 못하고는 의기양양하게 밖으로부터 돌아와서 처첩에게 교만하게 하였다.

按說 | 윗장의 '使人瞷夫子'와 이 장의 '吾將瞷良人之所之也'의 '瞷'에 대하여, 茶山은

> 두 '瞷'字가 서로 조응하니, 윗절과 합하여 한 章이 되어야 한다. 孟子가 스스로 말씀하기를 "나는 부귀와 영달을 구하지 않는다. 어둡고 어두운 가운데의 행동이 밝게 드러나는 행동과 다르지 않은데, 나를 엿보아 장차 무엇을 하려는가."라고 한 것이다.〔兩瞷字相照 當與上節 合爲一章 孟子自言 我不求富貴利達 冥冥之行 無以異乎昭昭之行 瞷我將何爲哉〕

하였다. 茶山의 說이 일리가 있는 것으로 보이나 두 '瞷'字가 조응한다는 것은 맞지 않는 것으로 보인다. 우연의 일치일 뿐이다.

楊伯峻은 '卒之東郭墦間之祭者'를 '卒之東郭墦間 之祭者'로 句讀를 끊어 "마침내

••• 訕 꾸짖을 산 驕 교만할 교

동쪽 성곽의 무덤 사이에 가서, 다시 그곳의 제사하는 자에게 가서"로 번역하고,

또 한 句로 읽을 수도 있으며, 大意는 서로 같다.

하였다.

'驕其妻妾'에 대하여, 官本諺解는 '그 妻妾을 驕ᄒ더라' 하였고, 栗谷諺解는 '그 妻妾의게 驕ᄒ더라' 하였다. 壺山은

〈'驕其妻妾'은〉 그 妻妾에게 교만하다는 것이니, 官本諺解의 解釋이 자세하지 않다.〔驕於其妻妾 諺釋未瑩〕

하였다.

集註 | 章首에 當有孟子曰字하니 闕文也라 良人은 夫也[326]라 饜은 飽也라 顯者는 富貴人也라 施(이)는 邪施而行하여 不使良人知也라 墦은 冢也라 顧는 望也라 訕은 怨詈也라 施施는 喜悅自得之貌라

章 머리에 마땅히 '孟子曰'이란 글자가 있어야 하니, 글자가 빠진 것이다. '良人'은 남편이다. '饜'은 배부름이다. '顯者'는 부귀한 사람이다. '施'는 〈바른 길로 가지 않고〉 샛길로 가서 良人으로 하여금 알지 못하게 한 것이다. '墦'은 무덤이다. '顧'는 바라봄이다. '訕'은 원망하고 꾸짖음이다. '施施'는 喜悅하여 자득하는 모양이다.

33-2. 由君子觀之컨대 則人之所以求富貴利達者 其妻妾이 不羞也 而不相泣者 幾希矣리라

君子의 입장에서 보건대, 사람 중에 부귀와 영달을 구하는 자들은 그 妻妾이 〈남편의 구걸하는 모습을 보면〉 부끄러워하여 울지 않을 자가 별로 없을 것이다.

集註 | 孟子言 自君子而觀하면 今之求富貴者 皆若此人耳니 使其妻妾見之면 不

---

326 良人 夫也 : 楊伯峻은 《儀禮 士昏禮》 鄭玄의 註에 "婦人이 남편을 일컬어 良이라 한다.〔婦人稱夫曰良〕"와 王念孫의 《廣雅疏證》에 "옛날의 良을 지금은 郎(낭)이라 한다."를 인용하여, 良人을 남편으로 해석하는 근거를 제시하였다.

··· 饜 배부를 포 冢 무덤 총 詈 꾸짖을 리 達 영달할 달 羞 부끄러울 수 泣 울 읍 希 드물 희

羞而泣者少矣라하시니 言可羞之甚也라

孟子께서 말씀하시기를 "君子의 입장에서 본다면 지금 부귀를 구하는 자들은 모두 이 사람과 같으니, 가령 그 妻妾이 이것을 본다면 부끄러워하여 울지 않을 자가 적을 것이다." 하셨으니, 매우 수치스러운 행위임을 말씀한 것이다.

章下註 | ○ 趙氏曰 言 今之求富貴者 皆以枉曲之道로 昏夜乞哀以求之하여 而以驕人於白日하니 與斯人으로 何以異哉리오

○ 趙氏(趙岐)가 말하였다. "지금 부귀를 구하는 자들이 모두 부정한 방법으로 어두운 밤중에 애걸하여 부귀를 구하고는 한낮에 사람들에게 교만을 떨고 있으니, 이 사람과 어찌 다르겠느냐고 말씀한 것이다."

••• 枉 굽을 왕

朝鮮朝 內閣本 銅活字 刊行 來歷[327]

國朝屢鑄銅字 而世宗朝甲寅所鑄 集其大成 歲久寢刓矣 英宗朝壬辰 我殿
下在春邸 以甲寅字爲本 使芸閣鑄十五萬字藏之 是爲壬辰字 卽經書正文等
書印本 卽位之元年 復以甲寅字本 鑄十五萬字于關西 藏于內閣 是爲丁酉字
卽八子, 百選等書印本 而今又印經書 內外閣所藏 凡三十萬字 太宗朝癸未
以經筵古註詩書左傳爲本 命李稷等 鑄十萬字 是爲癸未字 世宗朝庚子 命李
蕆(천)等改鑄 是爲庚子字 甲寅以庚子字纖密 出經筵所藏孝順事實 爲善陰
隲等書 爲字本 命金墩等 鑄二十餘萬字 是爲甲寅字 於是癸未, 庚子字 入
於重鑄 而惟甲寅字 行三百有餘年 至我聖上 再命開鑄 而悉以甲寅字爲本
宣廟朝 以安平大君書爲本 鑄于訓局 今之昌黎集諸書印字 是也 實錄, 誌
狀, 史, 漢等書印字 及文獻備考印字 各有一本 年條不可攷

國朝(朝鮮朝)에서 여러 번 동활자를 주조하였는데, 世宗朝 갑인년(1434)에 주조한 것이
集大成한 것이었으나, 세월이 오래되어 점점 망가졌다. 英宗朝 임진년(1772)에 우리 殿下
(正祖)께서 春宮(東宮)에 계실 적에 甲寅字로 底本을 삼아서 芸閣(校書館)으로 하여금
15만 자를 주조하여 보관하게 하니, 이것이 壬辰字로 經書 正文 등의 책을 인쇄한 本이다.
卽位하신 元年(1777)에 다시 甲寅字本으로 15만 자를 關西에서 주조하여 內閣(奎章閣)

---

327 朝鮮朝……來歷:이 내용은 內閣本의 편 끝에 실려 있는 것으로 이 책을 銅活字로 인쇄한 내용을 서
술한 것인데, 간혹 學生들 중에 이 글의 뜻을 제대로 이해하지 못하여 질문하는 자가 있으므로 번역하
여 실은 것이다.

에 보관하니, 이것이 丁酉字로 八子(八家文)와 百選 등의 책을 인쇄한 本인데, 지금은 또 經書를 인쇄하여 內閣과 外閣에 보관한 것이 모두 30만 자이다.

太宗朝 계미년(1403)에 經筵에 있는 古註의 《詩經》,《書經》,《春秋左傳》을 底本으로 삼아 李稷 등에게 명하여 10만 자를 주조하니 이것이 癸未字이고, 世宗朝 경자년(1420)에 李蕆 등에게 명하여 다시 주조하니 이것이 庚子字이고, 갑인년(1434)에 庚子字가 섬세하고 稠密하다 하여 經筵에 보관된 孝順한 사실과 善行을 하여 神明이 도와준 내용의 책들을 꺼내어 字本으로 삼아 金墩 등에게 명하여 20여만 자를 주조하니 이것이 甲寅字이다. 이에 癸未字와 庚子字가 다시 주조함에 들어갔으나 오직 甲寅字는 3백여 년 동안 그대로 사용되었다.

우리 聖上(正祖)에 이르러 다시 開鑄하도록 명하되 모두 甲寅字를 저본으로 삼았다. 宣祖 때에 安平大君의 글씨를 저본으로 삼아 訓鍊院에서 주조하니 지금의 《昌黎集》 등 여러 책을 인쇄한 글자가 바로 이것이요, 實錄과 誌狀과 《史記》와 《漢書》 등의 책을 인쇄한 글자와 《文獻備考》를 인쇄한 글자는 각각 따로 한 本이 있는데, 연도는 상고할 수 없다.

跋文

　　지난 1997년에 법학자와 법조인 여럿이 모여 동서학문의 회통에 뜻을 모아 한학자 成百曉 선생을 모시고 동양고전을 공부하기로 하고, 寡尤會를 결성하여 四書三經을 강독한 지가 어언 17년의 긴 세월이 흘렀다. 공부모임에서는 《論語》에서 출발하여 《孟子》,《大學》,《中庸》의 순으로 四書를 끝마친 후에 三經을 계속 강독하였다. 물론 참여자들이 세간의 일에 쫓겨 욕심만큼 하지는 못했으나, 고전을 읽는 재미가 더해가며 강독을 계속하였고, 예전에 번역본을 놓고 보았던 四書에 대한 공부와는 느낌이 달랐다.

　　2008년 海東經史研究所를 설립하고, 강독에서 선생님으로부터 들은 내용을 문자화해 놓을 필요가 있다고 판단하여 成百曉 선생께 선생의 사유가 담긴 지금의 '附按說' 형태의 《論語》와 《孟子》를 출간할 것을 청하였다. 그 결과 선생은 그 작업을 계속하시어 작년에는 《附按說 論語集註》를 출간하였고, 이번에 《附按說 孟子集註》를 출간하게 되었다. 참으로 감개무량하다. 孟子는 당시 富國强兵을 추구하였는데, 혼란한 戰國時代에 나라를 바로 세우고자 仁義道德을 강조하고 이익을 추구하는 욕심을 버릴 것을 강조하였다. 후세에 《孟子》에 대하여 天理를 보존하고 人慾을 막는〔存天理 遏人慾〕내용이라고 평하는 이유도 여기에 있다. 天理는 바로 仁義道德이고 人慾은 利를 뜻한다.

　　司馬遷의 다음의 말이 다시금 떠오른다.

　　내가 《孟子》를 읽다가 梁 惠王이 '어떻게 하면 내 나라를 이롭게 하겠습니까?' 하고 물은 부분에 이르면, 일찍이 읽던 책을 덮어놓고 탄식하지 않은 적이 없었다. 아! 利는 실로

亂의 시초이다. 孔子가 利에 대하여 잘 말씀하지 않은 것은 항상 亂의 근원을 막고자 하셨기 때문이다. 그리하여 孔子는 '利에 따라 행동하면 원망이 많다'고 하였으니, 利를 좋아하여 추구하는 병폐가 天子로부터 庶人에 이르기까지 어찌 다르겠는가."

위 내용은 《孟子》 첫 장 章下註에 소개되어 있다. 오늘날 우리 사회는 仁과 義 그리고 禮를 내팽개치고 오직 利를 쫓는 함정으로 빠져들고 있다. 정치인이든 공부하는 사람이든 이런저런 명분을 내세우지만, 결국 속셈은 자신의 출세나 이익을 추구하는데 몰두한다. 자신의 욕망에 따라 질주하는 이러한 잘못을 바로잡지 않으면 사회는 더욱 혼란에 빠져들 뿐이다.

이번에 새로 출간된 《孟子集註》를 一讀하기 권한다. 2,400여 년 전, 나라를 다스림에 백성이 주인이라는 民本主義를 그토록 강조한 孟子야말로 선각자가 아닐 수 없다. 책을 읽을 때 이러한 이치를 일관성 있게 해석한 朱子의 集註를 간과해서는 안 되며, 우리나라의 丁茶山과 朴壺山, 중국의 楊伯峻의 說까지 함께 읽으면 더욱 좋을 것이다. 이번 작업에 이어 《大學》과 《中庸》이 계속 출간되어 成百曉 선생의 사유가 담긴 四書集註가 완간되기를 기대해 마지않는다.

2014년 10월

安全行政部長官 鄭宗燮

편집후기

　寒松 成百曉 선생님의 按說 총서, 그 두 번째 책이 출간을 앞두고 있다. 총서를 완성하는 일은 선생님 스스로 세우신 誓願이자 이 책을 기다리는 후학들과의 약속이기에, 稀年을 맞이하셨음에도 불구하고 선생님께서는 쉼 없이 작업을 해나가셨다. 한편으로는 감사하고 한편으로는 부끄럽다.

　두 번째 책《附按說 孟子集註》의 구성 역시《附按說 論語集註》과 다르지 않다. 按說에서는 經文을 이해하는데 도움이 되는 諸家의 說을 소개하고 해설하였으며, 각주에는 朱子의《集註》를 이해하는데 도움이 되는 내용들을 실었다. 다른 점이 있다면, 이번 책에서는 각 장마다 章名을 붙여주었다는 것이다. 예컨대, 〈梁惠王上〉 1장은 ‘亦有仁義章’으로, 〈告子上〉 10장은 ‘熊魚章’으로 표기하였으며, 〈公孫丑上〉 2장처럼 ‘不動心章’과 ‘浩然章’의 두 이름이 있는 경우에는 둘 다 표기하였다.《孟子》를 해설하는 여러 문헌들이 대체로 이런 식의 章名을 사용하기 때문에 章名을 소개할 필요가 있다고 판단한 것이다.

　《孟子》를 공부할 때에 흔히 겪는 두 가지 어려움이 있다. 하나는 제도나 문물에 대한 지식이 없이는 이해하기 어려운 내용들이 있다는 점이고, 또 하나는 心과 性 등에 대한 孟子의 철학적 논의를 이해하기 어렵다는 점이다.

　제도나 문물에 대한 정보는 朱子의《集註》에서 어느 정도 소개하고 있으나, 좀 더 자세한 내용과 철저한 고증을 필요로 하는 독자를 위해,《大全》에 실려 있는 禮書 등 여러 문헌을 발췌하여 기재하였으며, 이에 대한 諸家의 해석도 소개하였다. 諸家說의 채

택에 있어서는 특정한 說에 구애되지 않고 여러 說을 넓게 소개하는 방식을 채용하였는데, 옛 제도나 문물에 대한 해석은 어떤 것이 옳다고 기필하기가 어렵기 때문이다.

물론 선생님께서 시비를 판단하실 수 있는 내용에 있어서는 명쾌한 해설을 덧붙여 주셨다. 예를 들면, 〈梁惠王上〉 3장 "狗彘食人食而不知檢"의 '檢'을 朱子는 檢束의 뜻으로 보아 '不知檢'을 "단속할 줄 모른다."로 해석하였고, 趙岐와 茶山은 '檢'을 '斂'의 뜻으로 보아 '不知檢'을 "남은 곡식을 거두어들일 줄 모른다."로 해석하였는데, 어떤 해석이 더 近理한 지에 대하여 선생님께서는 당신이 직접 농사를 지으셨던 경험을 토대로 판단하고 해설해주셨다. 농사에 한 번도 종사해본 적이 없는 사람에게는 참으로 감사한 지남철이 아닐 수 없다.

《論語》와 달리, 《孟子》에는 心과 性에 대한 직접적 서술이 많다. 그러나 《孟子》가 철학적 논술이 아닌 대화체의 형식이기 때문에, 산발적 내용들을 종합적 체계로 수렴하여 이해하는 것은 쉬운 일이 아니다. 朱子의 《集註》는 바로 그 역할을 해주는 주석서이지만, 朱子의 해석이 과연 孟子의 本意에 맞는 것인지, 혹은 朱子의 해석 외에 어떤 다른 해석이 있을지에 대해 의문을 품을 수 있다. 이를테면, 孟子가 "惻隱之心은 仁의 端이다."라고 한 것은 몇 가지 해석이 가능하다. 이 구절을 朱子는 '端'을 '밖으로 나온 실마리'로 해석하여 '仁은 心 안의 본유적 性이고, 측은해 하는 마음은 그 性이 발현한 것이다.'의 의미로 보았으나, 茶山은 '端'을 '처음'으로 해석하여, '측은해 하는 마음을 미루고 확장하여 仁이라는 외재적 德을 이룬다.'는 의미로 보았다. 이러한 해석의 차이는 孟子가 心性을 논한 곳 전체에 나타나는데, 按說에서 거의 빠짐없이 두 해석을 제시하고 비교하였으며 선생님의 평 또한 실려 있으니, 독자는 孟子 뿐만 아니라, 朱子와 茶山을 알고 이해하는 데에도 도움을 받을 수 있을 것이다.

《孟子》는 經學史, 哲學史적으로 매우 중요하게 다루어지는 책이지만, 한문 학습을 위한 교재로도 중시되어 왔다. 이와 관련하여 본인이 고전번역교육원에 있으면서 선생님들께 얻어 들은 이야기를 소개할까 한다.

첫째는 《孟子》를 많이 읽어야 한다는 것과 관련된 이야기였다.

어떤 글방 선생님이 학생들에게 "《孟子》를 천 번을 읽으면 '퉁탕' 하는 소리와 함께 文理

가 通暢해진다." 하였다. 학생은 스승의 말씀을 믿고 열심히 읽어 그 숫자를 채웠지만 文理가 났다는 느낌이 전혀 없었다. 오히려 모르는 내용이 더 많아진 것 같았다. 그래서 학생은 스승에게 "선생님께서 《孟子》를 천 번 읽으면 文理가 通暢해져 「퉁탕」 소리가 난다.' 하셨으므로 지금 이 제자가 이미 천 번을 읽었으나 아직도 '퉁탕' 소리를 듣지 못했으니, 선생님의 말씀이 틀렸습니까? 제자의 의혹이 더욱 심해집니다.〔先生有言曰 讀孟子千遍 則文理通暢 有퉁탕之聲 今弟子旣讀千遍 而未聞有퉁탕之聲 先生之言非歟 弟子之惑滋甚〕"라고 항의성 글월을 올렸다. 그랬더니 선생은 이 글을 보고서 "너는 '퉁탕' 소리가 난 지 이미 오래이다."라고 하였다. 학생이 올린 짧은 이 몇 마디의 글이 이미 行文의 체제를 얻었기 때문이었다.

둘째는 이렇게 많이 읽는 과정에서 스스로 의미를 깨치게 되는데 그때 懸吐의 역할이 중요하다는 취지의 이야기였다.

《孟子》〈梁惠王上〉 제2장의 《集註》에 "鴻雁之大者 麋鹿之大者"라는 구절이 있다. 經文의 "鴻雁과 麋鹿을 돌아보고 말하였다.〔顧鴻雁麋鹿曰〕"에 대한 주석이다. 어떤 학생이 오전에 이 부분을 "鴻雁之大者요 麋鹿之大者라"로 읽었는데, 선생은 그냥 놔두고 나가셨다. 저녁에 돌아와 보니 그 학생이 "鴻은 雁之大者요 麋는 鹿之大者라"로 고쳐 읽고 있었다.

글을 여러 번 반복해서 읽다보면 스스로 의미를 깨칠 수 있게 되는데, 그 과정에 懸吐가 큰 역할을 한다는 것, 그리고 글의 의미를 알고 모르고가 懸吐에서 드러난다는 것을 말해주는 사례라 하겠다. 懸吐를 해서 읽는다는 것은 원문을 가공하고 의미를 확정하는 일이다. 그래서 懸吐와 함께 글을 읽으면 의미를 분명하게 파악하며 읽을 수 있다. 오늘날 우리들이 懸吐도 하지 않은 채 대충 몇 번 읽고는 이미 알았다고 생각하는 습관과는 다르다 할 것이다.

《孟子》〈盡心上〉에 다음과 같은 내용이 보인다.

"바다를 구경한 자에게는 큰 물이 되기가 어렵다.〔觀於海者 難爲水〕"

　　너른 바다를 이미 경험한 사람은 어지간한 강물을 보고서 '크다!'는 감흥을 얻기가 어렵다는 말이다. 이는 학문에도 그대로 적용될 수 있다. 大家의 학문을 경험한 사람은 어떤 학문에 대해 '훌륭한 학문이다!'는 감흥을 얻기가 어렵다. '어떤 학문'이란 자신의 학문도 포함한다. 그래서 스스로를 '학문하는 사람'이라고 여기는 이에게 大家를 접하는 일은 중요하다. 스스로의 학문에 만족할 수 없으므로 겸허히 정진하게 되기 때문이다. 按說 총서의 발간은 큰 바다를 볼 수 있는 기회가 생기는 것과 다름없다고 생각하기에, 初學의 한 사람으로서 기쁘고 또 감사하다.

2014년 11월

申相厚